불의 詩
님의 침묵

샘문시선 H-0004
4호 한용운문학시선집

나는 너의 입김에 불려오는
조각 구름에 키쓰한다
만이천봉! 무양하냐, 금강산아

너는 너의 님이
어데서 무엇을 하는지 모르지
(한용운 시인, 금강산 중 인용)

보리밭이랑 넘어가는
맨발 계집애의 가는 허리를 보다가
손에 쥔 오디가 으깨지고 으깨지고
쉬, 쉬, 쉬, 쉬잇
무지개 서는 오줌발에
깜부기로 마스러지는
뽕나무 위의 하늘
(이근배 시인, 오디 중 인용)

너와 나
무슨 인연 무슨 까닭으로
함께 서걱이고 있는 것이냐
나에게 아무런 것 해주지 않아도
내 곁에서 호흡하는 너를
눈물겹도록 사랑하련다
(김소엽 시인, 풀잎의 노래2 중 인용)

_____ 님께
_____ 년 월 일
_____ 드립니다.

그리운 마음 빈 들판에 서있네
누가 들어줄까 슬픈 갈대피리 소리
기다림에 지쳐서 흘리는 눈물
들국화 꽃잎에 떨어지니
향기로운 별꽃 되어
날 보드랍게 맴도네
노래여 노래여 바람의 노래여
(이정록 시인, 바람의 노래 중 인용)

샘문 : 왕의 연못이라는 뜻
    (출전 : 라이프 성경 사전)
샘터문학의 준말

도서출판 **샘문**

샘문시선 H-0004

HY 한용운문학상

제4회 한용운문학상 공동시선집

CONTENTS

신문학헌장
신문학헌장 ·· 6
　　- 이정록 - 헌장문 저자

환영사 · 발간사
제4호 한용운문학시선집 발간을 축하드리며 ······· 7
　　- 문학그룹샘문 이사장 이정록

경과보고서
□ 한용운문학상 제정 및 운영 경과보고 ····· 11
□ 한용운전국시낭송대회 제정 및 운영 경과보고

발간 축하시
웃음의 라임 외 1편 ···························· 15
　　- 문학그룹샘문, 한국문학 회장 이정록

샘문그룹 소개
문학그룹 샘문에 대하여 ······················· 18
　　- 문학그룹샘문, 한국문학 회장 이정록

서시
한용운 - 금강산 외 4편 ························ 25
　　- 시인, 독립운동가, 문학예술가

만해 연보
만해 한용운 선생의 발자취를 돌아봅니다. ······ 30
　　- 한용운(1879~2024)

한용운문학상 권두시
이근배 - 내가 산이 되기 위하여 외 2편 ······· 35
　　- 시인, 샘문그룹 고문, 대한민국예술원 39대 회장

한용운문학상 축하시
김소엽 - 풀잎의 노래 외 2편 ·················· 39
　　- 시인, 샘문그룹 고문, 대전대학교 석좌교수
손해일 - 서해 갯굴 외 1편 ···················· 43
　　- 시인, 샘문그룹 고문, 국제펜한국본부 35대 이사장
도종환 - 동백 피는 날 외 2편 ················· 46
　　- 시인, 3선의원, 전 문화체육부 장관

이정록 - 모국어 외 2편 ························ 49
　　- 시인, 교수, 샘문그룹 이사장, 한국문학 회장

한용운문학상 초대시
이근배 - 찔레 외 1편 ··························· 54
김소엽 - 바다의 노래 2 외 1편 ················ 57
손해일 - 강진 토하젓 외 1편 ·················· 59
김후란 - 눈 덮인 언덕에서 외 1편 ············ 62
도종환 - 맑은 물 외 1편 ······················· 64
이정록 - 방천 외 2편 ··························· 66
김유조 - 시 폭염 말복에 외 1편 ·············· 70
공광규 - 부부바위 외 1편 ····················· 73
서창원 - 고양이 외 2편 ························ 77

한용운문학상 초대수필
서창원 - 들꽃의 색깔 ··························· 82

한용운문학상 특별초대석
서정주 - 상사초 외 4편 ························ 85

베스트셀러 특별초대석
이정록 - 메타인지 외 2편 ······················ 90
서창원 - 봄, 한 컵 외 2편 ····················· 95
이종식 - 꽃잎 같은 인생 외 1편 ·············· 99
이수달 - 봄을 맛보다 외 1편 ················ 102
이동춘 - 버거운 삶 외 1편 ··················· 105
김춘자 - 별꽃을 꿈꾸는 여자 외 2편 ········ 108
남미숙 - 고이는 시간 외 1편 ················ 112

한용운문학상 초대석 시
강성범 - 홍시가 익어 갈 때면 외 1편 ······ 116
강성화 - 꿈에서 만나요 외 1편 ·············· 118
강안나 - 마지막 헌혈 외 1편 ················ 121
고욱향 - 으름 열매 외 2편 ··················· 123
고태화 - 비웃음 외 1편 ······················· 126
김기홍 - 꿈꾸는 겨울나무 외 1편 ··········· 128

김민채 - 이슬 맞이하노라 외 1편 ········· 131
김석인 - 가을연가 외 1편 ·················· 134
김정형 - 심도의 가을 외 1편 ············· 136
김준한 - 새벽, 냉장고 울다 외 1편 ····· 139
김춘자 - 천연기념물 165호 은행나무 외 1편 ··· 141
류선희 - 단순하게 그저 단순하게 외 1편 ··· 143
박길동 - 가는 12월 외 1편 ················ 145
박승문 - 잎새 끼워진 가을 외 1편 ······ 148
석희구 - 아가페 외 1편 ····················· 151
신재미 - 임진각 인동초 외 1편 ··········· 153
안은숙 - 실연 외 1편 ························ 156
예시원 - 불 들어가는 숨비소리 외 1편 ··· 158
오정선 - 오솔길 위의 벗 외 1편 ········· 160
용 원 - 떼까마귀 외 1편 ·················· 162
유미경 - 하조대 외 1편 ····················· 165
유호근 - 창밖의 계절 외 1편 ············· 167
이남규 - 가을 향 외 1편 ··················· 170
이동완 - 전어 외 1편 ························ 172
이동현 - 계절이 지나가면 외 1편 ······· 175
이수달 - 내 얼굴에 쏟아지는 검버섯 외 1편 ··· 177
이연수 - 방황 외 1편 ························ 180
이영하 - 하늘은 내 고향 외 1편 ········· 183
이정혜 - 달빛 잉크로 쓰신 황금찬 선생님의
         머리 시를 엮어서 ················· 186
정세현 - 세상 좋은 친구 만들기 외 1편 ··· 188
정승운 - 대나무 숲 외 1편 ················ 190
정용규 - 풍경소리 외 1편 ·················· 193
정은석 - 우리는 하나의 한민족 외 1편 ··· 196
정철웅 - 녹슨 기찻길 외 1편 ············· 199
정한미 - 병상에 누워 외 1편 ············· 201
조기홍 - 깊어가는 가을에 외 1편 ······· 203
최석종 - 여로 외 1편 ························ 205
황주석 - 시인이고 싶다 외 1편 ·········· 207

한용운문학상 초대석 시조
강덕순 - 바다 외 1편 ························ 212
김동철 - 연서懸書 외 1편 ·················· 214
송영기 - 인천 팔미도 등대 외 2편 ······ 217
오순덕 - 빗소리 외 2편 ····················· 220

한용운문학상 특집─철/학/칼/럼
서창원 - 행복의 조건 ······················· 224

제4회 한용운문학상 「계관부문」
[대상]
손해일 - 시집 : 빛을 위한 탄주 외 2권
         흐르면서 머물면서 외 2편 ······ 228
[최우수상]
김현숙 - 시집 : 아들의 바다 외 2권
         백련 외 2편 ························· 234
오정순 - 시집 : 그 곳에 가면 외 2권
         고등어 상경기 외 2편 ············ 239

[우수상]
[시부문]
이창수 - 시집 : 바람벽에 기대다 외 2권
         나 아닌 것이 어디에 있는가! 외 2편 ·· 246
송덕영 - 시집 : 내 마음에 갈대 외 2권
         노을이 아름다운 것은 외 2편 ··· 252
[동시부문]
강안나 - 동시집 : 달콤한 재촉 외 2권
         황소바람의 입김 외 2편 ········· 257

제4회 한용운문학상 「중견부문」
[대상]
최경순 - 애호박 미륵 외 2편 ············ 262
[최우수상]
[시부문]
김상규 - 내 누이의 보름달 외 2편 ···· 270
김준한 - 불의 책 외 2편 ··················· 277
유호근 - 고향집 빈 항아리에 핀 소금꽃 외 2편 ··· 281
[수필부문]
김춘자 - 꽃물 외 1편 ························ 286
[우수상]
[시부문]
유미경 - 채무와 변제, 누가 그의 죄를 사했나 외 2편 ·· 292
이동현 - 노로이랴 노로이랴 외 2편 ··· 299
김영창 - 그 넋 붉은 장미로 피소서 외 2편 ··· 306
정용규 - 다람쥐의 고난 외 2편 ········· 310
정승기 - 견우와 직녀의 이별 그 후 외 2편 ··· 315
조은숙 - 승천한 님의 침묵 외 3편 ···· 321
고욱향 - 빈 병 외 2편 ······················ 326
이동완 - 아버지의 군번줄 외 2편 ······ 330
[시조부문]
오순덕 - 삼천리 반도 외 2편 ············ 337
신정모 - 워낭의 사연 외 2편 ············ 342
[수필부문]
이권현 - 타슈켄트에서의 눈물 외 1편 ·· 346
[소설부문]
박인순 - 옥주의 황금빛 날개 ············ 353
[특별작품상]
[시부문]
이서현 - 조마루 외 2편 ···················· 370
안은숙 - 삶의 전투장 외 2편 ············ 374
박지수 - 맹세의 불꽃 외 2편 ············ 380
홍영욱 - 하트 포크 외 2편 ················ 384
이영하 - 다듬이 소리 외 2편 ············ 390
김명순 - 어머니의 바느질 외 2편 ······ 396
류선희 - 바람의 비가悲歌 외 2편 ······ 402
김석인 - 추억 더하기 음악식당 외 2편 ··· 406

[시조부문]
김정한 - 민족의 영산 외 2편 ················ 411

[수필부문]
김종진 - 며느리와 딸 외 1편 ················ 415
김영홍 - 추억의 밤 외 1편 ··················· 422
이춘운 - 쉰 살이 된 초등학생 외 1편 ······ 428

[특별창작상]
[시부문]
황주석 - 태양의 갈등 외 2편 ················ 436
정한미 - 노을빛 바다 외 2편 ················ 442
강정옥 - 여자아이 외 2편 ···················· 446
이향숙 - 수박 외 2편 ·························· 451
고태화 - 서투른 사랑 외 2편 ················ 455
박수진 - 늘 너였다 외 2편 ··················· 459
김정형 - 섬섬옥수 여인 외 2편 ············· 464
김민서 - 경포 밤바다 외 2편 ················ 468
이남규 - 청포도 외 2편 ························ 474
이숙자 - 야외음악회 외 2편 ·················· 478

[수필부문]
고은경 - 요양원에서 외 1편 ················· 484
김영희 - 활옷 만개, 자수에 새긴 소망 외 1편 ··· 490
서문순 - 내 마음 빨랫줄에 널어놓고 외 1편 ··· 499

한용운문학상 특집—사/회/칼/럼
이정록 - 존조경종 시대를 다시 부활하자 · 508
— 시인, 교수, 칼럼니스트, 문학평론가

한용운문학상 특집—시창작 특강
이정록 - 시를 잘 쓰는 16가지 방법 ········ 511
— 시인, 교수, 칼럼니스트, 문학평론가

제4회 한용운신인문학상 수상작
「시부문」   (가나다순)
박숙영 - 지들 엄마표 김밥 외 2편 ········· 516
전만식 - 풍어 만선 깃발 외 2편 ············ 521
김경배 - 금정산 이야기 외 2편 ············· 529
박상하 - 가을 나그네 외 2편 ················ 534
정인정 - 입춘 연가 외 2편 ··················· 539
신용주 - 우리 어머니 외 2편 ················ 545
박래웅 - 적벽에 핀 꽃 외 2편 ··············· 550
유명준 - 귀로歸路 외 2편 ···················· 555

「시조부문」
정현숙 - 유월의 비목 공원 외 2편 ········· 562

「수필부문」
박수진 - 직장 맘과 딸내미 외 1편 ········· 568
정은경 - 내가 사랑하는 네 명의 용띠 이야기 외 1편 ··· 577
김경배 - 고란사의 숨소리 외 2편 ·········· 585

「소설부문」 수상작
권영재 - 악인과 담장 위 그녀와의 사랑 ··· 592
인정희 - 단지 ···································· 600

한용운문학상 특집—시창작 특강
이정록 - 비유는 어떻게 만들 것인가 ······ 621
— 시인, 교수, 칼럼니스트, 문학평론가

한용운문학상 특집—요/리/칼/럼
이정록 - 지漬자로 끝나는 말의 의미 ······ 631
— 시인, 교수, 칼럼니스트

제4호 한용운공동시선집 선정작
「시부문」   (가나다순)
강개준 - 찔레꽃 사랑 외 2편 ················ 636
강성화 - 여름이었다 외 2편 ·················· 640
고은경 - 뻐꾸기 외 2편 ························ 643
권상목 - 빛바랜 사진 외 2편 ················ 646
김기홍 - 개화開花 외 2편 ····················· 650
김병모 - 서러운 만남 외 2편 ················ 653
김영규 - 가위 바위 보 외 2편 ··············· 658
김영남 - 잊지 못할 이별 외 2편 ············ 661
김영홍 - 잠시 만난 인연 외 2편 ············ 666
김종진 - 화개장, 구례장 외 2편 ············ 670
김호삼 - 중랑천 외 2편 ························ 675
박길선 - 유랑자 외 2편 ························ 679
박승문 - 만해, 한용운 님이여! 외 2편 ···· 682
박희봉 - 가을이 오는 소리 외 2편 ········· 686
변양임 - 시인의 시詩 외 2편 ················· 689
서문순 - 벽 속으로 난 길 외 2편 ··········· 692
심산태 - 고목의 추억 외 2편 ················ 697
오정숙 - 메달아 가는 눈물로 쓴 시詩 외 2편 ··· 701
이동석 - 백일몽白日夢 외 2편 ················ 704
이순옥 - 먹구름 외 2편 ························ 708
이정희 - 마음 외 2편 ·························· 711
이종규 - 등불 외 2편 ·························· 714
전문구 - 사라진 전봇대 외 2편 ············· 717
정은석 - 설레는 가을 서정 외 2편 ········· 722
정철웅 - 가슴으로 부르는 노래 외 2편 ··· 725
최석종 - 우암동 정비소 외 2편 ············· 728

「시조부문」
강덕순 - 연꽃 향기 외 2편 ··················· 734
서해식 - 바람의 사계 외 2편 ················ 736

「동시부문」
채정미 - 6월 외 2편 ··························· 740

「동시조부문」
차상영 - 눈빛으로 잡은 달 외 2편 ········· 744

「수필부문」
유경선 - 복약 지도 외 1편 ··················· 748

한용운문학상 특집 — 철/학/칼/럼
이정록 - 거웨인과 마녀 ······················· 755
— 시인, 교수, 칼럼니스트, 문학평론가

한용운문학상 특집—시이론 특강
이정록 - 시 창작에 대하여 ··················· 758
— 시인, 교수, 칼럼니스트, 문학평론가

「편집후기」 ······································· 765
문집출간 안내 ··································· 767
베스트셀러 명품시리즈

샘문시선 H-0004

제4호 한용운문학시선집

K-Culture festival

SM 4.0 K-Culture Solution

한용운문학상 Yong Woon Han

2024 겨울호

님의 침묵
불의 詩

한국문단을 대표하는
언어예술가들의 주옥 같은
시, 시조, 동시, 동시조
수필, 소설, 평론, 동화

불의 잉크로 쓴 작품으로
생령의 꽃을 피워 독자들에게
삶의 위로와 희망을 드립니다.

도서출판 샘문

신 문 학 헌 장

　문학이 인간에게 어떤 역할을 하는지, 주는 감동이 얼마나 큰 것인지를 알아야 한다.

　작품을 출산하고 매체를 통해서 보여주고 이를 인간이 향수할 때 비로소 본질을 찾을 수 있다.

　시인, 작가들은 청정한 생명수가 솟아나는 샘물을 제공하는 마중물이 될 것이며 노마드 신문학파로서 별들이 꿈꾸는 상상 속 초원을 누비며 별꽃을 터트려야 한다.

　문학활동은 인간의 영성을 승화시켜 은사적, 이타적 인생을 살아가도록 구축해 주는 도구로 인간이 창조한 가장 심원한 예술이며, 갈구하는 본향을 찾아가고 이상을 실현시키는 수단이다.

　문학인은 시대정신을 바탕으로 황폐화된 인류의 치유와 날선 정의로 부패한 권력과 자본을 정화하고 보편적 가치로 약한 자를 측은지심으로 대하는 보호자가 되어야 한다.

　우리는 작금의 한국문학을 점검, 반성하며 이를 혁신하여 시대와 국민과 문학인이 함께하는 문학헌장을 제정하여 신문학운동을 전개할 것을 선언한다.

- 첫째 : 삶에 기여하는 숭고한 문학을 컨버전스화 하고 고품격 콘텐츠로 승화 시켜 인류가 향수하게 한다.
- 둘째 : 수천 년 역사의 한민족 문화콘텐츠를 한류화하여 노벨꽃을 피우고, 인류의 평화, 자유, 행복에 기여한다.
- 셋째 : 위대한 가치가 있는 문화이기에 치열한 변화를 모색하고 품격을 최선상으로 끌어올려 세계문학을 선도하자.

2021. 06. 06

헌장문 저자 이정록

(아호 : 자율, 승목 | 필명 : 샘터)

환영사 & 발간사

2024 한용운문학상 수상을 축하드리며
제4호 한용운문학시선집 발간을 축하드리며

샘문그룹, 한국문학 회장 이정록

안녕하십니까. 샘문그룹 회장 이정록입니다.

오늘은 매년 샘문그룹에서 거행해오는 K-문학 페스티벌 행사가 열리는 날입니다.

한용운문학상 당선자분들을 축하하고 한용운문학시선집, 제4호 발간식을 하는 날입니다.

(사)문학그룹샘문과 (사)한용운문학이 주최하고 SM샘문그룹이 주관하고 서울특별시와 중랑구 그리고 샘문그룹 12개 계열사와 20여 개 단체 및 기업이 후원하는 행사입니다.

(사)샘문뉴스, (사)샘문학, (사)한용운문학, (주)한국문학, (사)문학그룹샘문, (사)도서출판샘문(샘문시선), (사)샘문그룹문인협회, (교육부인가)샘문평생교육원(샘문예술대학) 샘문사이버교육원, (사)샘문쇼핑몰, 네이버샘문스토어, (사)아마존샘문스토어, (사)샘문번역원, 샘문해외사업부, 샘문민간자격증, 이정록문학관, 지율문학, 한국문학상운영위원회, 한용운문학상운영위원회, 한용운전국시낭송대회운영위원회, 김소엽전국시낭송대회운영위원회 등 13개 계열사를 경영하는 모그룹인 샘문그룹은 회원이 15만여 명의 달하는 오프라인, 온라인을 아우르는 순수 문인들로만 구성된 문학 단체로 성장하였습니다.

미디어 정보 홍수 속에서도 문단사상 최초로 표준화한 융합시집 컨버전스시선집 제14호 출간에 뒤이어, <한용운문학상> 및 <한용운전국시낭송대회>를 3회를 개최하고, <한용운문학상공동시선집> 제3호를 발간하였고, 이제 2024년 12월 21일 오늘 제4호 한용운공동시선집 출간식과 제4회 한용운문학상 시상식, 한용운전국시낭송대회 본선경연 및 시상식이 거행되고 있습니다.

작년 2023년 8월 26일에는 ≪HK1.0 Culture Solution≫ 사업으로 한국문학상 공모전이 개최되었고, 한국문학시선집 재창간 혁신1호가 발간되고, 제1회 김소엽전국시낭송대회가 개최되었습니다. 그리고 가을문학기행, 샘문그룹예술제, 백일장이 자유시의 원류요 성지인 담양에서 개최 되어 성료 되었습니다. 그리고 2024년 9월 7일에는 혁신2호 문예지 "한국문학" 특선집이 발간되었습니다.

그리고 1966년(SINSE 1966)부터 김동리 선생, 이근배 선생이 개최해왔던 "한국문학상"을 (주)한국문학에서 작년에 이어 올해 9월 7일에 공모전을 거쳐 시상식을 개최해서 성료되었습니다. 그리고 제2회 김소엽전국시낭송대회도 같은날 거행되어 성료되었습니다.

<K-문학 페스티벌> 행사로 서울특별시, 중랑구, 샘문그룹 등이 후원하는 행사로 2024년 9월 7일 오늘은 한국문학상 공모전과 혁신2호 한국문학시선집이 공모를 거쳐 발간하는 행사가 거행되어 성료되습니다.

이번 한용운문학상 공모전 및 한용운문학시선집 공모전에는 시부문, 시조부문, 수필부문, 희곡부문, 동시조부문, 평론부문, 소설부문에서 시인, 작가가 또 저명하신 초대 시인들의 총 560여 편의 주옥 같은 옥고가 응모 되었습니다. 이번 한용운공동시선집에 실린 작품들을 살펴보면 우리 인류의 근원적 정신 세계를 함축된 언어 및 정서적, 감성적 터치와 서정적, 해학적, 풍자적, 등의 이야기가 시적 성찰과 시대 정신과 보편적 가치를 절묘하게 담고 있어 우리의 정신적 삶을 안정화 시키고 승화 시키기에 풍족한 한용운문학시선집입니다.

가을이 지나고 이제 포근한 겨울이 찾아왔습니다. 전 세계적으로 코로나19가 해제되었으나 그 여파로 경제불황이 지속되고 있고, 전쟁 및 원자재 폭등, 물가 폭등과 불경기로 인하여 고통스러운 시국입니다. 열악한 우리 문학계도 설 자리를 잃고 신음하고 있습니다. 그러나 이 시점에도 저희 샘문시선에서 출간한 시집, 시조집, 수필집, 소설집, 이론서 등이 연속적으로 다수의 베스트셀러가 탄생하고 있어서 희망이라 여겨집니다.

이제는 명품브랜드 반열에 올라 샘문시선 위상이 높아졌으며, 프랑스, 미국, 영국, 독일, 스웨덴 등 세계 여러 나라의 바이어들과 인콰이어가 오가고 있으며, 특히 한강 작가가 출판을 "채식주의자"를 출판했던 거대한 출판사 바이어와 인연이 되어 수출상담이 이루어지고 있습니다. 이제 샘문그룹 가족 여러분들의 긍지와 자부심이 높아졌습니다. 끝없는 성원과 따뜻한 사랑을 보내주시는 독자님들의 성원이 있었기에 가능했던 일이라 사료 됩니다. 이처럼 가슴 떨리는 전설 같은 일들을 가능하게 해주신 존경하는 독자님들께 이 지면을 빌어 깊은 감사의 말씀을 드립니다.

이번 2024 한용운문학상 공모전 및 한용운문학시선집은 문학계의 저명한 문인들이 많은 옥고를 보내주셨고 신인과 기성 문인들의 응모가 성황을 이뤄 작품 심사에 어려움을 겪었으나 심사위원님들의 노고로 우수한 작품을 선별하고 선정하여 본상, 신인상 당선자를 선정하여 시상하고 시선집에 등재를 하게 되었습니다.

샘문그룹은 기존의 사명대로 회원들의 문학적 기량과 품위를 높이기 위해 한국문학시선집, 컨버전스시선집, 한용운문학시선집 정기적 출간을 지속적으로 유지하겠습니다. 또한 개인 단행본 시집, 시조집, 수필집, 소설집, 시화집, 이론서, 교재 등 다양한 각종 도서를 출간하는 소명을 지속해 나갈 것입니다. 출간 계획이 있으신 분들은 <샘문시선> 출판담당자와 상담하시기 바랍니다.
(02-491-0096 / 02-491-0060 / 010-4409-9589 / 도서출판샘문 출판부)

당선자 분들께서는 문학상 수상 기념으로 시집, 시조집, 동시조집, 수필집, 동시집, 동화집, 소설집, 평론집, 희곡집을 출간하시는 것을 적극 지원할 예정입니다. 정성껏 문집을 만들어드리겠습니다. 또한 샘문번역원에서는 엉어, 독일어, 스웨덴어, 블란서어, 일어, 중국어 등 세계 각국 언어들을 번역하고 출간하여 홍보 및 유통하여 드리겠습니다.

<K-문학 페스티벌> 사업인 신춘문예 샘문학상, 한용운문학상, 한국문학상, 한용운전국시낭송대회, 김소엽전국시낭송대회 행사가 개최되기에 지역경제 활성화 및 그동안 코로나로 상처 받은 분들께 위로가 되고, 신명이 나는 축제로, 더 나아가 세계화 일환으로 우리 ≪K-Culture≫를 한류화하여 이를 깊이 뿌리 내리는데 일조하고, 더 나아가 노벨꽃도 피우겠습니다.

저희 샘문그룹은 앞으로 품질과 완성도가 뛰어난 미디어서비스, 교육서비스, 문학상서비스, 시낭송서비스, 출판서비스, 자격증서비스, 유통서비스, 번역서비스, 언론서비스, 홍보서비스를 해드리기 위해 최선의 노력을 경주하겠습니다.

또한 올해 년 초에 설립한 샘문번역원에서는 영어, 스웨덴어, 독일어, 일어, 중국어, 블란서어로 번역하여 우리 문학 콘텐츠를 세계 만 방에 수출을 하게 되었습니다. 그리고 아마존 스토어에도 입점하여 판매를 시작했습니다. 앞으로도 회원님, 독자님들 의견을 청취하고 반영하여 개선하고 혁신하여 큰 성원에 보답하겠습니다.

그리고 이번 2024 한용운문학상 공모전과 제4호 한용운문학시선집 출간, 한용운 전국시낭송대회 행사 준비로 밤을 세워가며 고생한 편집 실무진, 임원 여러분에게 감사를 전하며, 한용운문학시선집 발간을 진심으로 축하드리고, 또한 한국문학상을 수상하시는 수상자들께 진심으로 축하의 말씀을 드립니다.

바쁘신 와중에도 참석하시어 격려해주시고 성원을 해주신 내빈 여러분께도 머리 숙여 감사의 말씀 올립니다. 또한 끝없는 사랑을 보내주신 독자님들께도 존경과 감사의 말씀을 거듭 드립니다. 대단히 감사합니다.

2024. 12. 21.
샘문그룹 회장 이정록 배상

□ 한용운문학상 제정 및 운영 경과보고 □
□ 한용운전국시낭송대회 제정 및 운영 경과보고 □

이 자리를 빛내주시는 모든 내빈 여러분들께 감사드립니다.

사단법인 문학그룹샘문과 이정록 이사장은 회원들의 사기 진작과 모든 문인에 자부심을 드높이고 대한민국 문학의 새로운 협력 및 팬덤을 도모하면서 문단에 새로운 가치를 선도하기 위함이고, 문학상을 매개로 한용운 시인의 詩 세계에 대한 재조명과 시인의 숭고한 예술혼을 기리는 한편 시문학 및 낭송 예술의 발전 및 보급과 국민 정서 함양에 기여하고, 코로나 엔데믹 및 경제불황 등으로 지쳐있는 시민과 국민들의 마음을 위로하고 가장 큰 타격을 입은 창작자들과 낭송가들의 활동을 지원하며, 문학 생태계 기반을 조성하고 확장해 나가기 위하여 한용운문학상 제정 및 한용운전국시낭송대회를 제정하고 한용운공동시선집을 <샘문시선>에서 출간하기에 이르렀습니다.

그럼, 그간의 경과와 성과에 대한 보고를 하겠습니다.

2019. 8월 경.	류경기 중랑구청장님으로부터 중랑구 망우공원 전문가 김영식 작가 소개 받음
2019. 09. 09.	그와 나 사이를 걷다 - 망우리 사잇길에서 읽는 인문학 작가 김영식씨와 망우공원에 잠드신 문화예술인들에 대해서 세미나 개최
2019. 10. 10.	김영식 작가를 대외협력이사로 위촉함
2019. 10. 20.	김영식 작가가 한용운선생 유가족인 큰 외손자 정재홍 TTAK 대표를 소개하여 만남이 이루어짐
2019. 11. 13.	유가족 정재홍 한용운 선생의 큰 외손자와 김영식 작가와 이정록 이사장님이 2차에 걸친 회담을 진행한 끝에 한용운문학상 및 한용운전국시낭송대회 제정 및 개최에 관해서 토의함.
2019. 12. 10.	한용운선생 큰 외손자와 김영식 작가와 이정록 이사장이 3차 협의하여 한용운문학상 및 한용운전국시낭송대회에 대해서 제정하기로 최종 동의함
2020. 05. 15.	임시총회를 개최하고 한용운문학상과 한용운전국시낭송대회 제정

2020. 10. 17.	및 한용운문학상 공동시선집을 출간하기로 안건 상정하여 전원 찬성으로 가결함
2020. 10. 17.	심재혁 행정사를 사업계획 및 수행 진행자로 선임함
2021. 01. 20.	서울특별시에 한용운문학상 등에 관한 사업계획서 신청함
2021. 01. 20.	중랑구에 한용운문학상 등에 관한 사업계획서 신청 후 선정됨
2021. 03. 22.	서울특별시로부터 「K-문학 페스티벌」 사업자로 최종 선정됨
2021. 03. 28.	서울특별시와 「K-문학 페스티벌」 사업에 관하여 약정 체결함.
2021. 01. 15.	서울특별시에 「K-문학 페스티벌」 사업명으로 사업계획서를 접수하여 신청함
2021. 05. 25.	임시총회를 개최하여 한용운문학상 추진위원회와 한용운전국시낭송대회 추진위원회 등을 발족함
2021. 05. 25.	임시총회를 개최하여 한용운문학상 심사위원단과 한용운전국시낭송대회 심사위원단 발족함
2021. 06. 15.	한용운문학상 및 한용운전국시낭송대회 심사위원단 위촉장 수여함
2021. 06. 15.	한용운문학상 추진위원 및 한용운전국시낭송대회 추진위원 위촉장 수여함
2021. 07. 16.	한용운문학상 및 한용운공동시선집 공모전 공고 (샘문뉴스 / 샘문그룹 홈페이지)
2021. 07. 16.	한용운전국시낭송대회 공고 (샘문뉴스 / 샘문그룹 홈페이지)
2021. 09. 16.	한용운전국시낭송대회 예선심사 해서 18명 본선 진출자 확정 발표
2021. 09. 25.	한용운문학상 및 계관부문, 중견부문, 신인부문, 한용운공동시선집 공모 마감
2021. 09. 25.	한용운선생, 충남 보령시 미산면 봉성리에 시비 제막함
2021. 10. 16.	한용운문학상 및 한용운 전국시낭송대회가 코로나19 펜데믹 상황으로 중랑문화원 대공연장 등이 폐쇄되어 개최하지 못하고 2021년 11월 28일 12시에 거행하기로 연기함
2021. 10. 10.	한용운문학상 당선자 확정후 각 개별 당선 통보함
2021. 11. 03.	한용운문학상 공동시선집 표지 및 본문 기획, 편집, 교정, 완료함
2021. 11. 24.	한용운문학상 공동시선집 인쇄 완료
2021. 11. 28.	한용운문학상 및 한용운공동시선집 출간기념회와 한용운전국시낭송 본선경연대회 개최 성료
2021. 12. 30.	서울시에 「K-문학 페스티벌」 사업 완료 보고함.

2022. 06. 17.		임시총회를 개최하고 2022년 제2회 한용운문학상 공모전과 한용운전국시낭송대회 개최 및 한용운공동시선집을 출간하기로 안건 상정하여 전원 찬성으로 가결함.
2022. 07. 01.		서울특별시에 한용운문학상 등 행사에 관하여 사업계획서를 신청.
2022. 07. 11.		서울특별시로부터 「K-문학 페스티벌」 후원업체로 선정
2022. 07. 15.		한용운문학상 및 한용운공동시선집 공모전 공고 (샘문뉴스 / 샘문그룹 홈페이지)
2022. 07. 15.		한용운전국시낭송대회 공고 (샘문뉴스 / 샘문그룹 홈페이지)
2022. 09. 25.		한용운전국시낭송대회 예선심사 종료, 20명 본선 진출자 확정 발표
2022. 09. 30.		한용운문학상 공모 및 한용운공동시선집 공모 마감.
2022. 10. 11.		한용운문학상 당선자 확정 후 각, 개별 당선 통보함.
2022. 10. 11.		㈜포스코건설, ㈜정일엠이씨, ㈜엔픽풀 후원업체로 선정
2022. 10. 20.		한용운공동시선집 표지 및 본문 기획, 편집, 교정, 완료함
2021. 10. 25.		한용운공동시선집 인쇄 완료
2022. 10. 29.		한용운문학상 및 한용운공동시선집 출간기념회와 한용운전국시낭송 본선 경연대회 개최

2023. 04. 13.		정기총회를 개최하고 2023년 제3회 한용운문학상 공모전과 한용운전 국시낭송대회 개최 및 한용운공동시선집을 출간하기로 안건 상정하여 전원 찬성으로 가결함.
2023. 04. 15.		서울특별시에 한용운문학상 등 행사에 관하여 사업계획서를 신청.
2023. 04. 25.		서울특별시로부터 「K-문학 페스티벌」 후원 명칭 사용단체로 선정
2023. 08. 17.		한용운문학상 및 한용운공동시선집 공모전 공고 (샘문뉴스 / 샘문그룹 홈페이지 등 기타)
2023. 08. 17.		한용운전국시낭송대회 공고 (샘문뉴스 / 샘문그룹 홈페이지)
2023. 10. 28.		한용운전국시낭송대회 예선심사 종료, 20명 본선 진출자 확정 발표
2023. 10. 31.		한용운문학상 공모 및 한용운공동시선집 공모 마감.
2023. 11. 20.		한용운문학상 당선자 확정 후 각, 개인별 당선 통보.
2023. 11. 30.		한용운문공동시선집 표지 및 본문 기획, 편집, 교정, 완료.
2023. 12. 08.		한용운공동시선집 인쇄 완료
2023. 12. 16.		한용운문학상 시상식 개최 한용운공동시선집 출간기념회 개최 한용운전국시낭송대회 본선경연 개최

2024. 04. 27.	정기총회를 개최하고 2024년 제4회 한용운문학상 공모전과 한용운전 국시낭송대회 개최 및 한용운공동시선집을 출간하기로 안건 상정하여 전원 찬성으로 가결함.
2024. 04. 29.	서울특별시에 한용운문학상 등 행사에 관하여 사업계획서를 신청.
2024. 05. 10.	서울특별시로부터 「K-문학 페스티벌」 후원 명칭 사용단체로 선정
2024. 08. 30.	한용운문학상 및 한용운공동시선집 공모전 공고 (샘문뉴스 / 샘문그룹 홈페이지 등 기타)
2024. 08. 30.	한용운전국시낭송대회 공고 (샘문뉴스 / 샘문그룹 홈페이지)
2024. 10. 11.	한용운전국시낭송대회 예선심사 종료, 30명 본선 진출자 확정 발표
2024. 10. 31.	한용운문학상 공모, 한용운공동시선집 공모전 응모 마감
2024. 10. 31.	한용운전국시닝송대회 참가신청 마감.
2024. 11. 11.	한용운전국시낭송대회 예선심사 종료, 30명 본선 진출자 확정 발표
2024. 11. 20.	한용운문학상 당선자 확정 후 각, 개인별 당선 통보.
2024. 11. 25.	한용운문공동시선집 표지 및 본문 기획, 편집, 교정, 완료.
2024. 12. 10.	한용운공동시선집 인쇄 완료
2024. 12. 21.	한용운문학상 시상식 개최
	한용운공동시선집 출간기념회 개최
	한용운전국시낭송대회 본선 경연 개최

본, 한용운문학상, 한용운공동시선집, 한용운전국시낭송대회를 개최하기까지 샘문그룹 이정록 이사장님과 이근배 고문님, 김소엽 고문님, 손해일 고문님, 김유조 고문님, 이진호 고문님께서 운영위원장, 부운영위원장, 운영위원, 심사위원장, 부심사위원장, 심사위원으로 노고가 크셨으며 부이사장단, 이사단, 자문위원단, 운영위원단, 부장, 차장, 국장, 과장 등 모든 직원과 회원 여러분들의 노고가 있었습니다. 이에 수고하신 모든 분에게 감사의 뜻을 표하며 경과보고를 마칩니다.

2024년 12월 21일
사단법인 문학그룹샘문 이사장 이정록
대독 부이사장 이종식

발간 축하시

웃음의 라임 외 1편

이 정 록

웃음은 웃음으로서 명약이다
많은 종류의 웃음을 웃음으로서 행복해지고 건강해진다
웃음을 통해 장이 강화된다
면역세포가 증가한다

이처럼 이롭고 의롭고 호기로운
웃음으로는 박장대소, 함박웃음, 너털웃음, 파안대소가 적당하리라

일부러라도 웃어주는 연습을 해보자
거짓으로 웃어도 어벙한 뇌는
좋은 일이 생겼다는 생각으로
엔돌핀을 맹글어 쌓는다고 하니
뇌를 종으로 맹글 일이다

조사해 나열하고 보니
정작 내가 잘 웃는 웃음은 저속에 없다
헤벌래웃음 같은 바보웃음 말이다
포복절도하다 배에 경련이나서
까무러친 것은 어떻고

ㅅ 웃음의 라임

이 정록

웃음은 쉼이며 새순이며 소리입니다
내 속에 숨이고 소녀고 소년입니다
쓰고 시고 서름한 삶입니다

웃음을 소문없이 소환했습니다
소리없이 웃는 미소
어설퍼 웃는 웃음 고소
씩 웃는 웃음 조소
쌀쌀한 웃음 냉소
숨을 싹 쓰는 웃음 폭소
실없이 쓰러지는 실소
손벽 쳐서 싸게 웃는 박장대소
쓱 씩 웃는 파안대소

눈속에서 살짝 웃는 눈웃음
큰 소리로 웃는 너털웃음
숭보듯 속살이는 비웃음
쌀쌀하게 웃는 선웃음
써서 웃는 쓴웃음
싫어서 웃는 억지웃음
쌍코소리의 코웃음
쌈박하게 웃는 함박웃음

헛헛해서 웃는 헛웃음

아마 신숭생숭 속없어 실없이 소문없이
소환해서 웃어 보는
속설이나 구설口說들입니다

이 정 록

서울시 중랑구 거주
서울대학교총동창회 이사
서울대학교 생활과학대학
숭실대학교 중소기업대학원
대림대학교 주임교수
샘문평생교육원 교수, 원장
(사)문학그룹샘문 이사장
(사)한국문인협회 회원
(사)국제PEN한국본부 이사
(사)한국현대시인협회 이사
(사)한용운문학 회장
(주)한국문학 회장
(사)샘문번역원 원장
(사)샘문뉴스 발행인, 회장
윤동주문학상 수상
한국문학상(문협) 수상
한용운문학상 수상
샘터문학상 대상 수상
수묵화일본국제대전 특선
바람의 애인 꽃 외 11권(시집)

샘문그룹 소개

□ 문학그룹 샘문에 대하여 □

　2021년에 제정하여 올 2024년 가을에는 한용운문학상 및 한용운전국시낭송대회가 4회 째가 개최되고, 한용운문학상공동시선집 제4호를 발간하게 됩니다.
　한국문학 한류화 프로젝트 일환으로 기획 된 K-문학 페스티벌 행사가 만해 한용운 선생의 유가족이 유일하게 허락한 상이며, 또한 서울특별시와 중랑구로부터 선정되어 후원하는 행사이기에 대의명분과 당위성과 저명성이 충만한 문학상 공모 및 시상, 전국시낭송 경연, 공동시선집 발간입니다.

　그리고 2023년도인 작년에는 제3회 한용운문학상 공모전 및 제3호 한용운공동시선집 공모전에서 인격적인 소양과 덕망 높은 성품, 기량까지 고루 갖추신 시인, 작가들의 수준 높은 작품들이 응모되었습니다. 더불어 독자가 늘어나고 문학사 위상과 브랜드력이 높아짐에 따라 어깨 또한 무거워집니다.

　2024년 4월 27일경 신춘문예 샘문학상은 벌써 14년 간 14회 째를 올 4월에 개최되었고, 컨버전스공동시선집도 14호를 발간하였습니다.

　올해는 1966년도에 창간 및 제정 된 후 재창간 혁신2호인 한국문학 문예지 한국문학시선집 출간식 및 한국문학상 시상식이 공모전을 거쳐 2024년 9월 7일 개최하였고, 제2회 김소엽전국시낭송대회도 9월 7일날 개최하였습니다.

　2023년 가을에는 샘문그룹 문학예술제 개최, 문학기행 개최, 백일장을 500여 년 전부터 시작 된 시문학의 시초요, 원류요, 성지인 전남 담양에서 거행하여 성료 되었습니다.

　그리고 2024년 12월 21일 오늘 제4회 한용운문학상 시상식과 한용운공동시선집 출간식과 한용운전국시낭송대회를 거행하고 있습니다.

　올해 1월 경에 설립한 샘문번역원 및 샘문해외사업부(무역부)에서는 영어, 스웨덴어, 독일어, 일어, 중국어, 블란서어로 번역되어 전 세계 만 방에 수출 상담이 진행되고 있으며, 미국 아마존 스토어에 샘문스토어가 입점하여 판매를 시작하였습니다.

  시를 짓고, 작가들이 마음껏 글을 써서 발표하고, 독자들이 좋은 글을 마음껏 찾아 읽을 수 있는 맑고 향기롭고 품격 있는 문단을 만들어야 한다는 책임감 때문이겠지요. 늘 고여있지 않고 늘 맑은 영수漢水가 넘치는 샘문그룹은 이런 곳이라고 신실하고 겸손하게 소개하고 싶습니다.

  <첫 번째>
저희 샘문은 100% 문인으로 구성되어 있습니다.

  <두 번째>
회원이 한국문단에서 제일 많습니다.
약 15만 명에 도달하고 있습니다. 인재 풀이 깊고 넓어 자원이 풍부합니다.

  <세 번째>
초고효율, 초내실화로 오프라인과 온라인 SNS상에서 터를 잡아 "디지털 노마드"로 압축, 응축, 팽창, 성장하였습니다.
욕심 부리지 않고 열심히 초석을 쌓았습니다. 항상 낮은 자세로 겸손하게 진실한 마음으로 예우하고 서비스하고 약속을 지켰습니다.
앞으로도 변함없는 신뢰로 혁신적인 노력을 지속적으로 하겠습니다.

  <네 번째>
기존의 문예지, 간행지를 혁파하여 융합하여 프로모션(promotion)을 진행하고 있습니다.
월간, 격월간, 계간, 반간, 년간, 동인지, 단행본, 잡지 등을 융합하고 아마추어부터 중견, 프로까지 한 권의 문예지에 모셨습니다.

  그 결합 상품 결과물이 컨버전스시선집, 한용운시선집, 한국문학시선집 입니다.
  혁신하고 융합하여 표준화하고 브랜드력을 높인 융합솔루션(Convergence Solution)입니다.
  앞으로도 문단의 새로운 역사를 여러분들과 함께 써내려 가겠습니다.

<다섯 번째>
우리 문학사에는 인재가 많습니다.
석사, 박사, 교수, 교사 등 전문가들이 약 25%에 이릅니다. 대학교수님도 등단을 하시고 문학박사님도 당 문학사에서 등단을 하십니다. 저희 문학사에서는 등단 전 특별한 절차도 있습니다.
적절량에 기량 테스트 후 지도도 당사자가 원하는 경우 서비스 해드립니다.
타 문학사에서 등단하신 분도 다시 오셔서 재등단을 하십니다.

<여섯 번째>
당 문학사에는 시창작을 지도하는 예술대학, 문예대학이 오래전 교육부 인가를 받아 설립하여 가동 중입니다.
교육부에서 공식 인가를 받은 샘문사이버교육원 샘문예술대학과 샘문평생교육원 샘문예술대학입니다.
현재 시창작학과는 13기 수강생 모집 중에 있으며 시조창작학과는 제4기, 시낭송학과는 제10기 학과들이 강의 중에 있습니다.
후기 수강생분들을 모집 중에 있습니다.
스피치학과, 가곡학과, AI인공지능학과도 있습니다.
미래 동량들을 위한 문화예술인들을 위한 국가 문화산업 발전을 위한 교육대학이 되겠습니다.

또한 샘문그룹은 신한대학교, 대림대학교, 한국열린사이버대학, 대림문예대학교와 공식적인 상호협력 협약을 체결하였습니다.
이는 당 문학사와 샘문예술대학의 수준 높은 문인과 낭송가들의 활동 영역을 넓히고 많은 인재들을 배출할 수 있는 토대를 구축한 것입니다.
그리고 당 문학그룹 회장, 이사장이신 이정록 시인이 대림대학교 및 대림문예대학 주임교수로 재임하고 있으며, 시창작학과와 시낭송학과 지도교수들이 파견되어 강의를 하고 있으며, 샘문예술대학의 교육시스템을 파견하여 지도하고 있습니다.

<일곱 번째>
유통구조의 혁신을 이루어 나가고 있습니다. 오프라인으로 교보, 영풍 등 그리고 온라인 서점으로서 알라딘, 예스24, 인터파크 등, 그리고 오픈마켓으로 옥션, 쿠팡, 위메프 등 총 25개 업체와 계약, 입점 등 유통, 발매를 제휴하고 있습니다.
베스트셀러 명품브랜드 샘문시선으로 전용전시매대도 런칭하고 있습니다.

<여덟 번째>
　샘문 <글로벌 홈페이지>를 구축하여 <디지털 노마드>로서 모든 SNS와 연동 기능, 모바일 연동기능, <샘문뉴스>와 연동기능, <샘문예술대학(평생교육원)>과 <샘문쇼핑몰>, <네이버 샘문스토어>, <네이버 한국문학스토어>, <아마존 샘문스토어>와 연동기능, 카드 결재기능, 계좌 결재기능, 핸드폰 결재기능, 문학콘텐츠 출판기능, 문학상 및 신인문학상 연결 기능을 갖추고 있습니다.

　최초인, "샘문1.0"코드를 가동하여 "샘문3.0"까지 런칭하였습니다.
　어느 업체나, 어느 문인이나, 어느 장르나 일정 심사를 통과하면 입점이 가능하고 <샘문쇼핑몰 오픈마켓> 안에서, <네이버 샘문스토어> 안에서 <아마존 샘문스토어> 안에서 인문학 상품 및 모든 상품이 판매 및 구매가 가능합니다.

<아홉 번째>
　저희 문학그룹은 "샘문뉴스"를 정부로 부터 공식 인가 받아 창간하여 현재는 일 년에 약 800만 명에 구독자가 방문하고 있습니다.
　<송송송 솟아나는 샘물, 뉴스의 마중물>, <독자들의 알권리 충족, 문화적 시사적 욕구충족을 위한 보도>라는 케치프레이즈를 걸고 뉴스를 보도하고 있으며, 한국 최고의 뉴스지로 발돋움하고 있습니다.

<열 번째>
　한국문단 최초로 <검정시험 시행기관> 및 <민간자격증> 발급기관으로 정부로 부터 인가 받았습니다.
　<법률 제14397호>, <자격기본법 제17조> 및 <자격기본법 시행령 제23조>에 따라 <자격증>을 발급하는 <민간자격증 발급기관>으로서 당 교육기관인 샘문평생교육원(이하 당, 교육기관이라 한다.)에서 초급과정(기본반), 중급과정, 고급과정, 지도자과정(심화, 특화 과정)을 거쳐 교육하고 국가 주무 부처 관리 감독 하에 심의 하에 <검정시험>을 당 교육기관에서 출제하고 감독하여 실시하여 표준화 된 자격명에 의한 2급, 1급 자격증이 발급 되어 집니다.

　<시낭송가 1급, 2급>과 <시창작가 1급, 2급>, <가곡가창가 1급, 2급>, <시낭송지도자 1급, 2급>, <시창작지도자 1급, 2급>, <가곡가창지도자 1급, 2급> 이론과 실기, 검정시험을 시행하여 자격증을 발급하므로서 많은 전문가를 배출하고 있습니다.

지금까지는 한국문단 및 예술계 전체가 표준화 되지 못한, 인가 받지 못한, 관리 감독 받지 못한 무허가 지도 및 무허가 자격증 발급 등으로 저질화 된 교육과 불법 자격으로 인해 몸살을 앓아왔던 것을 일소하는 계기가 되고 전환점이 될 것입니다.

<열한 번째>
저희 문학사는 경쟁 보다는 경쟁력을 키우겠습니다.
문화 및 교육 서비스, 미디어 서비스 그룹으로서 면모 및 시스템을 갖추고 창간, 발간, 개강, 창업, 교육, 시험, 발급, 발매, 유통, 수출, 문학상 공모전, 시선집 공모전, 당선, 등단, 문학제, 시화전, 백일장 등의 알고리즘 솔루션을 전 세계적으로 <컨버전스화> 하고 <플랫폼화> 하고 <허브>를 구축하여 프로모션을 진행해 나가겠습니다.

<열두 번째>
한국문단과 예술계에 질적 향상을 꾀함으로서 고대, 근대, 현대를 거쳐 수천 년의 역사를 가진 우리 <한민족 문화 콘텐츠>를 <한류화>함으로서 <인류의 정신적 의식 함양>에 이바지하고 이 가치를 구현하기 위해 열정적으로 노를 저어 잘 순항하여 <신세계>라는 항구에 도달하여 <노벨꽃>을 꼭 피우겠습니다.

<열세 번째>
인문학을 제 4차 산업화, 상품화 하겠습니다.
미래의 먹거리 산업으로 인문학 경제 산업으로 초석을 공고히 다지고자 하는 의지와 선견력을 가지고 선재적, 선도적, 선구자 적, 출입 전략으로 수행 전략으로, 구현 전략으로 자본수지 적으로 열악한 문단 및 예술계를 4차 산업화 전략으로, 상품화 전략으로 프로모션하여 경쟁력을 높이고 최상의 목표를 달성하겠습니다.

<열네 번째>
샘문그룹은 도서출판 샘문에서 <샘문시선>이란 브랜드로 회원 여러분들의 컨버전스시선집, 한용운문학시선집, 한국문학시선집 뿐만 아니라 개인시집, 시화집, 수필집, 소설집, 평설집, 희곡집, 수상집, 동화집, 꽁트집, 자서전, 교육 도서 등 개인 저서 등 각종 도서를 만들어 드립니다.

전문 기획자, 에디터(편집자), 일러스트, 디자이너와 활발히 활동 중인 시인 편집자, 감수자(윤문), 번역자가 원고 교열 교정 및 퇴고, 첨삭 감수까지 꼼꼼하게 작업하여 완성도 높은 저서 출간을 위해 노력하고 있으며, 동시에 유통, 발매까지 핫라인으로 운영되어 저자를 지원해 드리고 있습니다.

<열다섯 번째>
2021년 부터 한용운문학상과 한용운전국시낭송대회를 개최하였습니다.
현재 운영위원회가 가동 중이며, 제1회 행사가 2021년 11월 28일에 개최되었고 제2회 행사가 2022년 10월 29일에 개최되었고 제3회 행사가 2023년 12월 16일에 개최되어 성료 되었습니다.

<열여섯 번째>
충남 보령군에 샘터시비공원에 <총 25기>의 시비를 건립하여 제막식을 2022년 9월 25일에 치루었습니다.
당 문학사에서 문학상 본상을 수상하신 분들이나 지대한 업적을 쌓으신 분들이 시비 건립에 참여하였습니다.

<열일곱 번째>
올 2023년 1월 경에 샘문번역원 및 샘문해외사업부(무역부)가 설립되어 가동 중입니다.
영어, 스웨덴어, 독일어, 중국어, 일어, 블란서어가 번역되어 세계시장에 수출될 예정으로 해외 바이어와 상담이 활발하게 진행되고 있습니다.

<열아홉 번째>
이번에 당 문학사 회장 이정록 시인에 시집 <산책로에서 만난 사랑>, <내가 꽃을 사랑하는 이유>, <양눈박이 울프>, <꽃이 바람에게>, <바람의 애인, 꽃> 등 서정시집이 5년 간 베스트셀러 행진을 하고 교보문고 골든존에도 전 권이 등극 하였습니다.

현재 6년 사이에 <판매순위>, <평점순위>, <가격순위> 를 교보문고 등에서 1위를 지속하여 <네이버>가 전국 서점을 모니터링하여 <베스트셀러를 선정> 하여 원형에 붉은 색상인 베스트셀러 낙관을 부여 했습니다.
그리고 출간되는 시집마다 교보문고 광화문 전시매장 시코너 <골든존>에 전 권이 전부 등극하였습니다.

당 문학사 브랜드 <샘문시선>이 <베스트셀러 명품브랜드> 반열에 올랐습니다.
이정록 시인의 베스트셀러를 필두로 서창원 시인, 강성화 시인, 김영운 시인, 박동희 시인, 최성학 시인, 김춘자 시인, 남미숙 시인, 이수달 시인, 이종식 시인, 정완식 소설가, 이동춘 시인, 이상욱 시인, 김정호 시인, 황주석 시인, 권정선 시인, 오순덕 시인 등, 연속적으로 베스트셀러가 탄생하고 있습니다.

<스무 번째>
샘문그룹에서는 추가적으로 <샘문전국시낭송대회>, <송강정철문학상>, <지율문학상>, <샘문예술문학상>, <이정록문학상>, <이근배문학상>, <김소엽문학상>, <손해일문학상> 등을 제정할 예정입니다.

<스물한 번째>
2023년 올해 8월 26일에는 김동리 선생이 1966년 창간하고 제정하여 이근배 선생이 물려받은 것을 지율 이정록 선생이 물려받아서 한국문학상 공모전 및 문예지 한국문학시선집 공모전과 출간식을 개최하였고 이사장 이정록 선생이 주관하여 제정한 김소엽전국시낭송대회도 2023년 8월 26일에 개최하여 성료되었습니다.
그리고 올해 2024년 9월 7일에 한국문학상 시상식과 혁신2호 한국문학시선집 출간식, 김소엽전국시낭송대회가 거행되어 성료되었습니다.

<스물두 번째>
그리고 2024년 12월 21일 오늘, 제4회 한영운문학상 및 제4회 한용운전국시낭송대회가 개최되고, 제4호 한용운공동시선집이 출간됩니다.
이 행사들은 <K-문학 페스티벌>이란 한류화 사업으로 서울특별시, 중랑구 등 25여 개 단체 및 기업이 후원합니다.

저희 "샘문4.0 컬처 솔루션"은 회원님, 문우님, 독자님들의 평생가치를 지향합니다.
대단히 감사합니다.

2024. 12. 21.
사단법인 문학그룹샘문 이사장
주식회사 한국문학 회장
이정록 拜上

○ 서시 ○

금강산 외 4편

한 용 운

만이천봉萬二千峰!
무양無恙하냐, 금강산아?
너는 너의 님이 어데서 무엇을 하는지 아느냐?

너의 님은 너 때문에 가슴에서 타오르는 불꽃에 온갖 종교, 철학, 명예, 재산
그 외에도 있으면 있는 대로 태워 버리는 줄을 너는 모르리라

너는 꽃에 붉은 것이 너냐
너는 잎에 푸른 것이 너냐
너는 단풍에 취한 것이 너냐
너는 백설에 깨인 것이 너냐

나는 너의 침묵을 잘 안다
너는 철 모르는 아이들에게 종작 없는 찬미를 받으면서 시픈 웃음을 참고
고요히 있는 줄을 나는 잘 안다

그러나 너는 천당이나 지옥이나 하나만 가지고 있으려무나
꿈 없는 잠처럼 깨끗하고 단순하란 말이다
나도 짧은 갈궁이로 강 건너의 꽃을 꺾는다고 큰 말하는 미친 사람은 아니
다 그래서 침착하고 단순하려고 한다

나는 너의 입김에 불려오는 조각 구름에 키쓰한다
만이천봉! 무양하냐, 금강산아
너는 너의 님이 어데서 무엇을 하는지 모르지

그를 보내며

한용운

그는 간다
그가 가고 싶어서 가는 것도 아니요
내가 보내고 싶어서 보내는 것도 아니지만, 그는 간다
그의 붉은 입술, 흰 이,
가는 눈썹이 어여쁜 줄만 알았더니
구름 같은 뒷머리, 실버들 같은 허리,
구슬 같은 발꿈치 보다도 아름답다

걸음이 걸음보다 멀어지더니 보이려다 말고 말려다 보인다
사람이 멀어질수록 마음은 가까워지고 마음이 가까워질수록 사람은 멀어진다
보이는 듯한 것이 그의 흔드는 수건인가 하였더니,
갈매기 보다도 작은 조각 구름이 난다

님의 얼굴

한용운

님의 얼굴을 '어여쁘다'고 하는 말은
적당한 말이 아닙니다
어여쁘다는 말은 인간 사람의 얼굴에 대한 말이요
님은 인간의 것이라고 할 수가 없을 만치 어여쁜 까닭입니다

자연은 어찌하여 그렇게 어여쁜 님을 인간으로 보냈는지 아무리 생각하여도
알 수가 없습니다
알겠습니다 자연의 가운데에는 님의 짝이 될 만한 무엇이 없는 까닭입니다

님의 입술 같은 연꽃이 어데 있어요
님의 살빛 같은 백옥이 어데 있어요
봄 호수에서 님의 눈결 같은 잔물결을 보았습니까
아침 볕에서 님의 미소 같은 방향芳香을 들었습니까
천국의 음악은 님의 노래의 반향입니다 아름다운 별들은 님의 눈빛의 화현化現입니다

아아 나는 님의 그림자여요
님은 님의 그림자밖에는 비길 만한 것이 없습니다
님의 얼굴을 어여쁘다고 하는 말은 적당한 말이 아닙니다

참말인가요

한용운

그것이 참말인가요?
님이여, 속임없이 말씀하여 주셔요
당신을 나에게서 빼앗아 간 사람들이 당신을 보고 '그대는 님이 없다'고 하였다지요

그래서 당신은 남 모르는 곳에서 울다가 남이 보면 울음을 웃음으로 변한다지요
사람의 우는 것은 견딜 수가 없는 것인데 울기조차 마음대로 못하고 웃음으로 변하는 것은 죽음의 맛보다도 더 쓴 것 입니다

그러면 나는 그것을 변명하지 않고는 견딜 수가 없습니다
나의 생명의 꽃 가지를 있는 대로 꺾어서 화환을 만들어 당신의 몸에 걸고 '이것이 님의 님이라'고 소리쳐 말하겠습니다

그것이 참말인가요?
님이여, 속임없이 말씀하여 주셔요
당신을 나에게서 빼앗아 간 사람들이 당신을 보고 '그대의 님은 우리가 구하여 준다'고 하였다지요?
그래서 당신은 '독신생활을 하겠다'고 하였다지요?

그러면 나는 그들에게 분풀이를 하지 않고는 견딜 수가 없습니다
많지 않은 나의 피를 더운 눈물에 섞어서 피에 목마른 그들의 칼에 뿌리고 '이것이 님의 님이라'고 울음 섞어서 말하겠습니다

심은 버들

한 용 운

뜰 앞에 버들을 심어
님의 말을 매었더니
님은 가실 때에
버들을 꺾어 말 채찍을 하였습니다.

버들마다 채찍이 되어서
님을 따르는 나의 말도 채칠까 하였더니
남은 가지 천만사千萬絲는
해마다 해마다 보낸 한恨을 잡아맵니다

한 용 운
시집 <님의 침묵> 중에서
한용운(韓龍雲, 1879~1944)
충남 홍성에서 태어났으며, 속명은 유천(裕天), 용운은 법명이며, 만해(萬海)는 법호다.
1905년 설악산 백담사에서 출가한 승려이자 시인, 독립운동가다.
1919년 3·1 독립운동에 민족대표로 참여했으며, 일제에 저항하는 항일단체를 조직하기도 했다.
1933년부터 서울 성북동 심우장(尋牛莊)에서 입적할 때까지 살았다.
1926년 첫 시집 <님의 침묵>을 출간했으며, 한국 불교계의 개혁 방안을 제시한 <조선불교유신론>을 남겼다.

[만해 연보]

문학예술사 · 독립운동사 · 불교사상사의 위대한 인물

만해 한용운 선생의 발자취를 돌아봅니다.

- **1879년 8월 29일** ▶ 충청남도 홍성군 결성면 성곡리 491에서 한응준의 둘째 아들(고종 16년 기묘 음 7월 2일)로 태어남. 본관은 청주, 자는 정옥貞玉, 속명은 유천裕天, 어머니는 온양 방씨.
- **1884년 (6세)** ▶ 고향의 서당에서 한문 공부 시작
- **1887년 (9세)** ▶ 「서상기西廂記」를 독파하고 「통감」을 해독했으며 「서경」 "「기삼백주朞三百註」"를 통달함.
- **1892년 (14세)** ▶ 천안 전씨, 정숙全貞淑과 결혼
- **1896년 (18세)** ▶ 서당의 숙사塾師가 되어 아이들을 가르치던 중 홍성 일대 의병에 참가함.
- **1897년 (19세)** ▶ 의병 궐기 실패로 인하여 고향을 떠남.
- **1899년 (21세)** ▶ 속리산 법주사, 오대산 월정사, 설악산 백담사 등을 전전함.
- **1904년 (26세)** ▶ 고향에서 수 개월여 머물다가 백담사로 돌아가서 출가함. 12월에 맏아들 "보국" 태어남(6.25 때 북한에서 행방불명됨.) (※ 뒤로 다섯 명의 딸을 두었음).
- **1905년 (27세)** ▶ 1월 26일 ; 백담사에서 김연곡金蓮谷 스승에게서 득도得度하고 영제스님으로부터 수계受戒함. (※ 계명은 봉완, 법명은 용운, 법호는 만해)
- **1906년 (28세)** ▶ 양계초梁啓超의 「음빙실문집」, 서계여徐繼畬의 「영환지략」을 접하고서 새로운 세계를 탐구하고자 세계여행을 계획함. 원산에서 배를 타고 블라디보스토크로 갔으나 일진회 첩자로 오인 받아서 고초를 당함.
- **1908년 (30세)** ▶ 4월 ; 일본의 시모노세키, 교토, 도쿄, 닛코 등지를 돌며 신문물을 시찰함. 도쿄 도동종대학에서 아사다 교수 주선으로 불교와 서양 철학을 수강함. 유학 중이던 "최린"과 교분을 맺고 10월에 귀국함.
  ▶ 12월 ; 서울에서 "경성명진측량강습소"를 개설함.
- **1910년 (32세)** ▶ 백담사에서 「조선불교유신론」 탈고. 불교 교육 불교한문 독본을 편찬함.

- **1911년 (33세)**
  - ▶ 1월 15일 ; 박한영, 진진웅, 김종래, 장금봉 등과 순천 송광사, 동래 범어사에서 승려궐기대회를 개최하고 한일 불교 동맹조약을 분쇄함.
  - ▶ 3월 15일 ; 범어사에서 조선 임제종 종무원을 설치.
  - ▶ 8월 ; 만주 일대를 주유하며 독립군 정세파악 도중 통화현 굴라재에서 일본 첩자로 오인 받아서 총을 맞고 죽을 고비를 넘김.
- **1912년 (34세)**
  - ▶ 불교대전 편찬 계획의 일환으로 양산 통도사에서 고려대장경(1,511부 6,802권)을 열람함.
- **1913년 (35세)**
  - ▶ 4월 ; 불교 강구회 총재에 취임함.
  - ▶ 5월 ;「조선불교유신론」발행(불교서관).
- **1914년 (36세)**
  - ▶ 4월 ;「불교대전」발행(범어사). 8월 ; 조선불교회 회장 취임
- **1915년 (37세)**
  - ▶ 10월 ; 조선 선종 중앙포교당 포교사 취임
- **1917년 (39세)**
  - ▶ 4월 6일 ;「정선강의 채근담」발행(신문관).
  - ▶ 12월 3일 ; 오세암에서 좌선 중 바람에 물건 떨어지는 소리를 듣고 깨달음을 얻어서 <오도송>을 지음.
- **1918년 (40세)**
  - ▶ 9월 ; 월간교양잡지「유심」창간. 중앙학림 강사 취임
- **1919년 (41세)**
  - ▶ 1월 ; 최린, 현상윤 등과 조선독립 숙의. 최남선의 <독립선언서>의 자구 수정 및 "공약삼장" 추가
  - ▶ 3월 1일 ; 태화관에서 33인을 대표하여 독립선언서를 낭독하고 일경에 체포됨. (※ 투옥될 때 변호사, 사식, 보석을 거부할 것을 결의함.)
  - ▶ 7월 10일 ; 서대문형무소에서 일제 검사의 심문 답변으로서 <조선 독립 이유서>를 제출함.
  - ▶ 9월 ; 경성지방법원 제1형사부에서 유죄판결을 받음.
  - ▶ 10월 30일 ; 경성복심법원 민족대표 48인 판결로 한용운, 손병희, 최린, 권동진, 오세창, 이종일, 이인환, 함태영 등 8인이 최고 형량 3년 선고받음.
  - ▶ 11월 4일 ; 상해에서 발행되는 "독립신문"에 <조선독립에 대한 감상의 대요>라는 제목으로 <조선독립이유서>가 발표됨.
- **1920년 (42세)**
  - ▶ "3·1운동 참회서"를 내면 사면하겠다는 일제의 회유를 거부함.

- **1921년 (43세)** ▶ 12월 22일 ; 경성감옥에서 출옥
- **1922년 (44세)** ▶ 불교사회화를 위한 법보회 발기
- **1923년 (45세)** ▶ 조선물산장려운동을 지원
- **1924년 (46세)** ▶ 조선불교청년회 총재에 취임
- **1925년 (47세)** ▶ 6월 7일 ; 오세암에서 「십현담주해」를 탈고함.
  ▶ 8월 29일 ; 백담사에서 「님의 침묵」을 탈고함.
- **1926년 (48세)** ▶ 5월 15일 ; 십현담주해 발행(법보회)
  ▶ 5월 20일 ; 「님의 침묵」 발행(회동서관)
- **1927년 (49세)** ▶ 1월 ; 신간회 발기인으로 참여
  ▶ 5월 ; 신간회 중앙집행위원 겸 경성지회장 당선
  ▶ 7월 ; 동아일보에 수필 <여성의 자각> 발표
  ▶ 8월 ; 회고담 <죽었다 살아난 이야기> 발표
- **1929년 (51세)** ▶ 광주학생의거를 조병옥, 김병로, 송진우, 이인, 이원혁, 이관용, 서정희 등과 전국 확대 민중대회 개최
- **1930년 (52세)** ▶ 김법린, 김상호, 이용조, 최범술 등이 조직한 청년비밀결사대인 <만당>의 영수로 추대됨
- **1931년 (53세)** ▶ 5월 ; 신간회 해체됨. 6월 ; 잡지 「불교」 인수, 사장 취임
- **1932년 (54세)** ▶ 3월 ; <세계종교계의 회고> 발표
  ※ 불교계 대표인물 투표에서 최고 득표로 압도적인 지지를 받음. (한용운 422표, 방한암 18표, 박한영 13표)
  ▶ 12월 ; 일제의 황민화정책 사주를 받은 식산은행이 조선의 유명인사 매수 일환으로, 선생에게 성북동 일대 국유지를 주겠다고 유혹하였으나 거절함.
- **1933년 (55세)** ▶ 10월 ; 간호사인 유숙원兪淑元과 재혼함.
  벽산스님의 집터 기증과 방응모, 박광 등 여러 인사의 성금으로 성북동에 <심우장>을 지음. 선생은 일제가 보기 싫다면서 일제총독부 건물을 등지고서 일부러 집을 북향으로 지었다고 함.
- **1936년 (58세)** ▶ 단재 신채호의 묘비를 세움(오세창 글씨)
  다산 정약용 서세逝世 백주년 기념회 개최
- **1937년 (59세)** ▶ 광복운동의 선구자 김동삼 선생이 서대문에서 옥사하자 유해를 심우장으로 모시고 5일장을 치름.
- **1939년 (61세)** ▶ 8월 26일 서울 청량사에서 회갑연을 엶(오세창, 홍명희, 김관호 등 20여 명 참석)

- **1940년 (62세)** ▶ 수필 <명사십리> 발표. 박광, 이동하 등과 창씨개명 반대운동을 펼침.
- **1944년 (66세)** ▶ 6월 29일(음력 5월 9일) 심우장에서 입적함. 미아리 화장장에서 유해를 다비한 후 망우리 공동묘지에 안장함. [세수 66, 법랍 39]
- **1962년** ▶ [대한민국건국 공로훈장 대한민국장(훈기번호 제25호)] 수훈
- **1970년** ▶ 3월 1일 ; [용운당 대선사 비]를 탑골공원에 세움.
- **1971년** ▶ 「한용운 전집」 전 6권 간행(신구문화사)
- **1974년** ▶ [만해문학상] 제정(창작과 비평사)
- **1979년** ▶ 12월 29일 ; 망우리 묘소에 비석과 상석 세움(만해 사상 연구회)
- **1980년** ▶ 3월 1일 ; 망우리에 만해 비석 제막
- **1981년** ▶ 심우장에 만해기념관 개관
- **1985년** ▶ 충남 홍성군 남장리에 만해 동상 세움.
- **1990년** ▶ 심우장 만해기념관을 남한산성으로 이전
- **1992년** ▶ 백담사에 만해의 <오도송>을 새긴 시비 제막
- **1996년** ▶ 독립기념관에 [만해 어록비] 세움(대한불교청년회)
- **1997년** ▶ 11월 ; 백담사에 만해문학박물관 건립
- **1998년** ▶ 5월 20일 ; 남한산성 만해기념관 확장완공 개관
- **2003년** ▶ 강원도 인제군에 [만해마을] 조성(만해사상실천선양회)
- **2013년** ▶ 만해마을 건물과 부대시설 일체를 동국대학교에 무상 증여함.

- **2021년** ▶ 한용운 선생 유가족인 큰 외손자 정재홍 선생의 허락을 받아 4월 5일 [한용운문학상] 제정함. (사단법인 샘문그룹(구,샘터문학)/12개 계열사).
- **2021년** ▶ 서울특별시와 중랑구로부터 한용운문학상과 한용운전국시낭송대회 공적 사업을 근간으로 하는 K-문학페스티벌 주최·주관 단체로 선정, 지원, 후원받음.
  ▶ 2021년 11월 28일 ; 제1회 <한용운문학상> 시상식과 <한용운전국시낭송대회> 본선 경연대회를 중랑문화원 1층 대공연장에서 개최하고 한용운공동시선집을 출간하여 동 장소에서 출간식을 개최함.

	▶ 충청남도 보령시 미산면 봉선리에 만해 한용운 선생 시비 제막함. 사단법인 샘문그룹문인협회(구,샘터문인협회) 시비문학공원 조성하여 총 25기의 시비를 제막함.
● 2022년	▶ 2022년 10월 29일 : 제2회 <한용운문학상> 시상식과 <한용운전국시낭송대회> 본선 경연대회를 중랑문화원 4층 소공연장에서 개최하고 한용운공동시선집을 출간하여 동 장소에서 출간식을 개최함. ▶ 서울특별시, 중랑구, 포스코건설, 태성이엔씨, 정일에스엠으로 부터 한용운문학상과 한용운전국시낭송대회 공적 사업을 근간으로 하는 K-문학페스티벌 주최·주관 단체로 선정되어 후원받음.
● 2023년	▶ 2023년 12월 16일 : 제3회 <한용운문학상> 시상식과 <한용운전국시낭송대회> 본선 경연대회를 중랑문화원 4층 소공연장에서 개최하고 한용운공동시선집을 출간하여 동 장소에서 출간식을 개최함. ▶ 서울특별시, 중랑구 등으로부터 한용운문학상과 한용운전국시낭송대회 공적 사업을 근간으로 하는 K-문학페스티벌 주최·주관 단체로 선정되어 후원받음.
● 2024년	▶ 2024년 12월 21일 : 제4회 <한용운문학상> 시상식과 <한용운전국시낭송대회> 본선 경연대회를 중랑문화원 4층 소공연장에서 개최하고 한용운공동시선집을 출간하여 동 장소에서 출간식을 개최함. ▶ 서울특별시, 중랑구 등으로부터 한용운문학상과 한용운전국시낭송대회 공적 사업을 근간으로 하는 K-문학페스티벌 주최·주관 단체로 선정되어 후원받음.

2024. 12. 21.
사단법인 문학그룹샘문 이사장 이정록
대독 부이사장 송영기

○ 한용운문학상 권두시 ○

내가 산이 되기 위하여 외 2편

이 근 배

어느 날 문득
서울 사람들의 저자거리에서
헤매고 있는 나를 보았을 때
산이 내 곁에 없는 것을 알았다

낮도깨비같이 덜그럭거리며
쓰레기 더미를 뒤적이며
사랑 따위를 팔고 있는 동안
신이 떠나버린 것을 몰랐다

내가 술을 마시면
같이 비틀거리고
내가 누우면 따라서 눕던
늘 내가 되어 주던
산을 나는 잃어버렸다

내가 들르는 술집 어디,
만나던 여자의 살 냄새 어디,
두리번거리고 찾아도
산은 보이지 않았다

아주 산이 가버린 것을 알았을 때
나는 피리를 불기 시작했다
내가 산이 되기 위하여

오디

이 근 배

어린 날 끝물 뽕잎을 따러
보리밭 머리 등 굽은 뽕나무에 올라앉으면
누에가 고치를 짓기 전의 세상이
검붉은 열매로 매달려 있다

감꽃처럼 떫은 첫 입맞춤이 닿기 전의
혀끝과 입술에 녹아드는 오디,
누에는 왜 명주실로 집을 지어
나방이가 되지 못하고 끝나는 것일까

보리밭이랑 넘어가는
맨발 계집애의 가는 허리를 보다가
손에 쥔 오디가 으깨지고 으깨지고
쉬, 쉬, 쉬, 쉬잇
무지개 서는 오줌발에
깜부기로 마스러지는
뽕나무 위의 하늘

모자를 벗고

이 근 배

글씨는 더더욱 모르고
붓도 제대로 못 잡으면서
추사秋史, 그 높은 다락을
목이 빠지게 올려다보고 다녔다
더도 덜도 말고 예서隷書 한 점만!
턱없는 소원 갖던 내 눈에
어느 날 인사동 골동가게에서

"소나무 아래 집을 지어 모자를 벗고 시를 읊는다"
여덟 글자가 번쩍 띄었다
낙관이 없어도
추사가 아니고는 흉내도 못 내는
신필新筆이거니
나는 덥석 품에 안았다

내 언제 모자를 벗고
시 앞에 서 본 일 있었던가
헛되이 종이에 먹물만 칠해온 부끄러움이 앞섰다
사랑땜도 하기 전에
글씨는 남의 손에 넘어갔지만

모자를 벗고,

그 말씀, 내게는 못다 쓸
천금千金으로 남아

이 근 배

1940 충남 당진군 출생
서라벌예술대학 문예창작과에서 김동리 서정주의 창작지도를 받음.
<1961~1964년 신춘문예 시, 시조 당선>
경향신문 신춘문예 시조 <묘비명>
서울신문 신춘문예 시조 <벽>
조선일보 신춘문예 시조 <압록강>
동아일보 신춘문예 시조 <보신각종>
조선일보 신춘문예 동시 <달맞이꽃>
한국일보 신춘문예 시 <북위선>
<시집>
[사랑을 연주하는 꽃나무] [노래여 노래여] [사람들이 새가 되고 싶은 까닭을 안다] [종소리는 끝없이 새벽을 깨운다] [추사를 훔치다]
<시조집>
[동해 바닷속의 돌거북이 하는 말] [달은 해를 물고]
<장편서사시집>
[한강]
<기행문집>
[시가 있는 국토기행]
<활판시선집>
[사랑 앞에서는 돌도 운다] 등.
<수상>
문공부 신인예술상 시부문 수석상, 문공부 신인예술상 시조부문 수석상, 문공부 신인예술상 문학부 특상, 가람문학상, 중앙시조대상, 한국문학작가상, 육당문학상, 월하문학상, 편운문학상, 현대불교문학상, 시와시학작품상, 유심작품상, 고산시조문학상, 한국시인협회상, 이설주문학상, 정지용문학상, 한국시조대상, 심훈문학대상, 만해대상 등 은관문화훈장 수훈, 한용운문학상(문화예술)
<현재>
대한민국예술원 명예회장(제39대 회장)
한용운문학상 심사위원장(샘문)
한국문학상 심사위원장(샘문)
샘문학상 심사위원장(샘문)
한용운문학 고문
문학그룹샘문 고문
한국문학 고문, 상임편집고문(샘문)
공초숭모회 회장

○ 한용운문학상 축하시 ○

풀잎의 노래 외 2편

김 소 엽

울려거든
살아서 울어라
살아있음은 감격이거니
살아서 실컷 울어라
살아서 함께 우는 것도 사랑이거니
살아서 우는 것은
그래도 축복이어라

싸우려거든
살아서 싸워라
살아서 힘 있을 때 힘껏 싸워라
함께 살면서 싸우는 것도 사람이거니
살아서 생긴 상흔도
그나마 아름다운 흔적이어라

사랑하려거든
살아서 사랑하라
살아있음은 가장 큰 기쁨이거니
살아서 함께 호흡하며 사랑하는 것은
하나님도 미소 지을

흡족한 일이거늘
살아있을 때 마음껏
다함없이 사랑하라

고향집 늙은 감나무

김 소 엽

내 유년 집 울안에
외할머니 닮은
늙은 감나무 한 그루
안이 텅 비어
소꿉놀이 감추기
안성맞춤이었던
내 안방 같았던
속이 빈 감나무

유년 시절 감추어 두었던
내 살림살이
곱게 갈아 만든 사금파리
50여 년 세월 지난 후
찾아가 손 넣어 보았더니
그대로 주인을 기다려온
내 어린 시절 보물들

외할머니 품처럼
아직도 내 유년의 소꿉들을
품고 있는
늙은 감나무 한 그루

풀잎의 노래 2

김 소 엽

꿈과 꿈 사이를
겨우 풀 기운으로
서걱이다 마는 것을

그게 인생인 게야
그런데 우리는 너무 힘들게 살았지
쓸데없이 미워하다 지치고
하릴없이 욕심 세우다 망가지고
무지개 같은 사랑 찾아 헤매다
너무 오래 앓아누웠지

매일 흔들리며
조금씩 삭아지고 있는데
그냥 놔두어도
누구나 보이지 않게 조금씩 죽어가고 있는데
우리는 얼마나 불쌍한 존재들인가
억겁 세월에 잠시 이 세상에 돋아

너와 나
무슨 인연 무슨 까닭으로
함께 서걱이고 있는 것이냐
나에게 아무런 것 해주지 않아도

내 곁에서 호흡하는 너를
눈물겹도록 사랑하련다

오오라, 가련한 풀잎이여!
나는 너를 사랑하련다
함께 시들어가는 너를 사랑하련다

김 소 엽

'78년 한국문학에 <밤>, <방황> 작품이 서정주, 박재삼 선생님의 심사로 신인상에 당선, 문단에 등단
대전대학교 석좌교수(현), 호서대학교 교수(전), 한국기독교문화예술총연합회 회장, 한국시인협회, 국제펜한국본부 한국문인협회, 한국여성문인회 이사&자문위원, (사)샘문그룹 고문, 한용운문학상 부심사위원장(샘문), 한용운전국시낭송대회 심사위원장(샘문)
<시집>
[그대는 별로 뜨고]-24쇄
[지금 우리는 사랑에 서툴지만]-3쇄
[어느날의 고백]-3쇄
[지난날 그리움을 황혼처럼 풀어놓고]-8쇄
[마음속에 뜬 별]-3쇄
[하나님의 편지]-4쇄
[사막에서 길을 찾네]-2쇄
그밖에 영시집 3권
<수필집>
[사랑 하나 별이 되어], [초록빛 생명] 등
<수상>
윤동주문학상 본상, 기독교문화대상
한국문학상, 펜문학상
백범문학상, 한용운대상(문화예술)

○ 한용운문학상 축하시 ○

서해 갯굴 외 1편
– 新자산어보 34

손 해 일

강화도부터 해남 땅 끝까지 굴 천진데 굴은 10월부터 이듬해 5월까지 깨지만
1월 굴이 가장 맛있다네

서해 갯굴은 갯벌에 돌 깔아 키운 투석식投石式과
갯벌에 소나무 기둥 꽂은 송기식松枝式
굴이 자라면 돌과 나무에서 떨어져 홀로 자라고

매서운 칼바람 갯벌 추위에
귓불 꽁꽁 싸맨 아낙과 할매들이
이젠 육지가 된 간월도 띠섬 서당섬에 가서 캐는 굴
사리때 한 단에 보름 정도 나가 하루 10~15kg 캔다는데
서해 갯굴은 충남 천수만이 주산지로 연간 2,5000톤
통영 양식굴의 1%도 안 되지만 오롯한 진상품

남해는 양식굴 생산량 한 해 29만 톤
양식굴의 90%는 경남
그중 대부분인 통영산은
부표 아래 줄줄이 굴을 매달아 기르는 수하식垂下式

서해 갯굴은 햇볕과 바람이 만든 굴
식감 좋고 쫄깃쫄깃

보령 천북면 장은리 굴축제엔
하루 1만 5천명도 온다는데

굴구이는
굴 캐다 모닥불에 손 녹이던 아낙들이
번개탄에 굴 구워 먹다 이골 나서
"한손엔 코란, 한손엔 칼" 이슬람 포교사맹키로
"어머! 무시라"
한손엔 장갑, 한손엔 나이프

굴은 초장에 찍어 먹고
양념장에 비벼 먹고 국밥에 말아 먹고
굴칼국수 굴밥 배추김치 석박지 동치미 국물 시원쿠나

굴물회는 동치미 국물에
무 오이 당근 썰어 넣고 고춧가루 풀고
굴 한 줌 넣으면 되느니
"복 있을진저" 자연산 서해 갯굴

간월도 어리굴젓
― 新자산어보 35

손 해 일

서산 간월도 어리굴은
가장자리에 지느러미 '날감지' 있고

어리굴을
섭씨 15도에서 천일염에 15일간 절이고
태양초 고춧가루를 물에 개어
발효된 굴에 버무린 뒤
석 달간 숙성시키면 간월도 어리굴젓

짜지 않고 부드러워
쌀밥 한 숟갈에 어리굴 딱 한 점

손 해 일

전북 남원시 출생
서울대학교 농대 졸업
홍익대 대학원 졸업(1991 문학박사)
1978년 『시문학』 등단,
시집 『떴다방 까치집』 등
평론집 『우리문학의 탐색과 확산』 등
서울대문학상, 시문학상, 소월문학상, 매천 황현문학대상, 한국비평가협회 평론상, 한용운대상(샘문) 등
(전)한국현대시협 이사장, 한국문협 이사, 서초문협 회장, 시문학 회장, 농협대 교수, 홍익대 강사, 농민신문 편집국장, 세계한글작가대회 총괄대회장(3,4,5,6회), (현)국제PEN한국본부 명예이사장(35대 이사장 역임), 한국문협 자문위원, 한국현대시협 평의원, 서초문협 고문, 서울대총동창회 이사, 대림대 평생교육원 주임교수, 샘문그룹 고문, (주)한국문학 편집인(샘문), 한용운문학상 부심사위원장(샘문), 한국문학상 부심사위원장(샘문) 등

○ 한용운문학상 축하시 ○

동백 피는 날 외 2편

도 종 환

허공에 진눈깨비 치는 날에도
동백꽃 붉게 피어 아름답구나

눈비 오는 저 하늘에 길이 없어도
길을 내어 돌아오는 새들 있으리니

살아생전 뜻한 일 못다 이루고
그대 앞길 눈보라 가득하여도

동백 한 송이는 가슴에 품어 가시라
다시 올 꽃 한 송이 품어 가시라

파도와 갯벌 사이

도 종 환

쌓았다 흩어버리고 쌓았다 흩어버립니다
모았다간 허물어버리고 모았다간 허물어버립니다

파도와 갯벌 사이에 찍은 흔적처럼
결국은 아무것도 남기지 말아야 합니다

만났단 헤어지고 만났단 헤어집니다
구름과 하늘이 서로 만났던 자리처럼
결국은 깨끗이 비워주고 갑니다

깊은 물

도 종 환

물이 깊어야 큰 배가 뜬다
얕은 물에는 술잔 하나 뜨지 못한다
이 저녁 그대 가슴엔 종이배 하나라도 뜨는가
돌아오는 길에도 시간의 물살에 쫓기는 그대는

얕은 물은 잔돌만 만나도 소란스러운데
큰 물은 깊어서 소리가 없다
그대 오늘은 또 얼마나 소리치며 흘러갔는가
굽이 많은 이 세상의 시냇가 여울을

도 종 환

1955년 청주시 출생
시인. 전 3선 국회의원
문화체육관광부 장관 역임
샘문그룹 고문
≪저서≫
『접시꽃 당신』, 『부드러운 직선』, 『슬픔의 뿌리』, 『해인으로 가는 길』, 『세 시에서 다섯 시 사이』, 『흔들리며 피는 꽃』, 『사월 바다』 등의 시집과 『사람은 누구나 꽃이다』, 『그대 언제 이 숲에 오시렵니까』, 『꽃은 젖어도 향기는 젖지 않는다』, 『너 없이 어찌 내게 향기 있으랴』 등의 산문집을 펴냈다.
≪수상≫
<신동엽창작상> <정지용문학상>
<윤동주상> <백석문학상> <공초문학상>
<신석정문학상> <박용철문학상> 등을 수상하였다.

○ 한용운문학상 축하시 ○

모국어 외 2편
- 나랏말싸미

이 정 록

작은 동방의 나라가
제국주의 열강들 속에서
어찌 살아 남았을까?

피골이 상접한 고난의 길이였으나
멸망하지 않고
상승의 역사를 이어올 수
있었던 건,

운이 아닐 것이다
행운이 아닐 것이다
하늘의 권능이 아닐 것이다

모국어
나랏말싸미
두 귀에 걸리고
의기가 가슴을 뚫고
하늘을 향했음이리라

모국어
나랏말싸미
궁극엔 지장을 뚫고 우주로 나가
태극을 열고
무궁화를 피웠음이리라

꽁수
– 신의 두 수

이 정 록

인류의 재능을 앞서가는 AI가 절대 둘 수 없는
인간의 신의 두 수는

꽁수 한 수,
악수 한 수다

바둑기사 이세돌 9단이
AI와 대국에서
중간에 꽁수와 악수를 두었다

그래서 지구 별에서
인간이 그 아이를 딱, 한 번 이겼다

정수로는 못 이기는 게임에서
그 아이를 꽁수와 악수로
딱, 한 번 이겼다

꽁수가 득수가 되고
악수가 정수가 되는 게
우리네 삶이리라

가을 사랑의 전설

이 정 록

뜨거운 여름을 뒤로 물리고
나는 당신의 품에 들었습니다
머리를 풀어헤친 당신은
이별의 아픔을 노래합니다
하늘은 깃발처럼 펄럭이고
당신은 나눔의 성녀 홍시처럼
만산에 붉은 심장을 풀어놓았습니다

당신이 봄처녀로 왔던 그날
태초의 동녘처럼
경이로운 아름다움이
산야에 불을 지피던 그날
당신은 내게 사랑으로 와서
내 심연에 파문을 일으켰던 그날처럼
당신은 화마火魔로 파열하여 유혹합니다

봄 소녀에서 가을 여인으로 성장한 그대는
이제 어엿한 성녀가 되었습니다
그대가 깔아준 낙엽에 앉아
뜨거운 당신을 느끼며
당신과의 사랑을 추억합니다

나는 열병 앓는 소년이 되어
봄 사랑을 확인하고 또 확인합니다
이제 우리 서툰 사랑이
농익은 사랑이 되었습니다
심장이 터지도록 파열하며
타들어가는
전설이 되었습니다

이 정 록

서울시 중랑구 거주
서울대학교총동창회 이사
서울대학교 생활과학대학
숭실대학교 중소기업대학원
대림대학교 주임교수
샘문평생교육원 교수, 원장
(사)문학그룹샘문 이사장
(사)한국문인협회 회원
(사)국제PEN한국본부 이사
(사)한국현대시인협회 이사
(사)한용운문학 회장
(주)한국문학 회장
(사)샘문번역원 원장
(사)샘문뉴스 발행인, 회장
윤동주문학상 수상
한국문학상(문협) 수상
한용운문학상 수상
샘터문학상 대상 수상
수묵화일본국제대전 특선
바람의 애인 꽃 외 11권(시집)

한용운문학상
초대시

찔레 외 1편

이 근 배

창호지 문에 날 비치듯
환히 비친다 네 속살꺼정
검은 머리칼 두 눈
꼭두서니 물든 두 뺨
지금도 보인다 낱낱이 보인다

사랑 눈 하나 못 뜨고 헛되이 흘려버린 불혹
거짓으로만 산 이 부끄러움
네게 던지마 피 걸레에 싸서
희디흰 입맞춤으로 주마
내 어찌 잊었겠느냐

가시덤불에 펼쳐진 알몸
사금파리에 찔리며 너를 겪던
새순 돋는 가시 껍질째 씹던
나의 다디단 전율을
스무 해 전쯤의 헛구역질을

초대시

북위선 北緯線

이 근 배

1
서투른 병정은 가늠하고 있다
목탄으로 그린 태양의
검은 크레파스의, 꽃밭의, 지도의
눈이 내리는 저녁 어귀에서
병정은 싸늘한 시간 위에 서 있다
지금은 몇 도 선상인가
그리고 무수히 탄우彈雨가 내리던
그 달빛의 고지는 몇 도 부근이던가
가슴에는 뜨거운 포도주
한 줄기 눈물로 새김하는 자유의
피비린 향수鄕愁에 찢긴 모자
이슬이 맺히는 풀잎마다의 이유와
마냥 어둠의 표적을 노리는
병정의 가슴에 흐르는 빙하
그것은 얼어붙은 눈동자와
시방 날개를 잃는 벽이었던가
꽃이었던가

2
한 마리 후조候鳥가 울고 간 외로운 분계선
산딸기의 입술이 타던 그 그늘에
녹슨 탄피가 잠들어 있다
서로 맞댄 산과 산끼리 강과 강끼리
역한 어둠에 돌아누운 실재實在여
빈 바람이 고요를 흔들어가는
상잔相殘의 동구 밖에 눈이 내리고
어린 사슴의 목쉰 울음이

메아리쳐 돌아간 꽃빛 노을 앞에서
반쯤 얼굴을 돌린 생명이여
사랑보다 더한 목마름으로
바라보아도 저기 하늘 찢긴 철조망.
한 모금 포도주의 혈즙血汁으로
문질러도 보는 이 의미의 땅에서
병정이여
조국은 어디쯤 먼가
눈 먼 신화의 골짜기 나무는 나무대로
바람은 바람대로 소스라쳐 뒹굴던
뿌연 전쟁의 허리춤에서
성냥불처럼 꺼져간 외로운 자유
그 이지러진 풍경 속에
오늘도 적멸의 눈이 내린다

3
누가 잃어버린 것일까
황토흙에 묻힌 군화 한 짝
언어도 없는 비명碑銘의 돌아선 땅에서
누가 마지막 입맞춤 마지막 포옹을
묻어두고 간 것일까
국적도 모르고 군번도 없는 채,
버리운 전쟁의 잠꼬대여
멀리 흐느끼는 야영夜營의 불빛은
검은 고양이의 걸음으로 벽을 오르고,
후미진 밤의 분계선 근처에
병정의 음악은 차게 흐른다
허나 돌과 나무 어느 하나도

이 근 배
시인, 샘문그룹 고문, 대한민국예술혼 39대 회장

초대시

바다의 노래 2 외 1편
– 고통은 치유약

김 소 엽

지천의 더렵혀진 강줄기를
하늘을 품지 않고서는
더는 어쩌지 못하여
바다는 꿈틀댄다

거대한 몸을 움직일 때마다
신음소리 같은 철썩임으로 바위를 때리며
하얀 포말로 부서지는 몸뚱어리를
억 수만 년 부딪치고 통곡하여
맑게 정수해 내는
이 오랜 속죄의 아픔을

더러운 것들을 받아들여
걸러내고 정화시켜
눈물이 소금이 될 때까지
무한정 반복하며 회개하는 바다

드디어 너의 눈물이 누군가를
깨끗하게 하고 부패를 막아주는
소금이 되리라는 걸 아무도 모른다

너의 고통과 아픔이
다른 사람의 고통과 아픔을
낫게 하는 치유약이라는 걸

손手에게 1

김 소 엽

그대 참 안쓰럽구나
참으로 많은 사람들과
악수를 나누고
사랑을 나누고
마음도 나누었지만

허공에 잡히는 푸른 씨앗들의 눈
칠십 평생 외길 걸으며
바다를 헤엄치듯
아직도 숨이 가쁜 나의 손

허우적여도 손잡아주는 이 없어
홀로 울던 그대여
하늘에 계신 분 말고는
일으켜 세워 줄이 없구나

그대 참 안쓰럽구나
그대여, 참 미안하구나

김 소 엽
시인, 샘문그룹 고문, 대전대학교 석좌교수

초대시

강진 토하젓 외 1편
- 新자산어보 36

손 해 일

토하土蝦는 민물새우
별칭 새우 새비 생이 새뱅이
길이 0.5~2cm 민물새우
덩치가 조금 더 큰 큰 징거미새우 줄새우
이들을 싸잡아 통침 토하

강진 나주 영암 보성 담양 온난한 곳
새뱅이는 1급수에만 사는데
뜰채로 뜨거나 나뭇가지에 붙은 새우털기

토하젓은 소화젓
임금님 수라상 단골
빨치산들의 응급 의약품 급체에 토하젓
돼지고기에 새우젓 곁들여 소화를 돕고
키틴 올리고당 항암제

찹쌀밥 고춧가루 마늘 생강 파 양념
돌절구에 갈아 양념 버무린 벼락 토하젓
3개월 이상 6개월 염장해 첫 담근 빨간 새뱅이
기름기 자르르한 뜨끈한 쌀밥에 토하젓 비비니
에라이 순! 밥도둑

울진, 영덕대게
― 新자산어보 37

손 해 일

너른 동해바다 울진서 잡으면 울진대게요
영덕서 잡으면 영덕대겐대
"참 억울타. 와 영덕대게만 찾노"
대게철 시작 1월엔 울진대게 축제
살이 꽉 차는 제철 끄트머리엔 영덕대게 축제

영덕군 강구항
대나무처럼 길고 단단한 대竹게
참게 꽃게 털게와 달리
크고 속이 꼭 차고 쫄깃한 맛이라 진상품
뭐니 뭐니 해도 상등품은 박달대게
독도 남쪽 6시간 거리 대화퇴 부근
영덕군 앞바다 왕돌잠 해구
축산 앞바다가 주산지리

영덕대게는 개흙 전혀 없고
깨끗한 모래밭 수심 300~400미터 해저에서 8~9년 자라고
심해 어종이라 양식 불가능

속살이 가득해 다리 하나로도 한 끼 식사
담백 쫄깃 씹하는 맛 일품에다
단백질 아미노산 키토산도 풍부

귀동냥을 좀 해 보니 –
산 채 끓이면 사지가 비틀려 다리가 떨어지니
원형보존을 위해 대게를 찌기 전에 먼저
뜨거운 물을 게 입에 부어 숨 죽이고
게의 배 위에 솔잎을 놓고 삼베로 싼 다음 찌고
양념을 안 써야 자연맛이라네
찜 솥에 넣을 때도
반드시 복부가 위로 가야 등쪽에 내장유출을 막는다네

홍게, 일본 북해도게, 대게가 그럼 어찌 다른겨?
홍게는 배, 등이 모두 붉은 색에 맛이 짭조름하고
대게는 찐 상태에서 껍데기는 주홍색 배는 흰색이라네
북해도 대게보다는 향긋한 뒷맛이 더하다네

오늘도 대게집 지붕에 큰 모형으로 얹힌 대게
기차 화통처럼 증기 내뿜으며 찜탕에 익는 대게
샐러드, 수프, 구이, 활대게찜, 크랩화지타 대게 수라상
식도락가의 참을 수 없는 유혹

손 해 일
시인, 샘문그룹 고문, 국제펜한국본부 35대 이사장

눈 덮인 언덕에서 외 1편

김 후 란

눈 덮인 언덕길을 걸었다
아무도 밟지않은 길

힘겨울 때면 잡아주는
보이지 않는 손이 있었다

훈훈한 바람이
목에 감겨든다

앉을 자리를 둘러본다
뚜벅뚜벅 걸어온 내 발자국이
나를 쳐다보고 있다

초대시

마음의 고리

김 후 란

사라져 가는 작은 흔적도
다시 없이 귀한 눈물이다
내 가슴을 딛고 가는
어떤 형상이 떠난다 해도
그 울림이 영원으로 이어진다

지구를 박차고 날아오른 새떼
하늘 아득히 물무늬 지듯
법정스님의 나무쪽 이어붙인 의자도
삼천 년 전 투탕카멘의 황금의자도
침묵하며 칼바람 소리
스르릉 허공에 획을 그으며
마음의 고리를 이어간다

김 후 란
시인, 전 언론인
서울특별시 출생, 경기도 용인시 거주
현대문학 시 등단
대한민국예술원 회원, 문학의 집, 서울 이사장, (사)국제PEN한국본부 고문, (사)한국문인협회 고문, (사)한국시인협회 고문
<시집>
새벽, 창을 열다
따뜻한 가족 세종대왕 외 14권
<수상>
현대문학상, 월탄문학상
한국시협문학상
한용운문학상 대상(샘문)
기타 외 다수

맑은 물 외 1편

도 종 환

맑은 물은 있는 그대로를 되비쳐준다
만산에 꽃이 피는 날 산의 모습은
아름다운 모습 그대로 보여주고
잎 하나 남지 않고 모조리 산을 등지는 가을날은
쓸쓸한 모습 그대로를 보여준다

푸른 잎들이 다시 돌아오는 날은 돌아오는 모습 그대로
새들이 떠나는 날은 떠나는 모습 그대로
더 화려하지도 않게 더 쓸쓸하지도 않게 보여준다

더 많이 들뜨지 않고 구태여 더 미워하지도 않는다
당신도 그런 맑은 물 고이는 날 있었는가
가을 오고 겨울 가는 수많은 밤이 간 뒤
오히려 더욱 맑게 고이는 그대 모습 만나지 않았는가

보리수나무

도 종 환

보리수나무 잎이 지고 있었습니다
아무 소리도 없이
당신은 말씀이 없으셔
사방은 적막하기 그지없었습니다
뒷산 숲도 맞배지붕 위에 내려와
턱을 고이곤 먼 데 하늘을 바라볼 뿐
보리수나무 잎만 가끔씩 지고 있었습니다
범종 소리 사라진 쪽 바라보며
말이 없으신 당신을 쳐다보다
보리수 그늘 돌아나오는 저녁
쯧쯧, 번뇌의 속옷은 그냥 둔 채
겉옷만 갈아입고 싶어하다니
그런 소리를 들었습니다
보리수 열매가 짧게 떨어지고 있었습니다

도 종 환
시인, 3선 의원, 전 문화체육관광부 장관

방천 외 2편

이 정 록

우리 논 방천이 무너졌다고
길곤 아제가 입에 거품을 문다
한 달 보름을 장작비가 내렸으니
사람이든 곡식이든
온전한 것이 있겠느냐며
방천이 버티다 버티다가
정신줄 놔버린 것 같으니 얼른 가보라고

암우 이센은 두 달 전에
둘째 자식과 함께
나무말뚝을 박고 방천을
삽으로 두드려서 다지고 다졌다
그런데 흙과 물과 말뚝이
한몸이 되기 전에
장마가 투정을 부렸으니
그들이 궁합을 제대로 맞추기도 전에 사단이 났으니
간직할 아픈 기억 하나 챙기지 못했으리라

은하 밖으로 펼쳐지는
광대무변 시공간을 가로지르는
고단한 물 분자에 숨어든
희미한 별뉘만큼이라도
좀 더 따뜻하게 서로 품었더라면

파열하는 이별은 없었으리라

저들끼리 단단하게 응결 되기도 전에
굳이 개입하여 단단하게 굳히려고 애쓰는 비바람,
사랑의 성과成果를 위해
굳이 평생을 속터지는 희생으로
어쨌거나 자식의 자립을 저해한 아버지,
이 희생이 정말 성공이라고
말 할 수 있을까?

흙과 물과 나무말뚝은 스스로 보듬고 서로 보듬는
생화학적 결합으로 튼튼하게 성형 되어야
고통스런 하중과 등가속도를
잘 견뎌서
임계점도 넘나드는 것인데

저 개념없는 장맛비가 뜨겁기만한 열정만 가지고
조급한 집착과 개입으로
방천의 흙과 물과 말뚝의 결합이
파열되어 무너졌으니

조급하게 쏟아내는
장작비의 횡포를 막기 위해
오늘도 암우 이센은
하늘을 등으로 걸치고
당신의 한풀이를 하듯이
부러진 삽자루로 두들겨 팬다
빗물이 피로 물들 때까지

相思花

이 정 록

님이여
그리운 내 님이여

그대와 한 몸으로 이뤄졌는데
천 년이 흐르고
또 천 년이 흘러가도
아름다운 내 모습

그대에게 보일 수 없는 서러움
황홀한 향기
바람결에 날려 보아도
생과 사가 어긋난 운명

별과 달이 수없이 피고 졌건만
그대에게 뜨거운 입맞춤 할 수 없으니
청초로이 져가는 아리따운 모습
그리움에 한이 되어
소슬바람에 시들어 간다오

님이여
그리운 내 님이여

바람의 노래

이 정 록

외로운 마음을 들추고
가슴에 살며시 스며드는 바람
들리는 듯 아니 들리는 듯한
님의 휘파람 소리
젖은 팬플룻이 슬픔을 연주하네
날 애잔하게 맴도네

노래여 노래여 바람의 노래여

그리운 마음 빈 들판에 서있네
누가 들어줄까 슬픈 갈대피리 소리
기다림에 지쳐서 흘리는 눈물
들국화 꽃잎에 떨어지니
향기로운 별꽃 되어
날 보드랍게 맴도네

노래여 노래여 바람의 노래여

이 정 록
시인, 교수, 샘문그룹 이사장, 한국문학 회장

시 폭염 말복에 외 1편

김유조

폭염 말복이라는 기상 캐스터의 선언에
가슴이 덜컥 내려앉는다
염천이 이글거리는 통에
시간 하나는 길게 늘어져서
정신없이 좋더니만
올 날은 오고야 마는구나
이 더위가 기상 이변이니 문명의 죄업이니 하지만
예전에도 낫 들고 꼴 베기 할 때는
숨 막히고 어질어질 뜨거웠어

끝없을 것만 같았던 온 천지 푸른 제복의 독재도
변변찮게 검붉거나
누리끼한 민병대의 조촐하고 흐트러진 일차 전열에 밀려
선득한 신 새벽에게 속절없이 자리를 내주며
실한 결실과 빛나는 풍경으로 순환을 수용하려는 경계에서
노년은 시간의 수레가 바퀴를 덜그럭 대는 소리를
옛 싯귀 떠올리며 듣는다

먼데 손주들의 까르륵 카톡을
순환 신생의 희망 삼아 기다리는데
더위를 끌어올리던 매미 소리도 숙진듯하다

시 거탑에서의 노벨문학상 담론

김유조

난데없는 코로나와 폭염을 물리친 노객들이
모처럼 동창회를 오벨리스크같은 거탑 122층에서 열었다
개선행진이라기엔 등이 굽고 다리들이 휘었지만
이 탑 쌓을 때는 벽돌 한 장씩 놓았다고 자부하는 마음인데
오늘 다시 무거운 벽돌 한 장 품고 올랐으니
노벨문학상
영물인지 애물인지 수소문이다

피난도 겪고 야전삽으로 토치카도 팠고
월남과 사우디도 목숨 걸고 다녀오며
정녕 소설 읽을 경황은 별로였으나
노벨문학상은 민족적 꿈으로 영글었던 세대
자식 같은 세대가 꿈을 이루고 나니
꿈인지 생시인지 내용부터 망연스럽다.

그래 살아오며 우리가 맨 땅에 플랜A, 플랜B 짤 때
금을 주욱 긋고 이분법 많이 썼잖아
세상만사도 가해의 편과 피해의 편으로 나누면
역사는 가해의 기록일지 몰라도
문학은 피해의 일지 같은 것
파란만장한 한반도에서는
애도의 서사가 꽃을 피우는 게

우리의 역사적 팔자 같아
증언문학이니 testimonia니 할 때
증언의 선택은 피해자의 몫이지

물론 살아남은 우리도 증언하려고
오늘 무거운 벽돌 한 장씩 품고
122층 올라왔잖아
우리가 원시부족같이 싸우고 죽인 트라우마의
구체적 집체라고 서구의 누가 믿고 자빠졌겠어
BTS도 기생충도 보유한 문화의 나라인 걸

멀리 내려다보이는 한강이 아름답다
무거운 벽돌일랑 거기다 내다 버리고 가볍게 내려가자
초고속 하강 우리의 기술로

김 유 조

국제PEN한국본부 부이사장, 건국 대학교 명예교수(부총장 역임), 코리안 드림 문학회장, 한국작가 주간, 미국 소설학회, 한국 헤밍웨이 학회, 서초 문인협회, 경맥문학회 등 회장 역임, 장편: 빈포사람들, 소설집 세종대왕 밀릉, 오키나와 처녀, 양초와 DNA, 시집: 여행자의 잠언, 여든 즈음에, 낯 선 풍경, 수필집: 열두달 풍경, 평론집: 우리시대의 성과 문학 외, 학술서 번역서 다수 학술원 우수도서상, 김태길 수필문학상 등 수상

초대시

부부바위 외 1편

공 광 규

이웃 강화섬 마니산
돌로 쌓은 참성단에서 하늘에 제사를 지내던
먼 옛날

용유도 마시안해변 마을
작은 초가집에
갓 결혼한 젊은 어부 부부가 살았어

매일 바다로 나가
석양이 질 무렵 돌아오던 남편은
어느 날 밤이 되어도 돌아오지 않았지

아내는 해변 남쪽 끝
산봉우리 벼랑에 올라
먼 바다를 바라보며 남편을 기다렸어

시간은 흘러 흘러 수십 년
신혼에 집을 나갔으니 마음을 의지할 자식도 없고
남편은 돌아올 가망이 없고

늙은 아내는
벼랑에서 뛰어 내리기로 결심하고

해변 남쪽 산봉우리에 올랐어

아내가 뛰어내리려 몸을 기울이는 순간
여보!
남편이 뒤에서 불렀어

바다에 나갔다가
배가 표류되어 먼 나라까지 흘러가
노역을 살다 늙어서 돌아온 남편이었던 거야

순간 하늘에서 마른벼락과 천둥이 쳤고
부부는 그 자리에 멈춘 채
바위가 되어 지금도 서 있어

환생나무

공광규

오래전 용유도 남쪽 끝 벼랑에 솟아오른
바위와 바위 사이에
두 남녀가 서 있었어

두 사람은
여러 해 봄 여름 가을 겨울에 와서 서 있다가
보이지 않았어

다만 두 사람이 서 있던 곳에
두 그루 나무가 나란히 서서 자랐는데
팥배나무와 산벚나무였어

두 그루 나무는 봄날
벼랑에 파도가 와서 부딪히는 포말을 퍼 올려
흰 꽃을 매달지

한여름에는
바다 위에 뜬 물별을 가져와
푸른 잎에 반짝반짝 앉히지

가을에는 멀리 수평선까지 가서
노을을 대여섯 평 끊어다

붉은 잎으로 몸을 두르고

겨울에는 마시안해변 물거품을 모아
빈 가지에 앉혀
흰 꽃을 다시 피워보지

겨울 눈 맞은 가지에 매달린
팥배나무 붉은 열매는
죽어서도 식지 않는 심장 색깔을 닮았어

옛날 바위 이름이
부부바위였던
지금은 카페 엠클리프 정원에 나무 두 그루

공 광 규

1986년 월간 <동서문학> 등단
<시집>
<담장을 허물다>
<서사시 금강산>
<서사시 동해> 등
<산문집>
<맑은 슬픔> 등
한용운문학상 수상

초대시

고양이 외 2편

서 창 원

배고픈 고양이가 눈을 똥그랗게 뜨고 쓰레기통을 뒤진다
햇볕이 쨍쨍한 언덕길을 승용차가 먼지를 내며 오른다
고양이는 눈을 휘둥그레 뜨고 적색경보가 내린 봄날 황사에 침투한다
고양이는 황사를 밀어내기 위해 발톱으로 땅과 하늘을 긁어댄다
로또복권처럼 하늘을 긁는다
하늘은 언덕에서 구름에 찢긴다

고양이는 어슬렁거리며 경찰전문대 훈련장을 향해 오른다
3중 방어벽이 쳐 있다
꽃이 핀 언덕에 꽃 데모대가 붉은 깃발을 달고 데모한다
꽃이 환장하여 울긋불긋 색동옷을 입고 머리에 붉은 띠 노란 띠를 두르고 동산에서 데모한다

빠끔히 눈을 뜨고 고양이는 콧구멍으로 쑥 내를 들이킨다
고양이는 더 높이 언덕을 오른다 놀이터에는 아이들만 미끄럼틀을 타고 내리 막질 한다

고양이는 봉건주의가 없어진 한국에서
집 종처럼 고용 중이다
노리개처럼 끌어안고 미투한다
고양이는 담을 넘어 뛰어내린다
밝은 달이 뜰에 내려와 있다
고양이는 달빛을 밟고 방안에 든다
방안이 환해진다

꽃이 전하는 말

서 창 원

당신의 찬란한 눈빛이여
육신의 아픈 곳까지 어루만지며
스며들어 향을 전하고

당신은 그렇듯이
내게는 향이었고
따듯한 손이었고
평온한 마음이었으니

나는 당신의 안부를 들으며
당신이 전해준 향을 듣는다
창문을 닫아도 들리는
당신의 속삭임은 영원하여라

첫사랑의 수채화

서 창 원

벌판에서 활활 타던 꽃처럼
깊은 호흡으로 다가선
불꽃같은 첫사랑은

어떤 색깔로도 표현할 수 없는
연주홍 파스텔의 수채화입니다

처음에 어쩔 줄 몰라서
밀치지 못했고

중간에는 좋아서
떨치지 못했고

마지막에는
긴 이별을 망설여서
주저하다 당신 안에
갇혀버린 것입니다

서 창 원

고려대학교 국어국문학과
건국대학교 행정대학원 도시계획학과
일본나고야 UN지역센터 지역계획과정
샘문예술대학 총장(현)
샘문예술대학 석좌교수
(사)문학그룹샘문 고문
(사)샘문그룹문인협회 고문
(사)샘문뉴스 칼럼니스트
(사)한국문인협회 회원
(사)국제펜한국본부 회원
(사)한용운문학 편집고문(샘문)
(주)한국문학 편집고문(샘문)
한용운전국시낭송대회 추진위원장
샘문시선 회원
<수상>
계간스토리문학 시 등단
한용운대상 수상(샘문)
한용운문학상 최우수상(계관부문)
국가상훈인물대전(문화예술) 등재
국무총리(총무처) 표창
<공저>
첫눈이 꿈꾸는 혁명 외 다수
나 그렇게 당신을 사랑합니다
<샘문시선>
<저서>
국토와 정책(1998),
땅의혁명(2007주집필) 외 다수
<시집, 시화집>
존재의 이유
당신의 이야기/ 공가에 피는 꽃
허공에 집짓기/ 엄니 정말 미안해요
포애트리 파라다이스/ 사랑 넘 어려워
봄을 도적질하다/ 탐미/ 풍마
들에는 산에는 꽃이피네 꽃이지네

한용운문학상

초대수필

들꽃의 색깔

서 창 원

　들꽃 수목원은 양평 초입 남한강 변에 위치한다. 들꽃은 번갈아 시시각각으로 피어난다. 이곳에는 계절에 맞게 꽃이 피고 진다. 양평가는 남한강을 끼고 있다.
들꽃 수목원은 서울에서도 근거리에 위치해 있어서 나들이나 산책을 겸한 휴식 공간으로서 안성맞춤이다.
이곳은 상수원보호구역으로서 이 들꽃 수목원은 환경에도 신경을 쓰고 있다. 약 10만 m²의 땅에 꽃과 풀, 나무를 심어 조성하였다. 2003년 정식 개장 때까지 100억원 투자되었다. 들꽃 수목원은 남한강을 끼고 있어서 강변 산책 공원이다. 수목원에서 주요 볼거리는 자연생태박물관에서 생태계 표본실과 영상으로 관람할 수 있다.

　야생화정원은 토종야생화 200여종이 전시·분포되어 있다. 그 외에 허브정원에는 50여종의 꽃이 전시되어 있으며, 기타 식물원, 연꽃연못, 강변산책, 민물고기 체험장, 선착장, 피크닉장, 손바닥 정원, 자동차소극장, 허브 샵이 마련되어 있다. 들꽃들은 입을 벙글리며 피어나려는 것과 피어서 만개한 꽃과 아직 꽃눈을 달고 피려는 꽃이 서로 어울려 있다. 들꽃은 순진함이 있으며, 그것 자체가 하나의 표상이 된다. 꽃의 아름다움은 어떤 것으로도 모방되지 못하는 것이며 그 채색 역시 인간이 조합해 내는 색깔로서 완성하지 못하는 자연만이 지니고 있는 고유의 빛깔이다.
우리 인간은 꽃에서 탐내는 것이 아름다움과 고유한 빛깔이다.
아름다움이나 빛깔을 완전하게 모방할 수 없다는 점에서 우리 인간은 근사한 것만을 택하게 된다. 이 근사한 것을 택하여 만들어 내는 것이 미술이다. 그리고 아름다움을 노래하는 것이 시이다. 이처럼 꽃은 문학적 정서의 대상이기도 하다.

　정원에는 선란, 담배초, 꽃지황, 물망초, 금시랑, 콘틸레돈루이지아, 금시랑, 콘드프레임조팝, 오공국화, 장미, 노란작약, 붉은 토끼풀, 디지탈리스, 적때죽나무, 솔패랭이, 양귀비, 무늬꽃나무, 무늬나도범귀, 스푸리리움돌나물, 매발톱, 민들레홀씨, 작약, 인동초, 스텔라원추리, 로즈마리, 오스테오스펌, 시계초, 풍로초, 종꽃, 아카, 하와이 무궁화, 후

쿠시아, 사랑초, 꽃기린 등 꽃을 피워 분포하여 있다.
이러한 꽃들은 계절에 어울리게 피어난다. 꽃이 피는 시기는 이처럼 각각의 생태적 습성과 어울려 개화를 하게 된다. 따듯하다고 모든 꽃이 피는 것이 아니다. 봄, 여름, 가을을 번갈아 가며 꽃들은 계절과 밀접하게 개화의 시기를 가지고 핀다.

꽃은 붉은꽃과 흰꽃, 노랑꽃, 보라꽃으로 크게 분류된다. 붉은색이란 색의 원형이다. 빨강은 문화적 상징을 가진다. 빨강은 피와 불의 상징성을 가지며 좋은 것과 나쁜 것을 가지는 이중적인 색이다.
그리고 종교적 의미로 영혼을 성스럽게 하는 색으로서의 더러움의 정화, 구세의 빨강, 영혼의 구원, 정신의 힘, 에너지의 심벌로 쓰인다. 그리고 위험과 금지의 색으로 교통표지에 쓰인다. 적신호, 적색지대, 적색깃발, 경계 등 위험으로도 쓰인다. 그러나 적색은 또한 정열과 매혹의 상징이며, 유혹의 색으로도 쓰인다. 식욕을 돋우는 음식의 빛깔로서 토마토캣찹 따위가 있다. 빨강은 또한 어린 시절의 추상적 색이다. 빨강모자, 빨강머플러, 빨강장갑, 빨강사탕, 빨강놀이기구 따위 등이 그것이다.

또한 적십자의 색으로서의 피의 상징, 소방차의 붉은 도장으로 불의 상징, 유물론의 상징으로 공산주의 등등을 표시하는 폭넓은 색이 바로 적색이다.
이는 색의 원형으로서 그 이용이 어떻게 달라지느냐에 따라서 상이한 개념을 가진다. 어찌 붉은색이 이처럼 인간의 욕구와 징표로서 다양하게 적용될 수 있는가하는 점이다. 빨강의 추억은 그만큼 정열적이며 무궁한 매력의 색깔로서 우리 인간의 정서에 다가와 있다. 흰색은 어떤가. 흰색은 순수성, 정결성을 나타내며 속옷의 선택색이다.

단순함, 백기는 적에게 항복한다는 뜻이기도 하다. 늙어감의 색, 백발노인 따위 등으로 표시한다. 또한 계급적으로 화이트칼라로서 이용된다. 흰색은 숭고함의 뜻으로 천사, 영원, 행복 등의 색으로 표시하기도 한다. 그리고 이와 반대로 흰색은 죽음, 공포, 불안 질림 등 색으로도 의미를 가진다. 이처럼 붉은색과 흰색은 우리 인간이 차용하는 색깔의 원형이다. 흰색은 없음의 색이다. 없음으로 표현되는 것도 색이다.

노란색은 번영의 징표로서 부자와 권력(중국) 황금, 보물, 금괴 따위 등의 징표로 쓰인다. 그리고 빛으로서 태양을 나타내기도 한다. 노랑은 호감 색으로 아이들의 어릴 때 좋아하는 색이다.

약의 강장제 등에도 노랑을 쓴다. 그리고 누렇게 바랜다는 쇠망의 뜻도 있다.
노랑은 또한 거짓과 배신의 뜻도 가진다. 이처럼 노란색은 색 중에서 가장 잘 보이는 색으로 구별된다. 테니스공의 색깔이 그것이다. 그래서 꽃들은 대부분이 이 노랑을 부분적으로 또는 상당한 것을 채용한다.

초봄에 피는 개나리꽃은 가장 먼저 피는 꽃이다. 누구에게나 빨리 봐 달라는 주문의 꽃이다. 봄이 왔음을 알리는 상징적인 꽃이다. 민들레 또한 같은 이치이다. 작은 꽃이지만 수풀 속에서 노란 빛깔을 반짝인다. 보아달라는 애원의 색깔이기도 한 것이다. 꽃들은 그렇게 인간이 생각하는 것을 가장 잘 표현하여 색깔로 만들어 보여주는 것이다. 그리고 이들 색깔 중에 혼합색이 보라이다. 보라는 빨강과 파랑을 섞어서 만들어내는 혼합색깔이며 분홍 역시 빨강과 흰색을 섞어서 만들어 내는 조합색이라 할 수 있다. 꽃도 이처럼 다른 색깔과 혼합하여 특유의 빛깔을 만들어 낸다.

꽃을 보면 무한한 색감의 정서에 빠져든다. 꽃이 주는 상징성은 색깔뿐 아니라 그 꽃이 지니고 있는 미적 상징성 또한 강하게 마음을 움직여준다. 꽃에 은닉한 문학성은 보이지 않은 은밀성이다. 은밀함이란 문학에 있어서의 은유, 비유, 상징, 표상, 운율 등과 같이 꽃은 미적 아름다움으로 말한다. 나는 수화를 하지 못해도 꽃은 색깔의 조합으로 내게 말을 해준다. 혼돈의 세계로부터 차분하게 정리된 안락한 세계로의 귀향처럼, 나는 꽃을 보면 꽃 속의 화려한 궁전으로 들어간다.
화사한 정원에는 들꽃들이 피어 있다. 자연은 무료한 세상을 달래주듯이 꽃을 피운다. 꽃이 피는 곳에는 무료한 세상은 없다.

서 창 원
샘터문예대학 총재(현), 샘터문예대학 석좌교수, (사)샘문그룹 고문

상사초 외 4편

서 정 주

입춘이 지나고 우수가 오면
맨 먼저 땅에 나는 상사로 싹아
겨우내 이쿠어 온 우리네 사랑
어쩌지도 못하는 우리네 사랑
도맡아서 하늘에 알리는 거냐?

상시초는 싹이 난 뒤 여섯 달 동안
사람의 잎으로만 너울거리고,
입추의 가을바람 서러울 때야
너무나 그리운 꽃 잠시 피는 꽃
그리고 여섯 달은 하늘에 피네

상사초 돋아나는 그 뒤안길은
이 겨레의 사랑이 숨어 살던 길
반쯤만 세상에 반은 하늘에
보일 만, 안 보일 만, 가슴 설레던
이 나라 사랑이 오고 가던 길

동백꽃 제사

서 정 주

선운산에 새빨간 동백꽃들이
송이송이 떨어져 내리는 날은
선운산 사람들은 그 꽃 쫓으며
그 꽃의 넋에다가 소원을 실어
하늘 깊이 하느님께 올려 보내요

춘향이는 속눈썹을 지그시 감고
'이 도령과 짝이 되게 해줍시다'고
이 도령은 그 꽃에다 입술을 대며
'춘향이와 백년살이 시켜라'고
그 진 꽃에 소원 실어 멀리 보내요

나 같은 늙은이는 젊고 싶어서
'동백꽃 너 같이만 젊고 싶구나'
마음속에 외오치며 하늘을 보면
'네 마음이 내 맘이다 염려 말어라'
하늘도 침묵으로 대답이시오

검은 머리 아가씨

서 정 주

검은 머리 아가씨가 어두운 밤에
혼자서 밤길을 걸어서 가니
제일로 반갑다고 밤이 말하네
쓸쓸하지 않다고 별도 말하네

쌔캄한 먹글씨로 시를 써놓은
이태백이 귀신한테 찾아갔더니
"내 시보다 낫다"고 칭찬을 하네
때깔이 더 좋다고 칭찬을 하네
검은 머리 아가씨가 시집을 가니
지붕 위의 박꽃이 눈웃음 짓고,
울 너머 시냇물도 점잖해지고
하늘의 숨소리도 평안해지네

돼지 뒷다리를 잘 붙들어 잡은 처녀

서 정 주

옛날에 옛적에 고구렷적에
하늘에다 바치려고 매논 돼지가
고삐 끊고 산으로 도망을 갔네
요리조리 철쭉꽃 가지 굽듯이
철쭉꽃 사잇길을 요오리조리
철쭉길 사잇길은 요오리조리

이 세상에서 술통을 제일 잘 만드는
술통 마을 허리 좋은 스무 살 처녀
이빨 좋고 눈 좋은 힘센 처녀가
맵싸게 뛰어나와 그 돼질 따라
그 뒷발을 냉큼성큼 움켜잡았네
철쭉꽃 맵시보다 못하진 않네

그래서 옛적에 고구렷적에
주먹 좋고 살 좋은 임금께서는
그 처녀를 떼메다가 아낼 삼았네
도망치는 돼지 다릴 붙들어 잡듯
어느 밤도 새벽도 매우 암팡진
이 처녀와 재미를 많이 보았네

특집

늙은 농부의 자탄가

서 정 주

사이좋은 형제처럼 이웃처럼
오손도손 감꽃들이 피어나누나
볼따구닐 부비면서 피어나누나
우리는 어찌해서 남남이 되어
감꽃만도 못하게 산단 말이냐!?

늙은 할멈 데불고 모 심어 봐도
진종일 세 마지기 채 다 못 심고
초생달만 저만치서 인사로구나!
우리는 왜 뿔뿔이 헤어져 살아
하늘까지 남 보게만 한단 말이냐!?

서 정 주

미당 서정주 徐江柱,1915~2000
1915년 6월 30일 전북 고창 선운리에서 태어났다. 중앙불교전문학교(동국대학교)에서 공부했고, 1936년 동아일보 신문에 시 <벽>이 당선된 후 <시인부락> 동인으로 활동했다.
1941년 <화산>을 시작으로 <귀촉도> 서정주시 <신라조>, <동전>, <갈마게>, <진화> 더듬이의 시 <서로 가는 달처럼>, <학이 울고>, <긴 남들의 시안>, <산시 맑은 떠돌이의 시>, <소년 비윤이>의 시 등 모두 15권의 시집을 발표했다.
1951년 대한민국예술원 창립회원이 되었고 동국대학교 교수를 지냈다.
2000년 12월 24일 향년 86세로 별세했으며 금관문화 훈장을 받았다.

○ 베스트셀러 특별초대석 ○

메타인지 외 2편

이 정 록

지금 기분이 어떠세요?
그녀에게 갑자기 질문을 받습니다
나는 기분이 어떤지 살핍니다

내 기분이 어떤지를 알기 위해서
나는 내 기분과 분리시킵니다
내 기분과 간격을 벌립니다
내 상태를 관찰하기 위해서
나와의 거리가 좀 있어야 합니다

그녀와 너무 가까이 있어도
그녀의 정체를 알기가 어렵고
너무 멀리 있어도
그녀의 정체를 알기가 어렵습니다
그녀의 기분을 살피기 위해
나와 그녀의 기분 사이에 적당한 거리를 두는
탈 동일시가 일어납니다

그러면 그녀의 감정을 살피려는 의식이
조금씩 성장합니다
동일시 되어 있는 그녀의 감정을 잠시
나로부터 떨어뜨리는 것뿐입니다
그녀의 기분과 내 기분 사이에
공간을 만들면 됩니다
그래서 중심을 기분이 아니라
그녀의 기분을 아는 나로

특집

그녀를 살피는 내게로 가져오면 됩니다

어려울 것이 전혀 없습니다
그녀가 유치원생이 되는 것보다
괴로운 그녀의 마음을 치유하는 것이
더 쉬울 수도 있습니다
그녀의 평화를 찾아 주는 일은
어려운 일이 아닙니다
그녀를 자유롭게 만드는 것은
힘든 일이 아닙니다

사실을 사실로 보면 됩니다
내가 늘 괴로운 이유는
그녀를 그녀로 보아주질 않고
가식을 사실로 믿기 때문입니다
그녀를 진실로 보아주기만 하면
내 자신도 자유로울 수 있습니다

그냥 감정이 아닙니다
나는 나의 감정을 살피는 존재입니다
알아차리는 존재입니다
자아를 아는 존재다
메타인지를 습득한 존재입니다

그냥 생각이 아닙니다
나는 그녀의 생각을 살피는 존재입니다
그녀를 존중하는 존재입니다
그녀를 사랑하는 존재입니다
진실하고 선명하고 분명한
나의 자유입니다

우리 사랑은 완벽해요

이 정 록

나와 그녀는 적이 아니라 상대다
내 마음의 작용이나 몸의 구조가
모두 그녀를 위해서 구성되어 있기 때문이리라
반대가 아니라는 의미다
낮과 밤도 반대가 아니고 적이 아닌
서로 사랑하는 상대다

그런데 가끔 그녀를 반대로 보고 구박하는 것은
공산주의적 발상이다
공산주의는 사물이나 사람이나 이념적인 것들
역사적인 것들을 대립개념으로 해석하고 설명한다
그들의 투쟁을 합리화하고
혁명을 정당화하고 정치를 정당화하고
합리화 하는 술수다

우리 가정이나 사회는 공산주의는 아니지만
생각이나 언어가 공산주의 일 때가 많다
그동안 교육과 사회적 분위기가
역사적 진행과정에서 이데올로기 교육이
잘못되거나 삐뚤어져서 그렇다
남자와 여자, 부모와 자식, 국가와 국민,
기업가와 근로자, 하늘과 땅, 물과 불,
하늘과 땅은 반대가 아닌 상대다

선과 악만 반대요 적이다
원래는 선만 있어야 하는 거다
이런 상황에서는 구태어 선과 악을 나눌 필요나
비대칭으로 설정할 필요는 없으나
악이 생성하고 발현하여 존재하기에
이를 구별하기 위해서

선을 설명하고 대비시킨다

사랑이라는 언어도 상대적 개념이다
나 혼자서는 그녀를 사랑을 할 수 없다
사랑보다 더 중요한 건 그녀다
나의 상대는 반쪽인 그녀이고
우리 부모님의 상대는 자식인 나다
하나님의 상대는 누구일까?
권능으로 조물한 피조물 우리들이다

상대와의 관계 속에서만
서로 주고 받는 수수작용이 가능한
사랑이 오고가는 것이다
관계의 있어서 반대나 대립 속에서는
사랑이라는 것이 없다

요즘 세상이 너무 시끄러워 이명증이 심해졌다
물가도 천정부지로 오르고
정치는 난장을 죽이고 경제는 어렵고
시집도 안 팔리고
운영하는 문학사 재정이 어렵고 자꾸 몸은 아프다

그 탓인지 그녀와 내가 요즘 너무 대립한다
서로가 상처를 받는다
이 모두가 반대와 상대를 구분치 못해서 오는 현상이리라
사랑을 말하면서 대립의 언어를 구사하고
마음은 아닌데 청개구리처럼 반대로 행동하니
우리가 모순에 빠진다

우리의 인체를 보세요
눈도 귀도 콧구멍도 입술도 두 개
치아도 윗니와 아랫니가 맞닿지요?
그대는 부드러운 여자이고 난 씩씩한 남자예요
세상천지에 간절한 상대가 아닌 것이
짝이 아닌 것이 어디 있겠어요
우리 사랑은 완벽해요

배신

이 정 록

이별이라 말하지 말라
반평생 그대는 사랑이었으니
비록 해로동혈 하지는 못했을지라도
이별가는 서럽다

사랑했었다 말하지 말라
한때는 죽을 만큼 사랑한다
초연한 눈물 내 심연에 흘렸나니
순결한 꽃 내 넋밭에 피웠나니

이별이라 말하지 말라
심연의 고인 그대 눈물 마르지 않았으니
넋밭의 꽃 진 자리
그대 진물 옹이지지 않았으니

<이정록 제8시집, 담양장날 중에서 인용>

이 정 록
시인, 샘문그룹 이사장, 한국문학 회장

○ 베스트셀러 특별초대석 ○

봄, 한 컵 외 2편

서 창 원

당신이 따라준 물이
컵 속에서 넘칠 듯이 고요하다
내게 건네준 컵 물을 들어
한 모금 꿀꺽하며 넘긴다

꽃이 피는 봄도 그랬으리라
어엿이 나오는 꽃 순으로
세상을 비집고 아픔을 텄으리라
창문으로 스며든 햇볕으로
컵 물이 더 맑아진다

닫혀 있는 내 마음도
당신 마음으로 그랬으리라
그런 봄,
한 컵 훌쩍 마시고 나니
천지에 온 꽃 피누나

한라산 구름체꽃 피면

서 창 원

영실에서 윗세오름
구름 밭에 산철쭉 허리를 덮고
그늘골무꽃 백리향 꽃 피면
산이 비어도 아름다운
운해 바다에 솟아라

꽃 바다에 넘치는 천지연 푸른 호숫물
하늘을 담았다 풀어내는 구름에 떠서
피어난 구름떡쑥

안개 속에 묻혀도
꽃불 붙는 털진달래꽃 번지고
기암 사이에 머문 구름
알록달록 구름체꽃

물들이는 산간
바람이 불어도 꽃을 토하고
산새 소리에도 꽃이 피는
제주 가시나무 숲

북상하는 태풍 경로를 따라
삼다三多 끝 산에 몰려온 꽃들

며칠씩 섬에 머물다가
바다 섬 추자도 딛고
탐라 꽃 소식 육지로 퍼트리는
한라산

산 허리에 감긴 구름
고리 반지
꽃들이 풀었다 끼웠다 하는
무상無想의 꽃섬

벽에 붙은 년鳶

서 창 원

저년鳶은 무엇입니까
저년은 저년은요

영혼을 날아가도록 돕는 년鳶이지요
그런데 문틈에 끼여 날아오르지 못하고
저년은 방안에 갇혀 있습니다

저년은 왜
날지 못하나요
실에 매어 놓았지요
인연의 실로 꼭 매어 놓았어요

저년을 날려 보낼 수 없습니까
왜 벽에 묶어놓았나요?
놓아주면 창공에서 혼자 너무 허전할까 봐
벽에 묶어 놓았지요

저년鳶의 서방은 벽이네요
원래 서방은 벽 아닌가요
년鳶도 서방이 있군요
인연이니 어쩌겠어요

***
鳶 : 솔개연

<서창원 시집, 사랑 넘 어려워 중에서 인용>

서 창 원
샘터문예대학 총재(현), 샘터문예대학 석좌교수, (사)샘문그룹 고문

○ 베스트셀러 특별초대석 ○

꽃잎 같은 인생 외 1편

이 종 식

한때 얻으려던 권력도 이제 와보니
길 위에 뒹구는 꽃잎과 같더라

피는 꽃도 한때요
인생 또한 지는 낙엽과 같네

만족을 아는 자는
가진 것이 없어도 즐겁고
만족을 모르는 자는
부유해도 근심을 한다네

인간은 죽는 그 날까지
근심과 걱정을 지우지 못한다니
얼마나 많은 권력과
부귀를 가져야 잊고 사는가?

풀 위에 떨어진 꽃잎은 지상 천하요
길 위에 밟히는 꽃잎은 지상 지옥이라
풀 위에 살짝 내려앉은 흰 꽃을 보니
길손 마음이 환해지네

아들바위 사랑

이 종 식

천 년 아들바위 포구 옆에 앉아
짙푸른 바다 저 멀리 떠 있는 배
금강초롱 불 밝히니
불빛 따라 돌아오네

수평선 저 멀리 날아오르는 갈매기야
고기잡이 나간 내 서방에게 소식 좀 전해다오
만선이 아니라도 좋으니
금강초롱 불 따라 찾아오라고

비가 오고 눈이 와도
하얀 파도 밀려오는 순백 돌부리에서
아낙이 기다리노라고
돌아갈 산마루에 해가 지는데
돌아올 줄 모르는 서방에게 전해다오

밤이 되었으나 찾는 이 없고
바람 한 점 없는 이 밤에
달만 두둥실 떠다니는 바다는
전생에 타고 다니던 쪽배이던가?

기다리네 기다리네 평생을
아들바위에 앉아

<이종식 시집, 아우라지 그리움 중에서 인용>

이 종 식

필명 : 덕실고을
강원도 강릉시 출생
서울특별시 중랑구 거주
(주)한성플랜트 회장
(사)문학그룹샘문 부이사장
(사)샘문학문인협회 부이사장
(사)샘문학(구,샘터문학) 부회장
(사)한용운문학 회원
(사)한국문학 회원
(사)샘문뉴스 취재본부 기자
샘문예대학교 시창작학과 수료
샘문예대학교 시창작학과 조교수
이정록문학관 회원
한용운문학상 운영위원
샘문시선 회원
<수상>
한용운문학상 최우수상(중견)
샘터문학상 대상(본상)
샘터문학상 시 등단
샘터문학상 수필 등단
샘문그룹 공로상
<저서/시집>
1집 : 아우라지 그리움
2집 : 파도속에 묻힌 달
<공저>
고장난 수레바퀴 외 다수
<컨버젼스공동시선집/샘문시선>
추야몽秋夜夢
나 그렇게 당신을 사랑합니다
<한용운공동시선집/샘문시선>

○ 베스트셀러 특별초대석 ○

봄을 맛보다 외 1편

이 수 달

따뜻한 봄날
양지 바른 뚝

마른 수초 비집고 나오는
새파란 새싹 쑥 달래 냉이 머위

대나무 소쿠리 한 소쿠리 캐 담아
흐르는 물에 살랑살랑 씻어

부침가루 옷 가볍게 입혀서
촉촉하게 부침개 부쳐

노란 양은 주전자 휘휘 흔들어
막걸리 한 잔 주르륵 따라서 마시고

부침개 한 조각 쭈욱 찢어서
향긋한 봄을 맛보네

특집

영혼의 지배자, 술

이 수 달

빈 술잔 술을 채워
목울대 축이니
강한 짜릿함이 육신을 흔드네

술잔에 묻은 달큰한 향기
입으로 전이될 때
온몸 영혼을 술에 맡긴다

선홍빛 몸매에 검붉은 독수리 눈
입가에선 검은 노래 흘러나오고
야릇한 미소가 넘친다

탁자 위 술 한 잔이
겹 잔으로 어우러지며
춤을 추기 시작할 제

야수는 빈 병 미로에서
춤사위 걸판지네

<이수달 시집, 태화강 연가 중에서 인용>

이 수 달

시인, 수필가
아호 : 죽파竹波
울산광역시 출생
울산광역시 거주
(사)문학그룹샘문 이사
(사)샘터문인협회 이사
(사)비영리법인 샘문학 자문위원
사계속시이야기문학관 회원
한용운문학 회원
한국문학 회원
샘문시선 회원
공감문학협회 수석이사
<수상>
한용운문학상(중견, 시부문)
샘터문학상 본상 특별작품상
공감문학 본상(자유시)
공감문학 시부문 등단
<저서/시집>
태화강 연가
거목은 별이 되었네
<공저>
첫눈이 꿈꾸는 혁명
바람을 연모하는 꽃
리라꽃 그늘 아래서 외 다수
<컨버전스공동시선집/샘문시선>
추야몽 秋夜夢
나 그렇게 당신을 사랑합니다
<한용운공동시선집/샘문시선>

○ 베스트셀러 특별초대석 ○

버거운 삶 외 1편

이 동 춘

걸머진 삶
인생의 무거운 짐들을
썩은 동아줄 끊어내듯이
툭 하고 끝내 버릴 수 없지 않은가

누르는 삶의 무게
참 버겁고 무거워서
어깨 뒤틀리고 허리 휘어진 삶

그러나 해 질 녘 석양빛에
가슴 깊이 저며 두었던
눈물 한 방울 슬쩍 꺼내어
동공에 흘리어 석양빛 반짝임으로
내 아픔 위장할 수 있음이 얼마나 다행인가

그리 흘려 보내자
다시 떠오를 해 앞에서
언제 눈물 흘렸냐는 듯
칠판지우개 쓱쓱, 무엇 적혀 있었냐는 듯

한날의 고난은 그날에 족함이니
내일이면 새로운 태양이 솟아오를 것이니
기다리자 찬란한 희망을

춘녀春女의 마법

이 동 춘

귓불을 간질이는
소곤대는 소리들이
감미롭고 따사로운 날

차가운 기운을 뚫고
훈풍에 실려온 그대가 누구시길래
꽁꽁 얼어붙은 내 심혼心魂을
순식간에 빼앗아 가더니
눈 녹듯 녹아버렸으니
도대체 무슨 조화란 말이냐?

어질어질 나를 휘감고
요요 거리고 아롱거리는 그대의 술법에
나는 이미 정신이 반쯤 나갔으니
도대체 어쩌란 말이냐?

아라크네가 짜놓은 촘촘한
거미줄에 포획되어 헤어나지 못하고
사경을 헤매는 불나비처럼
시름시름 앓고 있으니

그대는 마녀인가?

속살거리는 감미로운 추파에
오늘도 낮달을 껴안고
시름시름 앓고 있으니

<이동춘 시집, 춘녀의 마법 중에서>

이 동 춘

경기도 수원시 거주
한국문화융합예술치료교육협회 상임이사
(사)문학그룹샘문 부이사장
(사)샘문학문인협회 부이사장
(사)한용운문학 회원
(사)한국문학 회원
(사)샘문학 부회장
시사모 운영위원
샘문시선 회원
<수상>
한용운문학상 우수상(중견)
샘터문학상 대상(본상)
샘터문학상 최우수상(본상)
시사모 작품상
별빛문학이계절의상, 낭만상 수상
대한민국행복나눔 봉사대상
<시비>
샘터문인협회시비공원 시비 제막
(보령시 미산면 봉선리)
<시집>
춘녀의 마법
<공저>
탑의 그림자를 소환하다 외 다수
태양의 하녀, 꽃
나 그렇게 당신을 사랑합니다
추야몽秋夜夢 외 다수
<샘문시선>

○ 베스트셀러 특별초대석 ○

별꽃을 꿈꾸는 여자 외 2편

김 춘 자

가슴의 멍이 파랗게 들도록
별을 찾아 헤맨 밤
오늘 별꽃이 되었다

꿈을 가지고 살았더니
영원한 꿈
별꽃이 되었다

하루를 살더라도
꿈을 가진 이
별이 되고 싶었네

천 년을 산다 해도
사랑도 꿈도 없으면
죽음에 난바다 헤매 도는
사별死別이라네

오동나무 한恨

김 춘 자

결이 곱고 가벼우며
하얀 살결처럼 부드러워

가야국 가실 왕의 가야금에
오동나무 혼이 담겼다네

눈은 아름다운 보랏빛 꽃에 머물고
코는 향기와 동무하고
귀는 가야금 소리에 잠든다네

오동나무 장을 여니
어머니 숨결이 나비 되어 날아오르네

부모님 마지막 길 요령잡이 뒤따르네
예쁘게 화장한 꽃가마 속 부모님
지하 궁전이 되었네

준비 없는 여행
– 길에게 묻는다

김 춘 자

내가 태어난 날 아침이면
남편은 장미 한 아름
사랑이 가득 담긴 편지 한 장
사십 년 넘는 세월 동안 해걸이도 없이
선물을 했다

주름진 얼굴이 안쓰러워
장미꽃보다 더 예뻐지라고
꽃 대신 화장품을 선물한다나

뭉클 가슴으로부터 서운함이 올라온다
한솥밥 먹은 반백 년 세월
남편을 향한 서운한 생각들이 꼬리를 문다

고희가 넘어도 여자이고 싶은 내가 우습다
서운한 마음 떨쳐버리고
감사한 마음 충전하기 위해 내가 알지 못하는 곳으로
카드 한 장 달랑 들고
맑은 가을 하늘을 나침판 삼아
길 여행을 떠나보려 한다

<김춘자 시집, 별꽃을 꿈꾸는 여자 중에서 인용>

김 춘 자

청주시 흥덕구 거주
(주)코맙 공동대표(현)
(사)문학그룹샘문 부이사장
(사)샘문학문인협회 고문
(사)샘문학 회원
(사)샘문뉴스 편집고문
(사)샘문대학교 수료(시창작)
(사)한용운문학 회원
(사)한국문학 회원
이정록문학관 회원
샘문시선 회원

<수상>
한용운문학상 우수상(중견)
한용운문학상 특별창작상(중견)
샘터문학상 본상 우수상
샘터문학상 시 등단
한국산문 수필 등단
여성문인협회 대상

<산문집>
그것은 사랑이었네 외 2권

<시집>
오월이 오기까지
별꽃을 꿈꾸는 여자(샘문)

<공저>
아리아, 자작나무 숲 시가 흐르다
사립문에 걸친 달 그림자
우리집 어처구니는 시인 외 다수

<컨버전스공동시선집/샘문시선>
나 그렇게 당신을 사랑합니다
추야몽 秋夜夢

<한용운공동시선집/샘문시선>
푸른솔문학
한국산문 외 다수

○ 베스트셀러 특별초대석 ○

고이는 시간 외 1편

남 미 숙

통로의 아침이 걸어 나간다
고였던 시간 빠져 나간 자리마다
서로 다른 슬픔이 세상 쪽으로 향하고
위로를 구걸하는,
서글픈 고백을 듣는다
감정에 누적된,
막연한 번뇌의 서식지처럼
가슴에서 가슴으로 파고드는,
갈 곳 몰라 하는 목소리
앞지르는 후회의 등을 바라본다
풀리지 않은 매듭이 손아귀에서
빙벽을 쌓듯 켜켜이 퇴적되어 버린
기억을 더듬는다
지치지 않은 영혼이 어디 있을까
때를 놓친 말, 허기로 풀어내면
서글픈 언어들이 허허롭게 떠돌 뿐이다
외로움을 간주한 나엽은
바닥을 훑고 지나고
목매었던 여름이 지나갔음을
저마다 색다른 코스모스가 일러준다

특집

한 줄기 바람으로

남 미 숙

바람이 바람을 가둔 채 잠이 들었다
굽은 허리를 펴고 낮잠이라도 즐기듯
뒤척이던 향기만 솔솔 밀어 올리고 있다

방파제 틈새로 들락거리던 오후
매듭 없이 끌어당기는 사람들의 소리
슬픔은,
환기통으로 빨려드는 바람처럼
미련 없이 빠져나간다

붉은 맥박으로 계절과 이웃한 등대,
떠도는 바람을 풍문으로 흘리며
고단한 땅거미를 일으키고 있다

아침을 달리던 양말이 닻을 내린다
무심했던 것들이
촉촉한 꿈을 머금고 있다

청사포 바람 한 가닥으로
이젠 나의 삶,
억지로 구겨 넣지 않아도

넘쳐나도록 채워질 것이다

<남미숙 시집, 바람의 의자 중에서>

남 미 숙
시인, 수필가, 시낭송가
시낭송명인
경남 사천군 출생
울산광역시 거주
울산문인협회 회원
시詩나브로 시문학 동인
(사)문학그룹샘문 시낭송분과 부위원장
(사)샘문예대학 시낭송학과 지도교수
(사)샘문학 이사
(사)샘문학문인협회 이사
(사)한용운문학 회원
(사)한국문학 회원
이정록문학관 회원
샘문시선 회원
<수상>
2016 현대시문학 시 등단
2015 주변인문학상(시부문)
2019 샘터문학상 수필 등단
<저서>
[시집]= 바람의 의자
[시낭송교재]= 시詩 한 끼 배불리 먹자
[앨범 3집]= 시낭송 리사이틀 3회

한용운문학상
초대석 시

(ㄱㄴㄷㄹ순)

홍시가 익어 갈 때면 외 1편

강 성 범

홍시가 익어 갈 때면
팥빙수가 그렇게 뜨겁냐고 놀려대는 친구한테서 전화가 옵니다

모락모락 피어오르는
김 서린 팥빙수 후후 불어 먹던 그날도 아마
가을 땡볕 내리쬐던 날이었지요

발가벗겨 진 강아지풀로
코끝 간지럼 태우던 생각이 났는지
아니면 홍시 같은 얼굴에 낮술 한 잔 걸쳤는지

뜬금없이
친구야~ 보고 싶다고
살다보면 익은 감도 떨어지고 땡감도 떨어지니
사람팔자 모르는 것이라고

이 세상 떠날 때는 밥숟가락 순서대로 가는 게 아니니
친구여 너만은 아프지 말라고

하던 말 딸꾹질처럼 반복되던 그해 가을
그것으로 이별이었습니다

해마다 이맘 때쯤
친구가 꿈에 보이던 날은
말랑말랑한 홍시처럼
발갛게 문드러진 하늘을 봅니다

홍시가 익어 갈 때면
가슴엔 휑한 별빛이 스며듭니다

11월의 오후

강 성 범

기차 철길처럼
평행선을 이루며 길게 서있는
11월의 오후

저문 노을 갈쌍갈쌍하여
詩 한 편 읽을 뿐인데
마음 깊은 곳 어디선가
기차 한 대가 달려 옵니다

우리는 누구를 기다리며
또 무엇을 싣고서 일 년을 지나왔을까
삶의 여정을 생각할 겨를도 잠시
급행열차를 타고 어느덧
종착역에 도착한 기분입니다

겨우 詩 한 편 읽었을 뿐인데
마음 깊은 곳,
어디론가 기차 한 대가 지나갑니다

강 성 범

전라남도 담양군 출생
서울예술대학교 연극과, 한국방송통신대학교 국어국문학과
대한민국 옥조근정훈장 受勳
成均館 儒道會 서울시지부 부회장, 成均館 전례위원(현), 샘문예술대학교 교수(교학처장), (사) 문학그룹샘문 부이사장, (사) 샘문학(구,샘터문학) 부회장, (사) 한용운문학 회원, (주) 한국문학 회원
<수상>
샘터문학상 시 등단 / 샘터문학상 본상 우수상, 최우수상 / 한용운문학상 우수상(중견), 최우수상 / 한국문학상 우수상
<공저>
나 그렇게 당신을 사랑합니다.   위대한 부활 그 위대한 여정.
이별은 미의 창조 외 다수<한용운시선집/ 한국문학시선집>

꿈에서 만나요 외 1편

강 성 화

빗소리가 전 굽는 소리와
똑같이 들리는 비 내리는 가을밤
오랜만에 참으로 오랜만에
사랑스러운 꿈을 꾸었다
비가 내린다

그날도 오늘처럼 비가 내렸어
빗속을 걸으며 방황하던 내게
등 뒤에서 그녀가 조용히 숨을 내뱉을 때면
힘들었던 일상이 깨끗하게 환기되어
마음속 굳어버린 응어리가 바람처럼 사라지고
서로에게 스며들며 외로움에 맞서게 되었지

비 맞은 나뭇잎처럼 떨면서도
서로의 입술이 포개지며
따뜻하고 감미로운 행복감이
두 사람의 몸에 가득히 채워지니
사랑을 느끼면
가을로 가는 계절이 청춘의 봄이 된다는 것을

나도, 그녀도 생각했을까?
우린 그때 같이 숨통을 텄다

모든 만남은 운명이라 생각했지만
잠에서 깬 지금의 과거는
기억마저 지울 수 있는 것이 아니다
그녀 뒤에 비치는 얼굴엔 눈물이 흐르고 있었던 것을
세월이 지나도 잊지 못할 거라고
아직도 그녀 가슴 어딘가에 내 자리가 있었으면 좋겠다

지금은 하염없이 빗줄기만 퍼부을뿐...

추억은 산이 되고 강이 되고 바다가 되어

강 성 화

아무도 없는 나무 사이를 걷다가 알았다
아무도 없는 강가를 흘러가다 알았다
그토록 흐르고 걸었건만 우리는 변한 게 없었다

나는 어떻게 걸어왔고 그대는 어떻게 걷고 있으며
또 우리는 어디로 흘러가야 하는가?
수많은 파도에 몸을 맡기니 알게 되었다

그대와 나 사이에 산이 같이 걸어 주었고
강이 같이 흘러가 주었고 파도가 밀려와 주었건만
우리가 함께 나누었던 소중하고 아름다운 추억들을
전부 잊어버릴 이별을 남기게 됨을

세상을 알게 되는 날
그대와 걸었던 발자취 바람이 덮어 주겠지!
그대와 나누었던 단어들 지우개가 지워주겠지
내 심장엔 날개가 있어

강 성 화

아호 : 수연秀聯
대구광역시 거주
(사)문학그룹샘문 이사, (사)샘문그룹문인협회 이사, (사)샘문학(구.샘터문학) 이사, (주)한국문학 편집위원, (사)한용운문학 편집위원, (사)도서출판 샘문(샘문시선) 회원, 문학과예술인협회 회원, 글벗문학회 회원
<수상>
샘터문학상 시詩 등단 / 한국문학예술 수필 등단 / 샘터문학상 특별작품상 / 한용운문학상 특별작품상 / 윤동주별문학상
<저서>
제1집: 그런 당신이 그리워 울었습니다   제2집: 파도의 노래, 흰 꽃
<공저>
추야몽秋夜夢 / 나 그렇게 당신을 사랑합니다 외 다수
<샘문시선>

마지막 헌혈 외 1편

강 안 나

하늘 우러러
푸르름 다 나누고
흥건한 가을 빚어
아낌없이 나르더니

낯선 외로움에
이리저리 뒹굴다가
서로를 부둥켜 안고
겨울 문턱 모퉁이
냉기 서린 풀뿌리 위에
우수수 누운 낙엽들

마디마디 고인 아쉬움
뜨겁게 토해내는
마지막 성자의 헌혈을 보며

채움과 비움 사이
여직 비틀거리는
허술한 내 일상에
갈색 향기가 회오리 치다

빈자리

강 안 나

전화비 많이 나온다며
찰칵, 서둘러 끊으시던 아버지

난방비 아끼려고
연탄불만 고집하던 어머니

평생 짠돌이로 사시던 친정부모님
이승 떠난지 몇 해가 넘었건만
먼지 쌓인 우체통에
올 겨울이 따뜻했다는
보육원 조막손들의 그림엽서

약초 소쿠리 메고
지리산 골짜기를 헤매이다
문득 돌아오실 것 같아
방문 걸지 못하네

강 안 나
아동문학가 시인 경남 진주출생
한국동시문학 회원, 한국문인협회 회원, 샘터문학 회원, 국제펜클럽 회원
국가상훈인물대전 등재
시집「눈부신 그늘」,「그리움은 향기로 운다」
동시집「아침햇살이 두고간먼지꽃」,「카톡이 빨개졌어요」
동요「또래 마음 예쁜 마음」외 30여곡 발표

으름 열매 외 2편

고 욱 향

할머니 등같은 언덕 산을 올라갔더니 가을이 알록달록 새옷을 갈아 입었다

시월이면 할머니 손잡고 산에 가면
산바나나라고 불렀던 으름 열매 하얀 속살 보이면 원없이 따서 먹었다

으름나무는 무욕에 물들지 않고 아낌없이 모든 것을 다 내어주고 산속을 지킨다

나의 할머님처럼 든든하게
세상의 헛된 욕심 에 타협 하지 않아도 깨끗한 열매 주렁주렁 달렸다

하얀 속살 터지면 부끄러운 숙녀가 되는 으름 열매
숲속의 산새 소리에 취하고 알밤 까는 다람쥐 장난기에 으름 열매 껍질 화르르 터진다

빨간 단풍

고 욱 향

만삭의 계절 시월이 찾아오면 나무도 풀도 아닌 거대한 식물 어귀들 중에 제일
키가 큰 노인장 대꽃 하늘가에 닿겠네

잘난 사람 잘난대로 살고 못난 사람 못난대로 살아가는 이세상
맑은 숨 크게 돌이켜보니 바람에 흔들리는 갈대인가

지리산 자연으로 가는 길 구례
그해 10월 19일 여순사건 어찌 잊으리까
우린 너무 몰랐다

10월은 가슴 아픈 달,
지리산 피아골 단풍 피빛처럼 빨갛게 타올라서 이가을 빛이 피빛 가을이다

시어머님의 가을은 아픈 기억으로
그 잔상이 뇌리속에 떠올라서 피빛 가을이 섯다

단풍잎 떨어지고 그 다음에는 어머님 눈물이 떨어진다
눈물 속에 하얀별 떠오른다

어머님은 입버릇처럼 말씀하셨다
진실의 문앞에서 통곡소리 들린다고
어린 나이에 부모님을 잃으셨던 어머님 가을은 아픈 상처를 안고서 살아가신다

어머님의 눈물 화강암이 되었다
아픈 기억을 가슴에 묻으시고 남은 여생을 살으신다

빈 껍질

고 욱 향

가을 찾으러 산에 갔더니 상수리 나무 아래 떨어진 도토리 껍질 알맹이 튕겨나와서
땅 위에 뒹굴뒹굴 농땡이를 치고 있었다

그 빈 껍질속에 천 개의 그리움 넣고 싶다
그 빈 껍질속에 천 개의 보고픔 넣고 싶다
그 빈 껍질속에 그리움 넣고 싶다
그 빈 껍질속에 행복 천 개 넣고 싶다
빈 껍질속의 따스한 바람 초대하고 싶다

숲속 오솔 길에선 부지런한 다람쥐 겨울 양식을 준비한다
새소리와 함께 박자 맞추는 노란 은행잎 바스락 거리는 소리가 노래인 것을
은행잎 단풍잎 가을 숲을 만든다
나는 가을 숲속 길을 걷는다

고 욱 향

전남 구례군 거주
한국문인협회 구례지부 감사, (사)샘문학(구,샘터문학) 자문위원, (사)샘문그룹문인협회 자문위원, (사)문학그룹샘문 자문위원, (사)한용운문학 회원(샘문), (주)한국문학 회원(샘문), 이정록문학관 회원, 지율문학 회원 구례문인협회 회원, 한울문학 회원
<수상>
한국문학상 본상 특별작품상(샘문) / 샘터문학상 시 등단(샘문) / 신춘문예 샘문학상 특별작품상(샘문) / 한울문학회 신인상
<저서>
높이 나는 새야(샘문시선)
향기에 젖어들다
<공저>
태양의 하녀, 꽃
태초의 새벽처럼 아름다운 사랑 <컨버전스시선집/샘문시선>
호모 노마드투스 <한국문학시선집/샘문>

비웃음 외 1편

고 태 화

비웃음에 우월감 상대를 빈정거리게 만든다
본인의 기분에 따라 비웃음을 행하고
정석이지 못한 행동에 춤을 춘다
험한 비탈길 갈망의 끈 놓칠세라 안절부절
보석박힌 황금빛 저녁노을에 비웃음은
환한 얼굴에 깊은 골이 만들어진다

아름다움은 어둠속 비웃음에 추함을 탄생하고
황야 벌판에 오아시스 찾듯 고귀함 맴돌고
아루모양 높은 언덕 세찬 태풍 몰아칠 때면
얼굴에 비웃는 상처투성이도 함께 날려버린다
가볍고 고운 모래성을 회오리 바람
일으키면 잔잔한 얼굴도 함박 웃는다

어느 부류의 어울림인가

고 태 화

설악산 자락에 걸친 악어 이빨 닮은
암벽들 씻어 흐르는 폭포수
미래를 위해 부풀어 오른 욕망 탐색하고
오색 물든 낙엽들 험난한 비탈진 길
갈팡 질팡 휘청거리며 걷는다
빈들판 황야 같은 사하라 사막 끝
어느 부류의 어울림인가

설악산에 단풍들 때 거센 태풍 불어와
가시털 전체를 감싸 앉고 피어난 꽃
힘차게 내리치는 원대함에 고마움 넘치고
유유히 흐르는 폭포수 바위에 부딪히면
영묘한 분위기 단단함이 증발해서
바위처럼 굳어 갈 때 은빛 따라 흐름은
어느 부류의 어울림인가

고 태 화

아호 : 월연당
서정대학교 졸업(사회복지행정학과), 서경대학교 졸업(경영학과, 평생교육사), 칼빈대학원 졸업(사회복지 문학석사), 강원대학교 경영대학원(AMP 명품과정)
샘문예술대학 시창작학과 수료, 샘문예술대학 시낭송학과 수료
샘문평생교육원 샘문예술대학 학장, (사)문학그룹샘문 이사, (사)샘문학(구,샘터문학) 이사, (주)한국문학 편집위원, (사)한용운문학 편집위원, 황야문학 부국장, 글동네 사무총장
<수상>
한용운문학상 중견 우수상(샘문) / 한용운문학상 중견 특별창작상(샘문) / 샘문학상 우수상(시부문) / 한용운문학상 동시 등단 / 샘문뉴스 신춘문예 시 등단
<공저>
태초의 새벽처럼 아름다운 당신 외 다수 (컨버전스시선집/샘문시선)
추야몽 秋夜夢, 이별은 미의 창조 (한용운시선집/샘문시선)

꿈꾸는 겨울나무 외 1편

김 기 홍

분노처럼 뻗어 나간 눈 쌓인 가지 사이로 바람은 일고
언 땅, 속 깊이 뻗은 뿌리 끝에는 온화한 물길이 흐르나
속내를 비워낸 굵고 긴 줄기는 두툼한 방한복을 입고
나목裸木은 새 봄을 꿈꾸며
긴 겨울잠을 즐긴다

캄캄한 땅 속 잠 깬 실뿌리 목마름에 물을 찾고
아지랑이 가지 끝 꽃망울은 눈 떠
소슬바람의 봄을 즐기며
훈풍에 실려 온 꽃향기에 취한 꽃봉오리 활짝 웃으며
가지는 싹을 틔워 신록의 꿈을 키운다

가지엔 무성한 녹음을 위한 푸른 꿈이 익어 가는데
녹음을 시기한 하늘의 무더움에 흐르는 물마저 스미고
여기저기 축 늘어진 잎사귀
그늘 속의 매미도 찌는 듯한 더위에 흐느낀다

하늘을 향해 뻗어나간 무성한 녹음은
가을 하늘의 검붉은 노을에 그을려 초록의 꿈을 잃고
색색으로 변해가는 꿈의 슬픈 하소연을 들으며
여기저기 흩어져 떨어지고
텅 빈 가지에 남은 꿈은 나래를 펼치려 팔랑거린다

앙상한 가지에 잊힌 초록의 꿈을 삼키는 나목裸木에
새 봄을 꿈꾸는 눈이 소복이 쌓이고
얼어붙은 땅속 깊이 뻗은 뿌리는 아지랑이를 꿈꾸며
새 봄을 기다린다

고향을 떠나던 날

김 기 홍

성공하기 전엔 고향을 찾지 않겠다고
다짐하며 밤을 지새운 아침에
뒤곁 언덕의 기울어진 소나무 고목에
까치가 날아와 까악까악 울었다

떠날 준비를 끝낸 후
동네 어른들께 들러 하직 인사를 하며
금과옥조의 격려 말씀을 들었다

이십오 리가 넘는 시골길을 걸어
서울로 가는 야간열차를 타기 위해
마지막일지도 모를 부모님과
이른 저녁식사를 했다

밥이 목으로 넘어가지 않는다
부모님께서도 아무 말씀도 없으셨지만
마찬가지가 아니었을까

동네 어귀까지 따라 나오셔 바래주신
어머님을 차마 돌아볼 수 없어
앞만 보고 걸었다

어머님과 헤어지고 언덕배기를 돌아
뒤돌아보니 멀리 언덕에서
어머님이 서서 바라보고 계셨다

한참을 걷다가 다시 눈물을 훔치며
고향산천을 뒤돌아보고 또 돌아보며
잠시잠시 깊은 시름에 잠겼다

'한 번 먹은 마음, 꼭 그렇게 해야지'
다시 한 번 굳은 다짐을 한다

열차 정거장이 가까워 오자
다시 한 번 고향 하늘을 돌아보니 저무는 하늘가에
붉은 노을이 내 맘처럼 섧게 걸려있다

김 기 홍

아호 : 석강 石江
성균관대학교 무역학과 졸업
기아자동차(주) 해외구매본부 이사 역임
기아인터트레이드(주) 영업이사 역임
대명공업(주) 관리담당상무 역임
(사)문학그룹샘문 회원
(사)한용운문학 회원
(주)한국문학 회원
<수상>
2024 샘문뉴스 신춘문예 당선
2024 샘문신인문학상 시 등단
<저서>
시집 - 잊힌 꿈을 찾아서

이슬 맞이하노라 외 1편

김 민 채

늦은 여름 처음 낙엽 물 들이도록
여린 잔가지 끝 맴도는 이슬 머금 게
아름다운 선율 오르페우스의 리라여!
바람 아래 낮게 살짝만 드리우리라

해맑은 너의 밝고 환한 빛깔에도
잊을 수 없는 그대 심장 소리에도
이슬 맞이하여 그윽한 내 입술에도
가는 여름날 비 내리는 새벽 단상斷想이라

우거진 들녘의 짙은 녹음 한 흔적인가
여린 풀잎에 자리하는 흐르는 떨림 누리고
빛은 하늘로 뻗어 고요한 숲 향기 떠돌아
긴 머리 땋아 내리는 소녀
하얀 귓가를 노닐다

이름조차 모를 어여쁘게도 피어오른 잎이라
이슬 내리는 날, 한껏 스치는 개울 물소리
마냥 깊기만 한, 울림 아름답기 그지없으니
하릴없이 투명한 눈빛은 영원과도 같은지라

이른 가을날 처음 낙엽 끌어안아 멈추도록
여름 견디었다 놓은 가지끝 이슬 맞이하게
음유시인 오르페우스의 아름다운 노래여
바람 아래 낮게 살짝만 그리 드리우리라

연의緣礒

김 민 채

하늘 빛 내려와
천공으로 사라진 미소
두팁 등에 천만 겹겹
하루 두르고서
소리소리 묻으며
새겨 맞은 푸른 상흔

그대 손길 다시 다다른
하늘의 시간이 흐려진 시야에
존재하지 않는다 하여도
가슴 깊이 지나는 물길
멈추지 않는 하늘물이라

녹음 새운 댓잎
그 흐드러짐에 찬 서리 물린
청명한 숨소리
기나긴 생 외자리 곁을 맴돌다
하현의 흰 울음 섞인
시리도록 아픈 삭힘이여

점점이 박힌 잔가지 뿌리
감아 에워 올리어

고요히 침묵 속에 잠들어
처음 걸음 기다림이
바스러질 영혼의 그리움조차도
그리 남겨 두리이다

김 민 채

아호 : 淸輝하랑
부산광역시 거주
(사)문학그룹샘문 이사
(사)샘문그룹문인협회 이사
(사)샘문학(구,샘터문학) 이사
(사)한용운문학 편집위원
(주)한국문학 편집위원
(사)샘문시선(도서출판샘문) 회원
(사)한국문인협회 회원
(사)현대시인협회 회원
한글문인협회 이사
국제계관시인연합UPLI-KC 회원
청옥문학협회 회원
공감문학협회 회원
<수상>
대학백일장 시부문 장원
대한문학세계 시 등단 신인문학상
한국문학상 시부문 한국문학특선상
신춘문예 샘문학상 우수상
한용운문학상 중견 시부문 우수상 한용운문학상 중견 특별작품상
국회의원 표창장
<공저>
한용운공동시선집 1,2,3호
샘문시선 신춘문예 컨버전스 13,14 봄호
국제계관시인연합(UPLI KC) Poetry Korea Vol.17,18
한국문학 시선집 2호
청옥문학 56~59호
공감문학 가을, 겨울호
글로벌문학21 여름호, 가을호, 겨울호
대한문학세계 2019 가을호
등재 : 전라매일신문 '후연'

가을연가 외 1편

김 석 인

뒤뜰 풀벌레 울 때면
매미소리 사라지고
나 홀로 임 그리워서
울지도 못 하는 신세

단풍잎 곱게 물들면
임 그리는 나를 대신
울어라 울고 또 울어
이 가을 저물 때까지

연서

김 석 인

저기 뜰 아래에
잔뜩 쌓인 낙엽들은
사랑하는 그님이
보내온 엽서인가

어제도 오늘도
계속해서 쌓이는데
이내 마음 울적하니
그리움만 가득하네

김 석 인

시인, 시낭송 스피치 지도사
『열린문학』 금상, 신인등단
(사) 국제문화예술협회 최고 심의위원
(계간『열린문학』편집본부장)
(사) 한국문인협회 광명지부 회원
(사) 시향서울낭송회 감사위원
(사) 한국문예 고문,
기타 문학회 고문, 자문위원 등등
(사) 안중근 의사 문화예술연합회 자문위원
미래전략파트너 전임강사 역임
(다가치포럼 사회적협동조합)
제주 늘푸른 음악회 명예회원
시집 : 2022「詩가 뭔데」, 가곡 7회 발표
국제문화 예술상, 세계 환경문화상,
쉴만한 물가 작가대상, 23회 천등문학상 본상
한국을 빛낸 한류문화공헌대상, 등

심도의 가을 외 1편

김 정 형

인생길 나그넷길
갈 길은 멀고 해는 저물고
멀리 아이들의 노는 웃음소리가
나그네의 시름을 깨운다

초가삼간 밥 짓는 연기
아이들을 부르는 엄마의 성화가 평화롭기만 하여라
문전옥답 감나무 까치밥 홍시
저녁달에 가을을 그린다

세월은 빠르고
인간사 득도의 길은 멀고
저무는 가을은 득도의 길을 재촉 하는가

어디선가 들려오는 바람의 노래
바람결에 두둥실 단풍잎 하나
무성하던 한 세월 낙엽의 사연이여

덜 깨달은 인생길 낙엽은 지고
멀리 초목에 덮인 저 무덤 자리는
어느 영혼이 머물고 간 흔적인가?

영혼들이 고향으로 가는길
저 무수한 낙엽의 사연을 읽으며
가슴이 길을 닦는 심도의 가을로 가리라

왕의 꿈

김 정 형

하늘이 있었고
세상이 있었어
사람이 세상에 왔다가 돌아가는 길

누군가 왕이라는 것을 만들고
궁궐을 만들어 천년만년 권세를 꿈꾸던
저 궁궐의 왕은
백 년도 머물지 못하고 돌아갔다

세월은 흘러 여행자들이 몰려오고
그 빈자리 구경자리가 되고
궁궐이 된 나무와
손때 묻은 도구들의 속삭임을 들으며
전설의 고향 그 오솔길을 걷는다

왕을 만든 자, 천하를 탐하고
세월마저도 가지려 했던
궁궐을 차려놓고 놀다가
순리의 부름을 받고 돌아갔다

그리고 다음도 그 다음도
순리의 손에 이끌려 여행을 떠났다

천세 만세 만만세 왕을 꿈꾸는 자
천년만년 세월을 꿈꾼다

김 정 형

부산광역시 거주
(사)문학그룹샘문 이사
(사)샘문그룹문인협회 이사
(사)샘문학(구,샘터문학) 이사
(사)한용운문학 편집위원
(주)한국문학 편집위원
(사)샘문뉴스 회원
(사)이정록문학관 회원
(사)한국문인협회 회원
(사)현대시인협회 회원
한글문인협회 회원
청옥문학협회 이사
공감문학협회 회원
<수상>
샘문뉴스 신춘문예 시 등단
샘문학 신인문학상 당선
한용운문학상 본상 특별작품상
청옥문학협회 시화 작품상
청옥문학 55호 작품상
풀빛소리문학협회 시화 우수상
국회의원 표창장
<공저>
샘문시선 신춘문예 컨버전스 14호
한국문학시선집 2024.2호
한용운공동시선집 3호
공감문학협회 가을겨울호
청옥문학 53~59호
동인지 : 전당문학2호, 3호
등재 : 전라매일신문 '홍매화'
　　　 합천신문 '천년향'

새벽, 냉장고 울다 외 1편

김준한

종일 잘 버텼는데
냉동실에 넣고 잘 얼리면 되었는데,

새벽,
어둠을 유영하던 곤한 서러움 한 줄
전류를 타고 복받쳐 들어왔는지
위~잉 흐느끼기 시작했다

달래기 위해 열어젖힐 수밖에
텅텅 빈 세월, 움켜쥘 수 있는 것 하나 없고
이처럼 슬픔 가득한 페트병 하나 달랑 남았나
유통기한 지난 시절,
포장 뜯어 속도 보여주지 못하고 떠나보낸 인연

뜨거웠으나,
차가운 슬픔으로 변한 순간 한 잔 따라 가슴 적시자
그제야 잘 자란 인사처럼 뚝 그친다

고사리

김 준 한

흐린 오전 얽던 할머니 따라
처마 끝 야윈 거미 분주하던 그날
고추장보다 빨간 욕설 비빈 밥상 엎은 아들, 찬장 속
말라비틀어진 지폐 들고 신작로를 짓밟았다

녹 부스러기 일어난 대문을 미는 풀독 벌겋게 오른 손등
키 내민 지 얼마 되지 않은 고사리 꺾을 때면
일찍 어린 장 꺾인 손자가 더없이 가여웠다

저울 한 눈금 올리기 위해 가파른 경사 오르내린 세월
기대는 짙어지고 내려온 한 보따리 가득 무거웠지만
허리 휜 하루는 삶아서 널어놓은 햇살처럼 말라갔다

칠 남매 북적이던 마당이었으나,
손자 녀석 뛰어놀던 한 귀퉁이 채우기에도
턱없이 모자란 고사리 몇 근
목줄 괜히 풀어주었나? 며칠째 돌아오지 않는 누렁이

산비탈 오르며 밝아진 오전과 어둠이 삼킨 오후
헤아릴 수없이 시장에 내다 팔았건만
집 나간 손자는 여태 마당 밟지 않았다

김 준 한
경기도 평택시 거주
청암문학작가협회 회원, 사람의깊이 회원, (사)문학그룹샘문 운영위원, (사)샘문학(구,샘터문학) 운영위원, (사)한용운문학 회원, (주)한국문학 회원, 샘문시선 회원
<수상>
2024 청암문학 시 등단 / 2024 한국문학상 본상 대상
<공저>
호모 노마드투스 <한국문학시선집/샘문>

천연기념물 165호 은행나무 외 1편

김춘자

천 년을 살고보니 세상이 보이더라
가지가지마다 황금 보석을 감추고 있다
노쇠한 몸통을 갈무리하는 힘이 경이롭다
수만 개의 황금알이 바람을 업고 춤을 춘다

종족 보존을 위해 용트림하는 은행나무
너와 내가 닮은꼴 종족 보전하는 것
은행알을 손바닥 위에 올려보았다
천 년 무게에 짓눌려 퇴화했구나

냄새를 맡아본다
쿰쿰한 냄새보다는 누룩냄새가 난다
흐르는 세월속에 잘 삭았나보다
천 년을 살아온 너의 사리 한 알 가져가
싹을 틔워 네 옆에 심어줄게
비바람 막아 친구하거라

문의 문화재 단지

김 춘 자

대청호 전경을 한 눈에 담아
들숨 날숨을 쉰다
들숨은 맑고 깊은 물속을 담아내고
날숨으로는 문드러진 속내를 토해낸다

사라져가는 전통문화
양반댁 사랑채에는
공자왈 맹자왈 책 읽는 소리
토담집에서는 호호하하
웃음소리 정겹다

시름을 달래주는 육자배기 노랫소리 주막집이 흔들흔들
풀무질하며 시뻘겋게 달군 쇠붙이
연장을 만드는 대장간
성곽에 높이 올라 물속에 가라앉은
동네 모습 찾는다

순이네집도 이장님댁도
대청호에서 수제비 뜬다
항아리속을 들락거리는 물고기 알을 품는다
넓은 주차장 깜박거리는 정신머리
삐익삐익 키를 눌러
68우 차를 찾는다

김 춘 자
시인

단순하게 그저 단순하게 외 1편

류 선 희

벚꽃이 분분하게 흩날린다

벚꽃은 알고 있다
곧바로 몸 닿는 그곳이
가장 안락한 피안이라는 것을

미리 작정하고 떨어지는 꽃잎은 없다
미리 걱정하며 떨어지는 꽃잎도 없다

흔들리면 흔들리는 대로
날리면 날리는 대로
단순하게 살다 그저 단순하게 진다

짧은 생이면 어떤가

가뿐한 삶이여
숙연한 종말이여

결

류 선 희

아무리 좁은 틈이라도
비집고 들어앉는 것이 사랑이다

노상 닫혀 있는 마음의 창은
빛 가운데서도 표정이 없다

무표정으로
빈틈없이 조이다
끝내 절망의 수렁에 갇힌 낮달

목마른 가랑잎으로 줄곧 버석거려도
이내마저 떠난 수렁에는
닫힌 귀뿐이다

애써 쌓은 옹벽이 깎이더라도
곁을 내주는 것이 사랑일진대

곁을 완강히 거부한 담벼락은
속빈 바람조차 비켜간다

류 선 희
이화여대 피아노과졸업
1992년 『한국시』 등단
부산문인협회 회원, 부산시협 편집자문위원, 이화동창문협 이사, 한국문학 회원(샘문), 금정문협 자문위원
시집 『바람개비』 등 13권
<수상>
부산문협 본상 / 부산시협 본상 / 한국문학상 최우수상 / 부산가톨릭문학 본상 / 문예시대 작가상

가는 12월 외 1편

박 길 동

간다는 말엔 다시 돌아 오마가 포함 됐지만
어딘지 모르게 섭섭하고
쓸쓸함이 가슴속으로 스며 드네요

사람이 가든 계절이 세월따라 가든
한철 독야청청 세상을 풍미했던 산천초목들
침엽수를 제외하고 실오라기 하나도 걸치지 않고
발가벗은 채로 가고 있네요

기왕이면 터럭 먼지 하나 남김 없이 모두
미련두지 말고 풍진세상 깨끗이 가져 가시옵소서

머물렀던 자리가 깨끗해야 뒷맛이 개운하듯이
앞모습도 중요하지만 뒷모습이 아름다워야
정말 아름다운 모습이라 하네요

내년 일월을 기쁜 마음으로 반기며
맞이할 수 있도록 끝 마무리 잘하고
안녕히 가시 옵소서!
Good bye 12월

초심初心

박 길 동

해와 달이 동쪽 하늘에 떠서 밝게 비추이는 것은
어두운 세상을 밝히기 위한 마음이고

인간이 모태로 부터 태어날 때의
마음은 부모에 대한 은혜와 사랑,
고마운 마음일 게다

자연과 자연간 서로의 만남도
말을 못해 묵시적이지만,
더불어 함께 살아가자는 마음이며

부모 자식과 형제지간에 인연의 만남도.
사회생활하면서 처음 대면하는 사람과의 만남도
절친 친구간의 우정도,
모두가 만남에서 비롯하며
불편해 하거나 불쾌해 하지 아니했던
고운 마음이 초심初心 아니겠는가?

우리는 조금이라도 본성의 마음이
이탈離脫을 느낄때
이탈하고 있을 때,. 초심 초심하며
처음 가진 마음으로 돌아가야 한다고 강조한다

초심은 어떤 어려운 상황이눈 앞에 닥쳐오더라도
변치 않는 착한 마음으로

해와 달이 동쪽하늘에 떠서 세상을 밝히듯이
영아가 모태로 부터 태어나 처음 느끼고 가졌던
은혜와 사랑의 마음이 초심이지 않을까 한다
자연은 초심初心을 배반하거나 바꾸지 않는다

그렇다
사소한 일에 일희일비一喜一悲 하기 보다는 착한 마음을
잃지 않음이 사람의 본래 본성이며 인성이고 초심初心이 아닐까

우린 본성의 초심初心을 이탈하지 않기를 소망하며
어려울때 일수록 본성, 초심初心으로 돌아가자. 돌아가야 한다
만사萬事는 마음 가짐에 달려 있다.
"여의길상如意吉祥"을 늘 곁에 두고
생각하며 잊지 말아야 할 것입니다.

박 길 동

아호: 석영, 달원
詩人, 수필가, 상담심리사
충남 공주시 출생, 서울시 관악구 거주
육군대학교 졸업/ 보병연대장 역임
전남대학교 경영대학원 졸업
서울교육대 평교원 수료(풍수지리), 샘문예술대학교 시창작학과 수료
(사)문학그룹샘문 상임부이사장, (사)샘문그룹문인협회 부회장, (사)한용운
문학 회원(샘문), (주)한국문학 회원(샘문), 이정록문학관 회원, 샘문시선
회원, 한국문인협회 회원, 국제펜한국본부 회원
<수상>
샘터문학상 시 등단
샘터문학상 수필 등단
한용운문학상 중견 최우수상(샘문)
한용운문학상 중견 우수상(샘문)
샘터문학상 최우수상(본상)
<저서>
시집: 밤나무집 도령
<공저>
리라꽃 그늘 아래서 외 다수
추야몽 秋夜夢
나 그렇게 당신을 사랑합니다
<샘문시선>

잎새 끼워진 가을 외 1편

박 승 문

나뭇잎이 붉어지고 노래지면
아름답다는 말 수두룩하게 쏟아낸다
저마다의 외침이 이 가을을 물들이고
이 가을을 노래 부르고 있다
가을이여,
붉고 노란 잎이여,
저물녘의 노을이 빨개졌다가 노래졌다
당신도 가을이었구나

이곳저곳에서 엿들어 가을 소리가
바람인 것이 노래인 것이
한갓 피워 떠난 이의 애달픈 설움일 줄
차곡차곡 쌓이는 미련의 끝에서 보아야만 했던 아쉬움인가
허전함이 오고 쓸쓸함이 몰려와도
저편의 가을을 버리지 못해 붉음과 노람을 기억할
바람이 일렁이다 스쳤다

언젠가는 떠나고
곧 돌아올 것이라는 약속하지 않아도
한 바퀴를 돌면 자연스럽게 오고 있음을
가고 있음을 알 수 있듯이
가을이여, 붉고 노란 잎이여
그 순간에 맞이하는 아름다운 가을을 담아
사랑할 수 있을 만큼만
사랑할 수 있을 만큼만 사랑했으면 좋을 듯 싶다

아침부터
바람이 누굴 데려가려고
빈 가지에 끼워진 잎새를 흔들고 있다

배롱나무꽃

박 승 문

장맛비가 눈덩이처럼 내렸지만
쌓인 건 하나 없고
남은 건 몇 방울의 입자들
그마저도 떨어지기 전에
개미들은 축축한 흔적을 오르락내리락 할퀴고 있다

눈을 뜨면 바스락거리는 소리가 들려오고
개미인 양
바람 같은 것에 울림과 떨림의 중간에서 휘파람새는 휘이이익, 휘이이익
울다 날아갔다

휘파람새 앉았다 날아간 그 자리에 개미가 할퀴고
간 모습 그대로
단아하게 핀 배롱나무꽃
두어 발 지나가다가 한 번은 보았을 땐
홍자색에 반한 눈길이
잊히지 않았다

백일의 시간 내내
겉 정에 부둥켜안고 속 정에 사무칠 엷은 사랑
가슴에 품은 향기 넌지시 내보내면 흰 나비의 날갯짓이 부럽기 그지없다

배롱나무꽃 올려다보고 있는
나는

박 승 문

아호 : 다원
시인, 작가, 기자
경상남도 거제시 거주
(사)문학그룹 샘문 기획국장
(사)샘문그룹문인협회 이사
(사)샘문학(구,샘터문학) 기획국장
(사)샘문뉴스 취재부 기자
(사)한용운문학 회원
(사)한국문학 회원
이정록문학관 회원
샘문시선 회원
<수상>
샘터문학상 시 등단
샘터문학상 수필 등단
샘터문학상 최우수상(본상)
한용운문학상 우수상(중견)
한용운문학상 특별창작상(중견)
<공저>
바람을 연모하는 꽃, 리라꽃 그늘 아래서
태초의 새벽처럼 아름다운 사랑 외 다수
<컨버젼스공동시선집/샘문시선>
나 그렇게 당신을 사랑합니다
추야몽 秋夜夢, 이별은 미의 창조
<한용운공동시선집/샘문시선>
호모 노마 드투스
<한국문학시선집>

아가페 외 1편

석 희 구

아가페,
가장 진실하고 선한 사랑
가장 아름답고 숭고한 사랑
가장 행복하고 영원한 사랑
죄인을 위하여 대신 죽어주신 사랑
세상에서 가장 위대한 사랑

사랑은 받을 때도 행복하지만
사랑은 줄 때에 더욱 행복한 것
세상에서 가장 불행한 사람은
아가페 모르는 사람
세상에서 가장 행복한 사람은
아가페로 사는 사람

아가페가 근본이신 절대자여!
피조물 영장이 아가페의 옹달샘을 갖게 하소서!
날마다 아가페 생수를 마시고 그 사랑에 취하여
세상을 죽도록 사랑하므로 행복을 누리게 하소서!
가장 위대한 아가페의 영장 인생을 펼치다가
하늘 품에서 영생복락 누리게 하소서!

백년홍 인꽃

석 희 구

세상에서 가장 아름다운 꽃 인꽃
세상에서 가장 고상한 향기 인향
꽃은 제 아무리 예뻐도 십일홍이지만
아담이브 인꽃은 백년홍 꽃망울이지요

꽃망울이 사랑의 꽃잎을 곱게 펼치면
나비는 그곁을 나르며 꽃향기 즐기다가
꽃봉오리 꿀샘에 꿀침 살포시 내리면
꽃과 나비는 심금 울리는 노래를 부르지요

그대도 자세히 보니 백년홍 꽃망울이군요
고상한 향기 풍기시니 감동 감동입니다
백년홍 아담이브 꽃과 동행하는 꽃길 인생
조물주의 천륜 따라서 누리는 쾌락입니다.

석 희 구

시가흐르는서울 회장
한국성결교회문화선교회 회장
한국문인선교회 회장
국민일보신춘문예 주관위원
한국찬송가작가회 회원
기독교헤럴드 논설위원
한국가곡작악회 감사 및 작사위원
문학그룹샘문 이사
계양제일교회 목사(D,Min)

임진각 인동초 외 1편

신 재 미

장단콩 자랑에 일행과 찾은 평화누리공원
이곳저곳 관광하다 임진강 건너는
평화곤돌라 탑승했다
땅거미 밀려드는 시간에 임진강 건너며
DMZ 경관을 눈 속에 담는다
추수 끝낸 논에 흰 망토 쓰고 보초 서듯
듬성듬성 놓여 있는 볏짚 뭉치들
분단의 현실 심장이 조여 든다
경계심 가득 품고 수려한 경치를 봐도
감탄에 억눌린 눈동자 불꽃이 튀었다
하나라도 더 촬영해야겠다는 숨 가쁜 순간
낮과 어둠의 경계를 넘는 노을은
물체를 하나둘 어둠 속에 감춘다
시간의 소중함을 간절하게 느낀 날이 있었을까
마지막 곤돌라 타고 귀환 하는 분단의 허공
임진강을 건너고 안도의 숨을 내쉬며
전망대에서 본 북쪽은 어둠뿐인데
북쪽을 향한 꽃 한 무더기
난간에 매달려 환하게 웃고 있다
가을과 겨울 사이 홀로 피어 웃는 얼굴들
한 몸에 두 가지 색을 띤 인동초
흰색과 노랑색의 꽃잎을
남북으로 오가는 바람에 갈피없이 흩날린다

명륜당 뜰에서

신 재 미

철없는 밀잠자리
꿈 쫓다 절망의 파장에 휩쓸려
명륜당 뜰에 던져졌다

기진맥진한 영혼 마당에 홀로 앉아
땅 속 깊이 들려오는 아우성
자음 모음 짝 찾아 그물을 짠다

유생들 심어 놓은 말씨들
건져갈 입을 기다리나
눈빛 마주치려는 단군의 후예
영혼의 밥그릇 더운 김 피운다

육백 년 역사의 걸음 기억하는 것은
은행나무 두 그루
잎사귀 눈부시게 펄럭여도
수족 의지한 지팡이 눈물이 흐른다
21M의 키 7M 둘레 무슨 의미가 있을까
천연기념물이라며 수목들에게 기세등등
허울만 좋을 뿐 은행알 맺지 못했다

밀어내는 차가운 기운에 등 떠밀려

하늘 향해 정신 일깨워도

밤새 뿌려진 일곱 별 그늘 벗어나지 못한다

신 재 미

(사)국제PEN한국본부 이사
(사)한국문인협회 회원
(사) 문학그룹샘문 부이사장
(사)샘문학(구,샘터문학) 부이사장
(사)한용운문학 편집위원(샘문)
(주)한국문학 편집위원(샘문)
옛정시인회 회장 역임
<시집>
제1시집 : 춘당지의 봄
제 2시집 : 사랑의 희망의 날개
제 3시집 : 영원한 사랑을 위하여
<수상>
2004 문학공간 시 등단
(시인, 작곡가 박건호 추천)
세종문학상, 한글문학상
샘문학상 대상 외 다수

실연 외 1편

안 은 숙

그리움이란 이름으로 손을 잡고
사랑이란 이름으로 손을 놓는다

가슴속 알알이 박히는 비수처럼
뾰족한 칼날이 내 심장을 찌른다
코끝을 찌르는 피비린내는
모든 신경을 마비 시켰고
끊어질듯 아려오는 고통을 견딘다

정말 아프다
숨을 쉴 수가 없다
"너도 나만큼 아프니?"

자꾸만 떠오르는 너의 형상들은
눈물 지우개로 자꾸 지워내고
오돌토돌 자꾸만 올라오는 그리움은
심장을 갈라놓은 사형대에 올라서서
마지막 끈을 끊어낸다

연꽃

안 은 숙

뻘 속의 자양분을 먹고 자라는 그녀는
인간의 욕망을 꾸짖는
깨달음의 참뜻을 전하고

속세를 벗어나 태양을 받으며 피어난 샛노란 속살은
참회의 눈물로 피어나고

흰색 치마에 연분홍 저고리를 입고
요염한 자태를 뽐내는
고귀함으로 다시 태어난다

가슴속 깊이 알알이 맺혔던 한들은
뻘 속에 뿌리내린 줄기처럼
중생은 다시 환생한다

안 은 숙

시인, 소설가
서울시 동대문구 거주, 한양사이버대 사회복지학과 재학
문학의봄작가회 회원, (사)문학그룹샘문 운영위원, (사)샘문학(구,샘터문학) 운영위원, (사)샘문그룹문인협회 운영위원, (사)한용운문학 편집위원, (주)한국문학 편집위원, (사)샘문뉴스 회원, (재)이정록문학관 회원, (사)도서출판샘문(샘문시선) 회원, (사)지율문학 회원
<수상>
한국문학상 시 등단(샘문) / 한국문학상 본상 특별작품상 / 문학의봄 수필 등단 / 문학의봄 소설 등단 / 오뚜기 푸드에세이 사랑상
<저서>
소설집 : 공주의 황금빛 날개
<공저>
개봉관 신춘극장
<컨버전스시선집/샘문시선>
위대한 부활, 그 위대한 여정
호모 노마드투스
<한국문학시선집/ 샘문시선>

불 들어가는 숨비소리 외 1편

예 시 원

태곳적부터 천 년을 내려온
솔바람 거문고 소리

아궁이에 불 들어가며 인간사
백 년이 타는 소리

문지방을 타고 들어오는
생솔 타는 불바람 소리

장지문 밖에서 소리 없이
내려앉는 함박눈 소리

온돌 아랫목에 누워 등허리
지지는 몸부림 소리

고향은 추억으로 흐르고

예 시 원

함박눈이 하얀 솜이불처럼 따뜻하게 덮힌 눈부신 아침

아궁이에선 생솔가지 타는 연기가 굴뚝을 타고 오르고

가마솥에선 한여름 땀방울 같은 밥물이 흘러 내린다

구수한 냄새와 매캐한 연기가 맵짠 인생살이와 섞여

바람 살결에 오르가즘으로 흐르는 고향의 풍경이다

예 시 원

1987년 무크지 『서부전선』 시 '청춘 양구에서'로 등단
2009년 계간 『시와사람』 시, 계간 『다시올문학』 소설 등단
2010년 월간 『한국산문』 수필, 계간 『시와늪』 평론 등단
시집 『아내의 엉덩이』 외 다수, 평론집 『화채 한 그릇의 이야기』
수필집 『알베르 카뮈의 미소』, 『달팽이와 킬리만자로의 표범』
소설집 『토영 통구미 아재』, 『짬뽕 한 그릇, 짬뽕 두 그릇』
한용운문학상, 문학춘하추동 소설 작품상, 다선문학 평론 대상 박남수문학상, 대한민국 시인대전 대상, 대한민국 디지털 문학대상

오솔길 위의 벗 외 1편

오 정 선

오솔길 따라 걷다보면 무럭무럭 피어 오르는 상념에 젖게하네

겨울이 오면 몸집 작은 오솔길이 추위에 오들오들 떨까 봐

가을에 풍성하게 피어난 억새꽃을 펼치고 이리저리 문안인사 하며
따스하게 막아주네

억새꽃은 소임을 다하느라 빗질도 제대로 못 하여 헝클어진 채 하늘거리네

바람막이가 되어주고 이불과 요가 되어주니 오솔길은 깊은 밤잠에 빠져도

차가운 서리를 맞아도 억새 덕택으로 진정 행복한 숨소리 자아내네

이 가을에

오 정 선

이 가을에 옷깃을 여미며 더욱 사랑하게 하고 사랑받게 하소서

이 가을에 낙엽을 뽀송뽀송 밟으며 하찮은 미움도 싹 몰아내게 하소서

나뭇가지에 동동 매달려 버둥거리는
황갈색 나뭇잎을 보며

어서 떨어지라고 채근하지 마소서
하늬바람이 세차게 불면 떨어지니까요

언젠가는 떨어져서 저만씩 나뒹굴지라도 애정어린 눈으로 지켜봐 주소서

이 가을에 자그마한 눈물방울이라도 흘릴 수 있는 감정이 풍부한 사람으로 거듭
태어나게 하소서

이 가을에 살포시 미소 지으며
뿌려주는 연노란 햇살이 곱게 보이는 것은

당신의 마음에 자리잡은 아리땁고 따스한 심성이 자라고 있음입니다

오 정 선

아호 : 시림 始林
제주도 서귀포시 출생, 제주특별자치도 제주시 거주
제주와 인천에서 행정직 공무원 다년 봉직, 순수문학인회 이사, 영주문학
부회장, (사)문학그룹 샘문 자문위원
<등단>
2014년 한국문인 시 등단 / 2014년 순수문학 수필 등단
<수상>
샘문학상 본상 특별창작상
샘문학상 본상 특별작품상

떼까마귀 외 1편

용 원

까마귀 떼가 가로수에 앉아 백색 물감으로
도시 거리를 온통 붓칠하고 있었다

생명 찌꺼기가 거리 곳곳 보도 위에
달라붙어 벌떡벌떡 일어서고
혐오와 증오의 소리가 바람에 휘청대며
도시를 야금야금 뜯어 먹는다

저 하늘의 지친 까마귀 떼
숲은 도시로 탈바꿈하여 야생에서
밥 먹는 일이 눈물겹도록 어떠했는지
어떻게 살았는지를 아는가? 라고 묻는다

먹잇감을 잃어버린 까마귀는
낯선 도시의 잠든 창문을 마구 두드렸다
그래도 누구도 그 소원 하나 들어주지 않았다

도로 갓길에 까마귀 사체가 널브러져 있었다
돈 벌어서 어머니를 호강시켜 주겠다고
큰소리치고 고향 떠난 누이 소식이
까마귀 떼가 엄마를 훑고 지나가면 상념이
퇴적층을 이루어
풍차처럼 어지럽게 동공을 맴돌았다

새벽 지하철

용 원

추위를 뿜는 매서운 하늘에
싸르륵 몰려가는 눈가루
칼날보다 날카로운 이빨로
눈 덮인 땅바닥을 걸어간다

플랫폼은 어둠을 불 치르고
황색 줄 내 뒤로 출근자들은 꾸역꾸역 모여들었다
발 디딜 틈이 없는 그 공간에
아무나 범접할 수 없는 빈자리 하나
얼른 엉덩이를 쑤셔 넣고
설핏 쪽잠을 잔다

호출되어 가는 일터
욕망이 싸구려 화장품처럼 떠밀려도 깊은 주름살
그 나이에 대단하다고 참새 모양 입방아를 찧는다

그러나 젊은이의 일자리를 뺏는 것 같아
내 미안한 심정을 그들은 조금이나 알까?

그나마도 몇 푼 안 되는 일당으로
손자 졸업 선물 사줄 일이 앞을 가린다

부질없던 욕망도 아픈 기억도
황소 울음같은 신음을 토하고
멋쩍은 웃음이 조약돌 마냥 데굴데굴 뒹군다

허전한 새벽녘 찬 바람이
술 취해 비틀거리는 전동차의 목울음을
몰고 다니는 것인지도 몰라
그렇게 중얼거렸다

용 원

문학의 봄 작가회 회원
문학광장문인협회 운영이사
한국문인협회 파주지부 이사(역) (사)문학그룹샘문 이사
<수상>
문학광장 시 등단, 파주문학 신인상, 한용운문학상 중견부문 특별작품상, 문화예술인상, 시제경진대회 장원상, 정도전 문학상, 대한민국 독도문예대전 특선, 2023 울주이바구 시부문 우수상
예술인 등재<한국예술인복지재단><시집>

하조대 외 1편

유 미 경

쪽빛 머리결이 파랗다
깊은 멍울처럼 아프다

비켜갈 수 없는 운명처럼
그 운명의 시작은
천 년 인가, 만 년 인가

흐르고 흘러, 저 푸른 심장
지독하게 끌어 안고도
나만을 보라
오직 나만을 보라
사랑앓이,
애끓음,

보고 있어도
내 눈에 담고 있어도
쪽빛 물감 풀어 헤친 그대 숨결은 거칠고
범람의 키를 넘어선 그대의 춤 선,
그 하얀 버선 코, 그립다 하면
정녕
내게 오시는가?

후리지아

유 미 경

내 눈빛 달라던 그 간절한 눈빛
폐속 깊이 파고드는 향취
심장의 뱃고동 소리

취하기도 전에
어이하여 눈물이 먼저 나누나

그대 어느 별, 어디서 온 게요?
내 눈에 머문 그 짧은 조우,
그렇다 하더라도
어쩌자고
이리 마음에 드는 것이요?

유 미 경

보험인, 프리랜서, 기업인
강원도 원주시 거주
행정학 석사, 심리상담학, 사회복지학 학사
(주)닥터유 대표, (사)네이처중앙 환경단체 이사(현), MTN 머니투데이방송 기자 (현), (주)K금융파트너스코리아 총괄영업대표, 전국편지쓰기 강원지회 사무국장, (사)문학그룹샘문 운영위원, (사)샘문학(구,샘터문학) 운영위원, (사)한용운문학 편집위원, (주)한국문학 편집위원, 샘문시선 회원
<수상>
인향문단 시 등단 / 샘문뉴스 신춘문예 당선 / 샘문학상 본상 특별창작상 / 한국일보 여성논픽션 최우수상 / 중알일보 여성중앙백일장 우수상 / 정통부 전국편지쓰기대회 우수상
<공저>
개봉관 신춘극장 <컨버전스시선집/샘문시선>
이별은 미의 창조 <한용운시선집/샘문시선>
<자격증>
심리상담 1급/ 심리분석 1급
C.S 코칭 강사/ 리더쉽 강사 1급
사회복지사 2급/ 타로심리 1급

창밖의 계절 외 1편

유 호 근

티 하나 없이 맑은 가슴으로
속을 다 보이며
하얗게 소리 없이 스미는 달빛

여름이 내어 준 빈자리만큼
울컥 바람에 이우는 잎새처럼
찬 손길에 서글퍼지는 그리움

잠들지 않는 영혼 등을 포개고 앉아
밤을 꼬박 지새우며
한쪽 벽을 다 허물고도 못다 한 설움

눈가에 담아 보는
먼 먼 기억 속 파편들이
섬광처럼 명치끝에 박혀
눈물 훔치는 먹먹한 통증

열두 가지 색으로 풀어 번지다
불꽃 물고 타들어가는
생生이 이제야 보인다
멈추어 쉬어 갈 수 있는 계절이다

살구꽃 필 때면

유호근

뒤란 담장에 이어진 외양간 옆
살구나무 한 그루
불그레 꽃잎 활짝 피어나던 무렵
아랫집 송씨네 누이
보리 밭두렁 나물 캐던 모습 아련하다
양 갈래머리 사이 보일 듯 하얀 목덜미
봄 햇살에 꽃잎처럼 빛나고
한 발짝씩 옮기는 발걸음에
치맛단 스르렁대는 소리
내 얼굴이 붉게 물든다

아무도 모르게
누이만 살짝 보라며
곱게 접은 하얀 쪽지
치마폭에 던지고는
뒤돌아 달려간 살구나무
콩닥대는 가슴 상기된 얼굴
하얀 살구 꽃이 물들어 눈부시다

지금은 양지바른 어느 곳
봄 햇살 받으며
예쁜 손녀 손잡고

입가에 그때 미소 짓고 있을테지
이맘 때면 한 번씩 보고 싶은
외양간 옆 살구나무 꽃 피던 봄

유 호 근

강원 영월 출생, 전남 광양 거주
충남대학교 법학과 졸업
한국도로공사서비스(주)재직중
시와이야기 회원
세계문학예술 회원
(사)문학그룹샘문 회원
한용운문학 회원
동강문학회(문협 영월지부) 회원
[등단]
<시학과시> 봄호 신인문학상(2021년)
[수상]
<세계예술문학> 봄호 신인문학상(2021년)
한용운문학상 우수상(2023)
한국문학상 최우수상(2023)
샘문학 샘문학상 우수상(2023)
[저서]
시집 '나는 돌 너는 별' 2022.05
     '고향의 강' 2024.03

가을 향 외 1편

이 남 규

파란 수채화 하늘빛에 단풍잎도 물들겠네
저 깊은 바탕 위에
어느색 인들 안 어울리랴
무지개 물감 펼쳐놓고
가을 향기 그려볼까

서리서리 이내 마음
하늘 화선지에 옮겨 담아
고은님께 보내볼까
맑고 파란 고요에 티끌 같은 흠집 날라
하염없이 하늘색만 덧칠하고 마네

흐름

이 남 규

밤 깊어도 잠들지 못하고
천지간 숨소리에 귀 기우리는데
풀 섶 스치는 소리가 바람이라 하네

새벽이 다 지나가는데
닭 울음소리도 들리지 않고
이제 내리는 이슬이 아침이라 하겠네

이 남 규
아호 : 수월 水月
전라남도 완도군 출생
전라남도 영광군 거주
동강대학교 졸업
로컬세계 선임기자(현)
(사)문학그룹샘문 자문위원 (사)샘문그룹문인협회 자문위원
(사)샘문학 운영위원, 편집위원 (사)한용운문학 회원
(주)한국문학 회원
이정록문학관 회원
샘문시선 회원, 대한시문협 회원, 대한시문협 전남지회장, 공무원문학 회원. 완도문학 회원
〈 수상 〉
2023 샘문뉴스 신춘문예 시, 수필 당선 2023 샘문뉴스 신춘문예 시, 수필 부문 신인문학상, 제4회 모산문학상 시 부문 최우수상
〈 공저 〉
태포의 새벽처럼 아름다운 사랑(컨보전스공동시선집/샘문시선)
그 위대한 여정 위대한 부활(한국문학 공동시선집/시부문)
공무원문학54집, 대한시문학 제5호, 시인마을 10호, 시인마을11호

전어 외 1편

이동완

팔딱팔딱 그물을 물고 온 그놈
작은 입을 쩌 억 벌려 뻐끔뻐끔
우리를 유혹하고

왕의 자태로 석쇠에 드러누워
사람들의 뜨거운 시선에
육수를 쏟아내며
뒤로 돌고 앞으로 돌고

소복하게 담긴 접시
제 살 발려 게눈 감추듯
뚝딱뚝딱 비워질 때

타는 목마름에 들이키는
소주 한 잔에 실려
깊고 깊은 바다로 간다

사랑하는 사람아

이동완

사랑하는 사람아
살다가 살다가 지치고 지치면
내게로 오소

초가집 지붕 위에
보름달처럼 커가는 박이
소박한 꿈을 키우고

앞 개울 겨울 녹아내리면
수정처럼 맑은 물에
산나물 캐다가 한 바구니 씻어

군둥내 나는 된장
한 수저 퍼 넣고
맑은국 끓여 산채 쌈도 하고

호롱불 켠 밤
두견주 익는 냄새 넘치고
멧비둘기 애절하게 울어대면

작은 상에 나물 한 접시 올려
못다 한, 얘기 나누며
주거니 받거니 밤새워 보세나

사랑하는 사람아
내가 사랑하는 사람아
살다가 지치면 나에게로 오소

나에게 올 때
오래전 당신께 두고 왔던
그 사랑 꼭 가져오소

늦었지만, 많이 늦었지만
당신과 함께
여기에 그 사랑을 심으리다

이 동 완

아호 : 백마
광주광역시 거주
광주광역시문인협회 회원, (사)샘문학(구,샘터문학) 이사, (사)문학그룹샘문 이사, (사)샘문그룹문인협회 이사, (사)한용운문학 편집위원, (주)한국문학 편집위원, 이정록문학관 회원, 샘문시선 회원
<수상>
문학과예술 시 등단
문학과예술 신인문학상
문학과평론 최우수시인상
한국문학상 특별창작상, 특선
한용운문학상 특별창작상
2024 신춘문예 샘문학상 우수상
<공저>
위대한 부활 그 위대한 여정
<한국문학시선/샘문시선>
이별은 미의 창조
<한용운문학시선/샘문시선>
신춘극장
<샘문학상/샘문시선>
호모 노마드투스
<한국문학시선/샘문시선>

계절이 지나가면 외 1편

이 동 현

불덩이 같은 해가
창공에 흔적도 남기지 않은 채
지나가기만 하는데

푸르던 벼들이 어느덧 달짝지근한 벼꽃 향기를 뿜고
깊이 고개를 떨군다

이미 진 꽃에서는 벌써
찬란한 내년의 봄이 오고있다

누군가는 헤어지는 사람이 있고
누군가는 사랑하는 사람이 생기고
그렇게 한 계절이 무던히 흘러간다

밤은 깜깜해서 좋고
새벽은 푸르스름해서 좋다
새벽엔 피아가 완벽하게 구분되지 않는다
그렇게 혼연일체가를 이루는 시간은
참으로 달지 않느냐

또다시 불덩이 같은 해가 떠오르면
엷은 삶의 지문에 흔적을 남긴다
아픔은 아픔으로 끝나지 않고
그렇게 또 한 계절이 무던히 흘러간다

춤추는 그림자

이 동 현

그림자가 겨울바람에 춤을 춘다
아직 봄은 저 멀리 있는데

꽃처럼 흔들리는 그림자여
진리로 위장한 배암이여

자신이 가진 것을 온전히 떨궈내야
높은 하늘을 볼 수 있는 겨울나무여

햇살은 서산 고갯마루에서 손짓하는데
어깨동무로 함께 춤을 추는 그림자여

겨울바람이여
겨울 햇살이여

이 동 현

직업 : 농부
구미대학교 졸업, 구미시 공무원 퇴직
도개초등학교 운영위원장 재직, 농촌마을종합개발사업 사무국장 재직
(시)문학그룹샘문 이사, (시)샘문그룹문인협회 이사, (사)샘문학(구,샘터문학) 이사, (사)한용운문학 편집위원(샘문), (주)한국문학 편집위원(샘문), 샘문시선 회원
<수상>
2020 샘터문학상 시 등단 / 2021 샘터문학상 시 우수상 / 2021 한용운문학상 수필 등단 / 2022 한용운문학상 시 우수상 / 2023 신춘문예 샘문학상 최우수상 / 2023 한국문학상 시 우수상
<공저>
나 그렇게 당신을 사랑합니다 / 추야몽 秋夜夢
태초의 새벽처럼 아름다운 사랑 / 위대한 부활 그 위대한 여정
이별은 미의 창조 / 개봉관 신춘극장
<컨버전스 시집/샘문시선>

내 얼굴에 쏟아지는 검버섯 외 1편

이 수 달

금강산도
식후경이라고 했던가요!

세월이 두둥실 흘렀다는
느낌이 불쑥 머릿속에
메아리치며 지나가고,
지난날의 추억을 들썩여 본다

약관弱冠의 젊은 시절
술벗 찾아 삼만 리!
어느 누가 주막에서 불러주면
그 누구이든
금상첨화錦上添花였지!

돼지국밥 주막에서 출발해
이 차, 삼 차, 술잔을 부딪치며
마시고 또 마셨는데!

술상이 있으면 술잔이 있고
술병이 있으면 술안주가 따라붙고,
벗 같은 주모가 동석했던
그런 시절이 있었는데!

미간眉間에 실낱같은 주름살이
하나둘 늘어날 때
내 몸속에 있는 오장육부는
한마디 소리 없이 허물어지는 소리가 난다

반들반들하던 마빡에
거무죽죽한 저승꽃이 피어오르고
한여름 뙤약볕에 검게 그을린
농부의 얼굴보다 더 맛이 간
용안龍顏을 어쩌란 말인가!

얼굴에 핀 검은 버섯은
내 나이와는 관계가 없는 듯 하다

사랑받는 삶을 위해

이 수 달

추녀에서 떨어지는
낙숫물 손에 받아보니
가족들의 사랑이더라!

초가삼간 조릿대 타고
달리는 물방울은
초가집 기둥이더라!

산사에 풍경風磬, 바람 없이는
한 폭의 그림도 아니고
산새의 휴식처도 아니더라!

가을 녘 뒷동산 감나무
땡감은 보잘것 없지만
홍시는 산새 먹이더라!

삶에 필요한 인물이 되었으면
얼마나 더 좋을까
시련 속에 행복도 있다

이 수 달
시인

방황 외 1편

이 연 수

바람이 내어 준 길 위에는
나뭇가지 사이로 새들이 지저귀며
허무한 삶에 하소연을 알리는 듯
가녀린 생의 향기가 도란거린다!
스스로 시간이 되어 흐르는
오후의 잿빛 하늘엔 미운 님 오시려나
검은 구름 가득하고
어둠이 내려앉은 풀밭에 풀벌레 합창 소리
서러움 많은 나그네 마음을 울적게 하는데
서럽고 쓸쓸한 것들이 왜 이다지도 아름다운가!
고즈넉한 저녁 길 위에 서서
모든 소망 내려놓고 바람길 서성이는 이 마음
푸념 섞인 이야기 전할 길이 없어 섧구나!!

비는 내리고 커피는 식어가고

이 연 수

오늘은 친구와 비 오는 날
지인에 가계에서 커피 한 잔 앞에 놓고
창 너머에 내리는 빗줄기를 바라보며
수만 개 단어들을 나열하며 수다를 떤다
개똥철학에 빠져들어 바깥세상 잊은 채
푸르른 칠월의 끝자락
황혼 인생 저무는 줄 모르고
내일이면 추억이 될
사랑 노래 하 나 가슴에 담아 본다
어둠이 찾아든 창밖에 빗소리 주룩주룩
그 빗소리 들으며 누군가가 권해서 사들인
도스토예프스키의 카라마조프가의 형제들을 소환한다
옛날에 읽은 책들이 모두 머릿속에서 사라졌다
다시 입력하는 것이다
가끔 아주 가끔씩은 세상이 주는 고요가
나를 행복으로 이끌기도 한다
창밖에 들려오는 저 빗소리
지난날에 행복했던 날들을 회상해 보며
마음 가득 사랑을 채워본다
채색된 삶의 한 모롱이에서 저 빗소리는
나를 옛날로 되돌리고 한 줄기 그리움 밀려와
내 삶을 드라마 속 주인공으로 만들며

기뻤다 슬펐다 울고 웃는 무희가 되네
어두운 밤 빗줄기는 세차게 들이치는데

이 연 수

아호 : 월당
건국대학교 사회과학대학원 수료
(사)아이코리아충청북도 대표
충주시여성단체협의회 이사
샘문예술대학교 시창작학과 3회 수료
샘문예술대학교 시낭송학과 2회 수료
(사)문학그룹샘문 자문위원
(사)샘문그룹문인협회 자문위원
(사)샘문학(구.샘터문학) 자문위원
(사)한용운문학 편집위원
(주)한국문학 편집위원
샘문시선 회원
<수상>
한용운문학상 중견 우수상(샘문)
샘터문학상 최우수상(수필)
샘터문학상 시 등단
샘터문학상 수필 등단
<저서>
아직도 나는 초록빛 꿈을 그려요
벼랑에서 건진 회춘
<공저>
바람을 연모하는 꽃 외 다수
추야몽 秋夜夢
나 그렇게 당신을 사랑합니다
<샘문시선>

하늘은 내 고향 외 1편

이 영 하

하늘은 내 고향,
비행운이 그려진 자리마다
내 발자국도 함께 새겨진다.
제트기류를 가르며 끝없이 뻗은 길 위에
나의 심장은 쉼 없이 고동친다

구름은 나의 친구,
그 마법 같은 변화 속에서 새로운 세상이 펼쳐진다
난기류마저도 반겨주는 끝없는 모험의 일부일 뿐
바람 속을 가로지르며 나의 날개는 자유를 만끽한다
그곳에서 나는 비로소 살아 있음을 느낀다

아침이면 황금빛 하늘을 가르는 새처럼
나의 제트는 빛을 뚫고 솟아오르고,
저녁이면 별이 속삭이는 그 넓은 품에서
하늘의 고요한 따뜻함이 나를 감싼다

고향의 품처럼 언제나 나를 받아주는 하늘,
그곳에서 나는 집을 찾는다
하늘은 나의 길이자 쉼터,
그리고 영원한 나의 고향

바람은 길동무

이 영 하

바람은 언제나 나와 함께하는 길동무,
어디로 가든, 어느 길을 걸어도
나의 곁에서 조용히 속삭여 주네

때로는 부드럽게 내 얼굴을 어루만지고
때로는 힘차게 등을 밀어주며
앞으로 나아가게 해주는 든든한 친구야

햇살 가득한 여름날엔 시원한 그늘을 찾아주고
가을날엔 노랗게 물든 나뭇잎을 살포시 흩날려
나만의 추억을 남겨주지

길이 외로울 때면,
바람은 나의 말 없는 친구가 되어 혼자가 아님을 알려주네
그 길 위에 쌓인 고독도 이 바람 속에서 사라지곤 하지

바람과 함께 걷는 길은 늘 새롭고 언제나 낭만적이야
그저 흘러가는 순간 속에서도
바람은 내 곁에서 세상의 모든 이야기를 속삭여 주니까
오늘도 나는 바람과 함께 어디로든 걸어가네
길동무가 되어 주는 바람과 끝없는 교감을 나누며

이 영 하

전)공군 참모차장
전)주 레바논 특명전권대사
전)호남대학교 초빙교수
호원대학교 초빙교수
건양대학교 초빙교수
전)공군발전협회 항공우주력연구원 원장
현)사회공헌 다사랑월드 이사장
현)이치저널 포럼 회장
현)이화여대 최고명강사과정 총동창회 회장
2010년 문예춘추에서 등단
문예춘추 이사
한국통일문인협회 부이사장
국제PEN한국본부 회원

<수상>
대통령 표창, 보국훈장 삼일장, 천수장, 국선장
한국문인협회 및 문예춘추 주최
"제1회 통일염원문학상" 수상
국제문화예술협회와 열린문학주관
"황희정승문학상, 예술상" 수상
경기PEN문학상 작품상 수상
한국문학상 본상 특별창작상 수상

셋동인 시집 1~5집 발간(2019~2023년)
전자책 2권 출간(유페이퍼에 등록; 2024)
성공의 다리 건너기
늘어나는 날개(전자시집)

대한민국 공군에서 전투조종사로 영공방위 임무 수행(총비행시간 : 2300여시간)

달빛 잉크로 쓰신 황금찬 선생님의 머리 시를 엮어서

이 정 혜

그 밤엔 바람이 불고 있었다

오렌지 향기가 하늘에 지듯
별은 새벽에 지고

어머니의 뻐꾹새가 울고 우는 날
임은 별을 찾아 가시었습니다

돌아오지 않는 시간의 저편으로
행복을 파는 가게 예술가의 삶은

젊은 잉크로 쓴 편지만이
연인들의 섬에 꽃으로 피었습니다

추억은 눈을 감지 않고
고독이 남긴 그림자

어느 해후의 날개로
당신은 다시 오셨습니다

문학 사랑방 시인의 빈자리
영혼이 잠들지 못하고

기도의 마음자리에서
사랑의 낮은 목소리로

한 잎 낙엽에 달빛 잉크로 쓴
일곱 글자의 시, 사람을 사랑하라

꽃의 말이 고아 마음에 불을 밝히며

영원의 뜨락에는 백세 시인이 산다
그곳에는 시인 황금찬 백세 시인이 산다

이 정 혜

울산 언양 영남알프스 산자락 거주
2002년 문학시대 시 등단
저서 : 아파서 피우는 꽃/
수필집 Mea Culpa<내 탓이로소이다>
꽃여울의 합창/ 외 공저 다수

문학상 : 여성발명협회 수필 은상
샘터문학 신춘문예 우수상
한용운문학상 우수상(샘문)
국민행복문학 시 대상
미국예총회 LA Binnale 시화전작품상

대한민국 예술인 등록/ 한국문인협회회원/문학그룹샘문 자문위원/ 한국여성발명협회 회원/ 한국기독교문인협회 이사

세상 좋은 친구 만들기 외 1편

정 세 현

좋은 친구 골라서 사귀고
지식과 학식에 노력 등한시 하지 말며
착하고 지혜로운 사람으로 백년지기 삼아 해맑고 아름답게 바라다보는 눈으로 한 번 뱉은 말 주워 담을 수 없으니 상처 주지 않도록 곱고
바른 말을 사용해야지 먼저 배려하고 베풀기를 바라지 말고 부끄러운 지난 날 되풀이 하지 말며
너그러이 보듬어 주고
설득에 기다려 주며
참지 못하고 해코지하면
결국 자신에게 되돌아 오지

세상 권력에 기대는 것도
도리어 실망할 수 있으니
스스로 자력으로 해결하도록
나를 다스려 옳은 길 가야 해

정원 달팽이(Garden Snail) 사랑

정 세 현

당신을 향하는 길
서두르지도 않고 험난한 장해물을 지나 쉬지도 않고 갑니다
쉬엄쉬엄 갈 수밖에 없지만
온 몸의 혼신으로한 걸음 한 걸음 다가 갈렵니다
지쳐 쓰러져 한 줌의 흙으로 변할지라도
당신을 향한 마음은 멈추지 않겠습니다
가는 길이 폭풍이 몰아쳐서도
쉼 없이 다가가는 까닭은
내 희망은 오직 그대뿐 이니까요

*****
정원 달팽이 : 1초에 1.3cm, 1시간에 47m 이동하며, 세상에서 가장 느린 동물

정 세 현

대구시 중구 출생, 안양시 동안구 거주
진량,경상공업고교 수학교사(역), 중국연변과학기술대학 초빙교수, 한국공학대학 경영학부 교수(역), 한국산업기술평가원 전문위원 정보통신산업진흥원 전문위원, 스마트그리드 지원사업 평가위원, 스마트ERP 현장평가위원, (현)한국인공지능연구원 원장, (사)문학그룹샘문 자문위원, (사)샘문학(구,샘터문학) 자문위원, (사)샘문그룹문인협회 자문위원, (사)한용운문학 편집위원, (주)한국문학 편집위원, 샘문시선 회원
<학력>
◇ 학사(수학·기계제어공학·전기전자·상담심리학·컴퓨터공학)
◇ 석사(경영학·산업정보·건설기계)
◇ 박사(경영학·공학·이학)
<수상>
국보문학 시 등단 / 샘문학 신인문학상 당선 / 샘문뉴스 신춘문예 시 등단 / 한용운문학상 중견 우수상(수필)
<저서>
◇ 웹정보시스템 총론 2002
◇ 상생IT혁신기반으로 한 성공적 ESCM구축운영 2010
◇ 융합 유통정보화 전략을 위한 Global ESCM의 이해 2016 등 다수
◇ 은퇴 후 인생, 지금 바로 준비하라. 2023
◇ 나를 두고 떠나지 마오. 2023

대나무 숲 외 1편

정 승 운

너와 나를 사이에 두고
아가의 작은 손 같은 댓잎들이
서로가 서로를 어루만지며
구슬픈 대금의 가락을 낸다

쓸쓸한 세상, 허무한 세월
너의 한 세상도 철썩거리는 저 파도처럼
그렇게 그렇게 왔다가는데

물방울 떨어지듯 아련한 그 한마디
사랑한다 사랑한다는 단소의 속삭임은
기어이 너의 가슴에 닿지 못하고 속울음만 내는 구나

달빛 바람에 흔들리는 외로운 여인
자신의 텅빈 몸통에 뼈 아픈 구멍을 뚫어
하염없이 아름다운 피리소리로 너의 가슴을 두드리고 있구나

너와 나를 사이에 두고
대나무 숲 소소리 바람은 밤마다 뒤척이며
외로움을 품은 그리움이 살풀이 굿을 한다

독도여

정 승 운

1905년 을사조약
허기진 배 움켜쥐고 쓰러진
겨레의 땅과 바다

치욕의 역사
내 영토 독도를 다케시마라 부르며
자기네 땅이라고 우겨대는
국치의 굴욕을 어떻게 잊는단 말인가

지증왕 13년 선인들의 혼이 지금도
이땅에 도도히 흐르는데
왜놈들 군국주의 야욕을 결코 용서치 않으리라

연인처럼 마주보며 외로움을 달래는 두개의 섬
너를 생각하면 애잔하고 울적한 마음이 드는데
선혈鮮血로 지켜온 나의 영토
내 어찌 나라 잃은 설움을 잊겠는가

나의 몸 독도는
백두와 한라 손가락의 계지季指
이제 두 손 꼭 잡고
활화산이 되리라, 내 품으리라, 터지리라, 끝내 오르리라

내 독도여

*****
季指 : 새끼손가락

정 승 운

필명 : 정상하
조선대학교 법과대학 졸업
(주)청천테크, 청천뉴테크 회장
(사)샘문학(구,샘터문학) 이사
(사)샘문그룹문인협회 이사
(사)문학그룹샘문이사
(사)한용운문학 편집위원
(주)한국문학 편집위원
(사)도서출판샘문 회원
(사)샘문뉴스 문화부 기자
문병란문학연구소 회원
이정록문학관 회원
샘문시선 편집위원
지율문학 회원
<수상>
한국문학상 우수상(샘문)
한용운문학상 우수상(샘문)
샘터문학상 특별작품상(샘문)
(사)문학그룹샘문 가을문학기행 톡 백일장 최우수상(샘문)
계간문학예술 시 등단
<저서>
고흐역에서 널 만나면
<공저>
태초의 새벽처럼 아름다운 사랑
<컨버전스공동사선집/샘문시선>
이별은 미의 창조
<한용운공동시선집/샘문시선>
호모 노마드투스
<한국문학시선집/샘문시선>

풍경소리 외 1편

정용규

날 저문 심산유곡
적멸의 한 도량

세파에 찌드른 한 나그네
이부자리 들썩이면서
곤히 미몽 속을 헤매는데
어디선가 바람결에 실려와
마음 깊은 곳으로 스며드는
은은하고 가냘픈 그 한소리

저 아련한 음률 속에
평정과 안식이 깃들어있고
검은 장막에 가려진
신비까지도 들려주는데
살며시 스쳐가는 일지청풍
머리까지 한결 맑혀주는 구나

그래 오늘밤은 이대로 일어나
새날이 밝아오기 전까지
불전에 고요히 엎드려
저 은은한 풍경소리에 맞춰
지은 죄업 소멸도 빌고
앞날의 소원성취도 빌면서
이 한 밤 온통 지새워 볼가나

깊어가는 가을밤에

정용규

차가운 달빛 만공산하고
섬돌 밑 귀뚜라미 슬피 우는데
한 가닥 맑은 바람 낙엽을 굴린다

들국화 꽃잎에 무서리 맺히고
달을 띄운 하늘은 현현 요요한데
투두둑 알밤 쏟아지는 소리
정적을 깨우는 구나

개울물 졸졸졸 소리 내며 흐르고
달을 머금은 호수 그윽하고 적적한데
이 내 마음은 왜 이리도 부질없이
방황만 하는 고

정 용 규

아호 : 문도問道, 서울시 양천구 거주
서울대학교 농경제학과 졸업, 덴마크 맬링 농대 1년 연수
연세대학교 경영대학원 석사, 중앙대학교 대학원 경제학 박사, 농협중앙회 (1966~1994) 역임, 농협대학교 교수 역임, 건국대학교 겸임교수 역임, 두레친환경농업연구소 부소장 역임, 친환경농업 포럼 대표이사 역임
<문단활동>
(사)문학그룹샘문 부이사장, (사)샘문학(구,샘터문학) 부이사장, (사)한용운문학 편집위원(샘문), (주)한국문학 편집위원(샘문), (사)현대시인협회 회원 (사)한국시인협회 회원, 샘문시선 회원
<수상>
좋은문학 시 등단 / 신춘문예 샘문학상 본상 당선 / 샘문뉴스 신춘문예 수필 등단
<저서>
농협 신용사업과 경제사업 구조분석(박사) / 손잡고 더불어(2009) / 친환경농업포럼
<시집>
제1집 : 촛불
제2집 : 구름 문답

우리는 하나의 한민족 외 1편

정은석

천혜의 남산공원 얼싸안고
베일에 싸인 푸른 안개띠 두른
오색 빛깔 불타는 둘레길을 따라
낭만적인 가을 서정이 설레인다

동물들의 낙원, 인간의 지상낙원
무릉도원이 따로 있나
여기가 바로 희망을 꿈꾸는
대한민국의 랜드마크 서울이 손짓하며
명동의 전설이 시작된다네

남남북녀라 했던가
세계 아가씨들과 명동 아가씨들이
손의 손잡고 노래 부른다네
우린 하나의 한민족 코리아 꿈꾼다네
불러라 필승의 노래, 코리아 노래를
하나 되어 통일염원 노래 부른다네

독도는 내 땅이다 백두산도 내 나라다
일제의 구두발에 짓밟혀서
피어린 이 땅에 한강의 기적 쌓아올린
조상의 넋을 담아 노래를 부른다네
우린 한민족, 문명한 민족이라네

명동 아가씨

정은석

꽃구름이 쉬어가는
남산공원 설레인다

푸른 창공 우뚝 치솟은
남산타워 올라 굽어보니

한민족 백두산 한라산
마라도까지 한 눈에 보여

내 품에 안겨 꿈꾼다
어여쁜 명동 아가씨

넘실대는 반포대교
한강이 춤춘다네

희망이 손짓한다
여기는 서울의 중심
명동의 사랑거리

한민족 깨끗한 이미지 여인
사랑스런 명동 아가씨

꿈속에도 잊지 못하던
명동 아가씨 품에 안기려

필승 코리아 꿈꾸며
대한민국 찾아 왔노라

정 은 석

필명 : 정문향
경기도 부천시 거주
오은문학회 회원
문학과예술문학 회원
문예세상문학회 회원
별빛문학회 회원
(사)샘문학(구, 샘터문학) 운영위원
(사)문학그룹샘문 운영위원
(사)샘문그룹문인협회 운영위원
(사)한용운문학 회원
(주)한국문학 회원
이정록문학관 회원
샘문시선 회원
<수상>
오은문학상 시, 작사부문 작가상
오은문학상 4인사색 시집부문 본상
문예세상 수필 등단/ 문학상 본상
문예세상 명시선 당선
문예세상 시부문 등단
문예세상 평론의 광장 가요평론(2회)
문학과 예술 가요평론 최우수상
한국문학상 수필부문 특별창작상(샘문)
한용운문학상 동시부문 등단(샘문)
신춘문예 샘문학상 평론 등단(샘문)
한국문학상 시부문 특별창작상(샘문)
<공저>
호모 노마드투스
위대한 부활 그 위대한 여정
<한국문학시선집/샘문시선>
이별은 미의 창조
<한용운시선집/샘문시선>
개봉관 신춘극장
<컨버전스시선집/샘문시선>

녹슬은 기찻길 외 1편

정철웅

오늘도 강물은 도도히 흐르고
세월은 묵묵히 지나가는데
어느덧 청춘은 녹슬어가고
푸르고 높아진 청아한 하늘은
시작을 알리는 가을을 동반하고
푸르고 푸르게 색칠을 하고
가을은 서서히 그렇게
자신의 색깔을 드러내고
다시는 오지않는
녹슬은 기찻길 옆 자갈은
덩그러니 그자리에 죽치고 앉아
지나간 세월을 한탄하며
서로 부딪치며 울부짖고만 있네

속타는 매미

정 철 웅

여름은 안개 속으로
빠져들어 가는데
여름의 상징 매미는
잠시 선 보이듯 울어 대더니
긴 터널을 지나가는 장맛비에
가리어 잠시 모습을 감추고
고뇌 어린 눈빛으로 짧은
생명부지를 안타까워 하는데
아직 장맛비는 갈 길이 멀고
가슴을 부여잡고 그렇게
기다리건만 무심한 시간은
멈출 줄 모르고 속이 까맣게
타들어가고 오늘도 혹시나
하는 마음에 닭 쫓던 개
지붕 처다 보듯 목이 빠져라
하늘만 바라보네

정 철 웅

고양시 일산서구 거주
천연발효 효소사
(사)문학그룹샘문 운영위원, (사)샘문학(구,샘터문학) 운영위원, (사)샘문그
룹문인협회 회원, (사)한용운문학 회원(샘문), (주)한국문학 회원(샘문),
(사)샘문뉴스 회원, 이정록문학관 회원
<수상>
2023 한용운신인문학상 시 등단

병상에 누워 외 1편

정한미

푸르름 보내는 저 나무처럼
인생도 떨어지는 저 잎새와 같아
병상에 누워 보내는 슬픈 날에
베어드는 계절의 향기는
이토록 가여운 흐느낌이던가

상처입은 마음을 치유하고
살을 찢는 고통으로 맞는 오늘
내 마음의 작은 씨앗 하나
먼 봄을 기다리리

비명을 지르고 이는 저 바람처럼
병상에서 일어나 서리라고
혼자가 아닌 홀로선 이름으로
내일을 맞으리라고

해바라기꽃

정 한 미

옛길에 그을린 빛바랜 얼굴
쓸쓸히 흔드는 보고픈 사랑

잊힌 기억 따라 웃음 짓는
세월 저 편에선 그리운 그 모습

쓸쓸한 그 몸짓 한 구절 시가 되고
햇살 아래 어리어 남아 핀 꽃

이제는 가고 없는 그날에
한시절 못 다한 인연인가

가을빛 타는 희미한 기억에
숨죽여 바라보는 고독의 시간은

그리운 연서인가
그 남은 날 슬픔인가 사랑인가

정 한 미

국가미술원(문화예술위원장) 한국미술역사관 미술관 관장, 사진문학 회원, 공감문학 정회원, 열린동해문학 정회원, 시산맥문학 정회원, 한국작가협회 회원, (사)샘문학(구, 샘터문학) 회원 (사)문학그룹샘문 회원, (사)샘문그룹 문인협회 회원, (사)한용운 문학 회원, (주)한국문학 회원, 샘문시선 회원, 샘문그룹 운영위원
<수상>
아름다운 경연인 대상 문화예술미술경영부문 / 대한민국지역사회공헌대상 시문학, 미술부문(국회 교육위원장 표창) / 대한민국미술대상 대상 / 세계문화예술교류 대상 / 국회문화체육관광위원회 위원장상 / 대한민국창조문화 예술대상 / 이탈리아 아트페스티벌 평론가상 / 파라과이 아트페스티벌 대상 / k스타저널 최우수 작가상 / 한류 미술 국제대전 초대 우수상 / 한국미술 역사관 한류 스타 작가전 대상 / 한반도평화통일미술대축전 우수작가상
<시집>
풀꽃에 물들다, 벚꽃잎 질 때에, 하얀 편지, 시가 된 사랑, 별이 된 사랑, 마르지 않는 사랑, 별꽃이 되어, 하얀 그리움, 봄편지, 마지막 나의 사랑

깊어가는 가을에 외 1편

조 기 홍

왠지 눈가에 눈물이 고인다

금빛 찬란하게
눈부신 햇살
단풍진 나뭇잎 사이로
바람과 어우러져

내면 깊은 줄 모르고
청파에 매달려
소리를 낸다

되돌아 갈 수 없는
단초점 같은 세월

가슴이 먹먹해지도록
우수의 터널로
빨려 들어가는
고독의 웅덩이

무엇이 이렇게도
허무한가
창밖 뜨락에 아무런 흔적도
보이지 않고

길손들 가을을 찾아
보리수 낙엽에
흠뻑 젖는다.

흔들리는 갈대

조 기 홍

가을엔 흔들리고 싶다
빈 들에 서성이며 바람 따라 고개 숙인 갈대

흔적을 남긴 채 사라지는 이슬방울처럼 이별의
인사를 하고 싶다

굴뚝의 연기처럼 잊혀 가는 계절
주마등 스치듯
지나온 추억을 연상해 본다

갈색 추억은 가버리고
갈대숲에선 날 바라보는 해맑은 해바라기는
엷은 미소를 보낸다

생각할 수 있는 가을 허수아비처럼
멍청히 서서
노을 지는 서산을 바라본다.

조 기 홍

내외신문, 더최고신문, 신문고뉴스 기자
(사)샘문그룹 부이사장, (사)한국문인협회 회원, (사)국제펜한국본부 회원, 한국크리스천문학가협회 회원, 강북문인협회 회원, 별빛문학 부회장, 다선문학 수석부회장, 가교문인협회 자문위원, 시서울 시낭송회 상임이사
<수상>
한국문학 우수상 / 한용운문학상 / 샘터문학상 우수상 / 별빛문학상 최우수상 / 희망의시인세상문학 우수상 / 천등문학시낭송 최우수상 / 천등문학상 본상 / 송강 정철 문학상
<표창>
서울시의회 의장 / 경기도의회 의장 / 국회의원 등 다수
2022년 세계한류공헌대상 언론부문 대상 수상
<저서/시집>
꿈의 향연

여로 외 1편

최 석 종

동틀 녘 복수초 피고 해거름에 들국화 질 때 어제는 없었고 내일은 오지 않을 바람
광야를 건너고 있다

아침에 피고 저녁에 지는 그림자
부귀와 공명은 바람과 같고 장신구는 무거울 뿐

소금쟁이의 시간
바람의 길이 되어 아침을 열 때
불꽃은 밝히면서 빛나나 순간이고
고목은 오래 살지만 속이 비어 있다

시간의 수 틀에 검은 눈물이 녹아들면
천 년의 사연들이 성곽을 쌓는다

황령산 달이 내려와 달맞이꽃 피면
눈썹 위에 달을 매달고 길을 가는 나그네여

광야를 떠도는 노래는 시인의 숙명이고
허울 벗은 둠벙이 태양도 품을 수 있다

사랑 은행에 대출이 많아 가난하지만
뫼비우스 띠 혼돈의 공간에 집을 짓고
검은 눈물 삼킨 심장이 사랑 나무를 심으면

생명은 죽어 안식을 얻고
죽음은 새 생명을 잉태하는 여정 속에
이승의 삶은 하늘이 내린 축복이다

화음

최 석 종

피아노 선은 마법이다
장조에 매달린 생명
단조에 영혼이 여울지고
음계에 비친 얼굴
사이마다 마음이 있다

건반을 두드리면
낮은음이 높은음을 끌어내고
소리가 소리를 이끌고
들녘에 나가면

나비춤은 나풀나풀 가벼워
풀꽃들도 쫑긋 봉긋 환호하는
기쁜 마음은 더 기쁘게
피아노에는 그런 마법이 있다

말간 햇살을 소리로 그려 낼 때
능선을 오르는 바람 시어를 쏟아내고
여울을 도는 물이 화음을 넣으면
안단테 안단테
사랑 안에 하나 될 시간이다

최 석 종
아호 : 호은
부산광역시 출생
문학시선 시 등단, 시학과시 평론 등단
한국문학상 공모전 최우수상 / 파리아트컬렉션 최우수상 / 문학 시선 타고르 공모전 우수상 / 문학 시선 윤동주 공모전 우수상
<시집>
희망의 발싸개

시인이고 싶다 외 1편

황 주 석

어쩌다 시상이 떠오르면
어디에 숨었다가 나타나는지 해야 할 일
해서는 안 될 일
자꾸만 다른 숙제가 떠올라

교사의 자격도 없으면서
누굴 가르치려 드는
나쁜 버릇이 앞장서서 거들먹거려
효와 예의와 도리와 책임이라는 것들

누가 먼저 나설까
아옹다옹 싸움질이 시끄러워 도대체
집중을 할 수가 없네

차라리 수필을 쓰거나
평론을 하란다면 잘할 수 있으려나

어디서부터 잘못됐는지 헷갈려
어질어질 어지러워
장기판에서 포 차를 떼고도 이긴다는 오만방자함이 이리저리 미궁으로
나를 끌고 다녀서
흔들흔들 와르르르 쏟아지고

엎어지는 시의 그림들

가만히 앉아서도 기둥 없는 집을 짓고
임도 없이 애정 늪에 빠져
붉으락 푸르락 작은 웃음 흘리며

묻어나지 않는 물감으로 뭘 그렸는지
아무것도 없는 도화지이면서
같잖게 뭔 수상소감이라도 늘어놓을 듯
거창한 인사말로 변죽을 울리네

별이 달이 되고 해가 되는 꿈
안개가 금가루로 내리고
바위가 다이아몬드 가락지
목걸이로 변신하여
마구마구 나를 감싸는 그런
시를 짓고 싶을 뿐인데

믿음

황 주 석

사랑을 만나 설레며
행복으로 살아온 지난 날들이
아쉬워하는 것을 바라보며

가면 갈수록 외로워
더 외로워질 것에 두려움이 앞서는데
짐작으로도 뻔히 아는데
무엇 때문에 아무것도 못하고 손놓고 있는가?

이제부터 시작이야
또 다른 길이 없다면 일단은 뉘우쳐
그리고 나에게 부탁이라도 해봐

선택의 기로에 서서 세월을 아프게 하지마
그놈은 온누리에 모든 것을 다 내어 주었다
하물며 병 주고 약도 주었다
삶을 송두리째 주었지

시간은 금이 아니야 약이야
함께 살다 함께 가자는데
하다 하다가
짓궂은 노래까지 만들어 부르며

흔하디 흔한 원망은 타당치 않아

눈 감으며 마음이 눈을 뜨고
눈을 뜨며 현실이 달려들어
나는 마음이지 현실은 절대로 아니다
마음을 커다랗게 뜨고 가져봐

바람에 쓸려 다니는 현실 앞에서 어지러우면
아가야! 억지웃음이라도 지어줄래
내가 너를 알 수 있게

황 주 석

아호 : 진여眞餘
연합경제TV 시문학 자문위원 단장
기독교 장로회 목사
선진문학창작대학 수료
시와수상문학작가회 회원, 대지문학작가회 회원, 대한민국지식포럼 시인대학 수료, (사)문학그룹샘문 이사, (사)샘문학(구,샘터문학) 이사, (사)샘문그룹문인협회 이사, (사)한용운문학 편집위원(샘문), (주)한국문학 편집위원(샘문), (사)도서출판샘문(샘문시선) 회원
<수상>
신춘문예 샘문학상 최우수상, 한용운문학상(중견,수필), 선진문학 시 등단, 현대시편 동시 등단, 문학세상 수필 등단, 문예세상 평론 등단, 대한민국자랑스런시문학공헌대상, 세종문학상 우수상, IWS방송문화예술대상, 대지문학 최우수상
<저서>
누드를 먹다
흔들리는 초상
<공저>
호모 노마드투스
위대한 부활 그 위대한 여정
<한국문학시선집/샘문시선>
이별은 미의 창조
<한용운문학시선집/샘문시선>
개봉관 신춘문예
<컨번전스시선집/샘문시선>

한용운문학상

초대석
시조

바다 외 1편

강 덕 순

왔다간 물결 위에 수많은 발자국들
새하얀 모래 칠판 써 보는 사랑 노래
소금꽃 피워낸 바닥 추억들의 놀이터

지우고 또 써 봐도 덮치는 파도의 힘
밀려서 떠내려 간 수많은 저 사연들
포말로 흘러들어도 못 찾는다 그 흔적

그리움 하늘 높이 두둥실 잡지 못해
하루가 밀물처럼 떠나는 저 수평선
지는 꿈, 잡지 못하니 저녁노을 아쉬워

시조

상사화

강 덕 순

하늘에 소원 빌면 서로가 만나질까
보고픈 나날들이 밀려간 세월 속에
허투루 보낸 날들이 새삼스레 후회돼

그리운 추억들이 귓가에 맴도는데
흘러간 개울처럼 막을 수 없는 현실
그 누가 따라갈 수도 멈출 수도 없구나

세상사 뒤바꿔도 인생사 똑같더라
보내고 받아들여 순수한 정신 건강
정해진 우리들의 삶, 영혼 향기 남기자

강 덕 순

아호 : 거송
광주광역시 서구 거주
자유총연맹 여성회장(전), 한실문예창작 회원, 꽃스런문학회 회장, (사)국제펜한국본부 회원, (사)문학그룹샘문 자문위원, (사)샘문그룹문인협회 자문위원, (사)샘문학(구.샘터문학) 자문위원, (사)한용운문학 편집위원, (사)샘문시선 회원, (주)한국문학 편집위원, 광주문인협회 회원, 광주시인협회 회원
<수상>
2018 문화공간 시 등단
2021 문학공간 시조 등단
2022 문학공간 디카시문학상 대상
2019 혜산 박두진전국문학상
2020 샘터문학상 특별작품상
2022 샘문뉴스 신춘문예 최우수상
2022 오은문학 시조 대상
<시집>
그리움의 시간

연서 戀書 외 1편

김동철

어젯밤 이슬비에
산뜻이 목욕한 듯
골마다 피고 지는 꽃구름 한창이라
나그네 풍광風光에 취醉해 가던 길도 멈춘다

봄맞이 하소연에
싹트는 연분홍 꿈
임 찾는 장끼 소리 메아리쳐 들려오니
남몰래 보고픈 사람 그리움만 쌓이는데

산 벚꽃 휘날리어
띄우는 꽃잎편지
옥류천도 아는 듯이 진중珍重이 받아들고
맴돌다 용솟음치며 거침없이 달리네

인생사 고진감래苦盡甘來
고운정 나누면서
업業궂어 서러운 몸 씨름을 씻어내는
메마른 사랑에 갈증渴症 어느때나 풀릴까

무제無題

김 동 철

문수산 지는 햇살
하늘에 노을 붉고
산보하는 강변에 바람은 상쾌 한데

비단 빛 날아 오듯
저녁 달은 해맑으니
시든꽃 이슬 맺혀 붉은 꽃잎 물드네

달팽이 뿔위에
자웅을 겨뤄 본들
그세상 얼마나 크냐 불빛같은 삶인데

비길데 없이 시 즐기는
못고친 버릇에
산하 떠도는 나그네 촌 늙은이 하나네

無題무제
文殊落照赤霞穹 문수낙조적하궁
散步江邊爽快風 산보강변상쾌풍
素彩飛來昭夜月 소채비래소야월
殘花滴露墜脣紅 잔화적로추순홍
蝸牛角上雌雄較 와우각상자웅교

許大世相石火中 허대세상석화중
萬古聊詩之癖痼 만고료시지벽고
山河逆旅一村翁 산하역려일촌옹

김 동 철

필명 : 미서湄抒
울산광역시 거주
한국방송통신대 행정학과 졸업
(사)문학그룹샘문 이사
한용운문학상 최우수상
노벨재단 사회공헌상
보고파 그리운 정(시조,한시집)
꽃잎은 나비처럼(한시집)

인천 팔미도 등대 외 2편

송 영 기

바람에 파도가니 배를 탄 나도 가고
망망한 바다 끝에 금그은 수평선 위
하늘에 뜬 뭉개구름 내 젊은 날 청춘이여

갈매기 끼룩 끼룩 무리져 날아와서
올랐다 내려갔다 날 반겨 주는 듯이
손끝의 새우깡 물고 허공으로 날으네

사방의 낮으막한 낮은 산들 가물가물
팔미도 등대 올라 멀리 인천 바라보며
난중에 이 나라 구한 그 장군께 감사하네

천리포 바닷가 수목원

송 영 기

어느새 개울가에 흐르든 물 줄어들어
돌 틈새 내려가는 물소리만 들리는 데
푸르던 나무잎사귀 울긋불긋 물들었네

감나무 듬성듬성 잘 익은 감 정답고
땅위에 떨어진 잎 단풍색이 하두 고와
주워서 가지고 가니 차를 타고 다시 보네

아담한 산 바닷가 해풍 견딘 소나무들
도착한 천리포에 백사장 모래 밟고
눈부신 가을 햇쌀 아래 서로 부탁 사진 찍네

한마을 이웃 사촌 막걸리 잔 부딪치며
살던 집 벗어나와 낯선 풍경 즐긴 하루
묵은 맘 모래에 묻고 새 맘 갖고 올라가네

시조

창 너머 청산이 다 내 꺼

송 영 기

창 너머 흰구름과 청산이 다 내꺼고
푸른밤 아름다운 보름달 내것인 데
예전엔 삼천리 강산 왕토는 다 님의 꺼

이따금 불어오는 맑은 바람 내것이고
졸졸졸 흘러가는 시냇물 내것인 데
끝없이 가도 끝없는 심우주는 님의 꺼

좋아서 바라보는 님의 눈빛 내 것이고
날 좋다 반겨하는 님의 마음 내 것인데
토라져 돌아서갈 땐 그 마음은 님의 꺼

송 영 기

아호 : 도운(都雲), 유산(楡山)
충북 영동군 추풍령면 출신
경북 김천고 졸업, 국민대학 법학과 졸업 고려대 경영대학원 이수
와이케이 쉬핑(주) 대표이사 글로벌뉴스통신 기자
한국문인협회 회원. 현대시인협회 회원. 영동문학 회원, 천성문학 회원,
강북문협 부회장(전), 한국문예작가회 부회장. (사)문학그룹샘문 부이사장,
(사)샘문학 부회장, 시조시인
좋은문학창작예술인협회 신인문학상(2017.3) 샘문 수필 최우수상,
샘문(샘터문학)시조부문 대상(제10회),신문예 본상 수상(제10회)
한국문예기행문학상(2020, 2022, 2024) 한국문예시조부문 대상(2022)
천등문학상 본상(2022) 한용운 문학상(시조부문 우수상, 2022)
저서 : 송영기 시조집 『중천 높이 걸린 저 달』 푸른사상 2018

빗소리 외 2편

오 순 덕

빗소리 요란하게 대지를 뒤흔든다.
하늘이 쪼개지듯 굉음을 울려대고
몰아친 세찬바람은 성난파도 같구나

번갯불 번쩍이며 천둥이 소리친다
땅덩이 둘러업어 입벌려 신음하고
강풍이 때려가면서 호통치고 떠나네

무성할 초목들에 기압을 눌러놓고
앞다리 뒷다리로 꽁꽁꽁 묶어놓고
니 갈길 숨차게 달려 뒤돌아서 가느냐

바람아 잠들거라 천둥아 멈추거라
번개야 눈감어라 땅덩이 깨어질라
소낙비 우뢰 번개야 고함소리 멈춰라

세상에 인생들아 천둥소리 들어보렴
두눈을 번쩍뜨고 사면을 돌아보라.
휘몰고 가는 비바람 숨길마다 무섭다.
우리네 인생여정도 저와 같지 않을까

호수에 비친 님의 숨결

오 순 덕

고즈녁한 고원숲에 치솟는 은빛날개
수심에 끌어안긴 울창한 거목들은
고고한 역사 드리워 한짐지고 누웠다

심연에 녹아드는 현란한 님의 숨결
춤추듯 넘실대며 바람도 녹아드네
여울진 물결 속에는 경이롭기 만하다

꽃단품 살랑대는 환상의 파노라마
만추의 금단물결 님의향 품어내니
만물속 생명의 근원 님의 숨결이라오

환상의 찬란한 빛 빛나는 여명같고
향그런 지상낙원 낭만의 둥지같다
조물주 이루신 세상 신비롭고 놀랐네

실로암 깊은물에 나여기 잠겨있듯
낙옆은 내눈 빛에 금 빛을 쏟아내고
님숨결 파라다이스 주찬양을 드린다

가을비 슬픈 눈물

오 순 덕

황홀한 단풍일어 찬란히 빛나는데
갈입에 싫은정이 애절한 서곡인가
먹구름 하늘에 차고 슬픔눈물 흘리네

귀뚤이 울던 밤은 여운만 남겨놓고
청아한 밤하늘에 갈바람 시렵구나
애절한 님의 모습은 소리없이 잠드네

세월은 흘러가도 님의향 파고들어
창밖의 목멘소리 모닥불 연기같이
빗소리 설음 달래며 처량하게 떠나네

인생길 황홀찬란 순간의 여명이여라
명성이 하늘같던 하세월 서산넘고
만고의 풍상헤치며 달려온 길 덧없다

오 순 덕

미합중국 거주
시인, 시조시인, 수필가
한성신학교 신학대학 졸업
한성신학대학 부설 유치원장(역), 한국시단 편집위원, 세계선교문학 회원, (사)문학그룹샘문 자문위원, (사)샘문그룹문인협회 자문위원, (사)샘문학(구,샘터문학) 자문위원, (사)한용운문학 자문위원, (주)한국문학 자문위원, 샘문시선 회원

<수상>
한용운문학상 시조 등단(샘문) / 한국문학상 시조부문 최우수상(샘문) / 샘터문학상 본상 시조부문 우수상 / 샘문뉴스 신춘문예 시조부문 당선 / 별빛문학 신인문학상

<시조집>
생명이 흐르는 강(샘문시선)

<작사>
찬송가 영성가곡 외 다수

한용운문학상 특집
철/학/칼/럼

행복의 조건

철학칼럼/ 서 창 원

살아감에 나는 내가 마음대로 할 수 없음을 비로소 알게 되었다.
이는 코로나가 지구에 엄습했다.
코로나는 기존의 사회적 구조 경제적 구조 등 제도적 구조를 한꺼번에 정지시켰다.
나도 출입금지구역이 확장되었다.
청소년 출입금지구역인 홍등가처럼 홍등을 매어 단 것도 아닌데 나는 출입금지를 당하였다.
걷고 싶어도 갈 수 없게 되었다. 코로나는 나에게 새로운 그리움을 만들어 주었다.
코로나는 나를 집에 머물게 했다. 집에 머물며 밖을 주시하게 되었다.
밖에 더 좋은 것이 있는 줄 이제야 알겠다. 밖은 외롭거나 쓸쓸한 곳이 아니다.
보고 싶은 것이 더 많아 보였다.
친구도 있고, 맛있는 음식도 먹을 수 있고, 말도 하고, 사진도 찍고,
농담도 하고 그런 것을 씨부렁거릴 수가 없다.
나는 본래 씨부렁거리며 살아온 것 같다. 씨부렁거림이 그립다.
나는 집에 머물며 가 보고 싶은 것이 더 많이 생겼다.
집에 갇히며 내가 사는 곳은 한 평 정도의 내 편하게 눕는 방이라는 것을 알게 되었다.
한 평이 내 우주다.
별이 빤짝이는 우주는 허허로운 곳이다.

달이 뜨는 밤은 어두운 곳이다.
해가 뜨는 곳은 눈부신 곳이다.
희미한 전등불이 내가 가장 안전한 불빛이다.
희미한 곳이 밝음을 가장 안전하게 지켜주는 60촉의 불빛이 있는 방안이다.
행복이 밖에 있는 줄 알았다. 행복은 아주 작은 것이다.
화분에서 꽃이 폈다. 화사한 자태를 보인다.
아! 꽃이 방안에서 핀다. 꽃은 나를 위해 색색이 색깔을 말아 쥐고 나를 반긴다.
색깔을 펴며 나를 가슴 뛰게 한다. 행복은 꽃 안에 서도 톡톡 불거져 나온다.
행복은 나를 바쳐주는 의자가 있다.
나 혼자 사는 줄 알았는데 나와 같이 사는 것은 집안에 수도 없이 많이 있다.
의자는 나를 편안하게 앉아서 생활하게 받쳐주고 있다.
빈 그릇은 내가 시장하면 어느새 밥을 가득 담아 상 위에 올려놓아 준다.
밥그릇도 나와 사는 소중한 몫이다.
나는 신사복을 입고 넥타이를 목에 꼭 맨다. 숨통을 조일 듯하다.
그러나 넥타이는 목을 죄는 것이 아니라 나를 화려하게 치장하며 한껏 뽐내라 한다.
넥타이가 지켜 줄 테니 으스대라 한다. 나는 으스대며 친구 앞에 다가선다.
아! 멋져한다. 넥타이는 내 목을 조이며 거봐 내가 으스대라 했잖아요.
나는 마음에서 무언가 올라오며 몸이 가벼워진다. 넥타이가 나를 높이 올려주고 있었다.
넥타이는 내 목을 매서 행복하게 해준다.
핸드폰은 나에게 계속 말을 해준다. 카카오톡은 나를 계속 친구들의 소식을 전해 준다.
메일은 지구촌 주소이다. 매일 나에게 편지를 전해 준다.
홈페이지에 매일 시를 올린다. 댓글이 줄줄이 달린다.
자동차는 나의 작은 제2의 생활 공간이다. 시간을 단축해 준다.
인터넷은 내 종신의 일터이다. 인증서는 내 은행 사인이다.

은행카드는 내 돈을 보관해 주는 경제이다. 전화번호는 나와 말을 하는 입이다.

친구는 내가 말을 할 수 있는 가장 가까운 사람이다.

모퉁이를 돌고 나면 "새로운 길이" 나온다. 산끝 같은 데에 "샘물"이 흘러나온다.

암자는 산 끝에 있고 길은 절 앞에서 끝난다.

우주가 빅뱅으로 탄생 된 것은 110억년 전이다. 지구 나이이다. 이제 60억 년이 지났다.

지구는 50억 년이 남았다. 이는 태양이 소멸하는 시기이다. 그런데 해가 점점 밝아진다.

해가 밝아지면 지구의 온도가 높아져서 산소 소모가 늘어난다.

산소는 생명의 근원이다. 지구는 견디지 못해 10억 년 후 생물이 멸종 종말을 고한다.

그런데 또 코로나보다 더 센 팬더믹이 온다. 어드(지구)믹이다.

사람 눈알을 먹는 균이 창궐한다. 인간은 모두 앞을 못 본다.

일시에 인간은 암흑으로 떨어진다. 인간은 지구에서 소멸한다. 1억 년이다.

인간은 이렇게 지구에서 자취를 감춘다. 달의 나라처럼 계수나무와 토끼만 산다.

인간과 생물은 무한의 일부로 석화가 된다. 화석 속에 인간이 들어간다.

사람들은 태어나서 태양과 바람을 신으로 모셨다.

태양은 빛을 주고 성장을 돕고 생명을 주었다.

바람은 불어주며 성장시켰다. 그러나 바람은 날려 보내며 없애 버린다.

바람은 인간을 소멸해버렸다.

서 창 원
샘터문예대학 총재(현), 샘터문예대학 석좌교수, (사)샘문그룹 고문

제4회 한용운문학상
「계관부문」
대상
수상작

계관부문 대상 수상작 시부문

시집 : 빛을 위한 탄주 외 2권

흐르면서 머물면서 외 2편

손 해 일

아래로 더 아래로
낮은 음자리표가 흘러간다
누가 부질없다 하리
만상이 흐르는 융융한 일렁임을

여울목에 좌초된 혼
더러는 거품으로 스러지고
더러는 앙금으로 가라앉고
더러는 수렁 속에 썩고 썩지만
무심한 버릇으로 흐르다 보면
머무는 것 또한 어려운 일

빛나는 아침의 출정에도
빈손뿐인 귀로
나 아닌 나를 만난다
수없는 자맥질에
우리의 물배는 얼마나 부르고
맨살은 얼마나 부르텄는가

잠시 눈 감으면

잊혀 질 것들을 위하여
우린 또 얼마나 흘러가야 하는가
하릴없는 뗏목처럼
뗏목처럼

새벽바다 안개꽃

손 해 일

바다는 육지가 그리워 출렁이고
나는 바다가 그리워 뒤척인다
물이면서 물이기를 거부하는
모반의 용트림
용수철로 튀는 바다

물결소리 희디희게
안개꽃으로 빛날 때
아스팔트에 둥지 튼 갑충甲蟲의 깍지들
나도 그 속에 말미잘로 누워
혁명을 꿈꾼다
돌아가리라 돌아가리라
덧없는 날들을 어족처럼 데불고
시원始原의 해구海溝로

우리가 어느 바닷가 선술집에서
불혹不惑을 마시고 있을 때
더위 먹은 파도는 생선회로 저며지고
섬광 푸른 종소리에 피는
새벽바다 안개꽃

소금꽃

손 해 일

신안 증도 슬로시티에 소금꽃 피었다
물 햇빛 바람이 살 섞은 열꽃
형체 없는 물 가두고 열고 풀어
염부가 돌리는 무자위 수차와 당그래질
무한궤도로 증발한 지상의 땀꽃

한때 바다였다 솟구친 히말라야 연봉
아득한 만년설 눈보라에 흩날려
몽골초원 고비사막 하늘땅 홀리는 신기루
볼리비아 우유니 소금사막에 순장된 암염들이
눈사람 예띠의 이른 아침
키 쓰고 소금 얻는 오줌싸개의 홍안에도 피었다

득도한 부처 염화시중의 우담바라
"헛되고 헛되니 헛되도다"
사해死海, 갈릴리 물위를 걷는 예수
썩지 않는 빛과 소금 찬연한 생명꽃

손 해 일
시인, 샘문그룹 고문, 국제펜한국본부35대 이사장

수상소감

    2024년 제4회 한용운문학상 계관부문 대상 수상자로 결정되었다는 통지를 받고 너무 감사했습니다. 한용운 선생은 일제강점기 특출한 애국지사요 문인, 사상가로서 평소 존경하는 분이기에 수상이 자랑스러울 수밖에 없습니다. 문인 중에도 한용운, 이육사, 이상화, 윤동주 시인 등 몇 분을 제외하면 대부분 친일 훼절의 오점을 남겼습니다. 일제강점기 나라를 빼앗긴 식민지 백성으로서 회유와 협박 때문에 살기위해 본의 아닌 친일을 이해할 수는 있습니다. 아직도 친일파 논쟁이 끊이지 않고, 최근엔 좌우이념 갈등이 가열되는 현실에서 한용운 선생처럼 기개있는 강골의 애국지사가 더욱 그리운 까닭입니다.

    "역사를 잊은 민족에게 미래는 없다"고 합니다. 제가 나름대로 <독도>, <대마도>, <다물> 연작시, 왕인박사 일대기 장편 서사시, 500행 장시인 <그날의 핵십자가> 등 역사시를 쓰는 이유도 여기에 있습니다. 최근 한강작가의 노벨문학상 수상을 계기로 K문학도 더욱 각광을 받을 것입니다. 저도 앞으로 한용운 선생의 기개와 정신을 거울삼아 더욱 창작에 전념하겠습니다. 감사합니다.

2024.11.28.
손해일 드림

제4회 한용운문학상
「계관부문」
최우수상
수상작

계관부문 최우수상 수상작 시부문

시집 : 아들의 바다 외 2권

백련 외 2편

김 현 숙

얼핏 들떠 보이나요
하긴 무릎에 늘 물실을 얹고 살아가야 하니까요
이리저리 밀리지 않고는 여린 몸을 버티는 성신의 등燈 하나 달아맬 수 있나요
달처럼 맘껏 구름을 차내며 환해지고 싶죠 그나마 한 해 사흘은 휜다면서요
저절로 불이 들어와 무명無明의 몸 밖으로 빠져나 올 바로 그때거든요

한 번 만이라도 회산 방죽으로 나오세요. 대명천지를 밝히는 불빛이 물에서 뭍으로 오르죠
칠월에서 구월까지 길은 이어지는데……
길 다 두고 남따라 포개어 걷는 연잎의 짙푸른 어둠 몇 길
물밑 허공을 밟고 선 꽃의 찬,
이미 그 어디쯤 덜컥 오욕칠정의 붉은 고뇌도 갇혀 있어요
무심한 듯, 바람이 밀고 가죠
흰 빛을 멀리 갈수록 맑디 맑게 개이는…..

*****
회산 방죽 : 무안에 있는 십여만 평의 흰 연꽃 자생지

순명順命
― 홍매 가까이서

김 현 숙

툭툭 불거지는 핏방울
어느 손手 하나 일찌감치
그대의 치뜨는 불길을 달래어서
사방으로 튀는 불꽃을 거두고
잠잠히 에돌아가는 길을 놓았으니

그대 몸에서
오래 묵은 성품은
대代를 내리면서
곧지만 유연한 시냇물이 되었다
허공에 솟구치고, 내리치면서
세상을 동강내는 파도가 아니라
하늘에 수그리며 땅에 끄덕이며
바람과 한 몸으로
설핏 흔들리며 가는
춤추듯 걷는 물결이 되었다

피리 소리

김 현 숙

나무는 몸속에 나이를 쌓다가
큰 재목으로 쓸 대목* 앞에서
쨍한 햇빛이나 서늘한 바람
눈비의 시간을 꺼내 보인다

대나무는 나이가 없지만
살아서 혹이 대운을 만나
빈속에 명창의 소리를 채우고 나면
산천초목도 울리는 명기名器로 산다

평생 울어, 눈물 마른 내 앞에서
두 아들의 숨죽인 흐느낌이
그의 텅 빈 생애 안쪽에
고물고물 고이는가 싶더니

새어 나오는 낯선 울음 하나가
조문객 사이를 흘러 다니며
그 저녁을 흥건하게 다 적시고
산마루 눈두덩까지 벌겋게 물들였다

*****
大木 : 큰 건축물을 잘 짓는 사람

김 현 숙

경상북도 상주시 출생
이화여자대학교 영문학과 졸업
중등교사, 송파문화원 시창작 강사 연화복지관 관장 역임
한국시인협회 회원
서울시인협회 부회장
이대동창문인회 회장

<시집>
제1집 <유리구슬 꿰는 바람>
제2집 <마른 꽃을 위하여>
세3집 <쓸쓸한 날의 일>
제4집 <꽃보라의 기별>
세5집 <그대 이름으로 흔들릴 때>
제6집 <내 땅의 한 마음을 네게 준다>
제7집 <물이 켜는 시간의 빛>
제8집 <소리 날이오르다>
제9집 <아들의 바다>

<공저>
<우리시대 대표시 50선 평설(편저/이유식 평론가)>(2013)에 시 <풀꽃으로 우리 흔들릴지라도> 수록됨 <시 한 잔의 추억(징수남 엮음)>(2015)에 시 <몽돌>

<수상>
1982 월간문학 시 등단
1989 윤동주문학상
2007 에스쁘아문학상
2009 한국문학예술상
2011 후백문학상
2019 이화문학상

수상소감

수상 소식에, 저를 뽑아주신 심사위원님께 먼저 감사드리며, 상賞을 응원과 채찍으로 삼아 시업詩業에 꾸준히 매진할 것입니다. 세상이 대설大雪 속에 파묻혔다 다시 일어선 지금, 수상 소감을 쓰다가 시인 한 분의 타계 소식에 잠시 멍해집니다. 제가 위문가겠다고 한 약속이 불과 사흘 전인데 말입니다.

그는 제가 시창작을 강의하던 S문화원 수강생으로 처음 예상을 뒤엎고 오랜 수업을 통해 <아버지의 기도> 첫시집을 상재하고, 그 뒤에 두 권의 시집을 더 출간, 수상을 쌓은 경력으로 문인대사전에 올린 손민수 시인입니다. 저는 앞으로도 시 속에 담긴 그의 시간과도 만나지겠지요. 닫힌 세상 문밖에서 기웃거리는 유일한 자유, 그의 숨결일 테니까요.

파스칼 키냐르는 "과거는 시간의 파도가 칠 때마다 구축돼 앞으로 밀려온다. 다만 현대인이 소유한 과거, 즉 렘브란트 과거는 베르메르의 과거는 아니다."라고 했지요. 저는 갑자기 밖을 향해 서서 "문득 바람이 밀고 가죠// 흰빛을// 멀리 갈수록 맑다 맑게 개이는" 제 수상 작품인 '백련' 끝부분을 가만히 되뇌입니다. 아직 눈 덮인. 먼 산 을 마주보면서요.

2024.12.28.
김현숙 드림

계관부문 최우수상 수상작 시부문

시집 : 그 곳에 가면 외 2권

고등어 상경기 외 2편

오 정 순

힘껏 던진 목소리가 현관문 때린 걸 아는지
마트 진열대의 고등어가 눈싸움 도전장을 보낸다

물 밖의 세상이 궁금했을까
올라가면 누구도 다시 오지 않으니
이곳을 동경했던 걸까
던져준 동아줄을 잡고 올라와 얼음 위에 눕고 보니
환상의 세상이 너무 차가워 오기가 생겼나
몸 한 번 뒤척이지 않고 눈 한번 꿈벅이지 않는다

몸을 반으로 가르고 속을 비워내도
부릅 뜬 두 눈엔 기개가 가득이다
아직도 바닷물 가를 자세로 활시위 당기듯
탄력있는 등줄기는 시퍼런 비린내 가득 담고 있다

고등어를 굽는다
물줄기를 가르던 자세로 불 위에 눕히니
끝까지 감지 않던 눈에서
노랗게 영혼이 빠져나간다
체념을 결심한 몸은 비린내를 내고

고소한 맛으로 바꿔간다

대나무가 그려진 접시 관으로 고등어를 눕힌다
티벳 고원 천장터*의 독수리처럼 가족이 모이고
고등어의 영혼을 하늘로 보내려는 젓가락이 바쁘다
숟가락에 얹어주는 따스한 영혼 한 점이 자세를 낮춘다

*****
천장터 : 시신을 독수리가 먹게하여 영혼을 하늘로 보내는 곳

장미꽃 무늬 팬티 소문

오 정 순

줄타한 칠억 행방이 미싱 소리 잠재우던 날
봉제공장 급매물 소문이 여기저기 박음질되었다

나이순으로 정렬된 늙은 미싱 위
장미꽃 붙이다 만 팬티
소문이 부끄러웠는지 슬며시 꽃을 감춘다

밀린 월급 토하느라
크게 입 벌린 취급주의 박스
미처 빠져나가지 못한 속옷들이
목구멍에 걸린 듯 버둥대고 있다

꽃다운 나이부터
폐경에 이르기까지 함께한 미싱
월급은 몇 개월째 나오지 못해 같은 자리에 걸려있고
서랍장 안쪽, 포장지 뜯긴 생리대도
여러 달 지나도록 같은 숫자만 세며
한 발짝도 나가지 못한다

붉은 열은 재미없는 시소놀이 계속하더니
자궁의 생산도 멈춰 세웠다
장미도 더이상 꽃 피우기를 거부했다

잠겨있는 공장 정문으로 매일 출근하던 참새 한 마리,
게시판에 붙은 사원모집 광고 한 줄을 입에 물어다
잠든 미싱 위에 툭 떨어뜨린다
팬티 속에 숨었던 꽃잎이
고개를 들고 주위를 살피다 기지개를 켠다

고무줄에 접힌 꽃잎이 박스에서 나와
트럭을 타고 나풀거리고
실밥 풀린 소문은 제 몸 굴려가며 실패에 감는다
잠이 깬 미싱의 발성 연습하는 소리 들린다

우리는 왜 판사의 처방전이 필요했나

오 정 순

의견이 삐걱거릴 때마다
'이건 그저 흔한 감기야 격리 기간 일주일이면 거뜬해'
아무런 처방도 없이 우린 늘 같은 생각에 익숙해져 있었고 별일 아니라는 듯 다시 평범한 일상으로 돌아왔지

기침 몇 번 더했을 뿐인데 우린 독감이라고 처방전이 필요하다고 했어
판사는 한 달 동안만 조심하면 나을 거라는 처방을 내렸지만 감기와 뭐가 다른지 분석할 시간도 없이 우린 누구의 잘못이냐고 따지며 언성을 높였어
자신의 처방전에 상대방의 증세까지 넣어야 정확한 처방이 나온다고 요구하면서 말이야

핸드폰의 잠금장치를 밤새 열어놓아 찬바람이 들었다거나 지문 인식장치를 어떻게 풀었는지, 묻지 않아도 뻔한 일을 캐느라 격리 기간 일 개월을 넘기고 말았어
증세는 호전되지 않았고 평범한 일상도 돌아오지 않았어

법원 앞에서 젊은 남녀를 봤어 1초 동안의 판독할 수 없는 미소를 보내더니
일상의 걸음걸이로 꼿꼿하게 걸어갔어
나는 진료실 앞에서 긴장될 때처럼, 후련하게 끝난 그들이 부러웠어

계단은 올려다보는 것보다 가파르지 않았지만 천천히 걸었어
혈압의 숫자가 올라가는게 두려웠거든
두 개의 처방전이 판독기에서 돌아갈 때, 걷던 피는 널뛰기를 했어
판사의 말 한마디가 머리카락을 안테나처럼 물구나무 세웠고 숫자의 크기를

살피느라 눈은 빨개졌어

처방전에 찍힌 공통된 숫자 3은 고개도 다리도 펴지 못한 아이의 모습이었어
나는 상대방을 닮은 아이가 없어서 숫자가 자꾸만 넘어진다고 아주 잠깐 생각했어
그는 비틀대는 숫자를 붙잡아 세우며 동그라미 하나를 이어주겠다고 했지만 거절했어

태양은 어제 그 시간에 머문 것처럼 무지개아파트 10층에 매달려 있었는데
오늘은 재건축 현수막 옆에 반대한다는 현수막이 나란히 걸려있었어
나는 현수막을 바라보며 색다른 일상에 대해 호기심이 들었어
아무렇지도 않다는 표정을 1초 동안 보여주며

태양이 9층으로 살짝 내려가며 제 몸 찢어 재건축 반대 현수막에 바르는데
바람이 그 빛을 흔들어 우리 얼굴에 던졌어
나는 호주머니에 넣고 있던 처방전을 몇 번이고 접었어
덩어리로 뭉쳐져 펼칠 수 없을 때까지

오 정 순

인천광역시 서구 거주
재능대학교 문예창작과 졸업
사이버대학교 사회복지학 졸업
외국어로서의 한국어학 교사
중앙대 예술대학원 문창전문가 과정 수료
(사)문학그룹샘문 회원
<수상>
인천문화재단 예술창작기금 선정
(2019, 2021, 2024)
2009 한울문학 신인상 시 등단
국민일보 신춘문예 당선
복숭아문학상 당선
새전북신문문학상 당선
<시집>
『우주가 들어있는 내 작은 공을 찾는다』 외 3권

수상소감

작은 감나무에 하얀 모자를 쓴 홍시 두 알이 위태롭습니다.
나의 처지가 저 홍시의 상태와 같아서 주저앉아 있을 때 당선통보 전화를 받았습니다. 반가운 소식을 전해주신 이정록 선생님께 제대로 감사함을 표시하지 못하고 형식적으로 전화 받은 것이 마음에 걸립니다.
시인이라고 불러주는 것조차 부끄럽고 자신이 없어서 때로는 시 쓰기를 멈추기도 했지요.
밖에서 몇 바퀴를 돌다가 오면 다시 그 자리에 서 있는 정신병자 같은 짓을 반복하면서 말이죠.
홍시 위의 눈을 조심스럽게 털어냅니다.
털어낸 눈을 꾹 눌러 밟으니 멋진 낙관이 찍힙니다.
이제 밖에서 쓸데없이 방황하는 일은 그만하라고 채찍을 주시는 심사위원님께 감사드립니다. 부족한 시를 읽어주시고 고심하신 수고 잊지 않겠습니다.
더 열심히 읽고 더 많이 노력하는, 부끄럽지 않은 시인이 되도록 노력하겠습니다. 감사합니다.

2024.11.28
오정순 드림

제4회 한용운문학상
「계관부문」
우수상
수상작

계관부문 우수상 수상작 시부문

시집 : 바람벽에 기대다 외 2권

나 아닌 것이 어디에 있는가! 외 2편

이 창 수

나도 그도 나 자신도 아닌 심연의 상념 속에
반구反求를 찾는 자아,
내가 있으면 우주가 있고 만물이 존재하듯
내가 없으면 너도 없고
너 없으면 나도 없다

찰나의 순간도 스스로 변하지 않는 것이 없으니
삶을 관조할 마음의 여유를 찾고자 했다
나 아닌 것이 어디에 있는가!

내가 존재하는 이유는 네가 있기 때문이다
이 모든 것은 마음 안에 있으며
지식 감정 의지 움직임은 상황 속에 존재함으로써 현실을 직시해야 한다

마음을 비우는 것은 자아를 찾는 가장
소중한 것을 얻기 위함이요 내가 살아 있다는 의식 속에
가치와 의미를 부여하는 일이다

영위할 수 있는 소유물은 한순간에 지나지 않는다
내가 나를 찾는 곳에서 날 발견하지 못하면 계시는 드러나지 않는다

눈이 눈을 속이는 착시 현상도 환시도 허상도

실사구시의 일원一元이며 어둠의 장막을 거두고
마음의 벽을 허물어 의식 속에 잠재우고
내 안이 아닌 밖의 내가 누구를 위해 살아갈 것인지
자기 자신이 되어본 적이 있었던가?

내 존재의 사유思惟일지도 모른다

*****
반구反求 : 어떤 일의 원인 따위를 자신에게서 찾음

침묵 속에 핀 꽃

이 창 수

겨울을 보내는 나뭇잎과 나를 닮아나는 구름처럼
운명의 두루마리에 인간 삶의 곳곳에 어둠이 핏줄처럼 퍼져있다

너무 많은 것을 다 먹어 치운 세월이 온갖 빛깔로 진동하고
고독이 배양시켰던 이미지들이
내 회고懷古의 백발을 누이는 데는
일생이 다 걸린다

밤벌레 울음 계곡에 쏟아지는 달빛 속으로
슬픔 참견을 나선다
가시나무에 앉은 새 기억 속에 갇혀있다

쉽게 우리를 놓아주지 않는 과거의 모든 침묵은
자기 안에 품고 있기 때문이다
가장 아름다운 꽃은
불안 속에 개화하는 꽃이다

겨울이 막살아 숨 쉬는 것을 시작하겠다는 것을 모른 채,

히스
- heath

이 창 수

삶은 어디에나 언제나 존재한다
꽁꽁 얼어붙었던 시간의 흐름이 녹아서 다시 흐르고 들어들 틈 없이 말라죽은 히스가
무성한 황야가 아닐까!

질곡의 세월에 곡두가 하늘에서 춤을 춘다
미분시未分時에 선선히 그들의 목적을 위하여
마음을 모지락스럽게 먹다
곤고한 삶의 곡절에 파장을 몰고 오고

삶의 파편들이 거지 중천에 걸린
달빛에 핀 빙화처럼 피었다 사라지는 형체들
희망의 빛은 가장 어두운 곳을 비춘다

바람으로 오가는 눈에 보이지 않는 곳
꿈의 여운처럼 모든 것을 채색했다
한 선線에서 차선으로 넘어가는 고비마다
굴곡 많은 생애 난관을 무릅쓰고

척박한 대지와 불모한 삶의 바다에서 물고기를 낚는다

*****
히스(heath) : 까칠한 관목

이 창 수

아호 : 東齋
서울시 동대문구 거주
영어강사 역임
(사)국제펜한국본부 이사
(사)한국현대시인협회 이사
세계시문학회 이사
(사)한국문인협회 회원
동대문문인협회 회장 역임
윌더니스 편집장 역임
(사)문학그룹샘문 자문위원
(주)한국문학 자문위원
<수상>
조선문학 시 등단
한국수필문학회 수필 등단
WILDERNESS 하이쿠 등단
한국문학상 회우수상(샘문)
梅月堂文學賞
동대문문학상
한국현대시 작품상
<시집>
겨울 섬 바람벽에 기대다 바다를 내놓은 고등어 외 다수
<공저>
바람칼의 칸타빌레 외 9권

수상소감

굴곡진 터널을 빠져나와 詩의 얼거리를 잡는데 묵은해의 상처와
흉터를 애써 지우려 하지 않았다 정념을 짐승처럼 불태웠던
불면불휴의 병목 같은 시간 들이 상상과 감정을 찢어발긴 비대칭적인
형태의 계단에 섬세한 선으로 둘러싸고 있는 부착된 여백을
남겨두었다
내 손에 잡힌 작은 미소와 무지개 한 조각 포폄褒貶 속에 끝없는
사막을 헤적이며 모진 바람과 무쇠보다 무거운 발걸음을 이끌고
세상 울타리 밖으로 내던졌을 때 심연에 숨겨진 내적인 삶이 곁으로
드러내는 표현을 때로는 지워버리고 싶었던 장면들이 다시
떠올리고 싶지 않았던 기억들이 마음속을 파고들어 자아의 깊은
밑바닥에서 의식의 표면까지 거슬러 욕망과 허무의 껍데기를 꿰뚫으려
해도 꿈 조각들이 넋처럼 남아 있어 저장된 파일을 세상 밖으로
불러내는 것에 불과했다.
묵시록의 이미저리(imagery)를 시간의 자궁 속에 영혼의 깊은
소리를 받아 언어의 개별적인 것과 시의 보편적인 것을 적어 표현의
수단으로 삼았다.

저에게 힘을 실어주신 심사 위원님들께 경의를 표하며 심심한
사의를 표합니다. 물심양면으로 도움을 준 가족에게 사랑한다는
말을 꼭 전하고 싶습니다

2024.11.28.
이창수 드림

계관부문 우수상 수상작 시부문

시집 : 내 마음에 갈대 외 2권

노을이 아름다운 것은 외 2편

송 덕 영

바람이 부는가
갈대가 우는 저녁
마른 잎이 부딪히며 소리를 낸다
세상을 향한 갈대의 외침이다
하루를 살아내고
서편 하늘에 노을이 지면
잔에 채운 술이 넘친다
그리운 것은 허상에 대한 애착
인연을 넘어선 타인들 사이에 내가 있다
그토록 사랑하던 사람도
생의 저녁이 오면
그리움을 접고 자리에 눕는다
사람들이 오가는 길을
외롭지 않게 하려고
마을에는 등불이 켜진다
이대로 삶의 노을을 흘려보낼 수 없다
저무는 것들을 붙들 수는 없지만
삶을 스케치한 여백에
이름 세 글자를 남겨야 한다
노을이 타고나면
이 밤도 별은 뜨려니
흐르는 별빛 따라
내일의 생에게로 가련다
노을이 아름다운 것은
또 다른 생을 맞이하기 위함이다

망대望臺

송 덕 영

망대에 올라서면
뒤안길을 되돌아 본다

아득하면서도
그리 멀지 않은 길

두고 온 세월에 바람이 불면
무얼 그리도 달려왔던가

초저녁 타향 별이
시름에 젖어

바라보는 망대는
그 자리인데

이 거리에 낙엽이 지면
망대를 찾는
또 한 사람 줄어들겠지

사랑 너울

송 덕 영

깊은 수초를 지나
너에게로 간다

심연의 사랑은
외눈박이 물고기처럼
슬프기도 하고

가시고기처럼
아프기도 하지만

사람들은 사랑의 모래성을
쌓고 또 쌓는다

사랑은 스스로 말하지도 않고
홀로 가지도 않는다

한쪽의 무게로도 기울지 않는
사랑은 언제나 공정하다

물보라 갈라진
수많은 이별

격랑의 사랑 너울 후에
바다가 잔잔해지면
사랑이 다녀갔음을 알게 된다

송 덕 영

시인, 수필가
서울디지털대학 문창과 졸업
남양주시인협회 회장
열린동해문학 자문위원
한국전쟁문학회 이사
<수상>
1980 국군불교문학 시 등단
한국문학세상 신인문학상
경기도의회 의장상(문화봉사)
열린동해문학상 본상
한국전쟁문학상 본상
<시집>
내 마음의 갈대
이팝나무의 노래
<수필집>
해변의 길손처럼

수상소감

글을 쓰는 사람으로서 예술을 논하기 전에 문학을 먼저 말하고 싶습니다. 삶을 영위하는데 있어 세상은 시인이 있어서 정말 아름답습니다. 우리의 생각을 세워 그것을 보면서 글로 표현하는 것이 문학일 것입니다.

문학그룹 샘문에서 한용운문학상에 당선되었다는 문자를 받았습니다. 지금까지 살아오면서 글을 써서 저명한 문학상을 받아 본 적이 없습니다. 글밥을 먹는 사람으로서 글을 써야하는 분명한 이유로 더 잘 쓰라는 채찍의 상이라고 생각합니다.

작가로 사는 소명의식은 가지고 있으면서도 좋은 글을 쓰기는 정말 어렵다는 생각이 듭니다. 예술은 길고 인생은 짧다지만 생각하는 로댕이 되어 성찰의 숙연함으로 섭리에 순응하며 표현의 연금술사가 되도록 노력하며 살 것입니다. 삶의 글밭에서 열심히 씨를 뿌리고 물 주어 가꾸는 부지런한 농부가 되어 세상을 밝히는 사람이 그런 사람이고 싶습니다. 후일 떠나야 할 시간이 오면 바람이 부는 길에 글종이에 뿌려 사색의 길손을 즐겁게 하렵니다.

부족한 글을 뽑아주신 문학그룹 샘문 심사위원님께 감사드리며 일생에 한 번 받을만한 한용운문학상을 받게 되어 더욱더 기쁩니다.

문학그룹 샘문의 무궁한 발전을 기원합니다.
감사합니다.

2024.11.28.
송덕영 드림

계관부문 우수상 수상작 동시부문

동시집 : 달콤한 재촉 외 2권

황소바람의 입김 외 2편

강 안 나

대나무밭 사이로
위이잉 소리치며
한참 동안 맴돌더니

우리집 마당가
살구나무 황소바람이
풀씨 한 알 똑 떨군다

들판을 달려올 때
고이 품고 온 씨앗
우주가 담겼다

담장 밑 양지쪽에서
사방을 두리번거리는
새까만 눈망울
그냥 지나칠 수가 없어

거친 숨결 가다듬고
호오~ 바램 한줄기 엮어

어서 빨리
레몬빛 햇살 붙잡고
파란 손 내밀어 보렴

철이 뜨끔뜨끔

강 안 나

철들어라 철들어라
엄마 잔소리 실컷 먹고
철부지 딱지 떼고 의젓해졌는데

서울에서 전학 온 은서
차르르 윤기나는 긴 머릿결에
힐끔힐끔 미끄럼 타다가
단발머리 숙희한테 들켰다

소갈머리 없는 애랑 친구하기 싫다며
매정하게 내 손 뿌리치고
휑하니 가버리는 단짝

철이 뜨끔뜨끔 해
이제 막 몽실몽실 피어나던
연둣빛 우정 시들하면 어쩌나

이따금 철없는 철을 볼 수 있는
내 안에 거울 하나 있었으면…

민들레의 여정

강 안 나

도톰한 소녀의 입술이 닿기도 전에
포르르 날아오르는 기분 상상이나 해봤니
벅찬 설레임은 잠시 뿐이었고
긴 두려움이 앞을 가로막고 있을 줄이야

내 의지와는 상관없이 저만치 내동댕이쳐져
겨우 가시나무를 빠져 나가면
눈 앞에 시퍼런 웅덩이가 노려보고 있었어

얼마나 시간이 흘러 갔는지 몰라
등 뒤에서 고마운 친구들이
까맣게 잊었던 내 이름을 불러주며
샛노란 저고리를 입혀주는 거야
정말이지 눈물이 핑 돌았지

친구들 발자국에 밟혀도 괜찮아
발등이 찍히고 무르팍이 헐어도
방실방실 웃을 거야 난 봄사랑이니까

강 안 나
동시인

수상소감

말똥말똥 핼쑥한 밤이 또 거절당했다
시도 노래도 아닌 허접한 낙서만 휴지통에 수북해
돌아앉은 창백한 아침 아무래도 저 높은 곳을 향하여
씨를 뿌려야겠다 하늘 보고 내 허물 씻어달라고

시간을 되돌려 낮은 자세로 창가에 앉아 푸른 나무를 보니
여전히 그 자리에서 아낌없이 다 퍼주고도 다시 사랑을 찾아
바람의 노래를 부르는 낙엽들

어느새 틈새에 번지는 이별을 배웅하고 있는 뿌리의 모정
모든 사랑은 아마 자연으로부터 나오는가 보다.
철없는 아이처럼 자연에 푹 빠져있는 늙은 소녀에게
뜻 깊은 한용운 문학상이 뚝 떨어졌다.

부족한 시인의 마음을 읽어준 심사위원장님과 수고한
모든분께 깊은 감사를 드리며 옆에서 늘 용기가 되어준
영원한 내편 그리고 사랑의 일곱 씨앗 손주들과 이 기쁨을
나누려 손가락이 바쁘다.

세월이 팔순을 재촉해도 봄언덕에 앉아 나의 벗
시를 오래오래 품고 싶다.

2024.11.28.
강안나 드림

제4회 한용운문학상

「중견부문」
대상
수상작

중견부문 대상 수상작 시부문

애호박 미륵 외 2편

최 경 순

담장 밑 구덩이 파고
똥거름 한 바가지 퍼 붓고
부처 사리 몇 알 묻어 놓으면
뙤약볕 쏟아질 때 쯤 출산이다

금 줄 친 담쟁이넝쿨 비집고
방긋 웃는 노란 별 꽃 밑동에
까까머리 동자승
그늘에 앉아 오롱조롱 땀을 식힌다

매미는 속 다 까발리고 볼기로
목탁 소리를 내며 한 여름 내내
구애를 했건만 불순한 불심인 듯 보람도 없이
또, 7년을 기다리라 하네

울화통에 참선에 든
플라타너스 멱살을 잡고서
귀때기 떨어져라 불경스럽게
불경을 읊어 대니 다 덧없음이요

그러거나 말거나

귀때기 닮은 소나기
돗바늘처럼 사선으로 꽂으며
아슬하게 거미줄만 탄다

면벽하고
묵언 수행 중인 동자승
머리 위 후드득 떨어진 빗방울
그 생김이 불두佛頭와 같다

잎사귀로, 꽃잎으로, 씨앗으로,
몸뚱이로 다 내어 준 동자승
그대가 미륵이다

구강

최 경 순

칠흑 같은 철옹성(별)
주춧돌 위 맞물린 성벽
은빛 반짝이는 서른두 개의 별,

굳건하다
성안을 들락거리던 거르지 못한 비문
혀의 촉각을 세워 더듬어 만지고 쓰다듬어 주무르고 비문을 탐독한다

성안을 들락거리던 가시 돋친 말
절구에 찧고 디딜방아에 빻고
맷돌에 간 말이 씨가 되듯

탐독을 끝낸 혀
목구멍 하역을 돕는다
둘은 공생 관계이자 경쟁 관계다

말문이 트이자
세 치 혀가 꼬드겨 성 밖으로
줄행랑을 치려는 순간,
성문으로 말꼬리를 자르니 말문이 막혔다
성문은 필요에 따라
말의 가교 역할을 한다

뼈 시린 세월, 혀 발림으로
뼈에 붙은 자투리를 뜯었을 뿐인데
별 하나 별똥별이 되고 말았다

시린 성벽 사이로
상스러운 말이 바람 등 타고
섬광을 쫓아 달려나가자
말의 혀에 재갈을 물려 가뒀다

별에 새겨진 갑골문자
시린 벽을 더듬어 보지만
허공만이 혀를 찬다
혀에 읽힌 비문, 별은 알았을까

부러진 못

최 경 순

콘크리트로
단단히 위장한 거푸집 속
이념이 자라고 있다

어디로 튈지 몰라
사선으로 대못을 박았다
박고 박고 또 박았다

칠십사 년 모진 세월
단단히 박힌 대 못
갈등으로 벌겋게 녹슬었다
허리가 잘린 채,

틈새가 헐거워지도록
화해의 손
내밀어도 보았지만
이념이 다르다고
철책이 더 단단해졌다

박고 박고 박다가
옹이에 못이 튕겨
부러진 과오

수습은커녕
빼도 박도 못하게
상처만 남았다

철책에도
꽃은 피는데

최 경 순

강원도 양양군 출생
경기도 용인시 거주
자영업종 수원힐스테이트 광교
K99호수 세탁소 대표
(사)문학그룹샘문 운영위원
(사)샘문그룹문인협회 운영위원
(사)샘문학(구,샘터문학)운영위원
(사)한용운문학 회원(샘문)
㈜한국문학 회원(샘문)
(사)샘문뉴스 회원
이정록문학관 회원
샘문시선 회원
<수상>
2024 샘문뉴스 신춘문예 시부문 당선
2024 샘문학 샘문학상 시 등단
<시집>
샘문뉴스 신춘문예 수상 기념시집
- 그는 아버지의 등을 상속 받았다 -
<공저>
개봉관 신축극장
<컨버전스시선집/샘문시선>

수상소감

9월 어느 날, 문학그룹샘문 주최 한용운문학상 공고가 떴다. 낭보였다. 개 어귀서 먹줄 퉁긴 수평선을 바라보던 숭어, 파랑을 등에 업고 꿈을 좇아서 닻을 올리고 노를 저었다. 숭어는 동화 속에서나 나올 법한 마법 같은 깡촌서 자랐다.

어릴 적 꿈은 화가였다. 중2 때 1년 선배의 그림을 접하고 무지임을 깨 닫는데 그리, 오래 걸리지 않았다.

청소년기는 질풍노도의 시기, 제2의 반항기였다. 성인이 되면서도

딱히, 두각 없이 허송세월을 보냈고 중년이 되면서 우연한 기회에 자아를 발견하고 네이버 시마을에 입문하게 되었다. 그곳에서 시문학이란 꿈을 꾸게 되었다. 습작을 거듭하며 쓰라린 고통 속에서도 오로지 한길만을 걷고 또 걸었다.

어느 날, 전환점이 된 계기가 있었다.

시마을에서 최우수상을 받았을 때였을 것이다. 상상도 할 수 없는 일이 숭어에게 일어났다. 꿈은 이루어진다 이럴 때 쓰는 표현이구나 그 꿈은 한 발작 씩 다가오고 있었다. 태어나서 지금까지 소설책 딱 3권 읽었다면 누가 이 말을 믿겠는가? 여기서 솔직히 무능함을 털어놓고 새롭게 거듭나고자 고백한다. 그러니 필력이 달릴 수밖에, 속다고 거짓이 진실이 되지 않듯이 무지를 털어놓으니, 속이 다 후련하다. 하여간, 노력해서 안 될 것은 없다. 그것이 만고의 진리인 것 같다.

2024년 제14회 샘문뉴스 신춘문예 신인상 수상, 등단으로 첫 결실을 맺었다. 신인상 수상 기념시집 "그는 아버지의 등을 상속받았다"를 출간하였다. 그 이후, 무한 경쟁 시대에 미약하나마 문학그룹샘문이 주최하는 중견부분 한용운문학상 "대상"을 받으며 또, 한 번의 결실을 맺게 되었다. 노력의 결과물이었다.

기타가와 야스시의 명언 중에

꿈을 이루지 못한 사람들은 "나는 재능이 없었어"라고 말한다. 꿈을 이루지 못한 이유가 재능이 없었다는 것이라면 꿈을 이룬 사람들은 모두 "재능이 있었다"라고 대답하는 것이 맞겠지만 성공한 사람 중에 그런 대답을 한 사람은 한 명도 없다. 꿈을 이룬 사람들은 "정말로 하고 싶었던 일을 열정을 가지고 계속했을 뿐이다"라고 말한다. 노력과 열정만 있으면 누구나 꿈은 이루어진다.

사랑하는 아내에게 시 쓴다고 아프게 한 날 용서해 줘요. 이 못난 날 만나서 여태 고생이 많았어요. 시어머니 잘 모시고 고부간 갈등도 없었고 항상 고마웠어요. 살면서 아내에게 사랑한다는 말 한마디를 못했네요.

사랑해! 사랑해! 내 마누라 그리고, 외동딸 내 딸아! 무능한 아빠를 위해 문법, 어휘, 띄어쓰기도 교정해 주고 시를 이메일로 보내주고 딸내미를 귀찮게 많이도 했지 딸내미 덕분에 여기까지 왔다. 미안하고 고맙고 사랑한다.

미숙한 나의 시 애호박 미륵 외 2편을 대상으로 선정해 주신 이근배 심사 위원장님 외 심사위원님들께 머리 숙여 정중히 감사드립니다. 아울러, 나의 시를 추천하여 주시고 지도 편달해주신 문학그룹샘문 이정록 이사장님께도 정중히 감사를 드립니다.

2024.11.30.
시인 최경순 배상

제4회 한용운문학상

「중견부문」
최우수상
수상작

중견부문 최우수상 수상작 시부문

내 누이의 보름달 외 2편

김 상 규

내 누이의 세상 마지막 이승길
이별하고 돌아오던 밤
둥그런 보름달이 떠 있었네

서른 초반 홀로 되었던 내 누이
그래도 자식 넷, 섬김 받다 가서서
좀 덜 외로웠을까!
매형 만나러 가는 길이라 신명이 났을까!
아니면 날 두고 가는 길이라 눈물바람 했을까!

내 나이 서른셋,
난 빛 없는 절벽 위에 서서 벼랑을 내려다 보고 있었다
하얀 와이셔츠 뒤집어 쓰고 수직 하강하는 삼천궁녀이고 싶었다
어미 대궁과 서럽게 이별하는
꽃잎이거나 하얒이고 싶었다

어머니가 보고 싶어
엄마 꼭 닮은 내 큰 누이를 찾던 날
누이는 내게 말했지

"니 맘대로 인생 꺽지 말어라
맞바람 심하고

쓴맛이 입속 가득허더라도 말이여
시간이 지난게 다 살아지더랑게,
이 누나는 보름달을 가슴에 안고 살고 있당게,
니 매형이 그리워서 보고잡을 때도
내일 당장 아그들 학비 문제로 힘들 때도 살아봉게 살아지더랑게,
일 년에 보름달은 열세 번이 떠불더라
달서방 봄서, 애기함서 살아왔당게"

누이와 작별하고 돌아오던 밤
둥그런 보름달 속에
내 누이 서러운 미소가 떠 있었다

갈라테이아

김 상 규

창가에 빗방울 맺히는 오늘
베에토벤 비창 2악장을 듣는다

우유빛 미소
청량한 목소리로 넌 내게 물었지
바다의 고향은 어디일까?
나의 갈라테이아

그러나 아키스라는
욕망의 파도를 타고
너는 내 곁을 떠나 버렸지

나의 슬픈 갈라테이아
내 영혼은 혼돈주混沌酒에 흠뻑 젖어
촉룡燭龍이 눈을 감은 밤이 되었다

아다담싹 사랑일 때는
물고기 눈알도 진주 알인지 알았었지
그러나 우리가 함께 했던 시간은
달팽이 뿔같은 사랑이었노라

갈라테이아

오늘 창가에 맺히는 물방울들
슬픈 통방울

갈라테이아, 비 오는 오늘
바다가 보이는 창가에서
베에토벤 비창 2악장을 듣는다

빚쟁이

김 상 규

온통 세상이 까만 밤거리를
비틀거리며 걷는다
어디서 부터 잘못 되었나?
잘 생각이 나지를 않는다

독 묻은 화살을 맞아보지 않은 이는
모른다
이 외롭고 처절한 절규를!
이 비참한 치욕을!

부모님은 내게 정직하라 하셨건만
엉클어진 실타래를 주먹으로 때린다고
잡아당긴다고 실타래가 풀리지 않는다는 것을 나는 알고 있다
죽을 힘 다해 살풀이 춤이라도 추어서
풀어야 한다

나를 바라보는
사랑하는 아이들의 눈빛은
나의 별이고 태양이기에
이 선한 별들을 위해서라도
엉킨 실타래 너울너울 풀고 풀어서
실북에 감아 드려야 한다

어릴적 행복했던 추억이 스친다
눈 오는 날 시골장터를
엄마 손 꼭 잡고 따라갔던 날
엄마가 사주시던
김이 모락모락 순대국밥 한 그릇

입동이 지나서 그런지 쌀쌀한 바람이 분다
배고픔은 참 정직하다
주머니 털어 사온 김밥 몇 알과
소주 한 병,
그리고 인적이 드문 공원 벤치,
어느새 빈 병, 색소폰 소리가
내 가슴을 애인다

김 상 규

전남 완도군 보길도 출생
현)주식회사 평강 부회장
현)캄보디아 주정부 SOC 현지법인
(사)문학그룹샘문 이사
(사)샘문그룹문인협회 이사
(사)샘문학(구,샘터문학) 이사, (사)한용운문학 편집위원(샘문)
(주)한국문학 편집위원(샘문)
이정록문학관 회원
샘문시선 회원
<수상>
2023 한용운문학상 시 등단
2024 한국문학상 우수상
<공저>
이별은 미의 창조
<한용운문학시선집/샘문시선>

수상소감

30년 전 33살 9월 가을, 추풍낙엽 같았던 세월을 돌아보면서 이번 한용운 문학상 공모전 응모 작품을
창작하였습니다.

저보다 24살 위 호랑이 띠신 제 어머니 꼭 닮으셨던 홀로된 큰 누이...
제 버팀목이셨던 그 큰 누이의 보름달 추억 회상들과 이별과
고통을 겪여야했던 그시절 추억들이
부족한 제가 이렇게 큰 상을 수상하게 되어 감개무량하고 감사합니다.

실패했던 경험의 옹이는 이제는 값진 보물입니다. 살아가는 동안 더욱더 사랑하고 베품을 위해 순수한 열정을 다 해볼 생각입니다.

샘문그룹 이정록 회장님과 여러 이사님들 운영진 여러분들
이번에 심사해주신 심사위원님들
진심으로 감사합니다.

아직은 풋감이지만 더욱 더 익어가 보겠습니다.
감사합니다.

2024.11.27.

禮作 김 상 규 拜上

중견부문 최우수상 수상작 시부문

불의 책 외 2편

김 준 한

짧았던 시절의 단문이 벌건 필체로 타오른다

불씨를 더듬는 오늘의 제목은 겨울
펄펄 날리는 하얀 백지 위의 주제를 곱씹는다

별에 닿기 위해,
깊이 팠던 막막한 시간 태우는 나뭇가지들
마르고 부러진 꿈들이 화려한 불꽃으로 만개하자,

앞장과 뒷 장을 오가는 손바닥들
두꺼워진 열기를 온종일 읽어나간다

낡은 보일러를 고치다

김 준 한

소통할 수 없어 차가워지는 날들
뜨거웠던 시절 떠올리기 위해
아무리 전원을 눌러도 기억나지 않는다

깊숙한 어둠 속 사력을 다해 한 모금의 슬픔을 끌어올리는 밤
흘러간 시간 어딘가를 서성이다가 이내,
점검 불을 깜박이며 결빙의 한 복판에 멈추고 만다

통을 벗겨내자, 맑은 기억들이 흘러 들어와
뜨겁게 복받쳤던 자리마다
주검으로 변한 시간들이 붉게 쌓여 있다

기억의 배관 어디쯤 막혀버린 것일까?
이리저리 만지고 더듬어 보아도 더 이상 회상할 수 없다
외면하며 돌아서는 것들이 많아질수록 겨울은 더 빨리 왔다

뚜껑을 조립하고 잠겼던 소통의 밸브를 열자,
세월의 심연으로 들어차는 차갑고도 슬픈 기억들
다시, 뜨겁게 끓어오르기 시작했다

굽은 못

김 준 한

실천 없이 엇나간 하루
또 비켜 맞았다

끝내 다하지 못하고
시절 밖으로 튕겨 나갔다
불혹이 다 되도록 어디 한 곳
깊이 박히지 못했다

쇠보다 단단한 결심으로
수 없는 계획을 때려 박았지만
수습해야 하는 건 구부러진 과오뿐

약해진 근력 때문에 헐거워진 하루
세우지 못해 쓰러진 꿈
언제 뽑혀 나갈지 모를 불안이
벌건 녹처럼 온몸을 얽어맸다

깊숙이 박힐 수 있을까?
옆구리가 늘 아팠다

김 준 한
시인

수상소감

당선 소식을 듣고 다음 날 폭설이 내렸다.
이제 와 눈을 보고 설렌다고 하면 철없는 아이 이거나
먹고사는 현실에서 자유로운 자들의 소리일 것이다.
미끄러져 부러지지 않기 위해 조심히 행보해야 하는 인생의 후반부
또다시 결빙의 나날을 인내하며 관통해야 하는 현실 앞에 놓인 지금
나는 가난을 찬양하지도 부유를 비하하지도 않는다.
다만 시를 쓰기 위해 가난을 견딜 뿐 시의 결실도 없이 가난했다면
그건 무능이지만 시로써 누리는 보람과 행복이 있다면 그건
선택이 아니겠는가
다 가질 수는 없다. 하나를 얻기 위해서는 하나를 놓아야 한다.
사람에게 손이 두 개인 것은 한 손으로 한 가지를 쥐고
한 손은 그것을 거들어야 하기 때문이다.
25년의 고독했던 무명 끝에 주어진 이 값진 나날, 허기를 잊으며 감사한다.
부족한 시를 뽑아 주신 심사위원님들께 감사한다.

중견부문 최우수상 수상작 시부문

고향집 빈 항아리에 핀 소금꽃 외 2편

유 호 근

한여름 뙤약볕 피해 마루에 걸 터 앉으니
뒤란 장독대에서
텅 빈 바람 튀어 오르는 소리가 난다
사시사철 그 안에는 큼큼하며
칼칼한 젓갈은 숨결이 그득하였다

곤로 위에서 어느새 보글보글 끓는
어머니의 바쁜 손맛,
얼마나 많은 절임과
내보이지 않은 뼈마디 저림이
묻어 있을까

담겨 배어들어
쓴맛 짠맛 어우러져 진맛나도록
하늘 보고 열어 두어라
새소리 바람 소리 할머니 구시렁 소리
그저 받아들여 잠재워 두어라

긴 기다림의 발효 시간 지나고
어머니의 절여진 육신만 남아
바닥까지 닥닥 긁어 가버린
고향 집 빈 항아리에 언뜻언뜻
하얀 소금기가 붉은 석양빛에 반짝인다

바람 한 점 없는 날

유 호 근

멀찌감치 물러나 올려다본 하늘이
마치 정지된 화면 속 광고처럼
파랗게 질려 있는
오늘,
이런 날 하루쯤은
바람 한 점 없어도 좋다

언제부터인가
나무는 미동도 없이 홀로 서서
색이 주는 황금빛 커튼 뒤에 숨어
떠나보낼 잎들을 하나하나 부르며
뿌리의 전설을 노래처럼 들려주고
밤이 되면 순백의 별들이
총총 거리며 우리에게 내리면 좋겠다

그런 날, 덩달아 넋 놓고 창가에 앉아
진종일 응어리진 가슴을 걸러내고
살아온 날들 되새김질하며
누구에게도 말 못 한 슬픔 한 꾸러미와
뭉텅 잘려 나간 아픔에 대해
여과지를 통해 걸러지는
한 톨의 기쁨이라도 온전하게 갖고 싶다

머리를 창에 슬그머니 기대고
호흡마저 멈춘 듯 놓아두면
생각도 멈추어
무념無念 속에 내버려 두었다가
힘차게 날아오르는 새들의 비상처럼
구름 위 높이 오를 날들을 궁리해야겠다

제비꽃 연가

유 호 근

아무도 나를
눈여겨보지 않습니다

있는 듯
없는 듯

햇살 좋은 어디 한 귀퉁이
손 벌리지 않고 혼자서 피어납니다

우아하고 화려한 모란이 지고
작약이 사람들 시선을 끌 때에도

그저 키 작은 아이로
미소 지으며 피어 있을 뿐입니다

누가 뭐래도
흔들리지 않고 기다립니다

엎드린 듯
앉은 듯

고운 햇살과 바람 한 줌이면

작은 터에 나의 자리를 만듭니다

꽃들의 여왕이라는 장미가
왁자지껄 사람들 눈을 사로잡아도

그저 보랏빛 댕기 빗질하며
그대 향한 그리움 키워 갈 뿐입니다

유 호 근
시인

수상소감

어느덧 한 해가 저물어가는 11월 말! 겨울을 데려오는 겨울비가 종일 내립니다.

살아가면서 시간 앞에 가장 엄숙하며 자신을 돌아볼 수 있는 시기가 이즈음 아닐까 합니다. 낭비한 많은 시간 앞에 겸허하게 반성을 해보는 시기이기도 합니다. 일상의 권태로움과 게으름으로 보낸 지난 시간들에 경종을 알리듯 제4회 <한용운문학상> 중견부문 '최우수상'에 "고향집 빈 항아리에 핀 소금꽃" 외 2편이 당선되었다는 통보에 정신이 번쩍 들었습니다.

우리의 삶은 그리움과 긴 기다림, 그리고 순간의 감정들이 모여 이루어지지 않나 생각합니다. 고향을 떠나 생활의 전선에서 살아가면서 느꼈던 내면의 작은 울림들과 때로는 깊은 고뇌와 반짝이는 깨달음의 조각들이 한 편의 시로 태어나기도 합니다.

육십 중반의 나이에 접어들면서 뒤를 돌아보는 시간들이 많아집니다. 유년 시절의 고향땅과 둘러싸인 산, 그 밑을 흐르는 강, 함께했던 가족과 친구들의 모습들이 자주 그려집니다.

비 그친 후의 빛나는 햇살처럼 따스하며 모두에게 넉넉한, 균형 잡힌 언어로 글을 써 가도록 하겠습니다.

저의 부족한 글을 심사하여 뽑아주신 이근배 심사위원장님, 이정록 회장님과 심사위원님들께 머리 숙여 감사드립니다. 그리고 제 고향 영월의 '동강문학회' 홍성래 회장, 서철수 고문과 문학회원님들께도 감사의 마음 전하며 기쁨을 함께 하고자 합니다. 감사합니다.

2024.11.28.
유호근 드림

중견부문 최우수상 수상작 수필부문

꽃물 외 1편

김 춘 자

외손녀가 다니러 왔다. 꽃무늬 원피스를 입고 나풀거리며 걸어오는 모습이 영락없는 어릴 적 내 모습이다. 손녀의 손톱에 든 꽃물이 곱다. 외손녀는 나한테 봉숭아 꽃물을 들여주겠다고 20분만 올려놓으면 된다고 했다. 손녀와 손을 잡고 다이소에 갔다. 손녀는 이곳저곳을 살피며 봉숭아 꽃물, 알코올, 네일 전용 미니 화장 솜, 유리알 광택 탑코트를 골랐다. 우리는 다정히 손잡고 집으로 왔다. 봉숭아 꽃물을 들이기도 전에 가슴이 설레는 것은 유년의 그리운 기억 때문일 것이다.

사가지 온 꽃가루에 물을 부어 되직하게 반죽을 했다. 오른손과 왼손을 책상 위에 올려놓으니, 손녀 둘이서 야무지게 손톱 위에 꽃물을 올려준다. 정말 20분 만에 꽃물이 들까? 20분 만에 손톱에 꽃물이 든다는 것이 의심스럽다. 나의 유년에는 손톱 위에 찧은 봉숭아 꽃잎을 올려 아주까리 잎으로 감고 실로 묶어 밤을 지내고 아침이 되어서야 예쁘게 물이 들었기 때문이다. 20분이 지나자 손녀가 물티슈로 내 손톱을 닦아내었다. 볼록볼록한 내 손톱 위에 반짝 해가 떴다. 유년 시절부터 청년기까지 꽃물을 들였어도 이렇게 간단하기는 처음이다. 색깔도 제법 예쁘다. 기쁨으로 가슴이 설렌다.

그 시절이 그립다. 해마다 여름이면 할머니와 어머니 그리고 우리 칠 공주까지 손톱에 꽃물을 들이기 위해 준비를 했다. 아주까리 잎을 따서 명주 천처럼 부드러울 정도로 시들시들하게 말렸다. 홍색, 백색, 자색의 봉숭아 꽃을 따서 백반과 소금을 넣어 절구에 찧어 준비해 두었다가 저녁상을 물리면 할머니부터 차례로 손톱에 꽃물을 올려놓았다. 부드러워진 아주까리 잎으로 손가락을 동여매고 실로 묶고 잠자리에 들었다. 아침에 일어나 묶은 실을 풀고 씻어내면 어린 동생 손톱은 새색시처럼 곱게 꽃물이 들었다. 할머니의 손톱은 진하게 들었다. 볼록한 내 손톱도 꽃을 닮은 듯했다.

손톱이 자라면서 깎아내다 보면 꽃물이 반달처럼 예쁘게 남았다. 그때는 첫눈이 내릴 때까지 손톱에 봉숭아 꽃물이 남아있으면 첫사랑을 만나게 된다는 속설이 있었다. 그래서 우리는 할머니가 꽃물을 들이는 게 이해가 되지 않았다. 어느 날 나는 '할머니는 왜 봉숭아 꽃물을 들여요?' 하고 물었다. 할머니의 눈은 웃고 있었지만 슬픈 기색이 역력했다. '이승에 삶을 마치고 저승으로 가는 길을 밝히기 위해 준비하는 것이란다. 저승으로 가는 길은 아주 좁고 어두운 길을 통과해야 하는데, 등불이 없으면 저승으로 들어가는 것이 힘들단다. 그러니 미리 꽃등을 준비해 두는 것이지.'라고 하셨다. 할머니 주름진 손가락 마디 끝에 있는 손톱에는 붉은색 꽃물이 노을빛처럼 아름다웠다. 할머니는 아흔아홉 살에 삼일을 편찮으시고 꽃가마를 타고 저승길을 떠나셨다. 할머니 손톱에는 붉은 꽃물이 등을 밝히고 있었다. 할머니가 떠나신 게 엊그제 같은데 벌써 60년이 지났다.

가만히 열 손톱에 든 봉숭아 꽃물을 들여다본다. 이제 이승을 떠날 나이가 되니 할머니 말씀이 생각이 난다. 봉숭아 꽃물이 저승 가는 길을 밝혀준다면야, 일 년 내내 손톱에 봉숭아 꽃물로 등불을 준비하고 싶다. 저승길을 밝히고 가려는 마음조차 욕심일 수도 있겠으나, 이왕이면 예쁜 봉숭아 꽃 등불이면 아주 행복할 것 같다.

마당

김춘자

삼 대가 살던 친정은 마당이 있는 ㄷ자 기와집이었다. 봄이 오면 우물가에는 흰 매화가 피었고 배꽃이 마당을 환하게 밝혔다. 마당쇠가 빗살무늬를 남기며 바닥을 쓸고 있으면 가랑이 사이로 삽살개가 발자국을 남기며 한가로운 풍경화를 그리곤 했다. 여름밤이면 집 마당에 멍석 세 닢을 펼쳐놓고 나이별로 모여 앉아 이야기꽃을 피웠다. 딸들이 모기에 물리지 않도록 어머니가 생 쑥을 베어다 모닥불을 피우면 메케한 쑥 냄새와 연기가 마당을 돌며 모기를 쫓아주었다. 불타는 쑥 속으로 감자와 옥수수를 넣어 구워주셨던 어머니의 사랑 한 자락도 쑥 연기처럼 모락모락 피어올랐다.

일 년 내내 사람 발자국이 지워지지 않았던 마당에서 오빠가 결혼하던 날에는 근동에 있는 분들이 모두 모여 축하를 해 주었다. 그 시절 마당은 서로의 안부를 묻는 장소이기도 했고, 비슷한 또래의 아들딸이 있는 분들은 마당이 가교역할을 해서 백년가약을 맺기도 했다. 마당을 지키던 나무가 사계절 철 따라 다른 모양의 나이테를 만들며 서 있듯이 우리 집 마당도 해마다 그곳에 새로운 모습의 나이테를 남겼다.

오빠에게만 한결같은 사랑을 주시던 할아버지의 임종이 가까워지던 날 친인척들에게 연락을 드렸다. 인사차 방문하는 손님들로 방문이 열릴 때마다 할아버지는 숨소리를 가랑거리며 무거운 눈꺼풀을 들어 올리셨다. '도련님 오셨어요!'라고 하는 머슴의 목소리가 들리고, 문이 열리며 할아버지를 부르는 오빠 목소리에 할아버지는 눈을 번쩍 뜨시고 바라보셨다. 오빠가 가까이 가서 미음을 세 번 떠 넣어드리니, 할아버지는 고개를 외로 젖히고 숨을 거두셨다. 임종하셨다는 소리와 함께 곡소리로 먼 길 떠나시는 할아버지의 여행길을 알렸다.

출상 전날, 우리 집 마당에서 빈 상여를 메고 발을 맞추며 댓떨이를 했다.

슬픔에 잠긴 상주들을 위로하기 위하여 빈 상여를 메고 선소리에 맞춰 후렴구를 붙였다. 다음날은 상여 안에 고인을 모시고 마당을 한 바퀴 돌고 난 후 평소 할아버지가 즐겨 다니시던 친구 집과 친척 집, 그리고 자주 다니시던 길을 돌아 다시 마당 안으로 돌아왔다. 초경, 중경, 종경이라 하여 마당을 세 번 돌고 마지막인 대문을 나섰다. 할아버지는 경상도가 고향이시니 돌아가신 후에 그곳 풍습으로 해 드리는 것 같았다.

마당 귀퉁이 감나무 아래에는 방공호가 숨겨져 있었다. 6.25사변이 일어났을 때 공습경보가 울리면 온 식구가 숨어 숨죽이며 목숨을 부지하던 곳이다. 그곳은 할아버지 할머니 가슴에 쇠처럼 단단한 옹이를 박은 곳이기도 하다. 방공호가 답답하다며 집을 나갔던 혈기왕성했던 젊은 삼촌은 그대로 행방불명이 되었다. 흔적도 없이 사라진 삼촌은 할아버지 할머니께서 소천하신 후 작은 아버님이 DNA를 등록하시고도 몇 년이 지나서야 국군 일병으로 전사했다는 연락을 받으셨다. 작은 아버님은 아들의 생사도 확인하지 못하고 돌아가신 할아버지 할머니 묘소에 가서 아뢰며 눈시울이 붉어지셨다. 걸핏하면 울리는 공습경보에 가슴에 멍이 든 방공호도 할아버지 할머니의 가슴 아픈 사연을 고스란히 기억하고 있을 것 같다.

집안에 경사가 있을 때마다 덩달아 바빠지던 마당이 오빠가 태어나던 날은 아마도 금빛 나이테를 만들고 아래로 칠 공주가 태어날 때마다 마당은 무늬 없는 나이테를 품었을지도 모르겠다. 고운 나이테와 쇠처럼 단단한 나이테를 번갈아 만들며 3대를 키워낸 마당은 이제 텃밭으로 이용하고 있다. 마당에 새겨진 나이테도 세월 앞에는 장사 없음을 실감한다.

김 춘 자
청주시 흥덕구 거주

수상소감

갑자기 추워지는 날씨에 기분도 가라앉는 듯 울적했는데 뜻밖의 전화를 받았습니다. 제4회 한용운문학상에 선정 되었다는 소식이 꿈인 것만 같았습니다. 부족한 제 글에 날개를 달아 주신 심사위원님 들께 깊이 감사드립니다. 글 쓰는 엄마를 늘 응원해 주는 가족들과 옆에서 함께 하는 문우들께도 감사의 인사 전합니다. 한용운 문학상의 이름에 누가 되지 않도록 좋은 수필 쓰겠습니다. 감사합니다.

2024.11.28.
김춘자 드림

제4회 한용운문학상

「중견부문」
우수상
수상작

중견부문 우수상 수상작 시부문

채무와 변제, 누가 그의 죄를 사했나 외 2편

유 미 경

시작이 있으면 반드시 끝도 있는 법,
내일은 됩니다, 이번에는 진짜 됩니다
구름 속 허언들이 23,700여 시간의 세월을 뚫고 나와
법 앞에 죽은 듯 혀 판를 엎드린다

5년여 동안 땡전 한 푼 안 갚고
첫 선고기일 2일 앞 두고서,
고소 취하, 처벌불원서 들이민다
염치없습니다,
한 번만, 한 번만 살려 주십시오

살아있는 자가 말하고
이미 죽은 자나 다름 없는 산 송장이 말하노라,
양심과 진심은 어디 두고 왔는가?

억億, 억億, 억億
억 소리가 절로 혼비백산,
링거 꽂아가며 영혼과 사투하던 워커홀릭,
붉은 핏꽃이 하얀 구름 속에서
뻥, 터져버렸다

늦어져 죄송하다던 돈은

처먹은 돈은 토해내지 못했고
배고픈 돈은 탈장되어 하혈을 한다

"카드가 연체되었습니다
연체 체납, 가산세가 부과됩니다
신용불량자 예정입니다
압류합니다, 경매 진행됩니다"

민초의 목숨줄을 칭칭 감아쥐고
목 조르기에 성공한
세상의 모든 악재의 쿠데타,

눈물의 어미를 만난 듯,
닥터만 보면 바다로 들어가는
공황장애, 대인기피, 우울증, 불면증, 외상후스트레스장애,
그 나쁜 놈들이 뭐라 합니까?
닥터가 친절한 웃음으로 하얀 진단지를 들이민다

분노와의 질주, 꿈인가, 생시인가
죄책감, 미안함, 자괴감
그래도 살아야만 하느니,
살아 있는 것, 이보다 더 큰 의미는 없다 하였으니,
살아내야 하니라, 살아내야만 하니라
삶은 살아내는 것이니라

차가 없으면 걸으면 된다, 돈 주고 헬스도 하는데,
돈 없으면 덜 먹으면 되지, 다이어트도 하는데,

옷은 있는 걸로 입으면 되지, 헤져서 못 입는 옷은 없으니,
신발은 닳아서 못 신는 거 없고
냉장고는 먹을 만큼만 사서 먹으면 보관도 필요도 없지,
침대가 없으면 조금 불편할 뿐이지,
에어컨, 전기세 생각하면 사치지······'

심히 부끄러워 립스틱을 못 바르고
심히 부끄러워 하늘을 못 올려 보고
민낯으로 너를 내려다 보는 시간들
버려야 채울 수 있음을
용서해야 용서 받을 수 있음을
죽고 싶음이, 이토록 간절한 희망이었음을
비로소야······'

지난날, 역 선택한 시간의 복수가 웃고 있다

월급날

유 미 경

설렌다
그녀석 들어오는 날

뭐지?

결국
그날이 그날이고
오늘도 그날인가
나를 찾아오는 그녀석?
이니다, 그분이다 ㅎㅎ
오늘은 귀인이 오시는 그날이다

그래서
저승사자 눈매 같은 눈금이 줄어든다
빚이 줄어든다

찾아오는 빛이 꿈꾼다
빛으로 빛나는 찬란한 그날을

시월의 마지막 밤

유 미 경

이 얼마나 시시 콜한가!
이 센치한 여인은
대단한 뭐라도 있는 양
뭐라도 만들어야 되는 양
시월의 마지막 밤을 탄주한다

컴퓨터가 시간과 초를 다툰다
시월의 마감 정산이란 것이 벌써 몇십 년인가
수십 년간 질리지도 않는 지,
컴퓨터는 주인의 지시데로 액셀을 닥달하여
최종 값을 내어준다

승희 집은 서러운 감나무 하나도 없고
익어서 울꺽한 나무 하나도 없다
그렇다면 흥업 연대 매지 캠퍼스까지 가서
은행알이나 한 아름 담아 올까?

뭔가, 너무 헛헛흔 것이
어느 잊혀져간 가수의 "잊혀진 계절"의 저물어가는 선율 탓인가

'당신 벌써 쉰 살 하고 셋인가?'
갱년기 홍조가

이 가을, 시월의 마지막 밤에도
약속이나 한 듯,
감나무 하나 없이
여인의 젖가슴에서 물컹물컹
아주
잘
익어가고 있다

유 미 경
시인

수상소감

님이 가고 또 님이 옵니다.
한 장 남은 달력의 걸음은 왜 이리 빠른지 마치 바람 같습니다. 누가 인생을 잠깐 다녀가는 소풍이라 했을까요.

잠깐 김밥 하나 먹고, 나무 기둥에 기대 그것도 가슴이 헛헛하여 한 줄 쓰고 슬픔을 이겨 낼 길이 없어 또 한 줄을 쓰고 그러다가 어느 날은 기쁨에 설렘으로 한 줄을 쓰기도 합니다.

그날이 오늘인 것처럼……'
자주 조우하기를 꿈꾸면서도
소심하여 남이 볼까 부끄러워하는 저에게 내면의 나와 마주할 수 있는 기회를 주신 존경하는 디정록 교수님. 그리고 심사위원님들께 깊은 감사의 말씀을 드립니다.

감사합니다.

2024.11.30.
시인 유미경 올림

중견부문 우수상 수상작 시부문

노로이랴 노로이랴 외 2편

이 동 현

까까머리 소년이
중풍병으로 앓아 누워 있는 아버지를 대신해서
종다리 우는 봄날
누런 암소로 너른 논을 쟁기로 간다

또래 아이들은
갯버들 방긋 피어나는 봄 하늘이 누워 수영하는 냇가에서
피라미를 잡고 노는데

힘겨운 쟁기질에 온몸은 땀 범벅이 되고
쟁기질은 얕게도 깊게도 아닌 적당한 깊이로
잘 대어야 논이 잘 갈린다
질척거리는 논이 배를 뒤집으면서
황토색으로 변한다
소머거리 낀 암소도 힘이 드는지
소머거리 위로 허연 거품이 구름처럼 인다

왼쪽으로 방향을 바꿀 때는 워디워디
오른쪽으로 바꿀 때는 노로이랴 노로이랴
전진할 때는 이랴이랴
후진할 때는 이까리를 뒤로 당기고
소를 멈출 때는 워워 한다

참 신기하다
쇠기에 경읽기는 틀린 속담이다
소는 덩치에 비해 예민하지만
사람 말도 잘 듣는다
그늘에 누워 양을 치면서 긴 꼬리로 한가하게 파리를 쫓는 모습은
요순시대의 태평소 대다

소 눈망울을 보라
푸른 비취빛으로 빛나고
맑음과 깊이는 한국의 가을하늘 같다
짙붉은 갈기는 봄바람에 흩날리고
소년은 아버지를 대신해서 힘든 세상을 밀고 나아갔다

그 땀방울이 오십 년이 흐른 지금에도 마르지 않았다
그때 배운 농사짓는 법으로
소년은 여전히 아버지를 대신해서
힘든 세상을 바르르 밀고 나아간다

*****
소머거리 : 소 입에 씌우는 철망 소입마개
이까리 : 소를 매는 나이론 줄

사막의 꿈

이 동 현

흰 낙타가 은방울 울리며
까마득한 사막을 가로 지른다
원래는 사막을 가로 지르는 낙타에게는
방울을 달아주지 않는데
유독 흰 낙타만 은방울을 달아준다

잠자던 사막이 깨어 나서
모래폭풍을 일으키지 않은 게 신기해서
흰 낙타에게 비결이 무엇이었냐고 물었다
흰 낙타는 은방울소리에 맞추어
사막에게 자장가를 불러주었다고
큰 눈망울로 말한다

잠자는 사막은 꿈을 꾼다
흰 낙타의 자장가 소리를 들으면서
무슨 꿈을 꿀까
아마 자신의 고향인 별나라 꿈을 꿀 것이다
사막의 모래는 은하가 산란한 별들의 후예이기 때문이리라

흰 낙타의 목에서 은방울을 떼고
조용히 아주 조용히 사막에 도착해서
잠자는 사막을 깨웠으나

사막은 깊은 잠이 들어서 깨어나질 못한다
흰 낙타 옆에서 기다리다 지쳐서
스르르 잠이 들었는데
꿈에서 사막을 만나 이야기를 나눴다

"사막아 사막아
너의 꿈이 무엇이지?"

"나의 꿈? 아 그거,
내 꿈은 사과나무를 심는 것이야,
향기로운 사과꽃이 피고,
빨간 사과가 가득 열리는 동산을 만드는 게 내 꿈이야,
배고프면 누구든 와서 실컷 먹을 수 있게"

영혼이 맑은 자들은 사막에 한 그루
사과나무를 심는다고 했던가?
삭막한 사막이 사과나무로 가득 차게 되면
상큼하고 향기로운 낙원이 되리니

내가 꿈꾸는 고향 별

이 동 현

늦은 밤 피곤에 지친 육신은 포근한 잠을 갈망하는데
먼 미래를 바라보는
내 정신은 새파랗게 반짝인다

육십여 년 정도 살아왔으면
이제 이 행성에 정이 들만도 한데
아직도 먼 타향처럼 서먹하기만 하다

혹시, 나는 이 지구행성이 고향이 아닌
에메랄드빛 별에서 떨어져 나온
떠돌이 별이 아닐까?

아니면, 먼 은하계 세계가 그리워
무작정 우주선을 타고 별들을 여행하다가
갑자기 우주선이 고장 나 표류하다가
거칠고 삭막한 이 지구 행성에
불시착한 것은 아닐까?

내 별에서는 분명 어린왕자였으리라
그곳에서는 멋진 삶을 살았으리라
사시사철 향기로운 꽃이 피는 곳이리라
수정같이 맑은 강물이 흐르리라

강기슭 하얀 모래언덕엔 열두 달마다 향기로운 과일이 주렁주렁 열리는 그곳
늘 빛이 가득 해서 어둠이 없는 그곳
사랑과 행복이 가득한 그곳
늘 부족하지 않게 채워지는 그곳

난 그 별에서 길들여지고 생활해 왔기에
이 지구 별의 삶은 늘 서툴고 불편하다
타향은 언제나 불편하고 피곤한 법,
하지만 타향살이는 본향을 늘 꿈꾸며 사는
희망의 처소,

내가 타고 온 우주선이 고쳐질 그날
행복하게 살았을 고향 별에 돌아가련다
이 지구 별의 삶도 나름 아름다웠노라고
고향 별 친구들에게 자랑하련다
이 거친 행성에서 난 오늘도 내일도
영원히 살아갈 그곳을 꿈꾸며 살련다

이 동 현
시인

수상소감

눈이 부시게 아름다운 단풍의 계절은 어느덧 사라지고 하얀 눈 내리는 섬의 계절 겨울이 돌아왔습니다. 겨울이라는 계절을 맞이하면 또 우리는 내 안에 영원한 무적의 여름이 존재한다는 것을 느끼며 힘들고 어려운 이 시간들을 이겨내고 강인한 생명력을 가지고 열심히 살아가야겠지요.

"인식 있는 존재, 생각하는 동물로 이 아름다운 행성에서 살 기회가 주어졌고 그 자체만으로도 엄청난 특혜와 모험이었다"라는 올리브 색스의 말을 이 아침에 깊이 음미하면서 산다는 건 무엇일까? 우리가 살아가면서 가장 정열을 바쳐 이루어내야 할 일은 무엇일까? 를 생각해 봅니다. 인간은 하나님께서 부여하신 자유의지로 수만가지 희비극을 다 겪어야 만족하는 존재라고 생각합니다.

우리가 평생을 추구해야 할 일들은 각자의 소원대로 이루어 나가겠지만 저는 한 평생을 다 바쳐 역작의 시 한 편을 남기고 싶습니다.

시간은 언제나 그 법칙을 충실히 지키기 때문에 나를 위해서 특별히 그 흐름을 변경해 주지는 않습니다. 필사적인 결의를 가지고 있으면 이룰 수 있는 일들은 수 없이 많을 것이라고 생각합니다.

"오 주여 내가 저들과 다른 사람이라는 것을 증명하기 위해 아름다운 시 한줄을 쓰게 하소서"라고 기도한 보들레르의 마음에 공감이 갑니다.

이 삭막하고 거친 행성에서 하루하루 힘들게 살아가는 모든 사람들에게 마음의 위안을 주는 따뜻한 시를 쓰는 시인이 되고 싶습니다.

수 천번의 흔들림 끝에 피어나는 인생의 꽃이야말로 가장 아름다운 꽃입니다.

2024년 제4회 <한용운문학상> 중견부문 공모에 심사위원님들께서 고뇌 어린 엄격한 심사 끝에 저의 시부문 <노로이라 노로이라 외 2편>이 <한용운문학상> 중견부문 <우수상>에 당선되었다는 소식을 받고 너무 놀라고 너무 기뻤습니다.

부족한 저의 시가 이처럼 큰 상을 받아도 되는가 하는 염려도 사실 먼저 들었습니다.

지도해 주시고 추천해 주시고 수상의 영광을 주신 (사)문학그룹샘문 이정록회장님께 감사를 드립니다. 또한 이근배 심사위원장님 그리고 심사위원분들과 샘문 가족 여러분들께도 감사를 드립니다.

저를 늘 사랑해 주시는 하나님께 먼저 이 영광을 돌립니다.

늘 용기를 주고 응원해 주는 집사람 김경희, 아들 이요한, 딸 이해인 가족들에게 사랑한다는 말과 함께 이 영광을 함께 하고 싶습니다.

그리고 저를 아는 모든 분들에게도 고맙다는 말씀을 드립니다.

2024.11.27.
立冬을 지나 겨울이 오는 길목에 서서
春山 이동현 배상

중견부문 우수상 수상작 시부문

그 넋 붉은 장미로 피소서 외 2편

김 영 창

살아서 숨쉬며 생을 누리는 우리는
그날을 자책하며 코진 세월을 한탄하고 어떤 아픔과 서러움도 운명이라
노래했습니다

곳곳에 맺혀있는 선혈만큼 울분을 터뜨리며
불의와 악에 저항한 숭고한 흔적을 찾아
산화하신 님들을 개도합니다

죽어라, 죽어야 산다던
님들의 피맺힌 외침은 시린 가슴에
처절한 아픔으로 각인되어 닫혀 있고
하늘도 땅도 기가 막힌지 아무런 말이 없습니다

생사의 갈림길에서 주저 없이
인간의 길을 정의의 길을 자유의 길을
선택하여 울부짖었던
한 맺힌 영혼들은 끝내 꽃처럼
목을 뚝뚝 꺾고 돌아오지 못할 머나먼 길을 가고 말았습니다

죽음으로 자유가 인간의 고귀한 존엄이고 생명임을 증명하려 했던 님들이시여!
오월의 광주가 오월의 님들이 이처럼 숭고한 것은
살아있는 자들의 통곡도 함께하고 있음이니
그 넋, 부디 붉은 핏꽃으로 피워 올리소서

양동시장

김 영 창

먹고 사고 주고받는 이야기
시장은 흥겹게 오늘도 새벽을
맞이한다네

장터 국밥집 향수를 말아 올리면
떠들썩한 소리에 막걸리 해장술에
하루가 시작되고

이른 새벽 도로 노점 상인들
어둠 속에서 장맛비에 흠뻑 젖어도 아랑곳없는 곳

사람 사는 냄새가 묻어나는
양동시장 사람들
오늘도 내일 새벽을 준비한다네

운천 호수공원

김 영 창

벅차오르는 한여름 오수
널따란 연잎이 호수 위를 꽉 매운
그림 같은 절경

아침이면 피었다가
밤이 되면 모습을 감추는 꽃
더러운 물에서도 같갖게 초록 눈 뜨는 이파리마다
여름밤 사랑의 세레나데 들려오고

쓸쓸한 가을이 오건
사랑으로 서두른 아름다움을 선사하는 시민의 휴식 공간
혼자여도 늘 넉넉하다네

김 영 창
광주광역시 서구 거주
광주시인협회 이사, 광주문인협회 이사, 광주시 서구의회 도시산업위원장(전) 충효국민운동인성교육 광주지부장(전), (사)문학그룹샘문 운영위원, (사)샘문학(구,샘터문학) 운영위원, (사)한용운문학 회원(샘문), (주)한국문학 회원(샘문), 샘문시선 회원
<수상>
한국문학상 시조 본상(샘문)
한국문학예술가협회 시 등단
아서아서석문학회 시조 등단
<저서>
무등산의 봄
눈 덮인 내 고향

수상소감

문학의 길로 들어서서 시를 쓰는 동안
어떤 시를 썼는가를 생각해 보니 졸 시의
부끄러움이 앞섰다.
요즈음 풍문에 의하면 유행 따라 시를 써서 좋은
반응 받고 있다는 소문도 있지만 그보다 더
중요한 것은 자연을 노래하는 글로써 표현하다 보니
시가 되어 자신감을 갖게 되었습니다.
독자들의 감동의 시를 찾는 건 자연을 사랑하는
노래였기에 가능했었습니다.
바른 마음을 가져야 바른 글을 쓸 수 있고 바른말을
할 수 있다는 중심의 행동이 중요하다는 자신이
있었기에 글을 쓸 수 있었습니다.
그러다 샘문에서 주간하는 존경하는 한용운 시인 문학상에
도전하게 되었습니다.
그 결과 한용운 시인의 우수 문학상에
선정되어 기쁘고 감사하기만 합니다.
이정록 교수님을 비롯한 이근배 심사 위원장님
그리고 관계자 여러분께 진심으로 감사드립니다.

2024.11.28
成柱 김영창 드림

중견부문 우수상 수상작 시부문

다람쥐의 고난 외 2편

정 용 규

삭풍 몰아치는 동구 밖 잣나무 숲
장난치면서 놀던 다람쥐 두 마리
인기척에 두 귀 쫑긋 세우고 뒤돌아 본다

시장 개방 한숨 쉬며 길 걷던 두 분 농부들
발걸음 멈추고 물끄러미 그들 쳐다보며
동병상련인가 넋 잃고 신세타령 흥얼댄다

불과 몇 년 전만해도 떼지어 다니며
활기찬 모습으로 몰려들 다녔는데
근래 많이도 줄고 애잔한 모습들이구나

외래종 청솔모들 들어와 설쳐대고
게다가 집 나온 고양이 개들까지 야단인데
잣나무 도토리 굴참 나무들 난벌로 줄어든 다지?

애꿎은 등산객 남은 열매마저 채취해가니
삭풍 휘몰아치는 검동설한에
허기진 배 어이하리
삶 그게 무언지 근심 걱정 태산 같구나

허나 이 동산에서 어디에 바위 있고
어디에 굴이 있고 어느 곳에 먹이 쌓이는지
그대들보다 더 잘 샅샅이 아는 이들 누가 있으랴

그대들이여 용기 잃지 말고 지혜롭게 여여하게 살다보면
머지않은 장래에 오곡백과 풍성한 가을이 필시 오나니
그대들이여 꿋꿋하게 견디어라

조계사 문 앞 한 그루 회화나무

정 용 규

아~ 아, 참도 늠름하구나
아~ 아, 무척 장엄도하여라
천 년 보찰의 거룩한 수문장 보살님

이른 봄 하얀 눈 꽃 피워
도심을 짙은 향기로 감싸고
절 마당 하얀 융단으로도 깔리셨지

가지들 내려 지붕 덮어 여름동안 그늘 내리고
겨울엔 바람막이 되어
아늑한 실내 법당 분위기도 조성해 주는 구나

연등행사 때면 온 하늘 가리는
연등 등걸이 되어
온 하늘 뒤덮는 화려하고 찬란한 연등 꽃 천장도 만들어 주곤 했지

전생에 이루지 못한 불심, 그 한 얼마나 깊기에
반 천 년 기나긴 세월 불전에서만
한 자리 굳게 지키면서
허구 많은 저 신도들 다 맞으며
향불 심지 깊게 불태우는고

아~ 아, 장하도다 그대 모습
저 천 년 보찰의 거룩한 수문장이시여
간밤 몽중 신도들께 천수千手 흔들던 수문장 보살님이시여!

평화통일 성취를 빌다

정용규

천 년 보찰 불전에 엎드려 간절히, 간절히 서원 하나이다
남북한 평화통일 성취하여 전세계를 불국정토로 이끌게 하소서

영원하리던 서구적 문명은 오늘날 분명 한계에 봉착해 있습니다
탐욕적 경쟁적 개발이란 미명 아래 자연훼손 환경 파괴를 일상으로 삼으니
기상 이변, 쓰레기 대란, 각종 재난 등으로 드디어 종말을 맞는 가 봅니다

동양적 사상을 바탕으로 한 새로운 문명이 뒤 이을 여명 되어 떠오릅니다
자연과의 상생 인류공존을 이상으로 상부상조하면서
서로를 배려하는 견기 중도철학 중심 동양사상에 기초한 새로운 문명이 필연적으로 도래 합니다

마침내 유. 불. 선 삼교를 혼융 아우르는 우리 문화가 그 선봉이 된다네요
인도 성인 타고르를 비롯 세계적 대 문호 펼벅 여사, 우리 고승 탄허 스님,
최근엔 미국 펜실케니아 대학, 샘 리처드 교수, 현존 우리 명승 문광 스님
모든 분들께서 우리나라가 중심국이 되어 세계를 밝히는 등댓불이 된 답니다

현실로도 그런 징조들을 많이 볼 수 있네요
불과 반세기 전만해도 세계 최빈국이던 우리가 세계 10위권 경제대국이 되고
우리 모국어 한글이 세계에서 가장 우수한 글로 선정되며
목하 k-pop, k-culture가
전 세계를 누비고
올해 노벨문학상도 한강이 탔습니다

우리 나라가 중심국 되어 전 세계를 불국정토로 이끌려면

남북 평화통일은 선결을 요하는 필수 과제입니다
제발 남북한 지도자들 화쟁 정신에 입각하여
나라의 미래와 후손들의 장래를 위해서 하루속히 통일국가 이루고
그 밝은 빛으로 세계를 비추게 도와주소서

우리 남과 북 동포들은 한 핏줄로 태어나 여기서 정신과 문화를 공유하면서
살아 왔습니다
우리 민족은 1945년 해방이후 통일된 정부를 수립하지 못하고
남과 북으로 갈리어 체제를 달리한 채
서로 반목하며 살아오고 있습니다
분단은 체제경쟁으로 이어지고
그 비용 또한 막대합니다

지금 남북한을 둘러싼 국제정세는
한 세기 반전의 그때와 매우 유사합니다
제발 이 선량한 백성들이
그 참혹했던 역사를 되풀이 하지 말고
한민족의 통합과 평화를 넘어
동북아 평화와 세계 평화에 기여할 수 있도록
남북 평화통일의 길을 열어주소서!

지금이 불성 바탕 문화의 여명기입니다
우리 나라가 온 세계를 불국정토로 이끌 수 있는 절체절명의 기회입니다
남북간 평화통일 기필코 성취되도록
제발, 제발 이끌어주소서

정 용 규
시인

수상소감

오늘 날씨도 좀 풀리고 집 안에만 머물기도 지루해서 모처럼 뒷산 산책길에 올랐다가 마침 황토 길이 있기에 맨발로 걷다가 집에 와서 메일함을 열어보니 전혀 기대도 안했던 영광스런 수상소식이 기다리고 있었습니다. 갈 길이 얼마 남겨 않은 이 늙은이에게 이근배 위원장님, 이정록 회장님을 위시한 심사위원님들께서 남은 생을 조금이라도 더 즐기라는 배려임을 직감하면서도 솟구치는 기쁨을 만끽하게 됩니다. 지금 창밖에는 금년 첫눈이 마침 저를 축하해 주려는 듯 포근히 내리고 있습니다.
여러 선생님들의 배려와 하느님의 축복까지 받았으니 비록 몸은 늙었지만 남은여생 열심히 살아야 되겠다는 다짐을 하게 됩니다. 너무너무 감사합니다.

2024.11.27.
정용규 배상

중견부문 우수상 수상작 시부문

견우와 직녀의 이별 그 후 외 2편

정승기

견우와 직녀는 오랜 이별의 고통을 견디고 다시 만났지만
결코 행복하지는 않았다

각자가 홀로 살아온 삶의 성향들
식성, 문화, 성격, 종교, 이념들은
그들이 각자 사는 세상으로 내몰았고
만남의 기쁨은 잠시
오랜 이별 앞에 애틋함과 사랑도 무뎌진다

과거 그리움으로 흘린 눈물이 비가 되고
내린 비로 인해 홍수가 되어
많은 사람이 죽어갔다

더 이상 비가 내리지 않는다
둘 사이에는 사랑도, 그리움도 사라지고
각자의 삶에 행복해하는 현실에
옥황상제가 내린 형벌은 강제 이별이 아닌
개인의 삶을 바꾼 현실이라는 형벌이었다

견우와 직녀 사이에는
오작교는 더 이상 존재하지 않았고
까치와 까마귀도 더 이상 할 일을 잃었다

이별의 시간에도 슬픔은 존재하지 않았고
무덤덤한 배웅속에서 그들은 변화한 자신을 받아들였다

냉혹한 현실속에서
사랑도, 이념도, 곧정도 변해간다

변한 것은 견우와 직녀뿐이랴!
그 누가 현실을 감당할까?
현실은 곧 받아들김이며, 감내해야 할 슬픔이다

원죄론原罪論

정 승 기

소금으로 빚어진 몸뚱이는
마르지 않은 무저갱無底坑의
눈물샘 속에 허우적거린다

당신 떠난 삼백예순 다섯 날을
세 번의 겨울을 넘기며 울었건만
눈물은 멈추지가 않았다

등 돌려 떠난 후 보낸 눈물의 세월
잠시 숨 고르기 할 때쯤
바람과 꽃잎에게 전해 들은
당신 生의 고단함과 인고忍苦로
눈물샘이 터져 나온다

평생을 붙잡지 못한
질긴 명주실 같은 인연의 끈
내 生을 망쳐버린 그대여

속죄 되지 못해 경계의 주변을 맴도는
서로의 면죄免罪 없는 원죄原罪 속에
소금 몸뚱이는 서서히 산화되어 가고 있었다

멸종위기 동물의 죽음

정 승 기

당신의 잔향殘香은 희미해지고
기억속 그림자들은 사라진다
원망과 슬픔의 언어들은 좀벌레처럼
행복했던 추억을 조금씩 갉아먹는다

사랑 안에는 언제나 이별이
침묵 속에서 숨죽이며
손 안에 쥔 긁지 않은 복권 한 장처럼
이별의 날은 다가오고 있었다.

눈 뜨고도 변해가는 세상에
눈 감고 살아야 할 상황은 늘어가고
빛바랜 사랑은 소리 없이 소멸하는
날카로운 침묵의 가시 앞에
여전히 냉소적인 얼굴을 내민다

당신에 대한 사랑의 갈망은
야생에 살고 있는 한 마리
육식동물의 숨겨진 발톱처럼
표출할 수가 없었다

보여줄 수 없는 발톱은 끝끝내 숨겨야 했고

당신이 보는 내내 사랑을 표현 못하는
여전히 순한 채식 동물로 변해 있었다

돌아선 당신을 붙잡을 수 없는
날카로운 발톱마저 빠져버린 슬픈 육식의 짐승은
사랑에 굶주려 아사餓死한
멸종 동물이었다

정 승 기

경기도 안산시 거주
(사)한국문인협회 안산지부 회원
한국예술인복지재단 예술인 등재
북한강문학제 추진위원 역임
(사)문학그룹샘문 회원 이사
(사)샘문학(구,샘터문학) 이사
(사)샘문그룹문인협회 회원
(사)한용운문학 회원
(주)한국문학 회원
샘문시선 회원
[수상]
2021 월간시사문단 시 등단
2022 빈여백동인문학상 본상
2022 경인일보 가정의달 공모전 입상
2022 풀잎문학상 본상
2023 한용운문학상 본상 특별작품상
2024 샘문학상 본상 특별작품상
[공저]
봄의 손짓, 안산문학 外 다수
위대한 부활,그 위대한 여정
호모 노마드투스
<한국문학시선집/샘문시선>
*이별은 미의 창조
<한용운문학시선집/샘문시선>
*개봉관 신춘극장
<컨버전스시선집/샘문시선>

수상소감

"빚과 빛"에 대하여

  소설小雪이 지난며칠 후, 가을의 막바지와 겨울을 재촉하는 찬바람이 부는 어느날 응모한 작품의 결과에 대해 기대반, 포기반으로 생각하며 회사 업무를 하던중 반가운 문자와 함께 이정록 회장님의 축하 전화를 받았습니다.
  이번 공모전에 많은 필력筆力의 내공內工을 가진 여러 작가님들이 계심에도 불구하고 언제나 스스로가 부족하다고 느끼는 제게 또다시 기회를 주심에 이정록 회장님과 심사위원단분들께 다시금 감사를 드립니다.

  우수상을 계기로 "빚과 빛"이라는 단어가 생각이 났습니다.
  글 쓰는 작가는 글모전 수상의 종류나 규모보다 수상 자체에 큰 의미가 있기에 제게는 수상의 기쁨을 준 문학그룹샘문에 보답하고자 하는 책임감의 "빚"과 더 나아가 글 쓰는 작가의 관문인 "저서 출간" 이라는 희망의 "빛"이었습니다.

  불과 일 년 사이 부친의 교통사고와 반백 년 살던 주거지의 이전이 겹치며 출간을 미루어 왔던 터라, 문단을 통하여 꽃 피는 봄이 오는 때를 맞추어 출간을 준비 중이며, 이러한 저서 출간을 통하여 마음의 "빚"과 "빛"의 출구를 찾고자 합니다.

  글쓰기란 정말 쉬운 작업이 아니기에 한편의 시詩로 독자에게는 감동과 깨달음이 있어야 한다는 원칙으로 여전히 배움에는 게을리하지 않도록 다짐합니다.
  이번 우수상 수상을 계기로 작가의 "왕관"이 아닌 "채찍"으로 받아들여 좋은 글을 쓰고자 더욱 노력하겠습니다. 감사합니다.

2024.11.26.
정승기 드림

중견부문 우수상 수상작 시부문

승천한 님의 침묵 외 3편

조은숙

나팔꽃 피어있는
언덕 사이로 걷다보면
별빛 같은 연꽃이 연등처럼 화사하고
뜨거운 태양 구름 뒤에 숨어있네

감나무 틈새로 날아오르는
새들이 길손을 반겨주는 북정마을

솔향기 풍기는 대형 소나무
심우장 지킴이 세월의 흔적 호명하네
솔잎의 송침 같은 성품은 천상계 오고가는 마력인가
절묘하게 휘어져 화폭에 담겨있네

무념 무상 승천한 자리인가?
처마 끝 장식품 용들이
만해 "님의 침묵"
옛 이야기 속살거리는 듯 하여
날개 옷 입은 듯, 심신이 맑아지네

지하철

조 은 숙

새처럼 두 날개는 없소
하지만 이른 아침부터 기골이 장대한 나를 찾아오는 사람이 역驛마다 있소

내 안에 임산부 자리도 분홍색으로 꾸며 놓았소
노약자석 자리도 가련하였소
몸집이 큰 내가 격해서 한 일은 아니오

봄이면 연둣빛 초록의 마음으로
여름이면 에어컨 시원한 바람으로
가을이면 오색 단풍의 마음으로
겨울이면 따뜻한 온기 배려하는 마음으로

청춘남녀가 들어올 때는
무슨 사연인지 내 가슴이 뭉클하고
호기심이 생긴다오

화선지에 붓이 지나가면
자유시가 지어지듯이
내가 지나가는 자리에 아쉬운 향기만 남는다오

선사의 북향 집

조은숙

예스러운 사진과
소품이 벽에 걸려 있는 방
시인은 마루에 걸터앉아
태극기와 향나무, 열매가 열린
꽃나무 전경을 바라봅니다

그의 스마트폰 화면에
선사禪師 한 분이
노자 한 푼 없이 정든 집을 떠나던 일
속세와 인연 접고 인내심으로
반야경般若經 읽던 일

생각하면 꿈만 같지만
영환지락을 보고서 세계여행 다니던 일
조국의 장래 걱정하던 일
추억을 소환하니
모두가 한 순간 꿈만 같으오

본성이 고운 그대들이
나를 잊지 않고 우리 생가生家와
누추한 이곳을 찾아주니
명인이 된 듯, 한없이 흐뭇하오
단아한 옛 모습 눈에 아른거립니다

백자 닮지 않은 찻잔

조은숙

빛바랜 카페
문을 급하게 열고 들어와
그는 하트가 그려진 커피를
입술에 머금고 음미 한다

안색이 희고 차분한 인상
한나절 음악을 듣고 함께할 인연

백자를 닮지 않은 찻잔을 옆에 두고
노트북 키보드만 두드리는 손가락
로그인 서열 속에
세포 열리는 코러스 소리

심오한 두 마음의 심장은
베스트 조명 등만 처연히 바라본다
무언의 약속 이어지길 서원하는 마음 자유

조은숙

경기도 부천시 거주
한국방송통신대 국어국문학과 졸업
(사)문학그룹샘문 회원, (사)샘문그룹문인협회 회원, (사)샘문학(구,샘터문학) 회원, (사)도서출판샘문(샘문시선) 회원, (사) 한용운문학 회원, (주)한국문학 회원, 계간문학회 회원
<수상>
202˙ 계간문예 시 등단 / 2021 계간문예 시부분 신인문학상 / 2024 샘문뉴스 신춘문예 당선 / 2024 샘문학상 수필 등단 / 2016 한민족통일 서울시의장상
<공저>
개봉관 신춘극장
<컨버전스시선집/샘문시선>

수상소감

모진 세월 살아가신 그 분의 사진 앞에 한 동안 서 있었습니다. 하늘에 구름 걷히듯, 침묵 속에 예언하는 것처럼 빛이 느껴졌습니다.

비 내린 후, 떠 오르는 무지개처럼
어둠의 경제가 봄날같이 밝은 세상으로 변하기를
전쟁으로 어른과 어린 생명의 희생이 더 이상 없기를
지구의 땅에 숭고한 리더로 산천초목이 두루두루 꽃이 피기를
작은 마음 모여 희망이 이루어지길
천만년 평화로운 세상이 '대한민국'(우리나라)과 여러 나라에 전송되기를.

『문학그룹 샘문학』 '한용운문학상' 시詩부문
첫눈이 만개해 벚꽃처럼 내리는 날, 생일을 앞두고 우수상을 받게 되어 감회가 새롭습니다.
저의 시에 귀를 기울여 선정해 주신 문학그룹샘문(이정록)이사장님, (이근배)심사위원장님 고마운 마음 간직하며 깊이 감사드립니다.
저를 응원한 가족과 지인들께 감사의 인사 전합니다.

2024.11.28.
조은숙 드림

중견부문 우수상 수상작 시부문

빈 병 외 2편

고 욱 향

독한 소주를 마셔본 그자는 안다
한 잔 술 마시면서 이별의 아픈 상처를 소주잔을 기울이면서 감춘다
그는 쓰러져서 돌아 눕는다
소주를 마신 그의 흔적은 사라지고 없다

길거리에 버려진 그가 먹고 버린
소주병, 콜라병이 그와같은 노숙자 되어서
길거리를 방황 한다
속이 텅 빈 그들은 영혼이 없다

뜨거운 온도 속에서 의식을 잃고
시체처럼 하늘을 보고 누웠다
고독사하는 사람들 곁에는 그들만이
망자의 곁을 지켜주고 있었다

겨울이 찾아 오기 전에
산국화꽃 꺾어서 그의 입에 꽂아 놓으니 꽃향기 날리는 꽃병이 되었다
섬진강물 그의 속에 채워보니 역사를 지닌 명품 술병이 되었다

승리의 찬가가 그의 목울대에서 울림이 되었다
예쁜 마음을 그의 속에 담으니
예쁜 마음이 탄생되었다

우리들도 어디에 꽂히느냐에 따라서
고운 사람 거친 사람으로 변해간다
명품 인생의 길을 가도록 노력하면서 이웃의 아픈 마음을 헤아려야겠다

수평선

고 욱 향

수평선 위로 희망을 올려 놓았네
붉게 타는 노을빛 입맞춤에
직선이 파르르 떨면서 미소 짓는다

고요한 아름다움이 있는 그곳
동녘이 터 오르는 수평선을 보아라
저 쪽 언덕에 피안의 세계가 있다면
새로운 희망을 가지고 있는 모든 이들에게 무지개 끝나는 저 언덕 너머
세상을 동경하고 살아갈 것은 자명하다

가고파 하는 곳이 있다는 것은 항상 새롭고 새롭다
춤추는 파도는 부서지고 흔들거리면서 괴로움 슬픔은 파도가 삼켜버리면
물빛 고요함이 된다

수평선은 침묵을 그리고 그린다
그림을 그리는 화가처럼 드넓은 바다를 아무런 욕심도 없이 그리고 있었다
수평선 저 너머에는 어떤 꿈이 피어 오를까
어떤 꽃이 피어 날까

공중전화

고 욱 향

수화기 너머로 들려오는 그대 목소리 듣고 싶어서 동전을 덜커덕 넣고서 통화음을 들으면서 기다리면 가슴이 뛴다
뚜르르 뚜르르 뚜르르 신호음 소리에 또 다시 한 번 더 가슴이 뛴다

공중전화 수화기 들고 천국에 계신 엄마를 부르고 싶다
우리 주변에서 사라져가는 것들에 안부를 묻고 싶다
전화 한 통의 마력입니다

사람들의 이야기가 녹아있는 공중전화가
많은 사람들 지나가는 거리에 우뚝 서 있으니 외롭지 않으리

그대 그리고 나
추억이 들어있는 공중전화기는 사랑 배달 심부름꾼이였다

사랑을 전하는 그대 공중전화기는
진정한 수호천사였지,
이 겨울이 춥지 않습니다

고 욱 향
시인

수상소감

파아란 하늘의 구름 조각이 둥둥 떠도는 것을 보고 있다가
한용운문학상 당선 통보를 받고 깜짝 놀랐습니다. 한용운 선생의 인연설 시를 읽으며 욕심내지 않고 담담한 시를 쓰겠노라 다짐했던 저의 첫 시의 시작이 이렇게 다시 인연으로 이어지는구나 했습니다.

저의 시 한 줄에 욕심이 스며들지 않도록 한 줄 한 줄 다시 마음을 정리하라는 뜻으로 상을 주셨다 생각하고 연필 잡는 저의 손끝에 마음을 집중하겠습니다.

2024년은 저의 긴 인생의 여정 속에서 특히 더 감사한 해였습니다.
이근배 심사위원장님 이정록 교수님
샘문그룹 관계자님들 저에게 기회를 주셔서 감사합니다.

널리 세상으로 뻗어나가는 샘문그룹 회원으로 자부심을 가지고 더욱더 정진하는 앞으로의 시간들을 보내겠습니다. 가을빛 그리움이 더욱 진해지는 오늘은 참 좋은날입니다.

2024.11.30.
지리산 자락에서 고옥향 올림

중견부문 우수상 수상작 시부문

아버지의 군번줄 외 2편

이 동 완

하늘의 부름을 받지 못해 승천하지 못하고
하늘로 가신 임을 못내 그리워하다
삼부연 폭포수의 거센 물줄기에 갇혀
몸부림치는 이무기의 처절한 울부짖음

저 깊고 깊은 어느 골짜기
조국을 위해 싸우다가 주검조차 버려진
뭇 용사들의 한 맺힌 피눈물,

하룻밤에 만리성을 쌓는다고 했던가?
이름 석 자 가슴에 심어두고
잠시 머물다간 사랑,
그렇게 새 생명이 잉태되었습니다

참혹한 백마고지 전투에서 장렬히 전사하신
돌려받지 못한 지아비의 주검을 기다리며
군번줄에 새겨진 이름 석 자
애지중지 평생을 간직하신 어머니,

기약 없는 기다림에
밤마다 정한수를 마신 달은
치성 드리는 어머니의 손바닥 온도만큼씩

나날이 커져만 가고

속이 탄 어머니의 눈물이 새까맣게 흘러
더덕더덕 말라붙어 버린
아버지의 손때 묻은 부뚜막, 낡은 흙벽에
주인을 잃고 기다리다 퇴색해 버린 군번줄

어머니는 오늘도 혼잣말로 안부를 물으시며
부뚜막에 걸린 아버지의 군번줄 아래
하얀 쌀밥 한 그릇을 소복이 담아
수저 꽂아 놓으셨습니다

인연이라는 길고 긴 아픔

이 동 완

죽도록 사랑해서 하늘이 맺어준 인연
혼인신고서의 잉크도 마르지 않았는데
사소한 일로 시작된 우리의 다툼이
이유와 명분을 찾아 헤매는 동안
잦아지고 심해지며 흉악한 마귀로 변했다

행복했던 숱한 시간을 조금씩 조금씩
집어삼킨 마귀는 점점 빠른 속도로 성장해
주변의 모든 것을 잔인하게 먹어 치운 체
앙상한 뼈다귀만 여기저기 내뱉어 놓았다

하루, 이틀, 사흘
날마다 마귀에게 길들어진 아바타가 되어
서로가 적이 아닌 적이 되어
마귀가 조정하는 데로 호시탐탐
상대를 물어뜯으려 기회만 보고 있다

치열한 혈전으로 뜯긴 살점들을 먹고
비대 해질대로 비대해진 마귀는
더 치열한 혈투를 요구하며
매번 새로운 기술들을 개발하여
발전을 거듭하고 있다

십 년, 이십 년, 삼십 년
강산이 몇 번이나 변한 그 길고 긴 세월을
우리는 서로가 끊어 내지 못한 끈질긴 악연으로
숱한 아픔과 상처를 주고받으며
혈투와 화해와 약속을 수천 번씩 반복을 거듭하고 있다

마음을 꽉 닫아걸고 죽어가는 무의미한 세월
지친 심장을 채칼로 긁어 댄 쓰라린 아픔
곪아 터져 회복이 어려운 마음의 상처들
후회와 다짐과 절망을 되풀이하며
겉으론 아무렇지 않은 듯 가식적 삶으로
속고 속이며 이어온 인연

오랜 세월 헤어날 수 없는 역할에 길들어져
마귀의 충직한 아바타가 아닌
우리 스스로가 마귀보다 더 지독한 악마가 되어버린 것은 아닐까?

어차피 되돌릴 수도
끊어 낼 수도 없는 인연
모든 것을 포기해 버린 허탈한 심정으로
오랜 아픔을 인연이라 포장하여
악마의 모습을 내면에 숨기고 안주하며
두 얼굴로 살아가고 있는 것은 아닐까?
인연이라는 길고 긴 아픔을 차곡차곡 쌓아가며....

작은 화병 속의 장미

이 동 완

너도 한때는
아름다운 꿈이 였었겠지만
잘린 상처의 아픔을 이기기지 못하고
작은 화병 속에서 시들어 죽어가고 있구나

청녀靑女의 살을 에는 창칼에 찔려
가시로 돋아난 상처
붉은 선혈을 한 겹 두 겹 받아내며
겨우겨우 부지한 목숨

어설픈 굿판
선무당의 신들린 칼에 잘려
제물이 된 너를 간타깝게 바라보며
허탈한 아픔에 잊을 너의 주인 플로라

언젠가 할머니께서 들려주시던
먼 나라 동화 속 숲의 요정 님프가
이리도 아름답게 너를 만들어 놓고
치명적인 가시 옷을 입혀 놓은 걸 보면
너의 아름다움에 마음이 안 잊혀
무척이나 걱정이 치마와 보구나

어쩌면 너도 작고 초라한 화병에서 벗어나
외로운 밤을 지키는 요정이 되어
나와 같은 이들에게 희망을 주고 있겠구나
화려했던 네 모습에 머물렀던
뭇사람들의 사랑스러운 시선은 떠났지만
나는 여전히 너에게 머물고 있다

이 동 완
시인

수상소감

년 초에 다이어리에 빼곡하게 적혀있던 목표들이 이런저런 이유로 다 지워지고 몇 개 남은 목표들도 존폐 위기에 있다. 바쁘다는 핑계로 차일피일 미루어 놓았던 일들도 마지막 한 장 남은 달력에 옹기종기 모여 언제 올지도 모르는 순서를 기다리고 있다. 마음의 여유가 있어야 책이라도 읽을 수 있을 텐데 복잡하게 얽혀가는 일들이 매번 발목을 잡고, 불안한 생각들이 불쑥불쑥 수면을 방해하고 있어 머리가 맑지 않다. 아침 출근 시 보니 가로수 벚나무의 앙상한 가지에 몇 장 남아 말라 비뚤어진 이파리들이 간밤 된서리를 맞아 초라한 모습으로 떨고 있다.

이 가을도 어김없이 가더이다/ 이동완

슬픔이 낙엽비로 내리는
소슬한 저녁
보름달처럼 커지던
보낸 임의 서러운 눈물

밤하늘에 떠 있는 별들같이
언제나 처음 그대로
머물러야 할 사랑
불신의 골 깊은 상처로
갈기갈기 찢긴 마음속

가슴에 쌓여 언제까지
잊히지 않을 것 같던 아픔도
눈물에 씻겨 내리고
슬픔에 갇혀
영원할 것만 같던
이 가을도 어김없이 가더이다

몇 년째 국가의 예술분야 전반에 대한 지원 부재와 무관심 그리고 경제의 불확실성으로 인한 소비심리 위축으로 마음까지 얼어붙어 총체적 어려움을 겪고 있다는데, 지금 이 시간에도 머리를 싸매고 어려움 극복을 위해 사투를 벌이고 있을 샘문그룹 관계자들의 진심 어린 노고에 감사의 말씀을 전합니다.

아울러 용기백배하여 더 좋은 시를 쓸 수 있도록 저에게 이런 큰 영광을 안겨주신 이근배 심사위원장님과 여러 심사위원님들 그리고 이정록 이사장님께 무한한 감사를 드립니다.

2024.11.25.
이동완 드림

중견부문 우수상 수상작 시조부문

삼천리 반도 외 2편
- Korea

오 순 덕

동해의 푸른 바다 태양이 솟아나고
백두산 정기내린 삼천리 금수강산
주님의 입김으로 솟아나는 청산옥수
한반도 방방곡곡에 가득 넘쳐 흐른다

동서남북 가로지른 산맥을 이루고서
곡창지대 풍요로운 축복의 금수강산
태평양 물길 흘러 온 세계 돌고돌고
천상의 동방의 나라 꿈속같은 조선국

지름길 거쳐가는 한반도 백두대간
굽이쳐 흐르는 물, 삼 면이 바다라네
섬 많은 바다 향기 아름다운 수상낙원
수자원 넘쳐나는 곳, 해양보고 보물섬

백두산 상상봉에 태극기 꽂았더니
독도는 우리 땅에 태극기 꽂는구나
한라산 백록담에 태극기 펄럭이고
하나님 세우신 나라 꿈과 희망 넘친다

시장길 매서운 눈초리

오 순 덕

누추한 시장길에 기어서 배로 밀고
간신히 운신하며 몸둥이 뒹굴적에
구걸에 목메이는 걸 보고 갈 수 없었네

친구와 시장 구경 흥겹게 돌아보며
그모습 볼 수 없어 가슴이 미어졌네
예수님 저 모습보면 더욱 아파 하실걸

마주친 눈길따라 애절한 사랑 표현
파란 돈 지폐 한 장 이 마음 위로받고
움켜진 손 부여잡고 따뜻하게 정주네

뭇사람 눈총 주며 절대로 주면 안돼
그 돈은 불량배가 다 뺏어 간다는데
뭣하러 돈을 주느냐 꾸지람만 들었다

말로만 가엽다며 매정한 세상 인심
잃은 양 한 마리가 저 모습 아닐런가
성경에 참사랑 긴히 주님 말씀 이런만

차가운 민심속에 거들떠 보지 않고
주변의 걸림돌에 눈쌀만 찌뿌리고
자식이 저 모양이면, 가슴치며 울텐데

가을이 남기고 간 사랑

오 순 덕

찬란히 빛난 물결 만상에 띄워놓고
불타는 가슴 열어 터질듯 황홀한데
새빨간 입술 깨물며 고히고히 잠드네

햇빛에 반짝이며 빛나던 님의 모습
갈바람 시린 숨결 피눈물 쏟아붓듯
떨치는 눈물 바다에 나의 애를 태우나

풍상에 파란만장 피워낸 향취련만
애처론 여민 가슴 간직한 사람인데
찬서리 야속하구나 무정한 세월이여

슬프다 이내 맘에 정주고 가는 님아
꽃 단풍 맘 달래며 가슴에 새긴 정을
이별의 슬픈 소야곡 멍든 가슴 울리네

낙엽과 같은 인생 구만 리 여지없고
주님이 우리 삶에 소망을 주셨으니
참사랑 하늘 나라에 품어주심 감사라

오 순 덕

미활중국 거주
시인, 시조시인, 수필가
한성신학교 신학대학 졸업
한성신학대학 부설 유치원장(역)
한국시단 편집위원
세퀘선교문학 회원
(사)문학그룹샘문 자문위원
(사)샘문그룹문인협회 자문위원
(사)샘문학(구,샘터문학) 자문위원
(사)한용운문학 자문위원
(주)한국문학 자문위원
샘쿤시선 회원
<=상>
한용운문학상 시조 등단(샘문)
한국문학상 시조부문 최우수상(샘문)
샘터문학상 본상 시조부문 우수상
샘쿤뉴스 신춘문예 시조부문 당선
별빛문학 신인문학상
<시조집>
생경이 흐르는 강(샘문시선)
<작사>
찬송가 영성가곡 외 다수

수상소감

흰 눈송이 바라보며 세월이 무상함을 실감하게 됩니다.

전쟁과 온갖 재난 속에 밀려드는 한파 설한의 폭설에 마음까지 얼어붙게 하는데 장작불이 타오르듯 포근한 가슴을 안겨주신 존경하는 이정록 회장님과 김유조, 김소엽, 이근배, 손해일 교수님들께 심사위원님들의 노고에 심심한 감사를 드립니다.

부족한 저에게 늘 희망을 실어주시고 용기 부여해 주시는 큰 은혜 무한한 감사를 거듭 올립니다.

여기 고명하신 문우님들 또한 사랑과 희망의 꿈을 키워나가는 꿈의 전당 행복의 보금자리에서 함께하신 기쁨, 무한한 감사를 거듭 글을 대신하여 인사드립니다. 11월의 문턱을 넘어가며 12월의 마지막 해를 맞이하게 되는군요.

좋은 일 가득하시고 추운겨울 따뜻하게 보내세요.

2024.11.30.
오순덕 배상

중견부문 우수상 수상작 시조부문

워낭의 사연 외 2편

신 정 모

저녁놀 흠뻑 젖은 논두렁을 남겨둔 채 달빛을 가득채운 금줄 두른 외양간에
배냇소 눈을 번쩍 떠 활짝 웃는 기다림

성년 된 동부레기 코를 꿰어 워낭 달고
"이라아" "어디어져" 말 귀 틔자 포럼치며
땡볕을 갈아엎고도 지칠 줄을 모르네

아이들 태우고선 돌을 삼킨 연못처럼
초승달 살 오르듯 볏단 가득 싣고 가며 밤보다 어두운 길도 대낮 같이 걷는 소

스무 해 다 넘기며 가족 속에 발을 담고
끼니를 이어주고 월사금도 맡아주던
그 소가 새끼를 낳아 소배내기 주었네

천수답 갈아엎고 눈을 감은 누렁이를
풀밭 언덕 모퉁이에 워낭 소리 포개 묻고
달빛도 슬피 앉은 밤 흐느끼는 외양간

시조

새치의 유효기간

신 정 모

하늘이 무너진 새 죽음 앞에 떨고 있다
외마디 소리치다 미끼 물고 퍼덕이며
목구멍 움켜잡은 채 몸부림을 쳐댄다

유혹의 덫에 걸려 팔과 다리 옭아지면
모든 걸 던져봐도 철창 속의 수인囚人 되어
빛바랜 비상의 꿈만 허공 속을 맴돈다

겉치레 미끼들은 유효기간 없는 새치*
속임수에 빠져들어 분별없이 나대다가
금물禁物을 물금勿禁인줄로 착각하면 거미 밥

*****
새치 : 새덫의 전라도 방언

솜이불

신 정 모

접시불 덜덜 떨며 문설주에 매달린 밤
자는 손 살며시 끌어 새 솜 접어 덮어주고
이불보 솔기를 뜨는 엄마 손이 시리다

문풍지 덧대어도 외풍 몰래 끼어든 밤
허기진 지게 메고 장터 길을 넘어오는
아버지 보리밥 튼 아랫목이 눕는다

다 닳은 이불솜에 고된 숨결 고이듯이
안방의 설움들이 손금처럼 쌓인 자리
온가족 산소山所에 엎드려 솜이불을 덮는다

신 정 모
전라북도 전주시 거주
전라북도 김제시 출생
전주사범학교 전주교육대학 졸업, 한국방송통신대학교 졸업
초등학교 교사, 교감, 교장 역임, 전북교육청 교육연구사, 장학사 역임, 김제봉남초교 교장, 전주중산초교 교장, 공무원연금공단 미래설계 전문강사, 공무원연금공단 전북지부 상담사 근무, (사)한국문인협회 회원, 시사문단 작가협회 회원, 전라시조협회 회원, 미당문학회 회원
<수상>
공무원연금문학상, 공무원문예대상 수필 은상, 8만시간디자인 에세이 최우수상, 한국어교육자원봉사수기 최우수상, 다문화가족한국어교육수기최우수상, 2023 월간시사문단 시조 등단, 공직문학상 시조 국무총리상, 한국문학상 본상(시조)
<훈장/표창>
황조근정훈장, 교육부장관상
보건복지부장관표창 외 다수

수상소감

　샘문 제4회 한용운문학상 심사위원회로부터 "늦가을에 기쁜 소식을 알린다"는 당선통지서를 받고 깜짝 놀랐습니다. 가슴이 설레고 떨렸습니다. 저의 미흡한 시조작품에 이런 영광을 주시다니 기쁨과 함께 시조작가로서의 어깨가 무거워짐을 느꼈습니다.
　한편으로는 앞으로도 시조를 잘 빚을 수 있다는 자신감이 더욱 굳어졌습니다. "고뇌어린 엄격한 심사"를 하셨다는 심사위원님 말씀에 수상자 및 시조작가로서의 책임감과 사명감을 더욱 깊이 다지게 되었습니다.
　저는 우리 시조문학의 전통과 민족 정서를 지키는 길은 우리 고유의 정형시 시조를 더욱 확산 발전시켜야 한다고 믿고 있습니다. 시조가 인간의 삶과 감정을 정화하고 깊이 있게 표현할 수 있는 문학예술이라는데 매력을 느끼고 시조창작 활동을 해왔습니다.
　앞으로도 우리 시조의 정형이 흐트러지지 않게 다듬고 빛내면서 그 속에 인간의 향기가 가득한 삶과 겨레와 세계와 우주를 담아내겠다는 포부와 꿈을 가꾸어 나가려고 합니다.
　제가 걷고 싶은 시조창작의 길에 힘과 용기를 주신 이근배 심사위원장님, (사)문학그룹샘문 이정록 이사장님, 한용운문학상운영위원장님과 심사위원님께 머리 숙여 감사의 말씀을 드립니다. 수상을 축하해주신 전라시조문학회와 좋은 인연 및 여러 문학회 회원님들과 문우 여러분 감사합니다.
　대상 소식에 맨 먼저 축하 박수를 준 아내와 가족들에게도 고맙다는 마음을 전합니다.
　인간중심의 색깔과 시선이 녹아들도록 인간의 향기 짙은 시조의 여정에 힘차게 정진하겠습니다. 이 기쁨과 보람을 오래도록 간직하겠습니다. 감사합니다.

2014.11.27.
신정모 드림

중견부문 우수상 수상작 수필부문

타슈켄트에서의 눈물 외 1편

이 권 현

KOICA 해외 자원봉사단으로 우즈베키스탄 수도 타슈켄트에 도착한 지도 벌써 2주를 넘기고 있다. 언어와 문학의 특성화 대학 '타슈켄트 나보이대학'에서 현지어를 배우고 있기에 대학 내 기숙사에서 생활하고 있다. 타슈켄트의 아침은 빠르기도 하다. 새벽이라고도 말할 수 있는 4시이지만 벌써 밖은 환하게 밝아와 더는 침대에서 게으름을 필 수가 없게 한다. 산책이라도 하겠다는 심산으로 대학 캠퍼스를 돌아보기로 했다. 햇살은 강하지 않은데도 기온은 벌써 28도를 나타내고 조금만 움직여도 셔츠에 땀이 배어든다.

그런데 이런 이른 아침부터 나무 밑동에 정성스레 물을 주고 있는 사람이 있다. 하기야 한 낮 기온이 40도를 출렁거리고 있으니, 이른 아침이야말로 일하기엔 적당한 시간일 것이다. 그런데 교정을 둘러싼 공원에는 눈에 띄게 무궁화꽃 나무가 많다. 분명 우즈베키스탄의 국화는 목화인데 목화는 보이지 않고, 무궁화가 공원을 장악하고 있는 이유는 잘 모르겠다. 교명에 쓰인 'Navoiyi'란 사람의 동상 좌우로 둥글고 넓게 펼쳐진 교정엔 무궁화가 예쁜 색조로 방긋 웃음 지으며 나를 반긴다.

이국의 땅에서 화려하고 탐스럽게 핀 무궁화를 보니 감정이 새롭다. 그도 그럴 것이 나라꽃 국화라며 애국가에서까지 목청 높여 부르곤 했지만 정작 무궁화꽃을 얼마나 의미있게 생각해 봤는지, 더구나 집 뜰엔 다양한 유실수가 자리하고 있지만 한 그루의 무궁화도 심었던 적이 없는 나로서는 얼굴이 달아오름을 느낀다.

물을 주는 사람에게 다가가 이 꽃 이름이 무엇인 줄 아느냐는 나의 질문에 무궁화(sharon arirgul)라는 이름과 함께 묻지도 않은 '한국 나무'라고 답한다. 아마도 '한국 나무'라는 의미는 우리나라 국화라고 말하는 것이 아니었을까 싶다. 대답과 함께 나를 말끔히 쳐다보더니만 한국인이냐고 묻는다. 그렇다고 답하자, 화단 일을 하던 더렵혀진 손으로 다짜고짜 내 손을 덥석 움켜쥐며 반갑다는 인사를 건넨다. 그는 고려인 3세로 한국어를 못해도 움켜쥔 손에서 동포의 강한 감정이 느껴져 왔다. 나도 이곳에서 우즈벡어를 배우는 왕초보로 일상적인 대화 조차 어려워서 영어로 이야기 나눌 수 있느냐고 했더니 오히려 날 보고 러시아어를 할 수 있는지 되묻는다. 참 낭패였다. 이럴 줄 알았으면 우즈벡어를 더 열심히 배울 것을 후회해 보지만 어떠한 묘책이 없어 몸짓과 표정으로 감정을 표시해가며 마음속 의사를 전달하였다. 출발 전에 통역이 가능한 AI형 스마트폰이 나왔으니 신형으로 바꿔가라는 아내의 조언을 듣지 않았던, 못 된 성질머리를 탓하며 성찰의 순간을 맞게 했다. AI형 스마트폰만 있었더라면 고려인 3세라는 사람과의 대화가 이렇게까지 아쉽지는 않았을 텐데 하는, 자책과 함께 앞으로 아내의 말은 독약을 감초탕이라 할지라도 믿기로 했다. 코이카에서 만들어준 명함을 건네주고 아쉬운 작별을 했다.

뜨르륵, 뜨르륵 전화벨이 울렸다. 이곳은 한국보다 4시간이 늦은 밤 10시, 한국은 새벽 2시인데 혹여 집에 무슨 일이 생긴 걸까 놀라서 전화기를 들었다. 그런데 모르는 우즈베키스탄의 전화번호다. 이게 뭐지. 내 전화번호가 전에 누군가 사용했던 번호였기에 그룹 찾는 발신자일까? 그렇다면 어떻게 대답해야지, 마침 켜진 컴퓨터에서 구글 번역기를 이용하여 응답할 준비를 마쳤을 때, 발신자로부터 더 이상의 전화벨 소리는 들리지 않았다. 그리고 10분 정도 지나서 방금 걸려 왔던 번호로 다시 전화가 왔다. "Salom" 나이 든 여성의 목소리였다. 서툰 우즈벡어로 "누구세요, 여기는 000입니다" 말하자 다시 우즈벡어로 누군가와 대화를 나누는 소리가 기기 저편에서 들렸다. 그리고 앳된 여성의 목소리가 들리면서 영어 인사를 전해왔다.

아침에 만났던 고려인 3세의 딸이란다. 그러니 고려인 4세가 되는 것이다. 역시 한국어는 못해도 영어는 막힘없이 구사했다. 대화는 매끄럽게 진행됐고 중간중간 부모 마음을 통역해 전해주었다.

통화를 마치고 많은 생각에 잠겼다. 우리는 말과 행동을 자유롭게 할 수 있는 조국이라는 대한민국에서 살아가면서도, 뭐가 그렇게 소통이 어려운 사회가 됐는지 못내 씁쓸하기만 했다. 그들은 3대를 이어오고 있지만, 조국을 그리워할 뿐 다가갈 수 없는 조국 대신 무궁화를 정성 들여 가꾸고 있었다. 소통하고 싶어도 마음을 주고 싶어도, 언어가 달라 표현이 어려웠지만 어떻게라도 소통하고 싶어하는 우리의 동포, 같은 민족 고려인들의 참모습을 보면서 울컥 콧잔등이 시려왔다.

며칠 후 다시 고려인 4세인 딸로부터 전화가 왔다. 부모님이 나를 집으로 초대하고 싶어 한단다. 사실 1주 후면 나는 타슈켄트를 떠나 사마르칸트로 이사를 해야 했다. 그래서 기꺼이 초대에 응하였고 딸이 저녁 시간에 맞춰 데리러 왔다. 도시로부터 꽤 떨어진 곳이었다. 허름한 농가 주택에 닭과 염소를 키우고 있었다. 고려인 3세인 그는 아버지로부터 할아버지 시대에 대해서 이야길 들었다며 나에게 이야기를 전할 때는 연신 눈물을 훔치고 있었다. 아무런 죄를 짓지 않았음에도 나라 잃은 이방인이라는 이유만으로, 고려인들은 연해주에서 6천 Km가 넘는 먼 거리를 바람막이도 없는 화물칸 기차에 태워져, 시베리아를 거쳐 미개척지 우즈베키스탄(당시는 소련연방의 중앙아시아)의 허허벌판에 쓰레기를 버리듯 버려진 것이다. 동토의 땅 중앙아시아에서 그들은 추위를 이겨내기 위해 땅굴을 파고 짐승처럼 견뎌냈다. 그 생존을 위한 처절한 삶을 누가 상상이나 하겠는가? 그 험난한 인생을 살아온 1세대 고려인의 이야기를 어찌 감히 내가 필설로 대신하여 설명할 수 있는 일일까.

그런데 이들의 조국이라는 대한민국에서는 지금 어떤 일이 일어나고 있는가? 조국 수호라는 개념조차 망각한 채, 날이면 날마다 오직 정권만 차지하겠다는 정쟁만 일삼을 뿐, 국가의 안위는 뒷전인 것 같아 편치 않다. 정치 꾼들이 한 번이라도 이들과 대화해 볼 것을 주문하고 싶다. 나라 잃은 설움은 그 어떤 고통과도 비교할 수 없는 뼈를 깎아내는 아픔이었다는 당시 고려인들의 삶의 이야기, 그리고 애잔하게 들려주던 '아리랑'에서 나도 모르게 눈이 흐려옴을 느꼈다.

고대의 화려한 역사를 가졌던 캄보디아도 다 같이 공평하게 잘 사는 사회주의 건설을 외치며 공산당 정권이 들어섰지만, 졸지에 최빈국으로 전락하였다. 아무 죄목 없이 오직 지식인이라는 이유만으로, 자본주의에 물들었다는 이유만으로 200여 만명 이상의 동족을 총살하거나 생매장하지 않았던가. 뒤늦은 공화국 체제가 들어섰지만, 나라를 발전시킬 지식인이나 자본가가 부족한 상황으로 풍부한 천연자원의 국가임에도 아직도 빈국에서 헤어나지 못하고 있다. 불평불만 없는 세상이 됐을 때, 사회는 안정되고 안보도 더욱 튼튼해지는 것, 그러기 위해선 윗물이 맑아야 할 것인데, 현실은 어떠한가? 권력을 탐하는 자들에게 묻고 싶다. 6.25 동란으로 황폐화한 조국에서 헐벗고 굶주림을 겪어야 했던 민초民草들의 삶을 한 번이라도 생각해 보았던가?, 위기에 처한 국가를 피와 땀으로 지켜온 주체는 항상 선량한 민초들이 아니었던가?

조국 잃은 고려인의 후손이 머나먼 이국땅에서 무궁화에 물을 주며 애정으로 가꾸가는 이 마음이야말로 피끓는 애국이 아니던가, 조국의 언어는 잃었어도 조국을 온 몸으로 사랑하는 고려인, 대학 중간에 불러주던 '고려인의 아리랑'은 지금도 나의 가슴을 먹먹하게 한다. 조국이 존재한다는 것이 얼마나 감사한가를 심장으로 느끼게 하는 타슈켄트의 잊을 수 없는 시간이었다.

보장된 미래

이 권 현

　TV를 켜자 아침 뉴스가 진행 중이다. 정부의 의과대학 정원 발표에 대항하는 의사와 수련의, 의과대학 교수의 사직서 제출로 응급한 환자의 수술조차 적기에 할 수 없다는 비참한 현장 중계 소식이다. 어떤 응급환자는 119에 몸을 맡긴 채 수술이 가능한 병원을 찾아 헤매다가 차 안에서 운명하고 말았다고 한다. 의술은 사람을 살려내는 어진 기술로써 '의술은 인술'이라 하지 않던가. 생명 중시가 의사 정신이라고 믿기에 남녀노소 불문하고 의사를 향해 '의사' 대신 '의사 선생님'이라고 부르며 존경의 마음을 표하는 것이다. 그러기에 의사들은 결코 환자의 곁을 떠나면 안 되는 것을 잊은 이들은 의사로서 히포크라테스 선서의 정신이나 있는 것인지 묻고 싶다. 세상이 이러니 늙고 병들면 병원 찾아 헤매다 객사나 맞지 않을까 하는 참담한 심경이 되어 품위 있는 죽음을 생각하게 한다.

　나의 청소년기는 북한의 6.25 남침으로 전후戰後 폐허 된 조국 강산에서 오직 연명을 위한 빈궁했던 삶이었다. 처절했던 삶도 세월의 흐름과 함께 묻혀져 갔다. 그러나 어찌 가난하다고 하여 좋은 환경 속에서 맛있는 것을 먹으며 즐기는 인생을 보내려는 생각조차 없었겠는가, 살아있는 동안은 누구라도 참살이의 시간을 가지려 했었으리라 이제 가난에 허덕이며 살아온 굴곡의 세월을 벗나 싶었는데, 풍요 속 빈곤이라더니 의료대란을 접하면서 웰빙이 아닌 편안한 죽음을 생각해야 한다는 서글픔이 앞선다.

　중국 춘추시대『서경』에선 인간의 삶에는 다섯 가지의 복이 있다고 말하고 있다. 첫째는 장수하는 것이고, 둘째는 풍족한 삶, 셋째는 건강, 넷째는 덕을 쌓는 삶, 다섯째는 죽음의 형태에 대해 말하고 있다. 2000년 전이나 오늘날이나 우리가 추구하는 웰빙의 조건은 마찬가지였나 보다. 그때도 생의 마감을 어떻게 하느냐는 큰 관심사였다고 한다. 그러함에도 우리는 왜 아직 존엄한 죽음에 대한 논의조차 꺼리는 걸까? 이웃나라 일본에서는 세계적 석학이자 사회 학자인 우에노 지즈코가 2021년『집에서 혼자 죽기를 권하다』(원제: 在宅ひとり死のススメ)의 저서를 출간, 죽음의 문제에 대한 공론화로 큰 화제를 일으켰다.

　30년 전, 나는 간암으로 죽음을 맞이한 부친의 이별을 병원에서 맞게 됐다. 부친은 차오른 복수腹水를 뽑아내고, 다시 X-Ray 촬영을 하는 과정을 겪어야 했다. 당시 부친께서는 가슴에 고춧가루가 들어가 있는 것처럼 아프고 쓰리다며 어서 죽게 해 달라고 고통스러워했다. 그리고 더는 치료를 못 받겠다며 집으로 돌아가 편안히 죽고 싶다고 애원하였다. 나는 당시 의사에게 부친을 집으로 모실 수 있도록 퇴원을 간청했었다. 그러나 의사는 퇴원 조치는 한 생명체를 죽음으로 모는 일로써 생명을 허투루 다룰 수 없다는 말과 함께 의료컵 운운하며 단호하게 거절했다.

그렇다면 오늘 아침 뉴스에서 들었던 사실은 또 무엇인가? 생명이 위독한 중증환자가 의사들의 문전박대로 119차량에서, 이동하다가 길거리에서 셔를 임종을 맞도록 한 지금의 현실을 의사들은 뭐라고 답할 것인가?

부친은 거동조차 불가능해서 들것 침대로 이동하여 고통 속에서 마지막 X-Ray 촬영을 마친 후 1시간 만에 세상을 떠나셨다. 자식들과의 그 어떤 대화도 없이 고통스러운 몸부림으로 가족과 이별한 것이다. 당시 인권을 강조하는 의사들은 있었으나 임종자의 존엄을 대변한 의사는 없었다. 모친도 폐결핵으로 각혈하며 혼수상태로 있다가 싸늘한 주검이 되었다. 두 분은 마지막 한마디 말도 없이 그렇게 운명하고 만 것이다.

지금 생각하면 당시 나는 왜 존엄사에 대해 무지했을까? 마지막 순간이 그리도 중요하고 오래도록 가슴에 아리는 것을, 죽음은 입 밖에 내서는 안 된다는 잘못된 인식으로 죽음에 대한 교육도 가족 간의 의견교환조차도 하지 못했을까? 지금껏 후회스럽기만 하다.

죽음만큼 확실하게 보장된 우리의 미래는 없다. 그런데 우리는 가족 간 조차도 죽음과 관련한 대화를 기피하고 있다. 가족이라 더 어려운지도 모른다. 죽음이라는 막연한 두려움은 한국의 윤리, 정서상 자식들이나 손아랫사람들이 부모나 윗사람들의 죽음에 대해서 말하는 자체가 불효라고 생각하는 것이 아닐까 싶다. 평소 지인들과 얘기를 나눠보면 적지 않은 사람들이 가장 편안한 곳에서 연명치료 없이 생을 마감하고자 한다. 이는 웰다잉에 대한 교육이나 논의가 적극적으로 필요하다는 생각이 들게 한다. 임종자가 보장된 죽음에 대하여 가족이나 주변과 상의하며 평화스럽게 맞이할 수 있는 시스템과 환경조성이 구축되도록 법적, 행정적 뒷받침이 필요한 시점이다.

죽음이 고통스럽지도 슬프지도 않은 편안하고 품격 있는 죽음임을 보여준 해외의 한 사례는 나를 감동하게 했다.

몇 년 전 TV에서 호주의 최고령 과학자 구달(Goodall) 박사가 연명치료를 거부하며 안락사한 사실을 방영한 바 있다. 104세로 몇 년 전만 해도 논문을 기고하는 등 왕성한 삶을 살았지만, 어느 순간부터 타인에 의지하는 삶이 되고 말았다. 죽음을 앞둔 그가 휠체어 위에 앉아 기자회견을 하는 모습은 너무나도 편안해 보였고 심지어 행복한 모습이었다. 죽음을 앞둔 기자회견이라기보다는 그냥 일상의 담담한 기자회견 같았다. "나는 너무 오래 살았고, 앞으로의 삶은 가족에게 불편을 줄 뿐 행복할 것 같지 않아서 나는 안락사를 택한다."고 말했다. 그는 조국을 떠나 안락사를 허용하는 나라인 스위스까지 죽음을 위한 먼 여행길에 올랐고, 그가 좋아하는 베토벤 9번 교향곡을 들으며 행복한 죽음을 맞게 됐다는 기사였다.

  나도 어느새 칠십 대 중반의 나이가 되었다. 특별한 투약이나 치료는 받지 않지만 내리막 길, 건강 상태임은 틀림없다. 그래서일까 촌음을 다투며 의사의 손길이 절실한 환자들이 의사의 외면으로 죽음의 기로에서 어떤 수단과 방법을 찾지 못한 채 연명 셔틀에서 객사했다는 기사는 충격적이다. 어쩜 그 주인공이 내가 될 수 있다는 참담한 모습을 그려보게 되며 품위 있는 생의 마감을 더 깊이 생각하게 된다.

  영원한 이별만은 아름다운 미지의 세계로 여행을 떠나듯 슬픔을 남기지 않고 떠나고 싶기에 지금부터라도 안락사를 포함한 죽음을 어떻게 맞이할 것인가에 대한 공론화가 꼭 필요하다고 말하고 싶다. 스위스나 벨기에처럼 입법으로 안락사 전문병원의 설립이 가능하다면, 행복한 삶이 더는 지탱되기 어렵다고 생각될 때 가족이 바라보는 가운데 편안하게 죽음을 맞이할 수 있을 것이다. 그러나 종교적 또는 윤리적 문제로 입법이 어렵다면 나는 품위 있는 죽음이 가능한 유럽을 향해 긴 여행을 떠날 수밖에 없을 것이다. 국내에서 의사들의 외면으로 연명 셔틀을 타고 고통스럽게 신음하는 마지막 여행길이 아니라 황홀한 오케스트라의 연주를 들으며 품위있게 떠날 생각을 하니 마음은 벌써 하늘을 향해 날고 있는 듯 들뜬다. 다가올 '보장된 미래'를 위해 나는 지금부터 유럽 여행경비를 준비해야겠다.

이 권 현

독일 Du-Essen대학교 공학박사(Dr-Ing)
동신대학교-조교수, 부교수, 교수, 학생처장, 교무처장, 공과대학장, 대학원장, 전남도립대학-교수, 학장직무대리 한국폴리텍 IV대학 학장, 김포대학, 유한대학, 국제대학 총장, 현대중전기 기술연구소 책임연구원, 삼성전기 종합기술연구소 연구부장, 독일 메카트로닉스 연구소 연구원, 일본 무사시공대 객원교수
<문단경력>
한국수필문학회 회원, (사)문학그룹샘문 회원, (사)샘문학(구,샘터문학) 회원, (사)한용운문학 회원(샘문), (주)한국문학 회원(샘문), (사)도서출판샘문(샘문시선) 회원
<수상>
2023 한국수필 수필 등단
2023 한국수필 신인작가상
<공저>
개봉관 신춘극장
<컨버전스시시선집/샘문시선>

수상소감

　순수 공학도로서 40여 년의 공직을 마칠 무렵 "앞으로 무엇을 하지"라며 자문自問하게 됐다. 교직자로서 제자를 가르치며 긍정의 사고, 바른 인성을 무던히도 강조했던 일들이 불현듯 뇌리를 스쳤다. 없는 교단 대신 지면을 통해 다 전하지 못한 이야기를 전하고 싶었다. 친구들의 놀림도 있었지만 칠십 초반에 국어국문학과에 입학한 대학생이 되었다. 그리고 다양한 장르의 문학 중에서 에세이스트가 도어 사회를 향한 메시지를 전달하고 싶었다. 현재는 우즈베키스탄에서 해외자원봉사단으로 활동하고 있다. 70년대에서부터 2000년대의 삶과 문화가 공존하는 우즈베키스탄, 나는 이들을 통해 과거 우리의 미풍양속을 되찾을 수 있었고 AI의 젊은 세대의 활동을 보면서 미래 세계를 그려보게 된다.

　하루의 일상에서 만나는 사람들과의 관계에서, 급변하는 도시 환경의 모습에서 무궁무진한 수필의 소재를 발굴할 수 있어 행복하기만 하다. 오늘도 나는 기쁜 마음으로 봉사에 임하며 앞으로 독자와 함께할 수 있는 작품을 써야겠다 다짐해 본다.

2024.11.28
이권현 드림

중견부문 우수상 수상작 소설부문

옥주의 황금빛 날개

박 인 순

제 1 화 동창들의 인생사

추석이 지나고 농번기가 이른 어느 날 동창 모임 자리였다. 술이 몇 잔씩 오고 가다 한 친구가 슬그머니 청첩장을 내밀었다. 친구들이 청첩장을 펼쳐보았다.
친구 A가 말했다.

"너 벌써 장인이 되는구나!"
친구 B도 한마디 거들었다.
"벌써가 다 뭐~야? 딸 같으면 빠른 것도 아니지! 우리 나이가 오십이 문턱 아이냐! 세월 참 빠르구나! 야~아~"

친구 C가 광일이 눈치를 살피더니 작은 소리로 말했다.
"이소린 '광일'이 앞에 놓고 할 소린 아니다~야"
친구들은 이구동성으로 말했다.
"그래! 네 말이 맞다!"

친구 D가 거들고 나섰다. 청첩장을 받아 쥔 B가 광일을 응시하며 말했다.

"기왕에 말이 나왔으니 말인데, 너는 결혼한 지가 벌써 몇 년인데 아직 소식 없냐? 부부 중에 누가 문제냐?"

청첩장에서 시작한 화제는 쉴 사이 없이 꼬리에 꼬리를 물고 이어졌다.
광일은 결혼한 지 어언 7년째다. 이름 있는 전문 병원에서 5년 난임 치료에 정성을 다하기에 기다리면 된다는 희망을 믿었다. 그동안 아내와 길바닥에 뿌린 돈과 병원에 갖다 바친 돈은 고사하고 내일 모레면 오십이다. 친구들 말이 하나 틀린 말도 아니다.

제 2 화 광일이와 옥주의 인연

지나온 세월과 미래에 대한 상념에 젖어 있을 때, 주거니 받거니 술이 몇 순배가 오고 가던 중이었다. 친구 C가 까칠한 오른뺨을 턱까지 쓰다듬다 광일에게 잔을 내밀며 말했다.

"내가 참한 여자 하나 소개 해줄까?"
B란 친구는 그 소리가 나오자마자 뱁새눈 꼬리로 치켜서더니 이렇게 말했다.

"아서라, 두 집 거느리고 사는 놈은 모래 차댕이 달고 사는 것 같어~야. 무자식이 상팔자란 소리 못 들어 봤나! 꿀맛은 잠시 잠깐이다. 두 계집 가진 집안 치고 조용한 집구석 듣지도 보지도 믓했다. 당대 끝나면 그나마 다행이고."

술잔을 권하며 소가해 주겠다고 한 C가 차분한 표정으로 말을 받았다.
"야, 너는 자식이 있으니까 그렇지만 '광일'이 입장은 다르지! 대 장손 아니냐? 아버님 연세도 많고. 사람이 왔다가 가는 흔적이 뭣이다냐?"

다시 B가 말을 이어갔다.
"네 말도 일리 있는 말이다. 대추나무가 열매가 없다면 뿌리가 무슨 나무고! 그래도 핏줄이 이어지고 자식이 어덕이지. 나이 들어 무슨 낙이 있겠냐!"

D가 맹숭맹숭 안주만 집어먹다가 끼어들었다.
"고리타분한 소리 마라! 자식 다 필요 없어야, 광일아! 너는 맘껏 여행 다니고 하고 싶은 하면서 맘 편히 살아라. 그리고 조카들 예뻐하니 양자 하나 드려라. 옛말에 두 계집 거닐고 사는 사내자식 창시는 호랭이도 안 먹는다는 속담도 못 들어 봤나!"

광일은 잡다한 친구들의 노심초사가 싸한 소주 첫맛처럼 전신으로 퍼졌다. 참한 아가씨를 소개해 주겠다던 친구의 말이 꿀맛처럼 끌어당겼다. 거나해진 술자리는 하나둘 빠져나가고 파장이 되자 C를 앞장세우고 택시를 무조건 세웠다. 광일의 행동에 어리둥절하면서 말을 건넸다.
"너 어디 가려고?"
"어디는 어디야? 너가 잘 알 것 아니냐!"
"기사님한테 목적지나 알려줘!"

명령조로 단호히 말했다.
"너는 내 말을 정말 긷담으로 알아들었냐?"
"없으면 만들어!"

잠시 침묵하는 사이 택시 기사가 말했다.
"어디로 가실지 말슴하씨오."

그 친구는 광일의 근호한 표정을 보고 어느 다방 입구에 차를 세웠다. C는 차를 시켜놓고 소개하고 싶다는 그 여성에 대해 알고 있는 이야기를 심각하게 꺼냈다.

"광일아! '너' 인생에 정말 후회가 없다면 진지하게 접근을 해보라만, 쉽지는 않을 것이다. 그 아가씨는 미용실을 운영하며 큰오빠가 사고로 죽자, 그 올케가 남매를 버려두고 재혼을 해버렸지. 오빠가 남기고 간 어린 조카 남매를 먹이고 대학까지 졸업시켰고. 조카 남매 결혼까지 시키다 보니 자신은 정작 혼기를 놓친 노처녀야."

"올해 서른일곱팔 살 됐을까? 확실치는 않지만 아마 그 정도로 알고 있어. 친모를 모시고 살 것이야. 침 흘린 놈들이 여러 놈 있었지만 눈 하나 꼼쩍도 않는 처녀야. 유부남 처지에서 남의 인생 망치려는 경솔한 행동은 제발 하지 마라. 제길헐, 내 주둥이가 방정이야."

"너는 어떻게 알게 됐고 외모는 어떻디?"
"한 가지씩 물어라! 숨 넘어가겠다."

그 친구는 자기 처제와 절친이라서 그녀를 통해서 들었고 얼굴 외모도 깔끔하며 예쁘다. 더욱이 그의 심성이 바르고 흐트러짐이 없어 뭇 남성들이 탐을 냈다. 직접 겪어 보지 않아 모르지만, 주변에서 중신을 서 주겠다고 수차 나서도 관심 밖이더란다. 생활력도 강하고 조카들 해결하고 나니 어머니 건강이 안 좋아서 간병에 정성이라 했다. 그 이상은 모른다며 신중히 잘 생각하란 C의 말을 듣고 어색한 침묵이 흐른 뒤 헤어졌다. 상당히 먹은 전작의 술기운은 씻은 듯이 사라졌다.

광일은 선산 부근의 지석강 강변길을 향해 거닐고 있었다. 친구가 남긴 그 여성의 얼굴을 그리다 나는 누구인가, 수없이 되뇌었다. 서늘한 초가을 강바람이 가슴을 파고들었다. 강변에 살랑거린 코스모스 춤사위도 예전에 느껴 보지 못한 감미로운 바람결이 그렇게 상쾌할 수가 없었다. 이제껏 막힌 구멍이 뚫린 것처럼, 파란 강물이 답답했던 심신을 씻어내주었다. 조용한 가슴에 강변의 모든 풀잎까지 어울려 파도로 출렁거리기 시작했다. 친구가 말한 너는 유부남이 아니냐는 충고는 강물에 사정없이 던져 버렸다. 때마침 반달이 쪽배가 되어 자신을 태우고 유유히 흐르는 영산강물로 노 저어 갔다. 전생의 인연을 이제야 만나게 될 거란 기대. 실바람에 나부끼는 억새의 위로를 받으며 반드시, 반드시란 단어가 강바람처럼 보드랍게 파고들었다. 광일은 들뜬 풍선이 되어 다음날 내친김에 집을 나섰다.

(옥주 미용실 ☎) 미용실 문을 열고 무조건 들어섰다.
"실례합니다. 남자 머리도 잘라 주요?"

손님 머리를 손질하던 미용실 주인은 고개만 한 번 힐끗 쳐다보더니 기다리라고 했다. 두 여인이 차례를 기다리고 있었다. 마침 아무도 없는 것보다 이모저모를 살피기 위해서는 손님이 있는 게 잘되었다 싶었다. 손님에게 보라고 둔 잡지를 보는 척하며 능숙한 손놀림과 거울에 비치는 얼굴을 관찰했다. 역시 친구의 말대로 이목구비가 어디에 내놔도 손색이 없는 외모를 지니고 있었다. 그는 시간이 없어 다시 들리겠다는 미안한 핑계를 남기고 미용실을 나왔다.

광일은 이틀 후에 미용실 간판에 적힌 번호로 전화를 걸었다. 어느 시간대가 한가롭냐고 묻자, 언제라고 대답할 수 없으니 편리한 시간에 오라고 했다.
광일은 사흘 동안 용기를 꾹꾹 가슴에다 눌러 채우고 '옥주 미용실' 문을 열고 들어섰다. 마침 손님이 파마하고 나가고 있어 기회가 좋았다. 익숙한 손놀림으로 머릿결을 더듬고 살피더니, 더 길면 손질하라 했다.

"아저씨, 머리 길지 않아 컷트 하실 필요 없는데요."
"대강 손질해 보시오, 실력이 없어서 그래요?"

아가씨는 광일의 말에 관심이 없고 파마 도구를 손질하며 젖은 수건을 바구니에 넣었다.
"소문 듣고 왔으니 실력 발휘해 보시오. 손님이 원하는 대로 해주면 될 것 아니오."

그녀는 바닥의 머리카락을 쓸려고 빗자루를 들다가, 무덤덤한 표정으로 광일을 쳐다보았다. 그녀는 의자에 앉으라는 뜻인지 의자 등받이에 기대선다. 그가 의자에 앉자 거울에 그의 얼굴이 보인다. 아가씨는 커버를 상체에 씌우고 손님의 요구대로 능란한 손놀림을 하며 빗질을 하고 가위를 놀렸다.

"아가씨, 궁금한 것 물어나 봅시다. 왜 시집은 안 가오?"

"아저씨는 처음 보는 손님인데 어디서 무슨 얘길 듣고 오셨는지 몰라도 신경 꺼세요."

"건강한 남자가 시집 안 간 처녀에게 관심을 둔 건 남자의 당연한 배려 아니겠소."
"아저씨 머리 새치도 히끗히끗 하구만 농담은 그만 좀 하시죠."

"나는 비싼 밥 먹고 죽 쓰는 소릴 하지 않소. 아가씨, 우리 교제 한번 해봅시다."
"아저씨, 더 이상 정신 나간 소리 하면 가위가 아저씨 귀를 자를 수 있어요. 예의가 도를 넘어서네."

"그거야 가위 든 사람 맘이니 맘대로 하시오. 코를 자르든, 귀를 자르든."

농담을 염치없이 하는 광일이지만 그녀도 물러서지 않았다. 얼굴에 불쾌한 표정을 하고 싸늘하고 도도한 자세를 취하고 있었다. 광일은 일만 원짜리 지폐 한 장을 의자에 놔두고 나온다. 아쉬움에 밖에서 지켜보았다. 아가씨는 얼굴이 울그락불그락 거렸다. 남자의 황당한 소리를 듣고 어안이 벙벙하고 분이 나있었다. 수건으로 머리카락을 터는 것이 아니라 재수 없는 놈을 두들겨 패고 있다는 표현이 더 맞았다. 그가 미용료로 놔두고 온 일만 원 지폐도 먼지가 되어 이리저리 나풀거렸다. 광일은 3일 후 사과한다는 핑계를 대고 배 한 상자를 들고 다시 배짱 좋게 발을 들여놓았다. 중년 여인의 머리를 커트하면서도 아가씨는 얼굴에 불쾌한 빛이 역력했다. 손님이 가고 난 뒤 아가씨는 광일을 무안할 정도로 째려보면서 말했다.

"아저씨, 도대체 이러는 이유가 뭐요?"
"남자란 한 입으로 두 번은 말 안 하는 거요."
"아저씨, 장난을 하려면 사람 봐가면서 하세요."

"아니, 내가 사람을 잘 못 봤다는 거요? 아가씨가 스스로 자신을 비하할 일 없고. 아가씨를 구제해 주는 백마 탄 백기사는 아닐지라도 노처녀 구제할 능력은 있소. 샘물 마르기 전이요."

아가씨는 광일이 가져온 배 상자를 순간적 완력으로 미용실 바닥에 내동댕이를 쳐버렸다. 쏟아진 허연 배가 머리카락을 둘러쓰고 고슴도치 되어 여기저기서 뒹굴었다. 아가씨의 검고 깊은 눈썹이 올라가고 분에 찬 거친 숨이 차오를 때 마침 손님이 들어왔다. 광일은 입장을 난처하게 하고 싶지 않아 미용실 문턱을 넘으면서 말했다.

"믿고 가요. 다시 오리다."
"별 미친놈 다 봤네."

그 소리가 밖에까지 들려 귓전에 맴돌았다. 강단진 성격이라 들었지만 매몰찬 성깔이다. 광일은 2~3일 간격으로 찾아가 가랑이에 진드기처럼 들러붙어 걸신쟁이를 자처했다. 바지폭을 일부러 뜯어 꿰매 달라고 졸라보기도 했고, 비 오는 날 우산을 들고 들어서다 문전에서 빼앗겨 두들겨 맞고 우산이 부러지기도 했다. 광일은 우산을 사달라 억지를 썼다. 새것으로 사주면 똑같은 것이 아니라고 트집 잡았다. 때가 되면 마치 맡겨 둔 밥을 달라고 조르는 염치가 그는 걸신 들린 허발장이가 따로 없었다. 그녀는 어쩔 땐 지치면 갈 거라고 미용실을 비워버렸다. 하지만 그는 천연덕스럽게 그녀가 올 때까지 늘어지게 잠을 자고 집을 봐줬으니 어떻게 보답할 거냐며 묻기도 했다. 그녀는 영업 방해로 고발하겠다고 했다. 영업을 훼방한 적 없으니 어서 고발 좀 해보라고 말대꾸를 했다. 노처녀를 구제한 것도 죄라면 달게 받겠다고 말했다. 밤엔 문을 열어 줄 때까지 문을 두들기다 따귀도 맞았다. 거부감이 늘어갈수록 그의 염치없는 행각은 도를 더해갔다.

그녀의 거친 말에도 개의치 않았고 독기를 품고 격한 감정을 쏟아내면 낼수록 표독스러움조차도 매력 있어 보였다. 오히려 색다른 얼굴이 더욱 당차 보였다. 그럴수록 광일은 흥분과 쾌감을 느끼며 시비가 될 묘수를 만들어 그녀의 미용실을 계속 찾았다.
 그녀의 허락을 얻기 위해 상습적으로 괴롭히던 날들도 일 년이 넘었을 때였다. 일주년 기념하자고 그녀에게 전화를 걸었다. 그녀는 전화에 응답 없이 수화기를 덜크덩 내려놓아 버렸다. 무조건 문을 열고 들어갔더니 웬 남자가 광일을 노려보고 있었다. 사나이는 그를 보더니 밖으로 나가자고 해서 따라나섰다. 공터가 나오자 돌아서더니 다짜고짜 잔뜩 굳은 표정으로 큰 결심이나 한 듯 말을 했다.

"왜 싫다는 사람을 괴롭히는 거요?"
"그러는 당신은 누구요?"
"난 옥주 오빠요."
"그래요, 아 잘난 오빠시군. 오빠란 인간이 동생 늙어가도록 뭘 했소? 오라비 자격이 있기는 있는 거요?"

오빠라는 사람은 바로 광일의 멱살을 잡았다. 그 역시 지지 않았다.
 "그래. 동생을 생각한다는 것이 고작 요거냐?"

광일은 오빠란 자의 양손을 비틀어 버리고 패대기를 쳐서 땅바닥에 처박아 버렸다.
 "그래 오빠란 놈이 동생이 가엾지도 않나? 그동안 무관심으로 방관하던 놈. 네 누이나, 나 또한 누구 눈치 보며 허락받을 무책임한 나이도 아니고 이성을 분간 못 할 사람 아니다!"

상대에게 엎드려진 채 두들겨 맞았던 오빠는 고소하겠다고 거품을 물었다.
 "그래, 고소하려면 얼마든지 해라. 너의 직장이 어디냐? 불쌍한 노처녀 동생 무관심으로 방치를 한 놈 창피를 줘, 직장생활 온전히 다니지 못하게 할 테다! 두고 봐라."

그는 체면도 망각한 억지를 합리화시키는 간 큰 행동으로 오빠란 사람의 기를 꺾어 놓았다. 광일은 그렇게 무례한 행동이 도를 넘던 어느 날이었다. 주변 사람을 통해 '옥주'의 어머님이 작고하였다는 부고를 전해 들었다. 광일은 고인의 영전에 찾아가 정중하고 겸손하게 조의를 전했다.
 원수지간에도 부모 상년 조문에 화해가 이뤄졌다는 옛말이 빈말은 아니었다. 아니면 의지가 되었던 어머님마저 떠나보낸 외로움이 컸든지 그녀는 광일에게 16개월 만에 마음의 문을 열었다. 그동안 갖은 짓으로 힘들게 했으나 비로소 그녀의 동조와 마음을 얻게 되었다. 그녀는 광일에게 38년을 지켜온 보배를 그에게 다 내어주었다. 흠뻑 땀에 젖은 몸이 식어 기불로 수줍은 얼굴을 가렸다. 광일은 그녀가 돌아누워 침묵에 강물이 어디로 흘러야 할지를 바라보고 있는지. 광일은 자신의 양심으로 그녀에 마음 못

물을 가둬야 할 차례였다.

광일은 등 돌린 그녀를 포근하게 품에 안았다. 그 순간만큼 외롭거나 불안하지 않게 따뜻한 정열을 다 쏟아 그녀의 외로움을 다독였다. 그녀는 목석처럼 뻣뻣한 대나무처럼 이성에 벽을 치고 살아온 날들이었다. 그의 품에서 봄날에 한 줌의 눈에 불과했다. 그녀는 양지에 눈을 뜨는 수줍은 노란 수선화 한 송이었다. 옥주의 고운 머릿결을 쓸어가며 그녀의 숨결이 아이처럼 순해지자, 그는 자신이 어떤 현실을 처해 있는지 가감 없이 털어놓았다.

제 3 화 광일의 고백

아내가 있는 기혼자이며 아직 아이가 없고 장남이며 형제도 많다는 것. 노부모가 생존하고 계신다는 것도. 그러나 당신을 존중하고 사랑하겠다는 것. 그렇지만 법으로 맺어진 가정을 지켜야 한다는 것. 살아온 인생 과정과 현실을 인정해달라는 이야기를 가감 없이 솔직히 털어놨다.

옥주는 트인 여자였고 심지가 곧은 사람이었다. 광일은 그동안 염치없이 그리고 경우 없는 짓을 한 것은 당신을 얻고자 했노라고 그녀를 뜨겁게 끌어안고 용서를 빌었다.

"오빠의 남매를 키우며 당신의 따뜻한 마음이 고귀하였소. 하룻밤 여자의 몸이 필요했다면 몇만 원이면 얼마든지 욕구는 해결할 수 있소. 자기가 낳은 자식도 팽개치는 세상에 조카 남매를 키우고 가르쳐서 결혼시켰다죠. 그리고 어머님을 모시고 자신의 청춘을 아낌없이 내어준 그 심성 때문에 당신의 마음을 얻고 싶었다오. 내 신념은 당신의 고운 마음이라면 세상을 살다가 떠날 때 단 하나의 핏줄이라도 남기려면 마음이 바로 박힌 인성을 가진 여자였소. 그 심성은 노력해서 되는 것이 아니라 타고난 품성이라 믿소."

광일은 옥주에게 당신의 착하고 곧은 마음이 맘에 들어 그간의 체면을 구기고 고통을 준 것에 정중히 사과했다. 광일은 그 순간은 진심이었다. 옥주의 양 볼에서 서러운 눈물이 흘러내렸다. 광일은 부드럽게 닦아주며 그녀의 입술에 포개고 세상을 다 갖는 희열과 교감을 느꼈다. 그녀도 처음으로 후회 없이 그를 사랑할 것 같았다. 옥주는 광일의 사죄하는 모습을 보았다. 자기의 죄를 뉘우치는 진정성이 배어 나왔다. 그간의 행패에 가까운 행동은 사나이 애절한 사랑의 구원으로 받아들이자 그가 더욱 믿음직스러웠다. 그는 옥주 앞에서 어떤 난관이 불어닥친다 해도 잡은 손을 먼저 놓지 않겠다고 다짐했다. 그녀도 모처럼 행복한 미소로 보답해 주었다. 두 사람의 애정은 하얀 요 위에 붉은 장미꽃잎이 인장처럼 새겨져 있었다.

옥주는 광일을 개망나니 취급하다 서로가 한몸이 된 뒤 사이는 좁혀졌다. 석양만 되면 오늘은 혹시나 오나 싶었다. 옥주는 강한 척했으나 사춘기 소녀의 열꽃이 자신의 가슴에 피어나고 있었다. 손님의 머리 손질을 할 때면 얼굴이 동시에 비치는 거울에 또 다른 모습이 어른거렸다. 그녀의 20년 동안 노련한 기술도 종종 예리한 가위가 손마디 스치고 빗을 바닥에 떨궜다. 상념의 순간은 거친 호흡이 혀를 휘감고 따뜻한 입술이 가슴을 쓸어내리던 상상의 떨림이 일어났다. 두 사람은 인정되지 않는 은밀의 횟수가 늘어날 때마다 사랑도 옴살져갔다. 그럴 때마다 처음 먹었던 맏뜻한 초심을 잃지 않으려고 그녀는 오는 손님에게 최선을 다해 바쁘게 추석 명절이 지나갔다. 광일은 추석이 지나고 제법 서늘한 기운이 들어 긴팔 셔츠를 달라고 아내에게 말했다. 아내는 셔츠를 꺼낼 생각을 하지 않고 있었다.

제 4 화 광일 아내의 임신

"나 뭐 할 말 있어? 할 말 있으면 해 봐."
아내의 입에서 조심스럽게 말이 튀어나왔다.

"아마도 임신인 것 같다고."
이게 얼마나 기다린 소식인가. 실로 8년 만에 희소식이다.

"확실한가?"
병원에 가 진찰을 받아보고 확인할 때까지 입 다물고 있으라는 아내의 말에 거부할 수 없는 이변이 일어나고 있었다.

아내는 그간의 맘고생의 시름을 내려놓은 듯 얼굴에 모처럼 밝은 미소가 퍼졌다. 뛸 듯이 기쁘고 잔치라도 치릴 문씨 가문의 경사였다. 가슴 벅찬 인고의 세월이 한순간에 날아갈 기쁨이 왜 가슴 한쪽을 짓눌러 올까. 아내의 임신 진단을 병원에서 8년 만에 확인하고 가족들에게 그 소식을 알렸다. 부모님과 처갓집 친지들도 들썩이며 축하 인사를 건넸다. 답례로 목이 마를 지경이었다. 마흔에 결혼하여 오십이 다 되어도 애가 없었으니, 포기에 가깝던 우려와 안타까웠던 덕담이었다. 그간에 누가 병신이냐 쑥덕거린 질시로 사나이 자존심과 시부모님 눈치와 밥값도 못한다는 핀잔에 가슴 아팠을 아내. 친정어머니의 노심초사. 80을 넘기신 시아버지 볼 면목이 없는 며느리. 그동안 병원을 오간 8년의 세월을 무던히도 잘 참고 견딘 아내의 시름과 짐이 한순간에 해결이 되었다. 가장으로서 광일은 어떻게 살아가야 할까? 어찌해야 옥주에게 용서를 구할 수 있을까? 그녀를 만나기 전 술자리에서 친구들 말이 생생하게 떠오른다.

아내의 임신을 확인한 달로부터 2개월 동안을 선천적 본성의 이기주의가 서서히 자리를 잡아 갔다. 그가 가정 풍파를 막기 위해서는 더 이상 동시에 두 여자를 희생시켜선 안 되는 일이었다. 애시당초 '옥주'에게 말했듯이 가정을 버리거나 깰 마음은 없다고 솔직한 입장에 거짓은 없었다. 다만 '아이'만 둘도 아닌 하나만 얻으면 족하다고 했었다.

사람으로 태어나서 이승을 떠날 때 흔적이라도 남기고 싶은 사나이의 열망이 한 여자의 가슴에 씻을 수 없는 순결을 짓밟고 상처를 남기는 죄인이라니. '옥주'는 정말 나를 닮은 아이를 낳아 조용히 위세 부리지 않고 후회 없이 키울 능력이 있었다. 그리고 그녀의 확신을 믿었다.

아내가 먼저 아이를 가졌다고 이제 처지가 반전되었으니 없던 일로 갈라서자는 양심을 계산하고 광일은 몇 날 고민 끝에 '옥주'를 찾아갔다. 너무 오랜만에 나타난 그를 보고 서운했는지, 잘못 찾아오셨네요, 라며 농담까지 던졌다. 새침한 얼굴이 기다리다 심술이 난 소녀 같았다. 다른 때 같으면 동문서답일지라도 광일 쪽에서 농을 걸어 분위기 반전을 시켰었다. 옥주는 전연 아닌 얼굴을 읽었는지 조심스럽게 물었다.

제 5 화 나쁜 남자의 배신

"무슨 일이라도…"
"어~어~엉 무슨 일은 있어. 문 닫고 방으로 들어가서 이야기 좀 합시다."

뜸 들인 자체가 고역이라 작심하고 온 이상, 그녀의 얼굴을 바라보고 있는 것조차 괴로웠다.

"옥주야, 우리 마누라가 아이를 가져 지금 4개월째다. 나를 용서해다오."

"당신에게 고통을 감내하며 살게 할 수도 옥주를 행복하게 해주겠다는 보장을 못 하겠다. 이 시간 이후로 다시는 너를 찾지도 연락도 안 할 것이며, 많이 생각하고 내린 결정이다. 몹쓸 인간 용서하고 잊어라."

그는 언죽번죽 입장을 더 뱉어놓고. 그래도 당신의 대답을 듣고 싶다며 도망갈 핑계를 요구했다. 옥주는 한마디의 대꾸도 없이 어금니를 물었다. 가슴에 흘러내린 혼탁한 물줄기에 단단한 옹벽이 물컹한 흙더미로 무너졌다. 그 흙더미는 속에서 미꾸라지가 한 마리가 빠져나갈 곳을 찾느라 구멍에 대가리를 처박았다. 그 미꾸라지는 솔잎을 갉아먹는 검붉은 송충이로 변하여 반쯤 구부린 털이 꿈틀거렸다. 그녀의 당당했던 얼굴에 칠흑 같은 어둠이 번져가고 있었다. 그가 독오른 말벌 집을 씌워 놓고 괜찮냐고 묻는 양심에 복받치는 분노가 치밀어 올랐다. 둘 사이에 어색한 침묵만 흘렀다. 한 사나이의 야비한 비수가 그녀의 가슴을 모질게 난도질하고 있었다. 온갖 못된 짓을 끝까지 결기하지 못한 자신이 죽이고 싶도록 미웠다. 어금니를 오도독 물면서 '미친년! 내가 미친년!' 명치 끝에서 자신을 향한 비애가 치밀어 올라왔다.

"그래, 이해하고, 말고. 다 잊을 테니 잘 살아요."

이것이 사백 일로 끝나는 숙명이었다. 옥주의 고운 얼굴은 백지장처럼 핏기를 잃어 갔다. 차마 마주보고 있을 수 없는 고통의 압박감이 방안의 공기를 짓눌렀다.

'나를 많이 증오해라 너에게 못된 짓을 했구나!'
만나서는 안 되는 인연이라 염치를 널어놓고 달래며 그는 모질게 출입구 문을 열었다. '다 잊을 테니 잘 살아요.' 옥주로부터 면죄부를 듣고서 마치 쫓기는 죄수처럼 발걸음이 빨랐다.

옥주는 원인과 결과가 어떻든 경솔하게 받아들인 믿음이 밀물처럼 할퀴고 마음을 후벼대기 시작했다. 강한 척 도도하게 살았던 40년 삶이 흙탕물에 떠내려갔다. 검은 눈동자는 간통녀의 눈빛으로 변하고 작부로 알몸을 들어낸 순간이 되어버렸다. 건방진 사내에게 거침없이 뺨을 즈기고, 약값 변상할 각오로 우산대로 등짝을 휘갈겼던 야무진 결기도 남아 있지 않았다. 그녀의 청순하고 고결한 순결은 혼합곡으로 쏟아져 골라낼 수 없는 과거가 되어 쓸어내기도 버겁게 흩어져 있었다.

'에라 미친년! 미친년!'
사내에게 향한 미움보다 자신이 대리모 처지로 순결은 얼맹이 바닥이 되어버렸다. 광일이 자신의 양심선언을 두부 모 자르듯 끝내버린 첫사랑의 몰골은 그녀에게 너무도 잔인한 그림자요 벼랑이었다. 소녀들이 거쳐 가는 사춘기도 꽃처럼 피어나는 눈이 부신 햇살 같은 청춘도 살아보지 못한 인생이 비참하게 밟혀버린 순간이었다. 그녀의 볼에 뜨겁게 흐르는 눈물이 미용실 바닥에 어지럽게 널브러진 머리칼과 비벼졌다. 청춘의 혈맥이 한 번도 뛰어본 적도 없이 그녀의 안타까운 회안은 서리 맞은 낙엽처럼 어디론가 정처 없이 굴러도 갈 곳이 없었다.

그녀는 사랑도 미움도 아닌 이름 지을 수 없는 사탄이 문턱을 넘자 사납게 출입문을 닫았다. 앞면의 커튼으로 창문을 가렸다. 미용실 안 벽에 붙은 거울이 희미한 그녀의 윤곽을 그려 주었다. 컴컴한 의자에 팔짱을 끼고 비참한 몰골이 죽이도록 저주스러웠다. 어릴 적 엄마의 품 말고는 처음으로 누군가에 팔을 의지해 시간을 보낸 사실이 신기하고 두근거리는 희열도 느껴 보았다. 어딘가 모를 거북함도 더할 나위 없는 소중함으로 간직했었는데, 그렇게 빨리 쓰나미처럼 사내의 격정이 매몰차게 마음을 할퀴고 돌아설 줄은 예상치 못했다. 그녀를 쥐어짜는 듯 자책감이 가슴을 조여 왔다. 나를 탐한 것도 나 자신을 위한 것이었고 네 놈이란 인간을 받아들인 것은 나를 위한 것이었다.

"그래 이놈아! 그 핑계도 당당한 진실이라 믿어 주마. 잘 살아라 나쁜 놈."

제 6 화 옥주의 방혼

진실한 사랑이란 흔적이 아닌 수단이었을 망정 너무도 빠른 시련이 손바닥에 쥐고 있던 모래보다 쉽게 빠져나가는 참담한 현실을 인정했다. 자신의 자존감이 무너진 것은 순전히 나약한 방법이었다. 어떠한 변명과 이유도 용납이 안 되는 경솔한 자신의 청춘을 더럽힌 문신이 양심에 터를 잡았다. 옥주는 피붙이의 정으로 살아냈던 모진 세월과 순결이란 허물을 내려놓고 집을 나섰다. 엄마의 친정인 여수 외갓집 동네를 가보고 싶었다. 물론 외갓집 피붙이는 살고 있지 않았다. 어머니는 살아생전 여수 바닷가를 늘 그리워하였다. 달이 떠오르면 은빛 물결이 파도와 섞여 온갖 소리를 품어 안은 화양면 해변의 설핏한 그리움을 떠올렸다.

광천 고속버스 터미널에서 여수행 표를 샀다. 40년의 외로운 둥지를 벗어났다. 처음 가는 여행의 설렘이 아니었다. 세상 밖의 출입이 서툴러 불안한 마음으로 창밖에 시선을 둘 때였다. 연세가 들어 보인 할머니가 좌석을 확인하며 앉았다. 옥주는 할머니 무릎 위에 놓은 가방을 들어 왼쪽 발밑에 옮겨 두었다.

버스는 시내를 벗어나 담양 창평 이정표 쪽을 향했다. 남쪽에서 비치는 햇살이 양옆으로 갈라선 마을과 들녘 곡식들이 가을 채비를 서두르고 있었다. 그녀가 해온 일이란 여자들의 머리를 자르고 파마약을 발라 결대로 롤을 말았다. 수건을 두르고 비닐 커버를 씌웠다. 중화제를 바를 시간을 말해주고 다음 손님을 차례로 앉혔다. 손님의 두상을 살피며 가위와 빗질로 다듬어 갔다. 저마다 다른 두상과 머릿결이었다. 가르마도 틀리고 앞뒤 꼭지 윤곽도 달랐다. 젊은이 머릿결은 탄력이 있고 노인들 머리는 가늘고 퍼석했다. 거울에 비친 손님 나이를 떠나 같은 얼굴을 본 적이 없다. 얘기를 하다 보면 얼굴 모습만큼 성격도 다양하였다. 이십 년 동안 자신에게 머리 모양을 맡겼던 손님들의 모습이 선했다. 성인이 된 조카들은 안심해도 될 만큼 믿음직했다.

제 7 화 옥주와 할머니

버스는 곡성을 지날 무렵 할머니가 이마를 만지며 말을 했다.
"내가 왜 이러지? 약을 먹었는데."

할머니 얼굴이 창백해지면서 옥주의 발밑에 있는 가방을 보며 '봉지! 봉지!'라고 외쳤다. 옥주 역시 위장에 자신이 없어 비상용 비닐봉지가 있어 재빨리 화장지까지 꺼냈다. 할머니는 고통스럽게 두 번 거친 구역질을 하다 울컥 쏟아냈다. 할머니 구토가 두 차례 반복될 때마다 옥주는 자신의 엄마가 떠올랐다. 할머니의 토사물에 붉은 혈액이 섞여 있었다. 할머니의 손에 쥐어진 스마트폰이 울렸다.

"둘째야, 내다. 걱정 말거라. 그라고 정류장에 마중 나올 것 업따!"
그래도 아들은 자신의 어머니를 모시려 나오겠다는 억지가 오고 간 듯했다.
"아들아, 내가 인복은 있다. 택시 타고 바래다 줄 인연이 있어. 그만 끊어."

할머니는 구토가 몇 차례 더 이어졌으나 노인 어디서 힘이 났는지 말소리도 또랑또랑했다. 할머니와 옥주는 익숙하게 택시 승강장으로 가 택시를 탔다.

"웅천지구 주택 단지로 갑시다. 이순신 공원 부근이오."
옥주는 엉겁결에 동승을 했지만 왜 할머니 댁을 가야 하는지 이유를 모르겠다.

"할머니, 댁까지 가는 것은 실례가 아닐까요?"
"뭔 소리! 애를 봐주던 주인 올 때까지 돌보는 거요."

그 할머니는 옥주가 목적 없이 여행을 나섰고 대화 도중 자유스러움을 감지했다. 옥주는 육중한 대문을 들어서자 양지바른 정원에 잔디가 깔려 있고 한눈에 봐도 넉넉한 느낌을 알 수가 있었다 할머니 안내로 거실로 들어서자 잘 정돈된 소파에 앉기를 권했다. 옥주는 주방으로 가서 냄비에 물을 끓여서 대야에 찬물과 뜨거운 물을 섞어 수건을 적셔 왔다. 할머니 손과 입술 주위를 조심스럽게 닦았다. 어린아이 손 만지듯 하면서 젊었을 때 고생했던 손이라고 느꼈다.
그때 아들이 쇼핑백을 들고 들어오다 옥주의 행동을 보게 되었다. 아들은 어머님이 평소 좋아하셨다면서 그거지 장어탕을 꺼내놓았다. 할머니는 아들에게 버스 안에서 자신이 멀미를 했다며 마운 것을 못 먹겠으니, 손님에게 대접하라고 일렀다. 옥주가 물수건을 정리하려고 목욕탕으로 갔다. 옥주는 할머니의 외출복을 벗기고 안방에서 실내복을 가져와 입혔다. 아들은 식탁에 가져온 우거지탕을 차려놓았다. 주방에서 익숙한 손놀림이 자주 해본 행동이었다. 내 집에 있는 것처럼 편하게 하라는 아들의 매너였다. 스스럼없는 소탈함에 옥주는 긴장감이 풀어졌으나 낯선 집이 불편했다. 아들은 오후에 회의가 있다면서 옥주에게 어머니를 부탁하고 나갔다.

제 8 화 옥주와 할머니 모녀 인연 맺다

할머니는 옥주를 포근하게 옆에 앉게 하면서 자신의 젊은 날 얘기를 해나갔다. 아버지는 수산물 도매상 가업을 이어받길 원했다. 비린내가 싫어 자신은 포목상과 이불과 의복 장사를 해서 돈을 모아 자식 교육 뒷바라지를 했다. 이 집 유산과 자신이 사둔 넓은 토지가 많은 부를 이뤘다고 했다.
큰 며느리가 작은 동서를 데리고 기독교 성지 순례 가서 교통사고로 죽었다. 졸지에 두 며느리를 잃었고 홀며느리는 두 아들 가족의 슬픔을 겪었다. 본인은 만성 위염으로 식사를 거부하는 습관으로 고생하고 있었다. 할머니는 옥주의 일거수 일동과 마음씨를 파악하는 안목은 긴 시간이 필요 없었다.
할머니는 옥주가 특별한 목적과 갈 곳이 정하지 않았다면 함께 살기를 간절히 원했다. 그녀는 아픈 할머니가 건강해지면 떠나겠다고 안심을 시켰다.
다음날부터 가사 도우미가 와서 청소며 식사를 준비했다. 옥주는 특별히 집에서 할 일이 없었다. 할머니의 산책을 돕고 말 동무가 되어주던 어느 날, 할머니가 말했다.

"내일부터 운전을 배워 보게."
할머니는 오늘부터 자신을 엄마로 불러달라고 했다. 무슨 일이건 맘먹고 기회가 왔을 때 부딪히는 것이라고 말했다. 할머니는 옥주의 의향은 안중에 없었다. 자동차 학원 접수와 연습은 내일부터 시작된다고 했다. 아들 김 사장 안내로 학원에서 필기시험 접수와 시험에 필요한 2종 문제집을 샀다.
　할머니 강여사는 열흘 동안 기운이 없다고 누워 있으면서 옥주의 신원조회와 그녀가 살아온 행적에 대해 아들 김 사장을 통해 세밀히 알아봤다. 옥주의 인간성과 성실한 삶의 자세를 더 이상 물을 것 없었다. 가족으로 만들려고 면밀한 계획을 실행에 옮겼다.

옥주는 밤낮으로 문제집을 외우고 운전 교습에서 필기시험 강의를 듣고 새로운 세상에 눈을 떠갔다. 매일 긴장되었다. 김 사장과는 자연스럽게 가까워졌다. 한 달간의 속성 필기 학습이 끝나고 미용사 자격시험 후 처음 치르는 도로 교통법규는 귀에 걸면 귀고리 코에 걸면 코걸이였다. 옳은 답만 무조건 외우라는 학원 선생 말대로 했다. 불안하고 초조한 면허 필기시험과 코스와 곧바로 도로 주행도 합격하였다. 옥주는 운전 면허증을 할머니 강 여사에게 바쳤다. 면허증을 따는 두 달 동안 세월 간 줄 몰랐다.
　대문 앞에 앙징스런 빨간 모닝차가 있었다. 아들은 어머니에게 맘에 드실지 모르겠다며 자동차 열쇠를 맡겼다. 할머니는 옥주를 데리고 문밖에 세워둔 차를 만지며 말했다.

"오늘부터 이 차 주인은 자넬세! 중고차이니 찌그러져도 상관없어. 이 차로 시내 연수를 충분히 받도록 하게."

옥주는 가만히 누워 내가 누구인가, 지금 어디에 있는가, 무엇을 해야 하는가, 그래 내가 죽을 운명이라면 방에 있어도 죽고, 살 운명이라면 절벽에서 떨어져도 산다.
　옥주는 차 키를 가지고 살금살금 밖으로 나갔다. 아직 하늘에 새벽별이 총총했다. 대중교통이 한산해도 신호등과 교차로가 두려웠다. 키를 돌리자 부드럽게 물리며 돌아갔다. 브레이크 밟고 있는 다리에 힘이 들어갔다. 핸들에 부착된 라이트를 켰다. 차는 영리하고 섬세하게 노선 따라 굴러갔다. 두근거린 가슴이 조금씩 풀려갔다. 신호등에서 뒤차를 따라가다 뒤처져 앞서는 경우가 불안했다. 파랑 신호만 따라 출발해서 직진만 했다. 오른발이 브레이크 밟을 때, 주행 연습을 하면서 배운 대로 실행을 했다. 혼자라서 몸이 굳어지고 등에 땀이 났으나 차츰 움츠린 긴장이 풀렸다. 시간 간 줄 모르고 시내를 다니다 보니 출근 시간이 되었는지 교통량이 증가하여 집으로 돌아왔다.

할머니 강여사가 대문 앞에서 기다리고 있었다. 새벽에 옥주가 차를 몰고 간 줄 알고 있었다. 내심 걱정되었으나 무사히 돌아온 것이 대견스러웠다. 옥주의 등을 쓰다듬으며 그 용기면 됐다고 말했다. 너와 내가 할 일은 자유로운 철새가 되어 가고 싶은 곳에서 여행을 하는 것이다라고 말했다. 강 여사도 나이 들어 운전을 놓았을 뿐이었다. 요소요소 길을 잘 알고 있어 두 사람의 여행길은 불편이 없고 옥주의 운전은 날로 익숙해 갔다. 마음의 안정이 되자 강여사 건강도 좋아지고 활기가 넘쳤다. 가장 좋아한 사람은 아들 김사장이었다. 행복하다고 느낀 강여사도 정신적 여유가 건강했을 때 주변 정리를 해두고 싶었다.

강여사는 맏며느리가 교회 성지 순례를 두 차례를 가곤 했다. 손아래 동서인 둘째 며느리를 동반해서 죽였다는 관념을 버릴 수가 없었다. 그 뒤로 둘째 아들은 재혼을 거부하고 독신을 고집해 왔다. 강여사는 옥주를 김 사장 짝으로 점을 찍었고, 눈치채지 않게 두 사람을 자연스럽게 밀착시켰다. 서로의 믿음이 성숙되어 감을 느꼈다. 고도의 전략이 먹혀들었음을 확인하고 시간을 더 끌 필요가 없다고 생각했다. 강여사는 아들 김사장에게 거문도 여행을 준비하라 일렀다. 며칠 전부터 두 사람의 약혼식 예물을 옥주가 눈치채지 않도록 준비를 다 마쳤다. 아들에게 여행 가방을 전해 주면서 어미의 부탁이자 소원을 말했다.

제 9 화 옥주의 새로운 사랑을 위하여

"옥주는 사업하는 '너'의 인생에 큰 부적이다. 행복의 날개를 달아주고 별을 품게 해주되 후회를 남기지 말라. 반드시!"

김사장은 날개를 달아 주되 후회를 남기지 말라는 어머니 뜻을 이해할 수가 없었다. 김 사장은 두 여인을 데리고 오후 2시 20분 배편 시간에 연안여객선 터미널로 들어섰다. 여객선에 올라서도 들떠 있는 사람은 강여사뿐이었다. 춥지도 덥지도 않는 오월 바닷바람은 더없이 상쾌했다. 강여사는 아들에게 선실 밖으로 나가 주변 섬 얘기를 나누라고 내보냈다. 뱃전에 부서지는 파도의 물살이 안개처럼 퍼져 옥주의 옷이 얇어 보였다. 그는 잠바를 벗어 그녀에게 걸쳐주었다. 수줍어 미안해하는 그는 살포시 왼팔로 감싸며 맘 편히 즐겁게 보내자고 팔에 힘주어 감정을 보냈다. 옥주는 2시간 동안 망망대해 바다를 바라보며 쉼 없이 눈물이 났다. 처음 느껴 본 바다의 신비함. 못 배운 서러움도. 힘에 겨워도 두 조카를 악착같이 부모 노릇 해낸 것. 사람 머리카락만 자르며 말고 빗어 낸 20년 세월. 오직 자존심으로 버티어 온 동안 어리석은 흠집을 내고 '나'는 지금 어디쯤 있는가, 스스로 자문했다.

김사장은 옥주의 볼을 타고 흘러내리는 눈물의 사연이 궁금했다. 옥주도 강여사 모자와 한솥밥을 먹어 온 지가 8개월 째였다. 김사장은 옥주 머리를 쓰다듬으며 눈물의 의미가 무엇인지 물어도 될까 망설였다. 옥주는 어색하게 웃으며 김 사장에게 주저없이 입을 열었다.

"넓은 바다에 온 것과 배를 탄 것도 처음이고, 배가 푸른 물살을 가르며 낙엽처럼 날아가는 것도. 분에 넘치게 온정을 받고 있다는 사실. 고마운 내 감정을 진정할 수 없어서요."

"순진한 아가씨야! 소녀 같은 여린 마음의 눈물이 아쿠아마린 푸른 보석이었구나! 이름도 '옥주'가 우연이 아니네!"

김 사장은 옥주의 과거가 배어 있는 여리고 서글픈 감정이 안쓰럽고 사랑스러웠다. 소녀 가장으로 자신의 젊음을 다 바친 치열한 삶이 새로운 미지의 세상에 불안일 수도 있었다. 푸른 물살을 미끄러지듯 헤쳐가는 여객선처럼 부드럽고 온화하게 다독이는 김 사장의 모습이 사랑스러웠다. 그는 옥주를 넓은 밤바다를 야광 옥구슬 아쿠아마린의 주인이 되게 하여 별을 품게 해주겠다고 자신 있게 미소를 지었다. 김사장이 예약한 거문도 호텔은 유림해수욕장을 품고 있었다. 에메랄드빛 바다와 백도가 한눈에 들어왔다. 저녁 식사를 마치고 붉게 물들어 가는 낙조를 바라보며 강여사는 아들 김사장에게 여행 가방을 열게 했다. 강여사가 섬세하게 미리 준비한 백포도주와 예물 목걸이를 탁자 위에 올려놓았다.

"옥주야, 늙은이가 미리 준비한 두 사람의 약혼 여행이다. 너의 허락 없음을 양해해다오. 아들아, 목걸이와 봉투를 꺼내라!"

다이아몬드가 중심에 박힌 연푸른 아쿠아마린 목걸이가 옥주의 목에 걸렸다. 5층 상가의 주인 이름이 옥주로 되어 있는 등기 문서가 그녀의 손에서 가볍게 문풍지 떨 듯 흔들렸다. 강여사 방에서 두 칸 떨어진 객실로 김 사장이 옥주를 데리고 들어갔다. 그 모습에 강 여사의 흐뭇한 미소가 아침 물안개처럼 피어났다. 강여사는 속으로 말했다.

'오늘 밤에 옥주야, 행복한 별을 품어라. 반드시!'

박 인 순

(주)유농 대표이사 역임
아시아문화시민네트웍 기획이사 역임
조선대학교 평교원 문학 수료
광주불교대학 불교성보해설 수료
서은문학 문병란 시문창반 3년 수료
공주문인협회 회원, (사)문학그룹샘문 회원, (사)샘문학(구,샘터문학) 회원, (사)한용운문학 회원, (주)한국문학 회원, 샘문시선 회원
<수상>
2008 월간수필문학 수필 등단
2010 문학예술협회 시 등단

수상소감

위대한 선사이신 한용운문학상 영광을 안겨 주신 샘문 문학 심사위원님 그룹의 대표님께 깊은 감사를 드립니다.

고희를 넘어 늦깎이 문인을 오랜 침묵에서 건져 주셨습니다. 인생 항로의 파도가 높아서 심오하고 난해한 문학의 길에서 늘 부족하였습니다.

한때는 무식이 용감하여 장편소설 "그 남자 침묵에 신의 눈물" 세상에 내놓았습니다. 세상살이에 길이 있듯 문학세계에도 엄연한 질서와 도리가 있었습니다. 2024년 3월 단편소설 "너릿재의 벗님이" 문학공간 신인상을 받았습니다. 문단의 조건에 충족시키고자 힘에 벅차기도 했습니다. 조건 충족을 갖추고 문학의 계단에 한 발 더 올라섰습니다.

2024 샘문문학그룹에서 주관한 한용운문학상 소설 공모에 "옥주의 황금빛 날개"로 응모하였습니다. 상복과 거리가 멀었으나 문학 인생에 황금인 중견작가 수상을 받았습니다. 한용운문학상은 실로 감격이었습니다. 그 감격 안에는 불심의 은혜도 충만하였습니다. 길 안내를 해주신 은사님께도 고맙습니다.

이제 촌음을 아껴 '님의 침묵'의 해답 없는 희망의 무지개를 열어가겠습니다. 샘문 문학 그룹 고명하신 심사위원, 그룹을 이끌어가신 이정록 대표님 감사합니다.

2024.11.27.
자초 박인순

제4회 한용운문학상
「중견부문」
특별작품상
수상작

중견부문 특별작품상 수상작 시부문

조마루 외 2편

이 서 현

바람이 주억거리는 언덕에는
잘 익은 마한의 언어가 살고 있다

조의 생각이 구김 없는 그늘 문장 지으며
찰랑이는 계절의 머리카락 쓸어넘기자
이랑 이랑마다 삼한의 일대기 써 내려간다

누대에 걸쳐 살아온 낮과 밤이
서숙*의 습작 들여다보며 퇴고하고
오탈자 먹어 치우는 메뚜기가
숨 참으며 잎의 글들을 들여다본다

페이지 넘길 때마다
석양은 조밭의 표정 베껴 쓰느라
발랄하게 물들어간다

시월을 공중에 띄워
붉은빛으로 서식하는 가을

잘 여문 원고에 마침표 찍는
붉은 표지의 삼한 시대 한 권이 완성되고 있다

***
서숙 : 조의 방언

고백

이 서 현

활짝 핀 그리움으로 먹먹한
먼먼 상실의 뒤안길에서
높고 푸른 당신을 사랑합니다

보고픔이 깊어지면
일정량의 불운이 따르는 법인지
비록 만날 수 없는 인연이지만
화려하게 피었다 시들어 가는
상사화 당신을 사랑합니다

발그레한 연서 한 장 품고
만개한 봄날로 진입하는 초록의 옷에서
색동으로 갈아 입은
채색의 당신을 사랑합니다

눈에 보이는
당신의 모든 것, 다 사랑합니다

숨 가쁘게 달려온 한 시절을 애써 누르고
맑고 고운 당신 얼굴 보고 있으니
너무 좋아
나의 얼굴 만져 봅니다

짧은 개화처럼
웃음인 듯, 울음인 듯 번져가는
내 얼굴도 당신에게
예쁜 모습으로 비춰지고 있는지
궁금합니다

세월아

이 서 현

시간의 지문마다
오르막과 내리막이 질주하는 너에게 묻나니
미래의 내 모습 어떻게 바꿔 놓을 거니

무수한 표정과 말투 덧입히는 요술 부려
본래의 모습 조금씩 바꿔 버린 네 앞에서
몸부림친들 소용없구나

절반의 울음과 절반의 웃음이
반복된 계절 속에서 내 너를 이길 수 없으니
늘 밝은 얼굴로 유리알처럼 깨끗하게
변해 갈 수 있도록 해줄 수는 없겠니

이 서 현
광주광역시 남구 거주
전라남도 강진군 출생
광주여자상업고등학교 졸업
GA KOREA 재직 중
(사)문학그룹샘문 회원
(사)샘문학(구,샘터문학) 회원
(사)한용운문학 회원
(주)한국문학 회원
샘문시선 회원
<수상>
2024 문학공간 시 등단
산해정문학상 수상
치유문학상 수상
박덕은미술관 전국디카시문학상 대상

수상소감

만추의 계절 끝나갈 무렵
허기진 마음 채워 주시려는 듯
보내주신 당선 소식이 참 좋았습니다.

많은 작품을 심사하시느라 노고가 많으셨을
심사위원장님께 깊은 감사를 드립니다.

그리고 제4회 한용운문학상 주관을 위해
애쓰신 모든 분들께 박수를 보냅니다

시를 쓰면서 충만한 기운으로 살아가는
저에게 더 큰 힘이 되었습니다.

늘 초심으로
시인으로서의 덕목도 갖추면서
성장 하는 문학인이 되도록 하겠습니다.

주변에서 지도 편달을 해주시는 모든 분들과
인연 되시는 분들께 깊은 감사를 드립니다.

감사합니다.

2024.11.28.
한용운문학상 특별작품상 수상자
이서현 드림

중견부문 특별작품상 수상작 시부문

삶의 전투장 외 2편

안 은 숙

따닥~ 따닥~ 따닥~
작렬하는 태양에 타들어 가는 듯
전신의 열꽃이 피어오른다
밭고랑마다 엉덩이 의자 질질 끌며
손이 분주히 움직인다
두 손은 애타는 주인 마음을 아는 듯
쉴 새 없이 움직인다

뚝, 뚝, 뚝
허리 한 번 펼새 없던 일꾼들은
주인이 내온 새참을 보고 겨우 허리를 펴자
시원하게 꺾이는 소리에
된장 찍힌 청양고추 꼭지가 장단을 맞춰
바구니 안에 소복이 쌓여간다

휴~ 휴~ 휴~
처벅처벅 걸어가는 몸은
물젖은 소금을 허리에 찬 듯
천근만근 한숨이 내뱉는 휘파람은
고통에서 벗어나는 한 줄기 희망
입속으로 들이미는 밥알은
쓴 환약처럼 구른다

주르륵~ 주르륵~
물 만 밥을 입안으로 들어부어
굶주린 배를 채운다
주인의 시름만큼 등 고랑에는 땀줄기가
쉼 없이 흐른다
땀과의 사투가 벌어지던 전투는
산봉우리의 반을 걸친 태양을 등지고서야
휴전에 들어간다

단비

안은숙

우두둑 우두둑
다가오는 가을을 초대하듯
폭염에 찌들었던 산천초목은
마지막 여름밤을 단단히 장식했다

죽음의 문턱까지 닿아야만 도착하는 깔딱 고개
죽령재 비경을 따라 내려가면
산비탈마다 아름다운 복숭아꽃이 보인다

보일 듯 말 듯 우거진 정글을 지나
화려함의 향연을 펼치는 계곡에는
태백산 물줄기가 대범함을 보이고
그 속에 살고 있는 생령들이
보란 듯이 존재감을 드러낸다

영롱한 무지개는 산새에 스며들고
단비에 젖은 농작물은 숨을 쉬며
하늘을 향해 쑥쑥 자란다

끝물 여름 단비는 생령들을 다독이고
사연도 많았고 시름도 가득했던
울긋불긋 인고의 열매들에게
결실의 의미와 존재감을 부여한다

인생무상

안 은 숙

상복 입고 시집왔던 물야댁은
박복한 시집살이 한탄하며
빨래 방망이를 세차게 두들긴다

곱디곱던 뼈마디는
고된 세월만큼 굵어졌고
주름 하나 없던 얼굴에는
나무 나이테처럼 주름 켜켜이 쌓인
백발이 되었다

고생하며 키운 자식들은
저마다 살길을 찾아 떠났고
빈자리에는 흙먼지만 날린다

청말놈들 들어라
너다리놈들 들어라

삼삼오오 모여 설부터 보름까지
말씨름했던 모든 친구들은
초야로 돌아가고 황망한 서러움만 남아
가슴을 치며 세상을 탓하지만
부메랑처럼 돌아오는 건

대답 없는 메아리뿐

아! 한 세월 덧없이 살았구나!
서글픔에 머리 조아려 옆자리 둘러보자
물야댁 남편이 그녀를 보며 웃는다
"평생 고된 삶을 사느라 욕봤다"

너털웃음 보이는 서방에게
물야댁도 미소로 화답한다

안 은 숙
시인

수상소감

아침부터 내리던 겨울비가 세찬 바람을 몰고 오더니, 마지막 단풍들을 민들레 홀씨처럼 여기저기 날려버리는 하루를 맞이하고 있었습니다.

추운 겨울이 찾아왔다는 사실에 체감온도마저 떨어지고 바쁘지만, 또 무기력한 하루하루가 시작되겠구나 하는 생각을 할 즈음,
<한용운문학상> 중견부문 시부문 <특별작품상>에 당선되었다는 메시지가 눈에 띄었습니다.

이렇게 단단하고 뿌리 깊은 샘문에서 큰 상을 받게 되었다는 사실은 나의 인생에 큰 획을 긋는 사건이자 너무 큰 이슈이기도 합니다.

그동안 불을 뿜으며 불사조처럼 바쁜 시간을 쪼개가며 시를 쓰던 힘들었던 기억만큼 또 다른 씨앗을 뿌렸다는 사실은 나의 심장을 뛰게 합니다.

나의 가치관을 더욱 업그레이드시키기 위해 동분서주하는 날들이 많지만 이 또한 한 단계 올라가기 위한 나의 길임을 알기에 더욱 겸손하고 정진하는 모습을 보여드려야겠다는 다짐을 하게 됩니다.

미흡한 나에게 항상 응원해주시는 샘문 그룹 이정록 회장님께 감사드리며, 이근배 심사 위원장님과 심사위원님들 그리고 사랑하는 나의 남편과 가족들에게 진심으로 감사 인사드립니다.

샘문 그룹의 무궁한 발전을 기원하며, 샘문 가족분들에게도 다가오는 2025년 을사년에는 행운과 행복이 가득하기를 염원합니다.

2024.11.28.
가온 안은숙 드림

중견부문 특별작품상 수상작 시부문

맹세의 불꽃 외 2편

박 지 수

그의 걸음이 져며 져며 오고 있다
두 발은 이미 마비 되어 버렸다

흰 목련 피는 날 오겠다고
빨간 동백 질펀한 호숫가 벤치에서
맹세한 그는 간데 없고
하얀 입김에 툭툭 떨어지는 고독을 안고서
그가 오고 있다

두 발은 뭍에 갇혀 버리고
두 팔은 하늘가에 멈춰 버렸다
허둥대는 심장만 고장난 나침판이 되어
갈 바를 정하지 못하고 있을 때
이미 심장 안으로 콕 박혀 버렸다

그의 목련도 빨간 동백도 아닌
세상의 고독을 안은 채였다
내 두 손은 무엇을 위해 모았을까
내 두 발을 무엇을 기다리며 종종 거렸을까

안아야 하나!
안아서 품어야 하겠지
고독으로 휘감긴 그가 내 그리움이니까

그와 함께 하는 길고 긴 밤
산골 원두막 촛불은 밤새 꺼지고 꺼지기를
반복하다가
끝내는 그 불꽃 살아나리니

애잔한 한 걸음

박 지 수

어느 날이었다
밖은 염화구리를 깔아 놓은 듯 짙푸른색이다
어디선가 황금빛 나비가 가슴팍을 뒤집고 날아든다
주위엔 빨간 상사화가 만개하여 깊은 상념에 빠져 있다
보일 듯 말 듯 발 끝에 묻혀온 그리움은 심장 끝자락에 살포시 주저 앉는다

계곡 너머 숨어 있던 맨들한 돌멩이의 숨겨 놓은 사연일까
내려 앉은 그리움이 뜨겁다
다솜다솜 안아줘야지
혹여 눈물샘 터지면 가만히 눈도 감아주자

달그림자 따라 흔들리는 뒷걸음일지라도
당신과 동행하리라
걷다가 맨들한 돌맹이 만나면
주머니속 깊이 숨겨져 있던 손 살며시 내밀어
따뜻한 온기 전하리라

눈 앞에 푸른 벌판 끝없이 펼쳐지는 세상을 만나면
나, 미련 없이 발끝 먼지 털어내고
먼저 가서 기다리는
내 사랑 품에 안기리라
뜨겁던 밤 그 날처럼

그리움

박 지 수

몽글몽글 심장이 가렵다
알 수 없는 울컹함에 두 눈이 뜨겁다

한 세월을 안고
두 세월을 건너다
어느 깊은 산골 너머에 남겨 두었던 사연인데
초록잎이 변신 술법을 부릴 때면
늘 몽글거린다

같은 하늘 아래 널 지나왔을 바람을
이젠 품어 안는다

혹여 산신령이 나타나 은도끼 금도끼를 물어 온다면
난 당연히 금도끼를 택하리라

오늘밤엔 금도끼 끌어 안고서
옷고름을 풀어 헤치리라

박 지 수

시인, 방송인, 시낭송가
광주광역시 북구 거주, 전라남도 함평군 출생
사회복지사무관 정년퇴직
고등학교 화학교사, (사)샘문그룹문인협회 자문위원, (사)문학그룹샘문 자문위원, (사)샘문학(구,샘터문학) 자문위원, (사)한용운문학 편집위원, (주)한국문학 편집위원, (사)한국문인협회 회원, 광주시인협회 회원, 현대문예회 회원, 이정록문학관 회원, 샘문시선 회원, 현재 kpo명강사협회 전문강사
<수상>
2012 현대문예 시 등단
<저서>
제1시집 : 잠시 멈춘 발끝에서 눈꽃이
　　　　　뽀드득 뽀드득 말을 걸었다,
제2시집 : 한 걸음에 235mm
수필집 : 여보, 아직은 촛불을 끄지마세요

수상소감

박명에 쓰러져가는 은사시나무 곁으로 다가서는 별 하나
숫눈의 길을 헤매다 왔을까 온 몸이 육각형이다
깊은 침묵 속으로 빠져들던 은사시나무 깜짝 놀란다
박명마저 사라져 버린 까만 세상 사지를 더듬거리며 친구를
찾아보지만 없다 어느새 은사시나무의 손을 잡고 서 있는 별 하나
차갑다 하얀보풀이 옮겨 온다 어느새 육각형의 결정체는 물방울이
되어 손등에 살포시 앉는다

살아오면서 늘 함께 해 온 고난
그럴 때마다 글을 쓰면서 넘어온 것 같다
오랜만에 내 안의 것을 세상으로 보냈다
당선통보서 어찌 기쁘지 않겠는가 입꼬리가 저절로 실룩거린다
누구에게 자랑할까 손가락으로 세어 본다
고고한 척, 세상과 다른 척 살아가는 나도 한낱 인간이었다

빨간 장미를 선물 받은 것처럼 기쁘고 설레인다
한용운 문학상이라는 거대한 행사를 준비하신 회장님과 운영진
나의 졸작을 심사하시고 선택하여 주신 심사위원님들께 머리 숙여 감사드립니다.

2024.11.28.
박지수 드림

중견부문 특별작품상 수상작 시부문

하트 포크 외 2편

홍 영 욱

나는 접시에 담긴 사과를 포크로 찍어서 입으로 가져간다
아삭, 한 입 깨물자 상큼달콤한 과즙이
내 입안을 가득 채운다

"아우~ 맛있어!"

나는 감탄하며 눈을 뜨는데
포크 손잡이에 뚫린 모양이 하트라는 걸 처음 알았다

누가 이렇게 기특한 생각을 했을까.
길이 15cm, 폭 8mm 밖에 안 되는
작은 이지창 포크,
반짝이는 스테인리스 스틸이라 강하고 정갈한 느낌이 들어
좋아했는데 정교한 하트라니!

포크 하트에 한 쪽 눈을 대고
이리저리 내다보니
눈에 보이는 것 모두가 사랑이다

포크 손잡이에 이렇게 예쁜 사랑을 저장했다니!
아마 포크를 디자인한 사람도
찍어낸 주물공장 사람도

포장하고 배달한 사람도
백화점 판매원까지도
모두 하트를 보고 감탄 했으리라

아내가 예뻐서 이 포크를 사고
이 순간 내게 하트가 전달 되었고,
많은 사람의 마음을 담은 하트에
아내의 사랑이 더해져서
집안의 모든 것이 사랑으로 보인다

만약 전쟁터의 무기들과 총알이
하트로 되어 있다면
빠른 종전이나 휴전이 올 수 있지 않을까…

지렁이

홍영욱

저것은 지렁이임에 틀림없다
처음에는 고사리나 고구마 순이 말라 비틀어진 게 아닐까 생각하기도 했지만

새까맣게 말라서 조금 딱딱하게 굳어버린 구불구불한 몸뚱이
3면이 높은 옹벽으로 둘러싸인
70여 평의 주차장에서 벗어나려고
흙으로 돌아가려고 얼마나 애를 썼을까

지렁이가 사투를 벌이고 있는 순간,
그를 구할 수 있는 인간의 눈길과 손길에는
그가 그저 한낱 쓸모없는 무지렁이라
관심이 없었을 테니, 안타깝다
힘없는 지렁이로 태어난 운명이 야속타

아무리 꿈틀거려도 쉽게 벗어날 수 없는 거대한 주차장
메마른 시멘트 위에 강렬한 햇볕까지, 지렁이에게는 그곳이 아마
사하라사막과 같은 곳, 이었으리라

마지막으로 몸부림치던 그 순간,
피안의 고향으로 돌아가고자
온몸을 사르던 생애의 마지막 순간,
살고자 하는 투지와 깊은 참회가 교차되었을까!

지렁이 세계에서 그는
참혹한 인간세상에서 전의를 불사르다
용이 되어 승천한 레전드로 기억되고 있으리라

똥개쉑히 사랑

홍 영 욱

꽤나 이름이 알려진 패션디자이너가
식사를 하면서
여성 편력에 대해 얘기하기 시작하였다
그 자리 우두머리 역할을 하고 있는 터라
아무도 그의 입담에 토를 달지 못하고
숨죽여 듣고만 있었다

"내가 40대 때 조깅을 했는데
매주 금요일 아침에는 근처에 사는 예쁜 후배를 만났지,
조깅 후 숲속에서 그녀와 사랑을 나눴지,
그녀가 나무를 붙잡고 엉덩이를 뒤로 쭉 빼고 있으면,
나는 그녀 뒤에서 재빠르게 일을 치렀지"

"……,"

"일이 끝나고 나면 예쁜 후배는
집에서 가져온 물티슈로
내 물건을 닦아주고 그곳에다가
내가 평소에 쓰는 향수를 살짝 뿌려주었어
참 센스있고 사랑스런 후배였지,
내가 좀 밝히는 편이지 ㅎㅎ,
아니 난, 섹스를 사랑해"

어느 누구도 그 디자이너의 위세와
숨죽이는 분위기에 압도 되어

아무 말도 못하고 있었다

그가 '난 섹스를 사랑해!' 라고 얘기를 마무리하고 난 후에
아주 짧은 묘한 정적이 흘렀다

그 순간 한 사람이
우왝과 꿰액을 합친 듯한 괴성을 지르며
방금 초고추장 찍어 먹은 생선회를
입밖으로 토해내고 말았다

그의 괴성은
이렇게 외치고 있었다

"사랑은 무슨 얼어죽을 사랑,
당신이 바람난 숫캐고
당신 후배가 발정난 암캐라면
집 나간 똥개쎅히 사랑이겠지"

홍 영 욱

서울시 송파구 거주
인하대학교 국어교육과 졸업
한양대 언론정보대학원 졸업(광고학 석사)
(사)샘문학(구,샘터문학) 자문위원
(사)샘문그룹문인협회 자문위원
(사)문학그룹샘문 자문위원
(사)한용운문학 회원
(주)한국문학 회원
다락방 문학회 활동
(전)제일기획 16년 재직
(현)퀸벨주식회사 CEO
<수상>
2018 샘터문학 시 등단
2018 샘터문학 수필 등단
인하문학상 소설부문 우수상

수상소감

　매일 같이 반복되는 육체노동에 육신이 고단하여 작품을 쓰는데 소홀해 질 수 밖에 없었는데, 이정록 이사장님의 끈질긴 독려와 정보 제공에 제 자신을 다시 돌아보고 반성하는 시간을 갖고 틈나는 대로 작품을 완성해 아쉬움 속에 졸고를 전송했습니다.

　은근한 기다림 끝에 당선소식을 접하니 나도 모르게 부끄러운 마음이 일어났습니다. 그리고 젊은 시절의 패기 넘치는 문학에 대한 약속을 다시 한 번 상기하고 이대로 낙화유수처럼 살아서는 안 되겠다고 다짐하면서 마지막 순간까지 더욱 정진을 해야겠다는 각성을 하게 되었습니다.

　앞서간 수많은 문인들의 창작의 고통을 되새기며 존경하는 마음으로 그들을 따르도록 노력하겠습니다.

　쉬고 있는 제 문학 감성을 다시 움직이게 독려해 주신 이정록 이사장님께 깊은 감사를 드리며, 심사위원님들과 편집, 출판 등에 애를 쓰신 모든 관계자 분들께도 진심 어린 존경을 보내드립니다.
　고맙습니다.

2024.11.30.
시인 홍영욱 배상

중견부문 특별작품상 수상작 시부문

다듬이 소리 외 2편

이 영 하

둥, 둥, 쿵, 쿵
어머니의 손끝에서 흘러나오는
천 년의 숨결, 그 정겨운 리듬은
우리의 전통 속에 흐르는 소리

마치 한 가닥 바람처럼 세월을 타고 전해지네
밤이 깊어가고 다듬이 소리는 더 깊어져
어머니는 잠든 자식 곁에서
천을 두드리며 평화를 전하네

그 소리는 단순한 노동이 아니었지,
우리 삶을 다듬고
역사의 흐름을 잇는 사랑의 리듬.

1988년 서울 하늘 아래,
굴렁쇠가 굴러가는 그 길 위에
다듬이 소리가 세상을 울렸었네

한국의 심장이 되어
희망과 자부심이 되어
전 세계에 평화의 메시지를 전했었지

둥, 둥, 쿵, 쿵
그 소리는 세대를 잇고
시간을 넘어 한국인의 혼을 두드리네
지금도, 앞으로도 멈추지 않을
우리 가슴 속에 살아 숨 쉬는 평화의 씨앗

깨달음의 길

이 영 하

길을 떠나는 순간 나는 내 안의 어둠과 마주했다
스스로 걸어왔던 수많은 발자국은
바람에 녹아들어 소멸하고 남은 것은 고요한 침묵뿐,
생은 시작과 끝이 아니었다

가느다란 실처럼 이어진 순간들이 영원의 틈새로 사라질 뿐,
사라짐조차도 존재함 그 자체였다
삶은 그저 흐르고, 죽음은 그 길 위에 놓인
단 하나의 쉼표였을 뿐,

나는 묻는다, 이 짧은 생의 의미가 무엇인가?
내가 걸어온 이 길의 끝은 어디에 있는가?
그러나 대답은 없었다
답은 처음부터 내 안에 있었으니, 그것을 찾는 과정이 곧 깨달음이리라

길 위에서 만난 고통과 슬픔은 결코 우연이 아니었고,
슬픔의 무게가 나를 밀어 올렸다
그 언덕 너머엔 끝없는 하늘이 있었고,
하늘 속에서 나는 나 자신을 보았다

그제서야 나는 알았다
깨달음이란 어딘가에 도달하는 것이 아니라, 그저 존재하는 것이리라고,

내가 나인 그대로 허물어지는 나와 새로워지는 나를
있는 그대로 받아들이는 순간,
나는 비로소 그 길 위에 섰다

길은 곧 나였고, 나의 걸음 하나하나가 우주 속에 새겨진 빛나는 별이었다
그렇게 나는 생과 사의 경계를 넘어 진정한 자유와 평화를 만났다
깨달음의 길, 그것은 먼 곳에 있지 않고 내 안에 숨겨진 작은 빛,
그 빛을 따라 나는 무한한 하늘로 나아간다
이제 나는 그저 나의 길을 묻지 않고 걸어가리라

통일의 새벽

이 영 하

어둠이 깊을수록 새벽은 가까워진다
분단의 긴 밤, 그 속에서 우리는 서로의 얼굴을 잃었지만
결코 잃지 않았던 것은 하나의 이름, 조국이었다

어둠 속에서 우리를 인도하는 별빛처럼
보이지 않으나 꺼지지 않는 우리의 꿈,
그 꿈은 통일이었다

나누어진 대지 위에 새긴 상처,
그러나 그 상처 위로 다시 피어나는
희망의 새싹은 여전히 자라고 있었다
나는 하늘을 날며 본다
이 땅의 분단은 우리의 고통이지만,
그 고통은 우리를 더 단단하게 엮었다

강철 같은 의지로 우리는 다시 하나가 될 것이다
저마다의 아픔을 넘어 서로의 손을 잡고 일어설 그날,
새벽은 밝아오리라
통일의 새벽은 단지 시간이 흐르기를 기다리는 것이 아니다
그것은 우리가 만들어 가는 것이다

우리의 피와 땀,
그리고 한마음으로 모인 열망이

새벽의 첫 빛이 되어 이 땅을 가로지를 것이다.
새벽의 빛이 오면, 남과 북은 하나의 그림자가 되고
그 그림자 위로 펼쳐진 푸른 하늘,
그 속에서 우리는 다시금 하나의 민족으로 서리라

그것은 한용운의 염원이자, 나의 비상이 되리라
우리의 새벽은 지금도 저 너머에서 숨죽이며 기다린다
우리가 손을 내밀 때, 그 빛은 우리를 향해 달려오리라
그리고 마침내, 우리는 조국의 이름 아래 하나가 되어
하나의 빛 속에서 통일의 새벽을 맞이하리라

이 영 하
시인

수상소감

깊어가는 늦가을, 제게 큰 영광과 감동을 안겨 주신 제4회 한용운문학상 중견부문 특별작품상 수상을 진심으로 감사드립니다. 이 상은 저에게 단순한 결과 이상의 의미를 지니며, 앞으로도 초심을 잃지 말라는 격려로 다가옵니다.

응모작 중 하나인 **"다듬이 소리"**는 조상들의 손끝에서 울려 퍼지던 삶의 리듬을 통해 과거와 현재, 그리고 미래를 잇는 시간의 울림을 표현한 작품입니다. 단순한 노동의 소리가 아니라, 우리 모두가 지닌 치열하고도 아름다운 생의 소리이길 바라는 마음으로 썼습니다.

또한 **"깨달음의 길"**은 삶의 여정에서 마주한 고통과 슬픔이 결코 우연이 아님을 깨닫고, 그 속에서 존재의 의미를 되새기며 쓴 시입니다. 길은 곧 나 자신이며, 제가 내딛는 한 걸음 한 걸음이 우주 속에 새겨진 빛나는 별과 같다는 깨달음을 전하고자 했습니다.

마지막으로, **"통일의 새벽"**은 한반도의 평화와 통일에 대한 희망을 담은 짧지만 강렬한 기도로, 모두가 함께 새벽을 맞이하기를 염원하며 쓴 작품입니다.

이 모든 작품이 제 삶의 이야기를 담은 만큼, 이번 수상이 더욱 큰 감동으로 다가옵니다. 저의 작품을 귀히 읽어 주시고 평가해 주신 심사위원님들께, 그리고 이 공모전을 주최·주관하신 모든분들께 깊이 감사드립니다. 또한, 제 곁에서 늘 지지와 응원을 보내 주시는 가족과 문우님들께도 이 기쁨을 나누고 싶습니다.

앞으로도 문학의 길 위에서 멈추지 않고 걸으며, 한용운 선생님의 정신을 이어받아 자유와 평화, 그리고 인간애의 가치를 시로 담아낼 수 있도록 노력하겠습니다.
감사합니다.

2024.11.26.
이영하 올림

중견부문 특별작품상 수상작 시부문

어머니의 바느질 외 2편

김 명 순

무명실이 꿰어진 바늘
어머니의 세운 무릎 위로
아버지 것, 구멍난 양말이며
어린 자식들 것, 헤진 옷가지들이
편직되어지고 있었습니다

바늘귀 속에서 울리는 구음의 공명,
어머니 한이 씨줄, 날줄로
바늘귓속을 넘나들며 살풀이를 합니다

구성진 구음 가락에 눈물을 훔치는
모습을 어머니께서 행여 보실까봐
왠지 모를 서글픔으로 감추었던 나

삶의 애환이 가난했던 어머니 바느질
통속에서
유행가도 모르시던 어머니 입속에서
노랫말이 선율을 탑니다

참 슬펐던 기억이다
엄마가 돌아가시면 어쩌나, 늘 걱정이 되었습니다
어린 마음에도 고생하시는 엄마가 안쓰러우셨고

돌아가실까봐 염려가 되었습니다

세상 어느 어머니보다도 더 소중한
내 어머니
가난한 살림에 오남매 키우시느라
허리가 휘도록 고생, 고생만 하시던
내 어머니

어머니 마음을 풀어주시던 구음
또렷이 느껴지던 애환에 찬 노랫말이
조용히 어머니 입안을 탈 때면
울지도 못하고 가슴으로 흐르는 눈물을
삼키셨던 우리 어머니

그렇게 바느질에 한 올 한 올 풀어내시던
우리 어머니를 이젠 볼 수도 없지만
귓가에 맴도는 그 가락은 아직도
내 마음을 울립니다

두 손에 무명실을 걸고
한 줄 한 줄 실타래를 만들던 그 시절에는
가난이 풍년이였나 봅니다
어머니!
우리 어머니!

꽃잎에 새겨 본 사연

김 명 순

꽃잎을 한 장 한 장 떼어 붙이고
예쁜 꽃수를 놓아 편지를 쓴다

여느 집 왁자지껄한 담장 너머의 풍경들이
어느 날 지나가 버린 나의 옛이야기

꽃잎에
가족, 사랑, 행복
또 ,어머니를 그려본다

꽃잎에 덧대어 보니
참 곱고 예쁘기도 하다

내 가슴에 꽃밭에는 늘 그늘이 져
꽃잎 흩어져 내리고

화사하게 웃고 있지만, 웃는게 아니야
그냥 세상의
그렇게 보이고 싶을 뿐이다

달력 속 이름 있는 날들 앞에서는
바람결에 뒹구는 낙엽처럼
뚝 뚝 떨어져 꽃물 진 자리
마를새가 없어라

생령

김 명 순

내 생령이 몽유병 환자인 듯
짙은 안개 속을 정신없이 달려갔다

한 치 앞이 안 보이는 숲 길을
낚아 채인 듯
너털거리며 들어간다

나의 허리 절반을 껴안고
휘도는 안개의 분자들
저 만큼에선 내 정체 알아볼 수 없으리라

희뿌연 물 분자에 가려진 나라는 존재는
못난 것도 잘난 것도 없는
나라는 존재는
부족함이 가려져 보여지지 않으니
다행인 듯하다

숨소리 뿐인 안개 속에서 내 생령은
영원히
언제까지나
저 운치가 걷히질 않길 바라는지도 모른다

미로 속에서 헤매이는 삶
저 치열함 속에서 더 이상 몸부림치고
싶지 않을지도 모른다

이른 새벽 여명과 함께 안개는 걷히고
떠오른 빛의 새로운 세상 속에서
내 생령은 또 싹을 틔우리라

김 명 순

전북 전주시 거주
남일고등학교 졸업
군산 군장대학교 1학년 재학중
(사)문학그룹샘문 회원
(사)샘문그룹문인협회 회원
(사)샘문학구, 샘터문학) 회원
(사)한용운문학 회원
(주)한국문학 회원
(사)샘문뉴스 회원
이정록문학관 회원
<수상>
2024 한국문학상 본상 우수상
2023 한용운문학상 시 등단(샘문)
미당문학 전국지상백일장 입선
전국새만금 청소년시문학상 장려상
2024 신춘문예 샘문학상
2024 샘문뉴스회장상
<표창>2024 국회의원상
<공저>
이별은 미의 창조
호모 노마드투스
<한국문학시선집/샘문>
움직이지 않으면 변화가 없다
(위당 김환생 시인 헌정 문집)

수상소감

이정록 회장님, 그리고 심사위원님들께 깊은 감사의 인사를 드립니다.

신인상을 받으며 등단의 기쁨과 함께 시인으로서의 자존감으로 지나온 지난 1여 년간의 여정을 되돌아봅니다. 그동안의 시간은 감사와 대견함이 교차했지만, 동시에 부족함과 부끄러움도 함께 느꼈습니다.

그래서 더욱 절실하게 더 노력해야겠다는 마음을 늘 가슴에 새기며 하루하루를 보내고 있습니다. 부족한 제 글을 채택해주신 것은 저에게 더 많은 노력을 기울이라는 격려의 말씀으로 간직하고, 앞으로도 계속해서 열심히 정진할 것을 다짐합니다.

최근 이상기온과 기후 변화가 우리 모두에게 큰 걱정을 안겨주고 있습니다. 폭염과 한파가 반복되는 현실 속에서 자연환경에 대한 우려가 깊어지고 있습니다. 모든 분들이 항상 건강하고 행복한 하루하루를 보내시길 진심으로 기원합니다.

사랑하는 가족들과 그리고 늘 격려와 조언을 아끼지 않으시는 존경하는 스승님, 그리고 선배님 감사합니다. 격려와 다독임은 늘 큰 힘이 되었습니다.

2025년 새해에는 샘문의 모든 분들이 더욱 좋은 작품으로 샘문을 빛내주시기를 바라며 저 또한 문학그룹샘문의 더 높은 자랑과 영광이 될 수 있도록 제 모든 정열을 기울이겠습니다. 모두의 행복과 건강을 기원하며, 이 글을 마칩니다. 감사합니다.

2024.12.01.
김명순 드림

중견부문 특별작품상 수상작 시부문

바람의 비가悲歌 외 2편

류 선 희

슬프지 않은 바람은 없다

황혼의 비탈에서
비가를 토하며 날아다니는 바람

삶의 행간 켜켜이 서린 응어리며
누운 한恨의 앙금까지 게우고 게우다
이윽고 빈 가지 위에 널브러진다

이미 다 해지고 문드러져
흔적도 없는데
가슴이 없어 잔인하다니…

바람의 눈물을 본 적 있는가

쓸쓸한 비탈에서
눈물 가득 머금은 채
통곡하듯 비가를 쏟아내니

더 벗을 것 없는 나목들이
바람의 비가로
꽁꽁 언 몸을 녹인다

꿈꾸는 그림자

류 선 희

겉껍질 한 겹도 벗지 않은 본체가
오롯이 녹아든 그림자,
사뭇 두리번거리며
꿈속에서도 날개를 꿈꾼다

정화된 영혼과 완벽하게 일치했어도
편평하든 아니든
종일 바닥에 붙어산다는 것은
엄청난 고역인 것을

이따금 내미는 들꽃의 손이 따습고
달빛의 간지럼이 살가워도
그림자는 오직 날개만 꿈꾼다

무채색으로
영원히 반짝이지 않은들 어떠랴
유채색 사랑
일생 품지 못한들 어떠랴

새처럼 음표를 뱉으며
어디든 날아갈 수만 있다면

석양, 그 등 뒤에서

류선희

떠나는 마지막 순간까지
가리거나 구별하지 아니하고
제 빛을 고루 나누어주는 것은
참으로 눈물겨운 사랑이다

아무 대책 없이 저지르는 편애偏愛는
영혼을 갉아먹는 좀이다

좀 먹힌 숱한 영혼들
길이 없는 불치不治의 늪에서 휘청거리다
끝끝내 날개 펴지 못하고
바람의 등에 업히는데

한 쪽으로 기울고는
인간의 본능이라고 우기지 마라

바다 끝자락에서도
산 정수리에서도
남은 체온이며 뜨거운 눈빛까지
남김없이 골고루 쏟아 붓느라
안간힘을 다하는 것은
정녕 가없는 사랑이다

류선희
시인

수상소감

이미 작고하신 차한수 교수님은
저에게 별처럼 반짝이는 시를 쓰라고 당부하셨지만
오랜 세월을 시와 더불어 살았어도 별은커녕 별을
닮은 시조차 아득합니다.

하릴없이 내가 별이 되는 순간까지 사랑하고
또 사랑하며 남을 위해 반짝거리는 별 같은 시를
꿈꾸며 살아야 할 것 같습니다.

그 어떤 상보다 품격이 있는 특별작품상을 받게 해주신
심사위원님께 감사를 드리며 또한 사단법인, 문학그룹샘문과
한용운문학의 무궁한 발전을 기원합니다.

2024.11.26.
소정 류선희 올림

중견부문 특별작품상 수상작 시부문

추억 더하기 음악식당 외 2편

김 석 인

낙원상가 입구의 우측 골목에
노인 어르신들을 위한 공간으로
흘러간 음악도 감상하고
점심도 싼값에 드실 수 있도록
신한은행이 협찬하여
착한 공간을 마련하여 운영하고 있다

종로, 인사동, 낙원상가 일대에 지나는
어르신들을 위한
배려가 아닌가 생각해본다

한 끼의 배고픔을
달랠 수 있어 기분 좋고
잃어버린 추억을 되찾아 주어
마음 또한 훈훈하다

보이지 않는 어둠속에서
마주 잡을 손이 있어서
버팀목이 될 사회적 배려가
꽃샘추위를 달래주고

잠시나마 그곳에서

세월의 훈장이 되어버린
쌓인 인생의 흠집들이
녹아내린 듯하다

금(crack)이 간 인생의 상처를
금(gold)으로 도금할 수 있어
잠시나마 추억의 음악으로
그 속에 흠뻑 빠져
잊어버리고 싶은 심정 일게다

가을 손님

김 석 인

여름 내내
당신이 오기만을 기다렸습니다,
그런데 열대야보다 더 건방지고
온몸이 끙끙 앓으면서도
그렇게 도도할 수가 없었습니다

북쪽 하늘에 시커먼 구름이 잔뜩 끼었을 때나
남서쪽에서 후덥지근한 바람이
태풍을 몰고 왔을 때도
동구밖 은행나무는 꼼짝도 하지 않았는데
내 마음만 그렇게 애달파하며
하염없이 하염없이 기다렸나 봅니다

이제 하늘에서도 부는 바람에서도
가을 냄새가 향긋합니다
밤하늘에는 별들이 총총
맑은 저수지에도 가득가득 내려앉았습니다
상쾌한 가을바람과 행복한 시간을
함께 보낼 수 있게

이제 소쩍새 노래하는 기쁜 소리와
청명한 가을 햇살이
예쁘게 윙크하는 기분 좋은 시간에
꼭 찾아오시길 기다리겠습니다.
미소 지으면서

동성동본이 빚은 슬픔

김 석 인

전쟁고아나 미아들은
부모가 누구인지 모른다
누구 탓이랴
전쟁인가, 사랑 탓인가
하지만 분명한 것은
부모와 생이별 한 거다

다행이다
고아원에서는 원장님이 아버지가 된다
한 울타리 안에서 성장하면서
이성을 알고 사랑을 배운 것이
동성동본은 요단강이었다

알량한 인륜 때문에
죽는 것보다 헤어지는 것이
더 무서워서 함께 죽는다고
자살은 동성동본이 빚은 기찻길 같은 슬픔이다

법이 진즉 바뀌었더라면
아까운 목숨들
저리 되지는 않았으리라
슬프도다! 슬프도다!
동성동본으로 태어난 것이

김 석 인
시인

수상소감

갑진년 '청룡의 해'는 유난히도 찜통더위였으며 가을 손님도 힘들게 오더니만 마침내 117년 만의 폭설로 첫눈을 기록, 별 난 금년 갑진년은 이제 며칠만 남았습니다.
년 말이 되니 한해를 마감하는 의미에서 각 문학단체마다 문학상 시상식이 풍년입니다.

저도 2024년 제 4회 영광의 한용운문학상 중견부문 특별작품상에 당선되어 마침내 수상하게 되어 저 세상의 만해 선생님께서도 무척 기뻐하시겠지요.

일찍이 만해 선생님께서 하신 말씀이 생각납니다.
육당 최남선, 춘원 이광수 등이 창씨개명을 했다는 소식을 듣고서

벽초 홍명희 선생님이 만해 한용운 선생님을 찾아가서 "개 같은 놈들"이라고 하자, 만해 한용운 선생님은 무어라고 했느냐?

"개는 무슨 놈의 개야!
그놈들은 개만도 못한 놈들이지~" 라고 했답니다.
대단하신 애국자이시지요!

무엇보다도 독립운동을 하시고 시인이신 만해 한용운 선생님의 작품상을 받게 되어 영광입니다. 심사위원 여러 선생님 고맙습니다. 부족한 저를 과감하게 수상자로 의견을 모으신 것은 아마도 만해 선생님의 뜻이 이심전심으로 통한 게 아닌가 싶습니다.

어쨌든 부족한 저에게 큰상을 주신 심사위원님 결정에 재삼 감사의 말씀드리고 이정록 회장님께도 고맙다는 인사를 드립니다.

"고맙습니다. 앞으로 더 좋은 작품으로 보답하도록 하겠습니다."

끝으로 희망의 원동력인 사랑하는 나의 가족과 살아가는 이야기를 함께 나누는 문우님들과 이 기쁨을 나누고 싶습니다.
감사합니다.

2024.11.28
서재에서 김석인 시인

중견부문 특별작품상 수상작 시조부문

민족의 영산 외 2편

김 정 한

신께서 내려주신 신령한 백두산에
신의 물 생명수가 넘치는 천지 연못
물길을 따라 펼쳐진 금수강산 한민족

백두산 준령따라 장엄한 백두대간
골마다 무릉도원 펼쳐진 옥토 평야
무궁화 꽃이 만발한 화려강산 내 나라

천지 물 굽이굽이 불로초 지천인데
불사 약 먹는 민족 기골이 장대하다
온 민족 하나가 되어 지상낙원 이루자

봄 동산

김 정 한

봄 동산 아지랑이 밀밭에 피어나면
종달새 창공을 날며 봄 노래 즐거운데
초가집 처마밑에는 제비 한 쌍 노닌다

샛개울 구불구불 봄 동산 적시는데
송사리 헤엄치고 벌나비 춤을 춘다
동무야 즐겁게 모여 봄 노래를 부르자

할머니 묘지 위에 할미꽃 누웠는데
흰 나비 꽃술 위에 살포시 안기면은
손녀는 묘지에 누워 할머니를 꿈꾼다

저녁 노을

김 정 한

모하비 실버레익 황혼 빛 눈부신데
길 떠날 철새들이 하룻밤 쉬어간다
피곤한 철새 한 쌍이 어둠속에 잠든다

사막의 은빛 호수 석양 빛 물들을 때
노부부 배 띄우고 황혼을 노래한다
부부의 인생살이가 낙조 따라 저문다

사막의 오아시스 저녁 놀 아름답다
마지막 인생살이 낙양에 묻히는데
인생의 황혼길 넘어 새 생명을 꿈꾼다

김 정 한
아호 : 석음
시인, 목사, 교수
미국 콜로나도주 거주
실버레익 한인교회 목사, 미국 신학대학교 교수, 크리스찬 비전신문 칼럼니스트, 제56대 남가주 한인 목사회 회장, (사)문학그룹샘문 자문위원, (사)샘문학(구,샘터문학) 자문위원, (사)샘문그룹문인협회 자문위원, (사)한용운문학 회원, (주)한국문학 회원, (사)샘문뉴스 회원, (재)이정록문학관 회원, (사)샘문시선 회원

<수상>
한용운신인문학상 시조 등단
2024 샘문뉴스 신춘문예 당선(시)
2024 샘문학상 특별창작상(시)

<저서>
설교, 고장난 인간   인간의 영과 성령
성령의 목소리   성서 해석학(박사논문)

<공저>
이별은 미의 창조 <한용운문학시선집/샘문>
개봉관 신춘극장 <컨버전스시선집/샘문>
호모 노마드투스 <한국문학시선집/샘문>

수상소감

저에게 시인이라는 귀한 이름을 주신 것도 감사한데 이번에 값진 상까지 주신 심사위원님들께 진심으로 감사를 드립니다.

사단법인 문학그룹샘문을 저에게 남은 생애를 시인으로 살아가도록 도와주셨습니다. 성경은 "시로서 하나님을 찬양하라"고 말씀하십니다. 부족한 제가 샘문그룹의 도움으로 시로서 하나님을 찬양하는 삶을 살 수 있어서 행복합니다. 앞으로 시인으로 살아가도록 정진하겠습니다. 감사 합니다

2024.11.29.
모하비 사막 실버타운에서
석음(금흠) 김정한

중견부문 특별작품상 수상작 수필부문

며느리와 딸 외 1편

김 종 진

　우리가 살아가면서 수많은 일들을 겪으면서 살아간다. 그중에서 가장 일상적인 사람과 사람, 관계가 참 쉬우면서도 어려운 것이 인간과 인간관계다. 늘 같이 있는 것이 가족이고 형제간이지만, 불편하고, 늘 보살핌이 필요한 환자가 가족 중에 있으면 누가 보살필 것인가? 그리고 케어하는 동안에 일어나는 무수한 인간관계 등이 어렵게 되기도 하고 형제간 의리가 상하는 경우도 우리 주변에 종종 목격 되기도 한다.

　우리 아버지가 치매로 고생하시고, 우리 마음을 안타깝게 해서 항상 가슴에 많은 아쉬움이 남아서 이렇게 다시 이야기를 하는 것인지도 모르겠다. 물론, 형제간 서로 돌아가면서 모시는 경우도 보았다. 아주 좋은 경우고 가장 이상적인 방법이기도 하다. 왜냐, 전체 치매 기간으로 따지면 몇 년씩만 모셔도 되니까.

　불편한 병명 중에 하나가 치매고, 중풍 등 육체적으로 움직일 수 없는 환자가 존재할 때. 우리 가정에서 케어 해 줄 수 있는 조건이나 그런 사실에 대하여 진지하게 의논하여 결정 하기란 여간 어려운 것이 아니다. 친형제 관계도 그렇고 부부간에도 마찬가지다. 잘 살다가도 어느 순간 성격 차이라 하면서, 멀어지는 것이 부부이기도 하듯이 어려운 일이다. 부부란 가장 친하다고 말하지만 돌아서면 남이다. 아무리 부부지만 만약, 부모님이 치매로 힘들 때, 부인보고 당신이 좀 모시면 어떻겠는가?, 라고 선뜻 나서서 말하기란 매우 어려운 것이다.

　필자가 이야기하고자 하는 것은 부부간의 사랑이 아니라, 치료가 불가능 한 사람이 주변에 있을 때, 병간호와 보살핌에 대처하는 자식으로서 행동에 대하여 실질적인 이야기를 하고자 한다. 그나마, 부모일 경우보다, 부인이나 자식이 중병일 경우는 경제 활동이 전혀 되지 못하여 한 가정이 무너지는 아주 안타까운 경우도 있다. 그러나, 우리는 종종 부부간이든 형제간이든 우리 사이에 많은 의견의 충돌을 겪는다. 간병에는 효자 없고, 천사도 돌아선다는 말이 있다. 정말 누구나 그러지 말아야 하는데, 중병에 걸려서 남아있는 자 옆에 있는 가족들이 매우 힘들어하는 경우가 왕왕있다. 그중의 하나가 치매고, 아주 오래도록 거동을 하지 못하는 아주 중병에 걸린 사람이 가족이 있을 때가 가장 힘들고, 속이 상하는 부분이다.

가령 중풍에 쓰러져서 기억이 조금 남아있거나, 아니면 치매로 인하여 기억조차 없는 그야말로 육신만 멀쩡하고, 정신이 가끔 돌아오기는 하지만, 중풍은 병이 길어질수록 점점 더 나빠진다.
항상 병이 가중되고, 점점 더 어려워지는 경우를 친한 친구 아버지의 경우를 보았다. 대소변 다 받아주고 누운 자리 바꿔주고 목욕시키고, 하는 일이 중한 노동이 되고 구속이 된다. 그리고, 치매일 경우는 언제 어떻게 돌변할 줄 몰라서 당황하고, 힘들어하는 것이 빈번하게 발생된다.

외국인 어느 임상 논문에 보면 치매도 여러 종류가 있지만 치매의 10% 정도는 뇌졸중, 뇌경색, 뇌출혈 등으로 뇌에 공급되는 혈류량이 감소하면서 나타나는 혈관성 치매, 혈관성 치매는 증상이 급격히 나빠지고, 안면마비, 시력 손실, 보행 장애 등의 신경학적 증상이 초창기부터 나타나는 경우가 많다. 파킨슨치매, 알콜성 중독성 치매, 등등, 치매는 여러 가지 병명도 많고 발명 원인도 많다. 우리 집의 경우를 들어보면 친아버지가 치매가 아주 심하지는 않았지만, 늘 옆에 있지 않으면 항상 불안하고, 무슨 일이 언제 어떻게 일어날지 모른 상태였다.

그런데도, 우리는 인간의 본성을 지나 사랑이라는 독특한 인간애가 없으면 버티기 힘든 환자에게 모든 돌봄을 자처하는 사람도 있다. 아무리 집사람이지만, 성이 다른 그것도 몸무게가 많이 나가는 성치 않은 사람을 돌봐 달라고 말하기란 어려운 경우다. 그래서, 요양원에 모시는 것도 검토했으나, 그리 쉽지만은 않았다 요양병원이 나빠서가 아니고, 다른 공간에서 서로 간 인간성 단절이 되기 때문이다. 물론, 요양원 시스템에 대하여도 각 가족 마다의 원하는 정도의 차이가 많기 때문이다. 친구들 중에서 80%는 대부분 요양병원에 부모님을 모셔서 최종 임종하는 날까지 계셨던 것으로 보인다. 아버지를 돌봐 줄 사람이 마땅치 않은 상태였다.
그런 사이 얼마 동안은 우리 집에서 아버지를 모셨다. 그렇게 우리 집에서 어느 정도 모셨지만 하루는 형제간 모임 때 이 문제가 대두되고 서로 입장을 잘 아는 처지여서 서로 힘들어 할 때, 바로 밑 여동생이 아버지를 돌봐 주겠다고 나섰다.
정말 모두가 놀라고, 서로 얼굴을 쳐다보다가 "할 수 있겠어" 라는 질문만 하게 되었다.

그것보다, 여동생 남편(매제)의 의사가 가장 중요한 문제였다. 그런데 바로 그렇게 하는 것이 좋겠다고 했다 한편으로는 부끄럽지만, 한편으로는 의사 표시를 한 형제가 있다는 것이 너무나 감사한 일이다.
병원 모시고, 가는 일은 여동생이 하고 몸단장 수염 깎기 몸 씻기는 매제가 해주었다. 몇 년을 그렇게 보내고, 잘 보살펴 주는 동생에게 너무나 감사했다 물론 자주 동생집에 둘러서 병원에 다른 병이 나고 했을 때 마다, 내가 모시고 전문병원을 이 병원 저 병원 다녔다.

특히, 당뇨까지 겹쳐서 몸 안에 뼈가 썩는 경우가 많았다. 대퇴부 괴사 무릎 괴사로 통증이 말도 못하게 심해서 한두 달씩 입원해 계시곤 했다. 매주 병문안 가는 것은 말할 것도 없다. 병원에 어머니가 병간호를 하시곤 하였다. 그러던 어느 날 어머니도 몸 상태가 좋지 않음을 알고 대형 병원에 입원을 해서 정밀진단을 받은 결과 자궁암으로 밝혀졌다. 오히려 아버지보다 어머니가 더 걱정 되는 상황이었다. 내가 근무하는 그룹 내 병원이였지만 담당 의사에 의하면 너무 늦어서 매우 힘들어지는 경우라는 것이다. 결국에는 더 버티지 못하시고, 고생을 많이 하시고, 돌아가셨다.

그러던 어느날, 아버지는 치매임에도 불구하고, 금연을 하지 못하고, 지속적으로 담배를 피우셨다. 점점 더 쇠약해 지고, 결국에는 폐가 안좋아 져서 폐암에 걸리게 되고, 그때쯤 내가 다니던 회사에서 정년 퇴직을 하게 되어서 아버지 병원 모시는 일은 내가 했다. 치과, 정형외과, 흉부내과 등등, 진찰 시간들은 너무나 힘들었고 오랜 시간 들이 문제였다.
아버지께서 못 견디셨다. 그런 절차도 무시하고, 안 받으려는 말썽도 부리시고 짜증 내시고, 집을 무단으로 가출해서 찾은 것도 여러 번 있었다. 내가 그래서 아버지 호주머니에는 신분증 사본, 내 전화번호를 항상 여러 장 복사해서 넣어 드렸다. 그래서 쉽게 여러 번 찾은 적이 있다.

결국에는 폐암으로 돌아가시고 현충원에 잘 모셨으며, 그 수많은 시간을 애정으로 돌봐 준 우리 여동생과 매제에게 너무나 감사드린다. 장남으로서 할 일을 제대로 못하고 동생에게 미뤄버리는 결과로 항상 미안한 마음이다. 3년 동안 한 번도 여행을 가지 못했을 여동생에게 적은 여행 경비를 줬지만, 그게 무슨 보상의 댓가가 되겠는가? 그로 인해서 부모님에게는 최선을 다해서 최종까지 우리 옆에서 모셨다는 것 만으로도, 조금은 자식으로 끝까지 우리 형제간이 지켰다는 스스로 위안이 된다. 밑에 남동생 둘도 물심양면에서 합심을 다해서 부모님께 정성을 다했다는 것도 참, 다행이라고 생각하고, 끝까지 우애 있게 자기 자리에서 잘 살아왔다는 것이 동생들에게도 감사한 일이다.

특히, 그동안 애써준 우리 여동생의 희생 어린 애정으로 인해 우리 가족이 함께 버틸 수 있도록 해 준, 것에 대하여 지금도 잊지 못하고, 감사하다. 아마도 평생 갚아야 할 빚인지도 모르겠다.

세상이라는 그곳

김 종 진

　문명이라는 현대 사회에서 난 무엇을 위해 처음으로 도전하고, 나를 무한한 세상 속에 던져 버리면, 누군가 나를 평가도 하고, 위로도 하지만, 아픔을 맛보기도 하고, 고통스럽게 쓰러져 견디는 것을 배우고, 느끼면서 살아간다. 이게 세상이라고, 이것이 인간의 삶이라고..

　내가 태어나 세상이라는 곳에 처음으로 힘차게 울어도 보고, 엉금엉금 기어도 보고, 일어났었다, 내게는 용기도 아니고, 그저 본능적으로 일어서는 거고, 살아 보려고 발버둥 치고 했을 것이다. 허나, 아무리 요구가 강한 자라 할지라도, 생리적으로 동물처럼 태어나서 30분 만에 일어나 걷고, 젖을 빨 수는 없다. 타자는 엄마에 의해서 울음을 통해서 젖을 빨고, 배불러서 잠이 오면 다시 울고, 배변을 알리려고, 또 울고, 그럼 엄마는 울고, 뒤집고 일어서는 그날까지 배변을 치우고, 귀저기를 갈아주고, 성장을 거듭하여 말귀를 알아 들을 수 있을 때부터 능동적으로 하나 둘 하기 시작한다.

　엄마의 젖을 찾아서 자연스럽게 젖을 빨고 생명을 유지하는 것부터, 내가 누군가에게 말을 하고, 나를 표현하는 대상은 위대한 나만의 어머니 그를 보는 것으로 가장 행복했을 것이다. 항상 나는 처음으로 부딪치며 살아가고, 내가 이기든 지든 살든지 죽든지 늘 둘 중에 하나 그러나, 매번 이길 순 없어. 절망도 하지, 매번 처음 해보는 거니까. "언젠가는 잘 하겠지" 라는 믿음 속에서..

　누군가는 이렇게 이야기 하지, 사람은 운도 복도 타고나야 한다고, 물려받을 뭔가 있어야 한다고. 그러나, 물려받는 무엇이 있는 자는 하늘이 준 선물 일 것이다. 그런 나는 그런 행운도 복도 없이 준비 없는 도전에 운도 없는 거야. 운도 잘하려 무엇인가. 준비할 때, 그 길목에 서성거리면서 얻어지는 거지, 복권을 사지 않는 자는 당선도 없듯이.. 인간은 살면서 하나씩 배우고 익히지, 모든 것이 처음이라면 완벽할 순 없어 그러나, 절망도, 슬픔도, 아픔도, 모두가 성숙해 가는 과정인 것을 잘 알고 있다. 이제 초로初老의 길에서 서성이다가 늦어 버리면, 아니 기회가 없어지면, 다시 일어서 할 시간조차도 없는 것. 끝없이 도전하고 살아야 하는 것이 운명이라면, 운명이라고나 할까. 인생길에 지름길은 잘 모르지만, 방법이 서툴다는 것뿐, 젊을 때는 가진 것이 많다. 용기, 기회, 열정 넘어지고 쓰러져도 다시 시작하는 거야. 젊음의 패기로 이 모든 것이 가능한 여건이 되니까.

아무것도 모르는 어린 시절처럼 본능적으로 엄마의 젖을 빨고, 그리고 조금씩 몸을 뒤집고 나면, 무엇인가를 붙잡고 일어서는 것이. 생존의 시작일 것이다.

   주어진 운명이기에 우리는 살아가고,
그러면서 하나 둘 배우고 부딪치면서
배운다. 보람이라는 것과 성취감도 맛본다.
그런 매력에 아마도 사는지 모른다.
살아가는 방법은 너무나 많다. 그러다가 늙고 병들고 쓰러지면 힘들어 젊은 시절의 패기와 용기는 아니지만, 악을 쓰고 버티어 보지만, 그러나 마음뿐, 마음대로 안 된다는 것을 알아가지. 그런 인생의 고비에서 힘들어 하지만, 모든 것을 내려놓고 하늘을 바라본다. 포기도 때론 빠를수록 건강에 좋다는 것을 안다. 그저 멍하니 먼 곳을 보면서 혼자 이야기하지, "그래 인생은 그렇게 호락호락하지 않는다는 것" 맘대로 할 수 없다는 것을 우린 알고 있다.

   조금씩 조금씩 그러면서 어느 순간에
망각도 하고 과거를 회상하면서 가끔
눈물을 흘리기도 하지, 잊어야 할 인연도. 버려야 할 집착도, 아니, 모든 것을 내려 놓아야 한다. 자연스럽게-- 석양 노을이 아무리 화려하다고 해도, 점점 어둠이 오는 밤을 피할 수는 없다. 이제 생명이 다해 갈 곳을 찾아서 낙엽처럼 바람에 쓸려 가듯이 어디론가 밀려간다. 아무도 모르는 곳을 향해서 나도 알 수 없는 곳으로 향해 떠난다. 내가 태어날 날짜도 저 하늘로 가는 날짜도 우린 모른다.

   나의 존재는 사정없이 버려져 가고,
모든 것들이 안개처럼 한순간 사라진다.
바위 아래 조그만 이름 모를 수초처럼,
밤하늘의 수많은 별 들 중에서 하나가
사라져도 아무도 모르듯이 그렇게
최종 마지막 종착역에 이른다.

김 종 진

경기도 용인시 거주
전주신흥고등학교 졸업
유원건설사우디 담맘 해군본부 현장기사
(토목&건축측량 담당)
삼성그룹 입사(구,삼성엔지니어링) (현)삼성엔지니어링E&A 현장 관리담당
사천항공 농공단지 공장건설현장 관리팀장 엔지니어링 사내기술연구소 관리팀장 경춘선 복선 전철공사 현장 관리팀장
삼성엔지니어링㈜ 정년퇴임(2011)
(주)D&I건설 총괄상무
(아랍에미레이트 원자력발전소 자재관리)
㈜태현/(해원)ENC 상무
㈜JTC(steal roll/ iron plate) 대표이사
(사)문학그룹샘문 회원
(사)샘문학(구,샘터문학) 회원
(사 샘문그룹문인협회 회원
(사)한용운문학 회원(샘문)
(주)한국문학 회원(샘문)
샘문시선 회원
<수상>
2024 한국문학상 시 등단
2024 한국문학상 수필 등단
<공저>
호모 노마드투스
<한국문학시선집/샘문>

수상소감

문학 소년도 아니였고, 삶에서 얻은 많은 사항에 대하여
겪으면서 조금씩 기록하고 남기고 싶은 생각이 많아지면서
시와 수필과 소설에 관심을 많이 가지고 살면서, 한편으로
작품을 쓰고, 응모를 하면서 지내 온 세월이 흘러서
저에게도 좋은 기회가 주어진 것이 저에게는 영광으로
생각합니다.

이번 응모에 임하기보다는 평소에 작업했던 작은 생각을
조금씩 조금씩 작업하면서 이번처럼 좋은 기회를 주셔서
너무나 감사드립니다.
작은 저의 생각과 글에 관심을 가져주신 심사위원 여러분
덕택에 금번에 빛을 보게 해주신데 다시 한번 감사드립니다.

인간에게 가장 훌륭한 것은 후손에게 많은 지식을 널리 알리려는
마음으로 기록 문화를 남겨서 작가의 생각과 지식을 공유하게 하고
후손들이 물려받아 많은 지식과 생각과 사상을 공유하고 알게
하는 것이 가장 훌륭한 문화의 가치라고 생각합니다.

저도 작은 부분이나마 남길 수 있는 기회를 가진 것에
다시 한번 감사하고, 많은 작품을 남겨서 기록 문화에
일조하도록 노력하겠습니다.

2024.11.26.
김종진 올림

중견부문 특별작품상 수상작 수필부문

추억의 밤 외 1편

김 영 홍

　나의 삶을 돌아보며 쓴 이 글, 손누비란 글은 오늘밤 좋은 추억으로 남을 것 같다.
청주시에서 대한민국독서대전 개막식을 한다며, 출연을 해달라는 연락이 왔다. 나는 상상도 못한 일이였다 청주시에서 내 글 손누비로 추천이 되었습니다, 라며 연락이 왔다. 김영홍 선생님 여기는 방송국입니다, 라며 연락이 왔다. 생방송으로 진행을 한다며 꼭 참여를 해달라며 전화가 걸려왔다. 내 수필집 손누비 글이 사색도 묘사도 없이 진솔하게 썼다며 "청주시 행사이니 꼭 참여를 하셔야 합니다." 순간 나는 네, 하고 대답을 하였다. 청주 시장님과 서울 문화부 차관님과 훌륭하신 내빈들이 많이 오셨다. 내 글로 차관님과 생방송을 하면서 차관님과 주고 받음으로 방송을 해야 한단다. 이것이 뭐지,하며 의아해 하였다.

　나의 자서전 손누비 내 글을 읽으며 장관님과 주고 받으며 말했다. 유년시절에 살아온 일상들을 쓴 중에 어머니의 솜씨가 좋으셔서 써본 글이 채택이 된 것이었다.
오랜 세월토록 간직한 우리 어머니 삶들은 늘 그런 삶으로 사셨다. 우리 칠 남매 자식들 건사하시며 고단 하신데도 명절 때마다 밤을 지새우시며 만들어 주셨던 손으로 누비 옷을 손으로 한 땀 한 땀 손수 누비셨지 그토록 정정으로 만드시느라 얼마나 힘이 드셨을까. 그런데도 힘겨운 줄도 모르시던 어머니의 정성도 모르던 철부지였던 나는 이제서야 새록새록 어머니 생각이 난다. 정성들여 만들어준 그 옷을 안 입는다며 징징대는 철부지 딸을 달래주셨던 우리 어머니를 생각하니, 그런 울컥 시절 옛날 생각들이 한 편의 글이 되었었다.

이 글은 청주시에서 장려상을 받았다. 손누비, 엄마 생각에 또 눈물이 두 볼로 주르르 흘러내린다. 그땐 왜 그랬을까? 버선에 예쁜 동양자수 놓아 만드신 최고의 꽃버선 인데 친구들이 다들 부러워해도 나는 싫다며 울었던 철부지 울보였다. 호강에 겨운 줄도 모르고 자란 철없는 바보였다. 지금 생각하면 최고의 우리 엄마표 메이커 브랜드인데 몰라보고 손누비로 저고리에 동양자수를 놓으신 우리 어머니의 좋은 솜씨를 이제서야 자랑하고자 합이다. 버선에 수술 달고 꽃수 놓은 그 예쁜 꽃버선을 왜 그리 안 신으려고 했는지,

이제 나이가 들며 나는 어머니가 만들어 주시던 그 옷이 그리워서 지금도 나는 우리 옷 한복에 집착을 하며 즐겨 입곤 한답니다.

일기란 나의 삶이더라

김 영 홍

　몇자씩 적어노은 일기가 나의 삶을 말해주더라 팔순을 바라보는 나의 일기장은 나의 삶을 말로는 다할 수가 없었다. 하지만은 그때마다 구절구절이 써놓았던 일기를 드려다 보니 좋은 날들이 기록이 되여 책으로 만들고 싶다란 생각을 해본다.
첫 작품 수필집 '뾰족구두' 그리고 두 번째 수필집 '손누비', '노을'의 시집까지 세 권을 쓰면서 나의 삶이 그런대로 기록이 되어 책으로 만들어진 것을 정리하고 보니 슬픔과 아픔은 숨기고 좋은 추억들로 되살아 난다.

　팔순을 바라보는 노년의 삶속엔 청춘의 삶이란 가슴깊이 묻어두고 중년을 훌쩍 지난 칠순의 고희를 보내면서 나의 삶을 써 본 글들이 채택이 되었다 자랑스런 나의 삶은 그랬다. 며느리,란 숙제도 올캐, 형수,란 숙제와 사 남매의 엄마란 숙제까지 마무리하고 나니까 내 나이 고희가 되었다.
이때부터가 내가 하고 싶던 공부도 운동도 하면서 칠십 년이란 그런 삶을 변화를 하였다. 내가 살아온 나의 삶을 글로서 적게 되었다. 새로 글을 배우며 울기도하고 웃어 보기도 하며, 글로서 하소연도 해보며 나의 책도 가져 보았다. 열심히 살아온 나의 그 삶들이 일기장 속에 숨겨져 있었다. 한 땀 한 땀 꽃수를 놓은 것처럼 나의 삶이란 흘러간 세월에 변화를 이야기 해보려고 한다. 젊어서 고생은 돈을 주고 사서라도 한다고 했다.

　나이들면서 운동과 글쓰기를 즐기며 살려고 노력을 하였다. 즐거울 때마다 써놓은 일기장을 뒤적이며 욕심을 부려본다. 나의 팔십 년의 기념 작품으로 내 책으로 남기고 싶다. 난 온 가족들에게 손주에게 까지도 선포를 하였다. 팔순에 나의 일기장을 책으로 만들으려 하니 온 가족들이 하고 싶은 말을 글로 한 편씩 써달라고 하였다. 손주 손녀들에게도 부탁을 하였다. 내가 떠난다 해도 내가 살아온 삶이란 걸 남겨두고 싶었다.

그래도 고희에 쓰여진 손누비란 내 글로 청주시에서 대한민국독서대전 개막식을 하였다. 나로서는 상상도 못했던 그때의 사연들이 새록새록 생각이 난다. 내가 저 세상으로 가고나면 무엇이 남을 까요? 팔순에 쓰여진 이글 중에는 어떤 삶으로 살아나는지를 차근차근 써보고 싶다. 과연 자식들이 엄마가 이러이러한 삶으로 살아 오셨다라고 할런지, 자기 글을 보며 내가 이런 삶으로 살았다란 말을 할지, 나는 온 가족들한테 글 한 편씩을 청하였다.

이제는 탐욕도 욕심도 애착도 모두 다 놓으며 편히 쉬려 했는데, 아직도 글과 아가들은 놓을 수가 없다. 더 놓고 싶다란 생각은 내년이면 내 나이 팔순인데요 어린이집을 더 갈 수가 있을까! 지금까지 가르치며 살아온 나의 삶을 돌아보며 수많은 아가들이 생각이난다. 할머니 보고 싶었어요, 하면서 내 품으로 폭 안기는 아가들!, '야야~ 이야기 할머니 오신다며 폴짝폴짝 뛰는 모습이 얼마나 귀여운지' 이럴 때 나에게 즐거운 힐링을 주는 예쁜 아가들이다.

그리고 내 글 속에는 나의 친 손주 손녀로 부자다, 란 글로 방송이 되기도 하고, 나는 어릴 적부터 아이들을 참으로 좋아하였다. 그래서일까 나는 결혼해 아기가 생기는데로 낳으며 피임도 유산도 아니하였다. 그 덕분에 나는 대가족이 되었다. 손주 손녀로 열아홉 꽃들이 내 가지들로 나의 노년의 삶은 자식들과 손주들로 부자로 행복하며 감사하다. 이젠 더도 말고 덜도 말고 지금처럼 온 가족들이 편한 마음으로 살아가기를 바라며 기도를 한다. 지금까지 살아온 나의 삶은 많은 아들 딸들이 열심히 잘 따라주고 효심이 지극한 덕분에 노년의 삶을 편히 살아 갈 수가 있다란 것에 감사하며, 이젠 온가족들이 저 가을 맑은 하늘처럼 맑고 곱게 살며, 나의 노후란 예쁜 노을처럼 곱게 지고 싶다.

김 영 홍

아호 : 연화당蓮花堂
충청북도 청주시 거주
(사)샘문학(구,샘터문학) 자문위원
(사)문학그룹샘문 자문위원
(사)샘문그룹문인협회 고문
(사)한용운문학 회원
(주)한국문학 회원
이정록문학관 회원
샘문시선 회원
<수상>
샘터문학상 시 등단
한국산문 시 등단
효동문학상 우수상
MBC라디오 싱글벙글쇼공모 장원
<저서>
수필집 : 뾰쪽 구두, 손누비
시집 : 노을
<공저>
아리아, 자작나무 숲 시가 흐르다
사립문에 걸친 달 그림자
시詩, 별을 보며 점을 치다
우리집 어처구니는 시인
고장난 수레바퀴
<컨버전스감성시집/샘문시선>
추야몽秋夜夢
<한용운공동시선집/샘문시선>

수상소감

먼저 한용운문학상 중견 특별작품상을 수상하게 되어 이근배 심사위원장님과 이정록 이사장님께 깊은 감사의 인사를 드립니다.

사색도 묘사도 없는 나의 추억담을, 아이들이 일기 쓰듯 추억들을 기록한 저의 신작수필 '추억의 밤'이 한용운문학상에 당선되는 영광을 누리게 되어 매우 기쁘게 생각합니다.

그저, 팔십 년의 세월에 녹아있는 사연들을 하나하나 기록하며, 삶을 되돌아보는 기회로 삼았던 저의 추억인 이 수필이 많은 사람에게 희망과 행복을 전하는 편지가 되길 바래봅니다.

오늘 또다시 저의 일기장에 기록될 이번 공모전의 수상 소식은 행복한 노년의 기쁨으로 기록 될 것입니다. 다시 한 번, 노박한 저의 작품을 후하게 평가해주신 심사위원님들께 감사드립니다.

한용운문학상 관계자 여러분 모두에서 행복이 깃드시길 바랍니다.
감사합니다.

2024.11.28.
수필가 김영홍 드림

중견부문 특별작품상 수상작 수필부문

쉰 살이 된 초등학생 외 1편

이 춘 운

　쉰 살 아들에게 글을 가르치고 있는데 잘 쓰고 있다. 일곱 살 때 글을 가르칠 때는 내리 금하면 갈지자로 긋고, 가로금 하면 내리긋고 하여 <야! 멍청한 놈아> 하며 머리를 때리곤 했었다. 그래서 글 가르치려고 <성희야 공부 안 할래> 하면 <안 해 또 머리 깔라고>하며 글을 배우지 않으려 했었다.

　세월은 참으로 빨리도 간다. 마음은 아직도 청춘인데 아들이 벌써 오십 살이 되었는데 글을 모르니 세월 가는 것도 모르고 어린애 구실을 하고 엄마는 아직도 어린애처럼 취급하니 잠시만 엄마가 없어도 <엄마 어디 갔어 언제 와> 하고 혼자 집에 있기 싫어한다.

　하지 마비로 걷지 못하고 혼자 밖에 나갈 수 없는 장애인의 반평생이 흘러간 것이다.
장애인이니 겨울엔 추워서 휠체어 타고도 밖에 나갈 수 없고 만성 기관지염으로 조금만 찬바람을 맞으면 저녁 잠자리에서 줄기침을 하게 되어 백약이 무효다. 그래서 겨울엔 추운 바람, 봄에도 찬바람, 여름에도 마스크를 끼고 휠체어를 타야 다닐 수 있다. 부모들이 따라다니는데 나는 나름대로 전동 자전거를 타고 가니 전동 스쿠터보다 빨리 갈 수 있으나 엄마는 반은 뛰고 반은 걷고 따라 다니는 데, 따라서 오지 말라고 해도 안심되지 않아 매일 동반하니 얼마나 힘들고 고달프겠는가? 엄마가 이렇게 해도 아들에게 미안해한다.

　어릴 적에 운동을 시키고 글을 가르쳤으면 시간 가는 것을 알았을 터인데 살기 힘들다는 구실로 아무것도 가르치지 않으니 바보 아닌 바보로 전락시켜 버렸다. 엎친 데 덮치기로 2년 전에 포경 수술을 해야 했는데 국부 마취하면 장애인이라 혹시 손으로 다칠까 봐, 전신 마취를 했는데 목구멍으로 약을 튀어 올라오면서 목젖 뒷부분 식도를 건드려 위산이 목으로 넘어오며 줄기침을 하여 여름인 지금도 마스크를 끼고 휠체어를 타고 다닌다. 나름대로 전동 휠체어를 몰고 다닐 수 있으니 그나마 다행 아니겠는가?

  오월의 어느 날 <성희야 우리 공부 좀 해볼까> <공부 안 해 또 대가리 깔라고> <인제는 안 때려 또 대리면 공부 안 하면 되지> 이렇게 달래고 얼리고 해서, 일부터 삼사 십까지 써보라고 했더니 시키는 대로 다 쓸 수 있었고 두세 개는 잘 기억하고 있었다. 쉰 살이 되어서 글을 가르치는 초등학생이 어디 있겠는가? 아들에게 정말 미안하고 가슴이 미어지게 아프다. 어릴 때 글을 가르쳤으면 지금쯤은 혼자 동서남북 못 가는 데 없었을 텐데, 밥만 잘 먹이면 되는 줄 알았으니 부모 노릇을 잘 못 한 것이다.

  일곱 살 때 혹시 병원에 가면 하지 마비를 고칠 수 있을까 해서 엎고 병원에 갔더니 아이가 머리를 다쳐서 고칠 수 없는 장애인으로 살아야 한다면서 약 몇 병만 처방 해주면서 이것만 먹이면서 기다려 보라고 했는데 너무 기가 막히고 너무 힘들어 병원에서 나와 전철역에서 아이를 버리고 갈려고 엘리베이터 앞에다 내려놓고 십 여보 가고 있으니, 아들이 <아버지 어디 가요> 하며 부른다.

  내 가슴에서 뜨거운 그 무엇이 울컥했다. 앞을 가릴 수 없는 눈물이 줄 끊어진 구슬처럼 흘러 내렸다. 그때 내 나이 스물일곱이었는데, 대학을 다니고 있었다. 어떻게 부모로서 자식을 버릴 수 있겠는가,
천벌을 받을 짓이 아닌가 생각하니 피눈물이 쏟아진다. 아무리 살기 힘들어도 고락을 함께하려고 결심하고 집으로 데리고 돌아왔다. 그렇게 지금껏 함께 살기만 했을 뿐 장애인이라고 글을 가르치지 않았고 운동도 그저 도로변 난간에서 이 삼 십 보 걷게 하고 집으로 돌아왔는데 이것이 운동이었다. 이 년 전, 구로구청에서 과장이 집을 방문하고는 장애인을 위하여 개발한 기립훈련기 한 대를 보내 주었다. 그때 정말 감사하고 고마웠다 지금은 매일 기립 훈련기로 반 시간씩 걷고 있는데 기립훈련기에서는 잘 걷고 있다.

  6월의 어느 날 건널목을 건널 때였는데 앞사람을 피하느라 전동 휠체어로 엄마를 치어서 바퀴가 엄마의 종아리 무릎 넓적다리로 올라갔다. 내려와서 종아리 무릎 넓적다리 여섯 군데나 퍼렇게 멍이 들었으나 한 번도 아프다고 하지 않고 그저 서글픈 미소만 짓고 있다. 얼마나 아팠을까 상상만 해도 가슴이 아프다. 장애인 아들을 키우는 엄마의 한평생은 누가 보상해 주겠는가 말이다. 매일 집에서 맴돌며 아

들하고 씨름하고 있는데 아침 식후엔 대변을 보고 나면 사타구니에 냄새가 날까 매일 씻기는 일이 오 십 년이 되었다. 요즘엔 내가 씻기고 있는데, 어른의 구린내는 어지러울 정도로 너무 지독하다.
그러나 자식이니 그렇게 깨끗하게 보살펴 주고는 있지만, 부모들의 행복과 자유는 어디서 보상받아야 하는지 물어보고 싶다.

 아들을 데리고 푸른 수목에 가서, 아들은 전동 스쿠터를 몰고 운동장에서 돌고, 나는 운동기구에서 차례차례 30분간 운동을 하고 이렇게 오전엔 운동장에서 집사람도 와서 운동도 하며 아들을 지켜보고 있다.
매일 이렇게 오전 시간은 수목원운동장에서 집사람하고 아들을 데리고 운동하고 나니 오전의 일정은 끝났으나 다른 일은 엄두도 낼 수가 없는데, 머리 위에서 날아가는 비행기를 볼 때면 여행을 가고 싶어진다. 나라에서 준 문화카드 일 인당 13만 원 3인이니 39만 원인데 제주도 여행이나 일본도 갈 수 있으나 발길이 떨어지지 않는다. 아들까지 데리고 여행을 갈 수도 없고 집사람하고 함께 가려고 하니 아들을 맡겨 놓을 때가 없다. 혼자 가려고 하니 집사람한테 미안하다.

 집사람은 보건소에서 결재한 100만 원을 저축해놓고 일본 여행을 가라고 했으나 차마 여행을 혼자 갈 수가 없다. 그래서 그 돈으로 전동 스쿠터 배터리를 바꾸고 알티지 오메가-3를 사고, 소팔메트를 사고 나니 얼마 남지 않았다. 이렇게 올해에도 여행 가려던 계획은 수포로 돌아간 것 같다. 서운하지만 내년으로 미루어야 하겠다.

 오전 시간은 운동장에 보내고 오후 시간은 아들에게 글을 가르치는데, 그것도 매일 가르칠 수가 없다. <아버지! 오늘은 공부 안 해>하는데, 병원에 약 받으러 가야 하고 집사람도 정형외과에 허리 디스크 '도수치료' 받으러 가야 한다. 쉰 살이 되서야 공부를 시키려 하니, 보내만한 학교가 없어 보낼 수도 없고, 난감하고
속이 터지고 고단하지만, 힘이 닿는데로 최선을 다해서 글을 가르치려고 다짐하고 또 다짐해본다.

수필

사랑하는 첫딸

이 춘 운

　세월이 지났건만 부모 사랑은 내리사랑이라고, 자식이 천당에 갔던 지옥에 갔던 가슴에 품고 산다고 했는데 그 말이 옳은 말 같다. 우리 미영이가 천당으로 간지 어언간 37년이 되었건만 매일 생각이 나는데 요즈음엔 가수들이 노래하는 것을 볼 때면 노래를 잘했던 우리 미영이가 무척 보고 싶다. 왠지 모르게 자꾸 보고 싶어 눈시울이 촉촉이 젖어 있는데 아마 나도 늙었는가 봐, 후회해도 무슨 소용이 있을까 생각이 들지만, 보고 싶은 걸 어쩔 수 없다.

　결혼을 하고 일 년이 지나 첫딸이 태어났는데 18세를 못 넘기고 교통사고로 하늘나라 먼곳으로 가버렸다. 꿈에서라도 보았으면 해도 한 번도 안 온다. 그때는 적은 봉급으로 집식구들을 부양했으니 딸애에게 화장품 하나 제대로 사주지 못했고 아이스크림 하나 내 손으로 사주지 못 했다. 하늘나라에서 아버지의 미안한 마음을 알아주었으면 좋으련만 너무 미안하고 미안하다. 나의 팔자가 나쁜 것인지 조상의 산소를 잘 못 모신 것인지 수맥이 흐르는 곳에 모신 것인지 모르겠지만 우리 4촌 형제들은 아들 딸 낳고 잘 살고 있으니 조상 탓은 아닌 것 같다. 모두 다 내 팔자 탓인 것 같다. 아들 또한 7세에 교통사고로 지금까지 장애인으로 살고 있으니 집사람의 한평생 장애인 뒷바라지를 하며 살고 있다. 너무 불쌍하고 미안해서 생각만해도 눈물이 난다. 사랑해서 만나고 사랑해서 행복하다 그 누가 말했던가.

　잘난 놈이 단명한다고 옛말이 옳은 것인지 초등학교 다닐 때부터 공부도 잘해서 전교 1, 2등 안에 들었었고 운동을 잘했고 특기는 엄마를 닮아서 그런지 육상에서 운동대회에 나가면 1, 2등을 했다. 집사람이 딸을 임신해서 8개월 되었을 때 허리에 띠를 두르고 군청에서 열린 운동대회에서 육상경기 백미터 달리기에서 1등을 했으니 동네에서 혀를 찰 정도로 운동하기를 좋아했다.

　동네에서 우리 미영이를 어릴 적부터
두세 살 위인 애들도 이기는 아이들이 없었다. 이런 선수이지만 살아가기가 힘들어 중학만 다니고 가정일을 도왔는데 어린 나이에 경운기를 몰고 다니며 엄마를 도와 농사일을 했으니 동네에서 일등 처녀라고 탐내지 않는 사람이 없었다.

　나는 대학에서 건축공학을 전공했으나 그때는 아파트를 많이 안 지었고 건축 분야에서 할 일이 많지 않아 공무원으로 전전긍긍하며 살다 보니 집 살림살이는 모두 아내 몫으로 남았기에 농사일을 하고 애를 키우고 고생이란 고생은 다 하고 살다가 어린 딸애가 농사일을 도왔으니 그럭저럭 사는 데는 남 부럽지 않게 살았는데, 비탈 밭에서 미끄러져 경운기가 뒤집혀 지는 바람에 아무도 없는 밭에서 사고를 당하게 되었다. 옆에 누구 한 사람만 있었어도 살 수 있었을 텐데, 18세 꽃다운 나이에 천당으로 가버렸다. 이 모든 것이 내 탓만 같아서 며칠간 식음을 전폐하고 울고 울었지만 딸애는 돌아오지 못했다.

　자식이 죽으면 가슴에 묻고 부모가 세상 떠나면 산에다 묻는다고 했던가, 몇십 년이 지났건만 잊을 수 없는 참사는 영원히 가슴속에서 피멍이 들어 있다. 다 큰 딸애를 잃었다는 생각만 해도 가슴이 터지게 아프다.

　2022년 10월 29일 오후 10시 15분 이태원 압사로 159명이 사망하고 195명이 부상하는 사고 1주년에 부모님들의 가슴은 얼마나 아프겠는가!, 이제 겨우 1주년인데, 몇 십 년동안 부모님들의 아픈 가슴을 상상이나 해보았는가, 생각만 해도 가슴이 저리다, 내가 수십 년 경험해 보았으니 잘 알고 있다. 서로 책임을 회피하지 말라, 제 자식이라고 역지사지 해보자, 국가가 조금만 신경을

썼더라면 참사를 사전에 막을 수 있지 않았을까 생각해 보면서
사랑하는 내 딸 미영이에게 애비로서 미안한 마음에 편지를 써봅니다.

"사랑하는 내 딸 미영아! 니가 있는 그곳으로 조만간에 갈 테니 기다려다오
이승에서 못다 해 준 것을 다해주고 싶다. 태어나서 부모 사랑도 제대로 받지
못하고 고생만 하고 갔으니 내 가슴이 미어지게 아프단다. 사랑하는 딸 미영
아!
아빠가 너를 기억하듯 너도 아빠를 생각하며 잘 지내길 바란다. 아빠는 너를
생각하며 하루하루 살아가고 있단다. 아빠는 잘 지내고 있으니 걱정마라.
사랑하는 미영아! 아빠 만나는 날까지 잘 지내기를 바란다."

이 춘 운

서울시 구로구 거주
(사)한국문인협회 회원
(사)문학그룹샘문 회원
(사)샘문그룹문인협회 회원
(사)샘문학(구,샘터문학) 회원
(사)한용운문학 회원
(주)한국문학 회원
(사)이정록문학관 회원
현대시선문학사 회원
대한시문학협회 이사
샘문시선 회원
<수상>
한국문학정신 시 등단
시학과시 수필 등단
<저서>
시집1집 : 당신을 위해서라면
시집2집 : 바다에서

수상소감

안녕하세요!
먼저 제수필 *,,쉰 살이 된 초등학생,,*이 한용운 문학상 위원회에서 특별상을 받게 되어 깊은 감사의 인사를 드립니다. 이렇게 큰 상을 주신 (사)문학그룹샘문 이정록회장님, 이근배 심사 위원장님, 한용운문학상위원회 관계자 여러분께 충심으로 감사드립니다. 제 글을 인정받은 이 순간이 저에게는 평생 잊을 수 없는 특별한 기억으로 남을 것입니다.

저에게는 쉰 살이 된 아들이 있습니다. 지체 장애 1급인 아들은 오랜 세월 동안 글을 배우지 못했습니다. 시간이 흘러 아들이 글을 모른 채로
살아가며 겪는 불편함을 보면서 이제라도 글을
가르쳐야겠다는 결심을 했습니다. 늦은 나이 글을
배우는 것이 쉽지 않을 거로 생각했는데 아들은
제 모든 걱정을 기우로 바꾸어 주었습니다.
성실히 배우고 익혀가는 아들의 모습을 보며 제가 오히려 더 큰 감동과 배움을 얻었습니다.

이 수필은 그러한 후회와 깨달음 그리고 기쁨 속에서 태어났습니다. 제가 미처 채워주지 못 했던 부분을 인제야 채워가며 느낀 부모로서의 보람을 담았습니다. 특히 더 일찍 아들에게 글을
가르치지 못했던 지난날에 대한 후회와 반성이 글을 쓰는 동안 제 마음을 울렸습니다. 이번 수상을 통해 작은 이야기일지라도 진심이 담긴 글이 누군가의 마음에 닿을 수 있다는 것을 느꼈습니다. 앞으로도 제 일상에서 얻은 깨달음과 소중한 순간들을 글로 담아내며 더 많은 분들과 나누고 싶습니다.

다시 한번 귀한 상을 주신 한용운문학상위원회와 (사)문학그룹샘문의 모든 관계자 여러분께 진심으로 감사드립니다.

감사합니다.

2024.11.27.
서울특별시 구로구 항동 245번지에서
이춘운 배상

제4회 한용운문학상

「중견부문」 특별창작상 수상작

중견부문 특별창작상 수상작 시부문

태양의 갈등 외 2편

황 주 석

지구는 나를 맞으려고
때론 피하려고
스스로 뱅글뱅글 돌아다닌다

참 이기적인 넌,
항성이냐, 혹성이냐?
언제나 나를 보며 방글방글 웃는

수많은 인간이 그리워하는 얼굴
달덩이 이고도 싶어
캄캄한 밤에도 떠올라
연인들의 희망이고 사랑이고 싶어

지구란 놈, 둥근 것이 나는 싫다
하루종일 앞뒤를 돌려대며 불 밝히라 하는데
차라리 나도 별, 달, 지구가 되고 싶다

불타는 내 꿈을 식히려고
얼어붙은 너희의 빙산을 파고들었지
불타는 내 이상을 찾아보려고
너희 태평양, 대서양, 인도양의 짜디짠 물속에 풍당 빠져도 봤어

백두대간에 숨쉬는 수맥 꼭지 빼버리고 태평양에 목구멍에 꽂아도
남극 북극의 빙산을 다 녹여 먹어도
불씨 한 톨 꺼지지 않는 운명이다
하지만 나, 할 말은 있다

억울하다고 운다
활활 태우며 피골을 토한다
항성, 혹성이 내 주위를 밤낮없이 돌아간다
인간들이 쓰고버린 오염물질이
더 불타게 한다

난 지구 항성의 평면에 빙산을 녹여서
너희 바다와 강, 호수와 공모해서
너희를 물속에 담가버릴 테야
펄펄 끓여버릴 테야
자욱한 안갯속에서
보란 듯이 자유를 만끽할 거야

눈이 먹은 밥

황 주 석

봄눈이 수북수북 쌓인 채
무거운 고개 수그리고 풍년을 기도한다
설밥 먹은 겨울은 봄에 젖어 젖어들어
그만 녹는다
이팝 같은 눈이 하얀 눈물을 흘린다

눈 녹은 땅에서 흙도 녹는다
흙의 핏물이 스멀스멀 땅속에 파고든다
젖고 젖어 기어올라서 밤하늘에 수를 놓고
은하수 되어 내리더니
외로움 뿌리치면서 온 세상을 휘저으며
자유롭게 날아, 날아서 물이 된다

물은 낮게 낮게 더 낮게 몸을 낮추고 바람같이
굼실굼실 따뜻한 곳으로 달려간다

진눈깨비 머리에 이고 대동강도 주저앉아
겨우내 억압 당한 자유가 물이 되어 달린다
삼라만상이 잠을 깬다 우수라고 눈을 뜬다

경칩이라 개굴개굴 개구리 깃발을 들고
대자연에 집쩍거리면서 깨우고 있다
정말로 올해는 풍년이라고
우수 지나 폭설이니 틀림없이 풍년이라고
풍년, 풍년, 흙이 좋아 풍년이라고

핏줄이여 생명수여 내 사랑이여……

기억 상실자

황 주 석

나는 천장이 아주 높은 빌딩에서 태어났다
뼈대만 앙상한 유리창
타일 벽체 바닥엔 미끄러운 대리석이 번질번질
칸칸이 가로막힌 그 한가운데
변기 하나
휴지걸이 하나
큰 눈알 아무리 굴려도
보이는 건 이게 전부다

배가 고파 앵앵거리며 날갯짓하고 있는데
누군가가 독백을 한다
에이 씨이 똥파리, 똥파리
낮소리로 중얼중얼
태산 같은 손바닥이 아마 나를 겨냥했는지
거의 맞아 죽거나 압사할 뻔했다

날개도 없으니
나의 스피드를 제압할 수가 없었겠지만
먹어도 배탈 없을 듯한
새파란 물이 내 밥상을 몽땅 휘감아
흔적도 없이 싸악 씻어 가버렸다
현기증으로 비틀비틀 뱅뱅 도는

나 따위는 안중에도 없는지

사흘 밤낮을 냄새만 맡았지
입 한 번 못 대고
시꺼먼 배를 꿀렁대고 있다
정체성마저 잊어버린 인간은 아니겠지?
그들은 나만 보면 손을 활짝 펴고
치켜든다
하이파이브 하자는 건가?
궁금하다. 다음에는 하자는대로
해 볼 요량이다

이래 죽으나 저래 죽으나 매 한가지다
나는 분명히 생물인데
그래 똥파리라 치자
먹을 것을 못 먹으면 배가 고파 죽을 거야
도대체, 어차피 버릴거면서 왜?
도와주지는 못할망정 왜?
왜 빼앗아 물로 씻어 버리기까지 하나

공정하지 못해
지금 내 생각에서는

황 주 석
시인

수상소감

이번 한용운 문학상 공모 시부문에 창작상을 받게 되어 영광으로 생각합니다. 말 그대로 저는 새로운 글을 짓는 창작하는 것을 즐깁니다. 꿈을 글로 옮기고, 생활 속에 보고 느끼는 일들, 늘 상념 속에 생각들까지도, 글로 지어보는 작가랍니다. 그야말로 탄생의 고통만큼 힘들고, 어려운 일입니다.

그 일에 뛰어들었다는 것은 그나마 고통을 감내해야 한다는 것도 안다는 뜻이죠. 시는 내가 쓰지만 어쩌면 시가 먼저 나를 찾아왔기에 운명처럼 시를 받아들인 것인지도 모른다.

하루에 한편 이상 글을 지어 면서도 기존에 존재하는 형식은 무조건 회피했습니다.

이렇게도 해보고 저렇게도 써본다.

아직은 배우는 단계이지만 문학 공모전에서 가끔씩 인정을 받을 때면, 그저 감사합니다.

이번 공모전에서도 큰상은 아니지만 기쁩니다. 아직은 부족 한데도 문학상으로 챙겨주셔서 감사드려요.

삶을 시로 승화시킨 4집을 향해 나아가고 있습니다. 내 삶을 진솔하게 글로 남겨서 또 다른 누군가와 마음을 나눌 수 있다면 좋겠다는 간절함으로 다가왔습니다.

좋은 평가에 거듭 감사드리고 멀지 않은 날, 더 멋진 글로 다시 만날 것을 약속드리며, 샘 그룹 이정록 회장님 및 심사위원단 님들께 고마움을 전하고 감사드립니다.

2024.11.28.
황주석 드림

중견부문 특별창작상 수상작 시부문

노을빛 바다 외 2편

정 한 미

저녁노을 흩내리는
바다에 홀로 서면
저 구름 흘러서 어디로 가는지

수평선 저 너머
그리운 얼굴 하나
하얀 파도 되어 내게로 밀려오네

이는 바람 젖은 추억
가슴에 어리어
부서져 사라지는 하얀 그리움

노을빛 흩내리는
쓸쓸함에 물든 바다
뿌려놓는 마음만이
저물녘에 내려앉네

백일홍

정 한 미

붉은 꽃 수놓인 정
하늘에 풀어놓고

그 인연 향기 젖어
슬픔에 물든 꽃잎

이렇게 아름다운
연정의 마음 하나

한 시절 꽃 피운
애끓는 사랑이여

네 붉은 꽃잎 위에
이슬이 맺히면

내 영혼의 슬픈 고백
눈물 되어 떨어지리

버스에 앉아서

정 한 미

내려앉는 저녁노을 창가에 비추는
숨죽인 버스에 몸을 싣고
창밖을 바라본다

하얀 눈송이처럼 흩어지는 꽃잎은
가로수 길 위에서 멀어져 가고
솜사탕 구름은 주홍빛 물이 든다

이따금 내리고 타는 스쳐가는 인연들에
그 옛날 학창 시절 친구의 모습도 그려지고
어디서 밀려온 바람은 차창을 두드린다

내가 탄 버스는 오늘의 고단함을 달래가며
노을빛 햇살 너머
개구리 소리 들려오는 들판길 지나
그 옛집으로 달려 간다

정 한 미
시인

수상소감

시를 생각하다 물든 가을처럼
떠나는 계절 너머로 들려온 수상 소식은
더없는 기쁨과 영광이라 생각합니다.
먼저 저를 추천해 주신
이정록 회장님과 심사를 해주신
심사위원분들께도 고개 숙여 깊은 감사의 마음을 전합니다.
시는 제 삶의 숨결이자 살아가는 원동력이 되기에 진솔한 마음을 담아내려고 언제나 노력하고 있습니다.
부족한 글이지만 늘 그 누군가에게 공감과 위로가 될 수 있는
시인이 될 수 있도록 최선을 다하겠습니다.
저를 응원해 주시는 모든 분들과
사랑하는 어머니, 가족들에게 감사의 마음을 전하며 선물같은 수상의 기쁨을 함께 나누고 싶습니다.
감사합니다.

2024.11.26.
정한미 배상

중견부문 특별창작상 수상작 시부문

여자아이 외 2편

강 정 옥

그립다는 것은 오래전 향수가 아닐까?
한 올 한 올 풀리는 실타래처럼
추억이 내려앉는 시간

생동감 넘치는 명동거리,
커다란 진열장이 나를 반기고
애처로운 눈망울은
수많은 인파 속에 숨어든다

여긴 어디? 나는 누구.......
다섯 살 여자아이는 지나 가는 행인 속을 따라가고
늦은 밤 초췌해져가는 눈망울엔
초침 소리 가득하다

아무도 없는 텅 빈 거리에서
눈물 범벅이 된 얼굴로 초점 잃은 눈동자만
허공을 헤멘다

누군가의 손에 이끌려 들어간 유리문 안,
김 나는 순댓국 한 사발 앞에 놓고
수저도 못 들고 닭똥 같은 눈물만 주르륵
얼마나 찾아 헤맨 걸까

허깨비걸음으로 들어서는 반가운 얼굴

엄마, 우리 엄마
세상에서 하나밖에 없는
사랑하는 우리 엄마

숨죽여 참았던 눈물이 쏟아져 나오자
커다란 두 손으로 넓은 품 안에
꼬옥 안아주며 하신 말씀

무서웠지? 집에 가자
스르르 잠이 든다. 그리운 품안에서....

십 년 전 그 길

강 정 옥

길 위에 멈춰진 것은 생이 아니다
파꽃 속에 숨은 별 한 조각 밀어올려
산 아래 작은 마을 꼬작 집에 불을 밝힌다

구름에 미소짓는
생전 처음보는 환한 달이
십 년 전 유월에 공중전화박스에서
다이얼을 돌린다

정든 아픔이 서글픈
그리움 되어 흐르는 저 강물로
오래지 않아 다가올 밤에 부딪쳐
눈부시게 부서지면
아침에 걷던 시원하게 뻗은 길,

퇴근하는 날이면
다방 마담 껌 씹는 소리만큼이나
또렷한 산 그늘이 오늘도 수고했다며
내게 절을 한다

청옥산 육백 마지기

강 정 옥

하얀 꽃망울 포말로 부서지면
주홍빛 입술은 처음 산 치약 꾸욱 누른
아찔함이다

시간 가는 소리에 화들짝 놀란 몸짓,
잘못 산 어제에 대한 앙갚음

발길을 멈추게 한,
그 많던 시간은 어디로 갔을까

쌩뚱하니 서있는 꼬마 교회
치솟은 십자가는
기도하기 쉬는 죄를 범한 과수댁의 눈물

잠들던 바람도 돌아눕는 밤
모여진 꽃잎 보랏빛 춤을 춘다

강 정 옥
아호 : 이듬, 충남 서천군 거주
유아교육학과 전공, 실버 레크레이션 강사, 서천군 마을기록 활동가
사회복지사 현 근무 중
샘문예술대학교 제8기 시낭송학과 수료, 샘문예술대학교 제9기 시낭송학과 수료
(사)문학그룹샘문 회원, (사)샘문학(구, 샘터문학)회원, (사)한용운문학 회원(샘문), (주)한국문학 회원(샘문), 샘문예술공연단 회원, 샘문시선 회원
<수상>
2023 한비문학 시 등단 / 2024 한국문학상 특별작품상(샘문)
<공저>
호모 노마드투스(한국문학시선집/샘문)
길쌈시(동인지)
나도 작가(동인지)
<자격증>
2023 시낭송가 2급 자격증 취득(샘문)
2024 시낭송가 1급 자격증 취득(샘문)

수상소감

  2024년은 저를 빛나게 해준 한해인 것 같습니다.
  사단법인 문학그룹샘문, 사단법인 한용운문학이 주최하고 샘문그룹 주관하는 한용운문학상 특별창작상이라는 큰상을 주심에 감사함을 전합니다.
  글을 쓰면서 인생을 배우고 흔들리는 나를 책상 앞으로 이끌어 준 것이 시입니다. 누구나 쉽게 읽고 공감하는 시를 써 보려고 아주 조금씩 시도해 보는 중에 이렇게 상을 주신 심사위원님들께 머리숙여 감사함을 전합니다. 한용운문학상 특별창작상에 힘입어 많은 용기를 얻었으니 열심히 쓰겠습니다.
  감사합니다.

2024.11.28.
강정옥 드림

중견부문 특별창작상 수상작 시부문

수박 외 2편

이 향 숙

더위에 지친 오후가 몸 누인 여름밭
단물을 가득 채운 만삭의 팔월이 발그레하다

배가 자꾸만 불러와
검푸른 줄이 죽죽 그어지며
튼살이 생기고
걸음 걸음이 무거워 줄곧 누워 있다

땡볕에 주르륵 땀은 흐르고
눈부신 해산 달 눈앞으로 다가오는데
뱀처럼 은밀히 배를 만지는 소나기가 지나간다

칼끝이 살짝만 닿아도
쩍, 산모의 비명이 터져 나오는데
빨간 속살 드러내며 태어난 아이가 감질나게 예쁘다

주근깨 가득한 얼굴로
단물 같은 울음 터뜨리자
원두막이 떠들썩하다

봄날에

이 향 숙

늦골 시큰거리도록
황홀하고 내밀한 광기 꿈꾸며
생의 절정을 꽃빛에 담고 있는
저 십 리 벚꽃길 터널
수많은 인파가 몰려
보는 내내 눈이 즐겁다

연초록 잎새
햇살에 반짝이는
저 가슴 뻥 뚫린 시원함

봄에 홀려 잠들지 못한 빈손 맡기며
질식하도록 떨림 들었던 마음이
사막화 된 지 오래 인데,
저 깊은 심해에 아무렇게나 널브러져 있던 사랑
이제야 꿈틀거린다

기왓장 담벼락 사이
빼꼼히 내민 채 바라보는
분홍빛 귀여운 꽃, 생기 돌아
아름다움 더 연출한다

공중의 안과 밖을 움켜쥐며
어떤 자욱하고 화사한 음모 꾸미는
저 만개 아래서 묻는 봄 안부
참으로 설레는 조합

순수한 그때 모습
여전히 격한 기쁨으로
애정 가득 담은 사랑의 눈빛

바느질

이 향 숙

오해가 깊어져 너덜거린
마음의 소매 깃에 꽃무늬 덧댑니다

박음질 짱짱하면
뜯어지지 않는 숙명이라던데
토라질수록 교묘히 숨어든 아픔에 솔기가 터져 있습니다

당신의 안과 밖을 고르게 매만져
헤어진 시간이 티가 나지 않도록 시접을 접습니다

뒤엉킨 사이가 풀리지 않아
불현듯 매듭을
잘라 버리기도 하겠지만

다음 날이면 다시
자투리 감정 한 땀 한 땀 기우며
어김없이 서툰 첫발 내밉니다

이 향 숙

광주광역시 동구 거주
목포교대학교 졸업
한실문예창작 회원, 광주문인협회 회원, (사)문학그룹샘문 회원, (사)한용운문학 회원, (주)한국문학 회원, 샘문시선 회원
<수상>
2019 문학공간 시 등단, 샘터수필문학상 당선, 부산문화글판 당선, 빛창문학상 당선, 불갑산상사화문학상, 기독교문학상 대상, 삼행시 문학상 은상 육신문학상 대상, 박길무문학상 최우수상, 서울특별시의회 표창장
<시집>
그리움의 언어들

수상소감

시를 쓰는 내내
가슴속 깊숙이 숨겨 놓은
수많은 추억들이 꿈틀거렸습니다.
글이 주는 위안이
소중하게 느껴졌습니다.

늘상 한용운 작가님의
시를 읊고 필사해
지루하지 않은
행복한 여행이었습니다.

제 문학에 힘을 실어주신
심사위원님들과
한용운 문학에
감사드립니다.

2024.11.28.
이향숙 드림

중견부문 특별창작상 수상작 시부문

서투른 사랑 외 2편

고 태 화

진흙뻘 위를 수놓은 발자국
한 줄기 빗물이 풀잎에 맺히고
물방개는 연못 수면 위로 떠오른다
점토나 조각돌에 새긴 발자국들
누구에게나 선호하는 취향이 있다

사방을 휘적거린다
강인한 신념이 혈관을 타고 돌진한다
결단의 신경계 세포조직이
진흙탕에 쓰러진 자아를 일으킨다
심연의 뜨거운 열정이
붉은 피 뿜어내듯 솟구친다

활활 타오른 활화산 가슴에
불꽃 정염이 타오른다
용기를 심장에 빗대어 결부시킨다
두려움을 용기로 교체한
서술의 빛으로 황홀한 마음에서
만들어진 음율이 찬가를 부른다

찬란한 햇살이 루비처럼 빛나고
청사진 속에 감도는 감정 하나
온 우주에 긴머리 휘날리듯
당신과 나의 애틋한 연분이
바지주머니에 손을 깊숙이 넣고
은화 동전을 비벼댄다

우주

고 태 화

은하에 일렁이는 거대한 소용돌이
죽은 별들과 깨진 별들, 고장난 별들을
흡입하는 블랙홀

빛의 속도로 빨아들여 연단한 후
신제품으로 해산하는 초성初星

은하에서 보는 거대함은
우주신의 권능인가 위대함인가!

무한한 세계에 끝없는 혁파와 혁신은
무상한 풍자를 일으킨다

원반으로 회전하는 나선 은하
인간이 가늠하는 오로라 빛으로 표현하리
무변광대한 미리내 여행을 꿈꾼다

은하에 은하가 해산하는 수천억 개 별
무한한 우주의 영롱한 환상의 꽃별들
내 가슴의 신비의 꽃으로 핀다

사랑 고백

고 태 화

세찬 바람소리 거침없이 울어대면
다정한 그대와 나의 애틋한 사랑은
가시넝쿨 장미의 애절한 몸짓,

무서리 흠뻑 젖어 긴밤 지새우는 동백꽃
거친 사랑을 실행 할 수 있는 공감이 필요해
그대의 대한 붉은 갈망이 가슴속 깊게 파고 다가가
그대 귓전에 속삭이는 붉은 고백

눈에 보이는 세상만이 전부가 아니라고
나무사이 우거진 숲 그물친 거미줄에
줄타기라도 하듯
사랑의 대한 얄팍한 관용의 힘
이익을 위한 배려를 떨쳐버리고
내면의 정이 관용의 추를 저울에 맡겨
자그마한 눈끔 위에
그대의 대한 처연한 고백을 올린다

고 태 화
시인

수상소감

안녕하세요?
한용운공동시선집 어느새 4년째
되어갑니다.
매년 이루어지는 공모에 이번에도
심사숙고하여 일상생활에 바쁜 와중에도
참가할 수 있는 기회를 주심에 샘문 회장님과 심사위원님들의 건강과 행복이 늘 함께하시기를 기도 합니다.
1회 때 동시 신인 문학상을 받고 어린아이처럼 신이났던 때가 생각나네요.
3회 때도 중견부문 우수상을 받고 오선지 위에 휴식이라는 시화집도 새롭게 출판하고 이번에 행사가 있는 4회 때도 중견부문 응모를 했는데 특별창작상을 받게 되어서 너무나 행복합니다.
2024년도 열심히 살아온 영광의 선물을
안겨주셔서 감사 인사드립니다.

2024.11.28.
시인 고태화 드림

중견부문 특별창작상 수상작 시부문

늘 너였다 외 2편

박 수 진

늘 너였다
이른 새벽에 눈을 떠서
멍한 의식속을 헤집고 들어와
온종일 지배하는 폭군

내 망막 안쪽엔 늘 네가
눈물 분자로 새겨져
눈 뜨고 바라보는 모든 곳에
늘 네가 서 있었지

허우적 대는 마음을 붙잡고
들어서는 가게 유리문 앞에
흐릿한 미소로 서 있는
그리운 네가 있었다

제철 화분들이 늘어 서 있는
가게 앞 테라스에서
무심히 시들어 버린 잎을 따는
모습으로 너는 서 있곤 했다

주문이 밀려들어 정신없는
주방 한쪽에서도

홀로 여유롭게 커피를 홀짝이며
바라보는 모습의 네가 있었다

네가 직접 만들어 준
하늘색 울타리 밖에서도
지금은 네 맘처럼 굳게 잠겨버린
동그란 나무 문 옆에서도
고집스런 네가 있었다

집으로 가는 언덕배기엔
하루를 마감하는 홍시 색깔의 하늘이 물감처럼 붉게 번져가는 그곳을 걷던
마지막 모습의 네가 여전히
먼지를 내며 앞서 걷고 있었다

내겐 늘 너였다
나의 온 하루 일과 속에서도
슬픔과 기쁨의 회오리 속에서도

이젠 볼 수 없는 곳으로 사라져버린
너, 너, 너, 너였다
늘 너였다

또 하루가

박 수 진

또 하루가 갔습니다
장독대 위에 고인 빗물도
반쯤은 말라 있습니다

한참 가지를 뻗쳐 가며
잎을 틔우던 키 작은 포도나무도
줄기를 잔뜩 말아 올렸습니다

비를 피해 처마 안쪽으로
하얀 거미줄을 치던 집거미도
한가하게 대롱 매달려 있습니다

자전거를 타고 출근했던 윗집 아저씨도
시원한 정자 안에 누워
잠시 잠이 든 선균이네 아부지도

하루의 끝자락을 잡고
주섬주섬 저녁 바람편에
오늘의 안부를 건내봅니다

그렇게 또
하루와 이별 합니다

개망초 소녀

박 수 진

개망초 흐드러지게 핀
바람 부는 언덕에서
오늘도 난 소녀를 찾아본다

한 손 가득 꽃 묶음 들고서
볕에 익은 빨간 볼에 묻은
개망초 꽃잎 떼어내 가며

천진한 웃음이
너무나 곱던 그 소녀
바람부는 언덕엔

하염없이 바람에 꽃잎만 날리우고
소녀를 찾는
처연한 모습의 중년 여자가

떨리는 가슴으로
불어오는 기억을 마주한 채
서 있다

박 수 진

충북 보은군 출생, 경기도 이천시 거주
1993년~1998년 학습지 상담교사, 1999~2006년 신데렐라 대표, 2019~현재 수진이네 대표
2023 한국소비자평가 외식업 우수업소, 2024 한국소비자평가 외식업 우수업소
(사)문학그룹샘문 운영위원, (사)샘문그룹문인협회 운영위원, (사)샘문학 (구,샘터문학) 운영위원, (사)한용운문학 운영위원, (주)한국문학 운영위원, 샘문시선 회원
<수상>
2024 한국문학 시 등단(샘문)
<공저>
호모 노마드투스
<한국문학시선집>

수상소감

　시인과 수필가가 되기 위해 멋진 꿈을 꾸고 또 꿈을 그리다보니 제 자신이 제 인생 그 어느 때 보다도 가장 눈부시게 반짝이고 있는 걸 보게 되었습니다.

　지난 시간 잃었던 모든 것들에 아프고 슬프기도 했지만 그런 시간들이 더해져 지금의 가장 성숙한 삶의 모습이 바로 시와 글을 쓰는데 큰 용기를 주는 듯합니다.

　이 훌륭하고 격조있는 한용운문학상 중견시인 부문에서 "특별창작상"을 받게 되어 온 마음 다해 감사하고 행복합니다.

　앞 선 길을 걸어가시는 다른 선배 작가님들을 많이 본받고 배워 나가겠습니다.

　또한, 변함없이 반짝이는 우주의 별처럼 거대한 문학의 우주에서 따뜻한 위로를 주는 별빛같은 문인으로 반짝이겠습니다.

　진심으로 감사드립니다.

2024.11.28.
시인 박수진 드림

중견부문 특별창작상 수상작 시부문

섬섬옥수 여인 외 2편

김 정 형

바람이 부는 길
꽃구름 타고 가다 비가 되어 내리면
어디쯤인지, 누구인지는 몰라도
인연꽃을 피웠지

언젠가 어디선가 지극 정성 다하여
인연꽃 가꾸어 가던 여인
섬섬옥수 여인

나그네 떠나는 날
동백이 지고 모란이 지던 날
봇짐을 싸주던
건강하고 행복하라고 마지막 인사하던 섬섬옥수 여인

이별의 아픔을 미소에 감추고
손 흔들어 준 사람,
덕으로 지어진 일상이 행복하소서

밤꽃 떨어지던 어느 흐린 날
웃비가 지짐거리는 날
꽃구름 흐르다 꽃비 되어 내리면
그대여 창 밖을 보라
그리움이 는개비로 내립니다

연분계 인연꽃

— 緣分係人緣花

김 정 형

세상 끝, 영혼계를 넘어
인식의 문을 열면
인연이 머무는 연분계가 있습니다

인연 사, 사랑 사
천생연분 짝을 찾는 연분계에
천상天上의 바람이 불면
인연 한 줄기 하늘 바람을 타고
세속世俗으로 옵니다

세속에서 꽃 피운 천생연분
불씨의 열매를 품고
천상풍天上風을 타고 사라지는
인연꽃 입니다

초심

김 정 형

덕으로 짓고 쌓은 공덕
욕심으로 무너지고

가다듬고 쌓고 또 쌓았더니
향락 앞에 무너지고

반성하고 회개하며 쌓은 공덕
탐욕 앞에 무릎 꿇어서

어리석은 공덕 쌓기
초심으로 돌아가 보니
초심 속에 숨었더라

김 정 형
시인

수상소감

올해 저에게는 하나님의 은혜로 축복받은 한 해였습니다.

일월에는 직장암이라는 청천벽력 같은 선고를 받고 절망의 나락으로 추락하였습니다. 다행히 결과가 좋았고 모든 것을 다시 시작할 수 있었습니다 건강의 소중함을 새삼스럽게 깨닫게 됩니다.

또한 저의 부족한 글이 한국문학상 특별작품상에 이어 한용운문학상 특별창작상을 받게 됨은 집안에 경사로 심사를 하여주신 훌륭하신 심사위원 선생님들과 샘문그룹 이정록 회장님께 감사드립니다.

존경하는 시인 이정록 교수님과
훌륭하신 선생님들의 역량에 힘입어
문학그룹샘문의 문학상이 대한민국 최고 권위의 문학상이 되리라 믿습니다. 청정한 시인의 마을 문학그룹 샘문과의 소중한 인연 잘 가꾸어 가도록 하겠습니다.

새해에는 모든 문인 선생님의
문운이 창대하시기를 기원하면서 인사에 갈음합니다.

2024.12.02.
시인 김정형 드림

중견부문 특별창작상 수상작 시부문

경포 밤바다 외 2편

김 민 서

오늘따라 유난히 밝고 큰 둥근달이
경포 밤바다를 아름답게 비추네
달빛으로 물길을 열어 오는걸까?
하늘 바다를 넘나드는 선녀가

모래밭에 앉아서 밤하늘 바라보며
감탄하는 많은 연인들은
무슨 소원을 빌며 바라보고 있을까?

밤은 익어 가는데
삼삼오오 앉아있는 연인과 친구들,
돗자리 깔고 앉거나 누워서
찬연한 달빛 휴가를 즐기고 있네

휘영청 달도 집에 보내줄 생각을 않네
경포 밤바다 축제 폭죽 터지는 소리와
밤하늘을 수놓는 정열이 아름답다

축제의 빛으로 더 아름다운 밤바다
아름다운 탄성이 탄주하고
달도 샘이나 밤바다에 풍덩 뛰어들었네
이 아름다운 찰나, 찰나 담으려

연신 카메라 셔터가 터지네

젊음과 정열의 경포대
경포대의 밤이 아름다워 취했네
바댓가에 앉아서 속살이는 젊은 여인들
젊음의 초상이여 아름다워라

늦은밤 젊음의 열기는 식을 줄 모르고
고혹한 버스킹 음악까지 흐르네
잊히지 않을 영원한 추억이여
경포대 밤바다여!

하늘이 대청소하는 날

김 민 서

하늘은 오늘 대청소하는가 보다
온통 흰 거품으로
구름이 여기저기
뭉실뭉실 아무 냥을 그린다

온 동네가 빨래 하나보다
엄청난 거품이 하늘을 뒤덮을 만큼
아기구름, 꽃게구름, 뭉게구름으로
모양을 그린다

하늘을 대청소 하고나면
파란 하늘이 보이겠지?

푸르고 높은 하늘
저 찬란한 하늘, 얼마 만일까?
내 마음도 맑음이다

바다가 하늘인지
하늘이 바다인지 모를
오늘은 파란 마음이 두둥실 떠다니는
기분 좋은 날이다

위도의 상사화

김 민 서

널 만나려고 서울에서
새벽녘에 출발해 거센 격포항
바닷길을 건너온 위도 해수욕장,
산과 바다가 하나로 어우러진 고슴도치 섬,
아름다운 위도,

이 섬에서 만난 꽃이여!
너는 가녀린 수선화 같구나
소나무 숲에 기대어
올곧게 서있는 청초한 순수의 꽃
순백의 상사화로구나

위도의 특별한 꽃,
위도 만의 자랑,
청초하리만큼 예쁜 너의 자태는
그 누구도 범접을 못하겠구나
바닷가에 외롭게 피어있는 너

그리움으로 한 해 두 해를 보내고
또다시 난, 이곳 위도를 찾았네
이루어질 수 없는 사랑이라 가슴 아프지만
너를 만난 것만으로도 행복하노라

영원히 잊지 못할 위도의 흰 꽃이여!
나를 못 봐 상사병 난 상사화로구나!
네가 바로 상사화로구나!

김 민 서

서울시 서초구 거주
한성대 중소기업대학원 경영학석사
호서대학교 밴처대학원 경영학석사
사회복지사, 평생교육사, 한복모델
청소년심리상담사, 건강가정사
샘문예술대학 시낭송학과 수료
(사)샘문학(구,샘터문학) 회원
(사)문학그룹샘문 회원
(사)한용운문학 회원
(주)한국문학 회원
대한민국지식포럼 이사
<수상>
제헌절문학상
대지문학 신인상 시 등단
여울문학 삼행시 최우수상
청암시낭송전국대회 대상
김소엽전국시낭송대회 동상
<시집>
흐린날의 수채화

수상소감

제4회 샘문그룹 주관 한용운 문학상 공모에서 특별창작상을 받게 되어 영광입니다.

일상의 소소한 내용을 늘 적어 왔는데 24년은 저에게 너무 특별한 날인 거 같아서 감사할 따름입니다.

쭉쭉 뻗어나가는 샘문 그룹이 되길

바라며 저 역시 발전하는 사람이 되겠습니다.

2024.11.28.
김민서 드림

중견부문 특별창작상 수상작 시부문

청포도 외 2편

이 남 규

처마 밑 청포도 덩굴엔
알알이 사연도 많이 열렸네

달 짝 시큼한 그 사연
손잡고 들락거리던 포도덩굴 사이는
까까머리 긴 머리 댕기머리
초롱거리는 눈눈눈

진달래꽃처럼 제비꽃처럼
아기자기 도손도손
꿈같은 사연도 많이 피었네

세월은 가고
처마 밑 청포도나무는
자취 없어도 따스한 햇볕 아래
그 시절 고운 인연
주저리 주저리 사연도 많네

갯벌

이 남 규

모래언덕 넘어 갯벌
후덥지근한 바람 한소끔 흐르고 나니
저 만치 멀어져간 바다

새롭게 펼쳐진 대지엔
섬 그림자도 사라지고
작은 도랑처럼 흐르는 물길이
지도 위 강물처럼 멈추듯 흐르는
잿빛 평야 바다 그대의 갯벌
바닷새 종종 걸음이 바쁘네

모래 언덕에 미루나무 그림자 내리면
가끔 불어오는 작은 바람에
몇 포기 갈대 몸놀림도 힘겨운데

가느다란 갯도랑에
고요히 서있는 해오라기
잔잔히 밀려오는 은빛 바닷물에
갈매기 합창소리 저녁놀 찰랑대고
등댓불 소곤거림에 스르르 잠드는 바다 그대의 대지 갯벌

가시꽃 인연

이 남 규

어디를 향한 그대의 환희던가
무엇을 위한 그대의 갈구던가
봐줄 이도 기약도 없는 허공에 핀 정열이여

순수한 선홍빛 그대 서러움을
가시 둘러 가려놓고
하늘 향해 피었나니

해맑은 웃음과 흐드러진 요염함
언젠가 본 적 있는 것 같은
기억 저 편 몽롱함이구나

그대와 나, 그 작은 가시 꽃으로 이어진 매듭이라
가만히 들여다보는 내 눈은 피하지 말거라

이 남 규
시인

수상소감

특별 창작상 당선이라는 통보를 받았습니다.

시의 세계는 넓고도 깊어 온 우주를 다 안고 있는 것 같습니다.

시인을 빨리 발음하면 신이라고 하는 말을 듣고 웃었습니다만 내 마음속에 온 우주를 만들어 가는 신이 맞는 것도 같습니다.

하지만 지금도 누가 볼까 하는 두려움에 선뜻 작품이라고 내놓지 못하는 수준임에 한없이 부끄러움을 느낍니다.

샘문 특별창작상이라는 격려에 힘 받아 더욱 노력 정진하겠습니다.

내 마음속 서정이 시 꽃동산을 이룰 때까지 쉬지 않고 나가리라 다짐해 봅니다.

심사위원님들께 감사 인사를 드립니다.

2024.11.28.
이남규 드림

중견부문 특별창작상 수상작 시부문

야외음악회 외 2편

이 숙 자

봄은 숲과 연주 계약을 한다
입구에서 먼 깊은 산의 좌석일수록
프리미엄이 붙지만 모두 매진이다

벚꽃 바이올린 소리
살구꽃 플룻 소리
복사꽃 첼로 소리
유랑하는 계절의 귀 적시며
꽃과 꽃의 간극 조율한다

가지 박차고 날아오르는 꽃잎 나래 위해
봄볕이 디자인해 환한 연분홍 드레스 입고
우아하게 봄연주 시작한다

무대가 한 눈에 들어오는 최고의 조망권과
팝콘처럼 집어먹을 수 있는 햇살이 있어
연주회는 입소문 물어나르는 꽃향기 타고
남에서 북으로 번져 간다

산들바람 솔솔 불어와
하나둘 너울대는 저 황홀한 봄
화르르 꽃 이파리 팔락이며

선 고운 왈츠 춘다

별점 테러도 없이
자연친화적인 예술로 떠오르자
예술의 전당 공연보다 인기가 많아
은밀하게 웃돈까지 얹어주는
바람의 암거래까지 생긴다

지나가던 벌 나비들
음표로 가득찬 안팎 들락거리며
잠시 발걸음 멈추고
미소 지으며 관람한다

풀꽃

이 숙 자

천진한 손아귀로
제 몸보다 큰 허공 들쳐 메고
유랑을 숭배하는 연둣빛 바람 불 때마다
향긋이 피어나는 그대 마음
흔드는 설렘이고 싶다

다정히 손짓할 땐 어여쁜 모습으로
따스한 마음 안에 피어나
방긋 웃음 짓고 싶다

안부가 아슬아슬한 금지된 몸에서
마중과 배웅이 터져나오는
그 그리움에 대하여 소리 없이
미소가 묻어난다면

할 말, 모두 잊고 콩닥콩닥 뛰는 가슴
온 몸 휘감고 도는
그윽한 향기에 흠뻑 취해

통증처럼 파고드는 향의 전언 깊이 생각하다가
소용돌이치며 끌어당기는 꽃잎,
그 뜨거운 심장으로 스며들어가
가장 나직한 목소리로 속삭이는
사랑이고 싶다

러브레터

이 숙 자

수많은 밋밋한 계절에 레이스 달아주고
달빛으로 밤의 치맛단 이어 붙여
하늘거리는 졸음 휘감고
새벽녘까지 이야기 나눈 당신

오르막이거나 내리막이거나
모두 함께한 것들의 색깔은
눈부시거나 희다

겨울 나들목에서 우두커니 서 있는데
어깨 위로 살포시 내려앉은 하얀 눈송이
포옹의 중심처럼 뜨겁게 내리다가
꽁꽁 언 그날의 절망처럼 내리다가
더 이상 물러설 수 없는 상처처럼 내리다가
무얼 말하고 싶은지도 모르게 내리다가

먼 곳에서도 환한 불빛으로
깊숙이 숨긴 상흔 가슴속까지 들어와
위로 되어 주는 사랑

쓸쓸함의 질주 끌어모은
외로움은 발끝 들고 건너오기에

당신에게서 가장 멀어진 자리
그 슬픔의 안쪽에서 흘러나오는
힘들고 비틀거리는 마음 비집고
오늘도 당신은 저 깊은 곳으로 스며들어와
등대 되어 비추고 있다는 걸
이제야 알았다

이 세상 아무도 대신 못할
시간의 중심에 서 있는 내 안의 그대
늘 동행하고 있다는 것도

이 숙 자

시인, 시낭송가
한국문인협회 회원
한국예술인협회 회원
광주문인협회 부위원장 역임
(이사, 낭송분과위원장) 역임
광주시인협회 감사
아시아서석문학회 회장
빛고을시낭송대회 운영위원장 광주시낭송가협회 회원
산울림 시문학 동인
<수상>
아시아서석문학 시 등단
아시아서석문학 작품상
광주시문학상 작품상
<시집>
걸음걸음 보랏빛
동인지 다수

수상소감

자신이 좋아하는 일에서
인정을 받는 일보다
더 명예로운 일은 없습니다.
2024년 끝자락에서 한용운문학상
<당선통보서>를 받고 너무 기뻤습니다. 그리고 많은 것들을
생각하게 했습니다.

저에게 시는 삶의 거울입니다.
살면서 뜻하지 않게 찾아오는 고통의 기록이며 시련을 위로해 주는 희망이며 사랑과 봉사를 하게 해주는 촛불입니다.

이 상은 더 좋은 시를 쓰라는 희망 가득한 채찍입니다. 앞으로도 늘 사랑의 눈으로 사람들의 상처를 따뜻하게 치유하는 감동의 시를 쓰도록 노력하겠습니다.

부족한 시를 과분하게 심사해 주시고
한용운문학상의 영광을 안겨 주신 심사위원님들께 진심으로 머리 숙여
감사드립니다.

2024.11.28.
시인 이숙자 올림

중견부문 특별창작상 수상작 수필부문

요양원에서 외 1편

고 은 경

꽃샘바람 따라 봄은 사박사박 잔설을 밟으며 시나브로의 더딘 걸음을 재촉하고, 긴 겨울의 끝자락에서 미처 떠나보내지 못한 마음 안에, 무력함의 풀지 못한 수수께끼처럼 쌓여 답답해질 때면, 문득 어디론가 떠나고 싶은 마음의 설렘으로 두근거리게 된다. 두세 번씩 차를 갈아타는 번거로움, 다섯 시간 이상, 탑승의 지루함에도 파노라마처럼 펼쳐지는 익숙한 풍경, 빈 들녘 둔덕 위에 청매화가 동그마니 앉아 소녀처럼 웃고 있었다. 시각적인 느낌만으로도 동해의 쪽빛 바다와 마주하면 귀차니즘 조차 잊어버린다.

60년 만의 혹한으로 바닷물도 얼었다지만, 들뜬 마음은 새벽 칼바람도 무색할 만큼 동해의 해돋이 매력에 빠져버렸다. 속을 알 수 없는 심연의 바다는 늘 변신하는 카멜레온처럼 신비로움을 간직한 채, 무언의 감동으로 다가오기 때문이다. 올해로 다섯 해를 찾아 왔지만, 일 년 사이, 조금씩 변해버린 거리풍경들이 낯설기만 하다. 건물을 두 바퀴 돌고 나서야 통화를 하며, 정겨운 목소리 따라 걷노라니 저만치서 반가운 모습이 다가온다. 그때 그 모습 그대로, 영해, 첫 인연의 시작이었다.

가난의 굴레에 얽매여 살아온 나에겐 자원봉사와 기부는 가진 자만의 사치와 특권이라고 생각하며 살아왔었다. 우연히 시작된 자원봉사 차원의 위문공연과 나눔이 재능기부였다.

어설픈 용기로 어르신들 앞에 섰을 때, 아픔과 고통으로 일그러진 자화상을 보면서 나 자신이 얼마나 축복받은 존재인지 깨달은 것이다. 10년 남짓 대학병원에서 수많은 환자와 사람 상대로 서비스 업종에 종사했기에, 습관처럼 배어

버린 행동들이 기억을 소멸해버린 어르신들을 보면서, 나의 어머니에 대한 미움과 원망, 분노들이 한꺼번에 무너져 내렸다. 처음 어르신들의 손을 잡았을 때도, 품에 안았을 때도, 무덤덤하고 공허한 눈빛으로 삶을 포기해버린 모습을 보면서 인생이 부질없음에 당혹스럽기도 했다.
모든 삶의 의미조차 비워 버린, 마른 삭정이처럼 초점 없는 시선들이 가슴 밑바닥에서 부터 눈물 되어 내린다.

 한 해, 두 해, 기다림과 이별로 마주하는 어르신들을 보면서, 올해는 살아 있을까? 우리를 기억이나 해 주실까? 기대와 설렘으로 찾아가는 길은 늘 기쁨보다 걱정이 앞섰다. 치매로 인해 친자식도 몰라보고, 자원봉사자인 나를 딸로 착각하셨는지, 가지 말라고 부둥켜 안고 소리치던 할머니, 뺨과 손이 빨게지도록 부비신다.

 친정어머니가 5년을 요양원에 계시는 동안, 제대로 엄마 곁에 있어 주지 못했다. 사는 게 바쁘다는 핑계로 늘 도망치듯 돌아오곤 했었다. 내 삶은 늘 그랬다.
맏딸이라는 이유로 오빠나 동생에게 무엇이든 양보하고, 조그만 실수에도 미운털이 박혀 설움이 맺힌 가슴 속 응어리들이 원망으로 쌓여서. 나에게 어머니는 다른 세계의 이방인처럼 낯설기만 했었다. 일주일에 한 번 천안에서 부산까지 새벽 근무를 마치고 찾아가 마주했지만, 맏딸이라 당연히 어머니를 모셔야하는 것처럼, 동생도 주변 사람들도 말했다.
가난은 죄가 아니라고 하지만, 나는 살면서 부족한 부모님을 원망하고 살았다.

가슴 밑바닥에서 부터 차오르는 설움 한덩어리가 울컥 뿜어져 나온다. 어리석은 자존심이 만들어 낸 어머니와 나에게 그어진 삼팔선이었다. 공연할 내용을 밤늦게까지 준비하고, 노래방에 모여 노래 연습하고, 재롱잔치 리허설에 성심성의껏 부족하지만, 최선을 다해 노력중이다.

이제는 매년 이뤄지는 행사로 자리매김 해가고 있는 것이다. 한때는 가족이라는 울타리 안에서, 사회의 어느 길모퉁이에서 꿈과 사랑, 행복을 가꾸었을 사람들, 숱한 삶 안에서 채워 넣는 일보다 살아온 욕심 조차 내려놓으며 망각의 길을 준비하는 어르신들 앞에서 단 하루일지라도 기쁨이라는 추억을 공유하면서, 지금은 요양원 어르신들의 손도 잡아주고, 안아주면서, 사랑한다고, 친정어머니에 대한 속죄의 마음으로 어르신들 앞에 서본다.

　사회에 나가면 존경받는 박사, 교수, 선생님들이건만, 일년 중 오늘은 직업도 나이도 잊고 어르신들 앞에서, 재롱을 떨고 삐에로가 되어 노래하고 춤을 추고 있다.
진정한 행복은 누가 떠받들며 만든 게 아니라 작은 즐거움에도 행복할 수 있는 마음이란 것을, 글을 쓰고 배워가는 과정처럼, 삶의 한 귀퉁이에 여백을 남겨 놓는 것이다. 즐거움과 여흥은 잊힌 기억 속에도, 추억으로 잠재의식 속에 깨어나는 법이다. 모두가 즐거우면 그 것이 행복이다.
공연할 때면 이유 모를 설움에 가슴이 먹먹해지고 가슴이 아파진다. 손발이 뒤틀리고 신경마비, 신경쇠약, 치매로 모든 삶을 놓아버린 어르신들 내일이면 우리가 누구인지조차 기억 못 하겠지만, 짧은 만남 뒤에 즐거웠노라고, 행복했노라고, 사랑한다고 기억해주길 바라는지도 모른다.

마늘껍질을 벗기며

고 은 경

    못난이 중에 상 못난이다. 이리 채이고 저리 채이고 피죽 한 그릇 제때 못 먹은 쭉정이가 되었다. 아무 쓸모 없는 쭉쟁이 보다 못한 삶,
    그 속에 이도저도 아닌 악착 같은 생존본능, 상품도 아니고 하품 축에도 못 끼는 그렇다고 버리기도 아까운, 어중이 같은 아이, 고군분투 끝에 하나 둘 옷을 벗는다.

    이리 재고 저리 재어봐도 참, 안타까운 현실, 손톱 밑의 까매지도록 쓰라린 기억만 옹이로 거듭난다. 너의 그 볼품 없는 몸등아리 드러낼 때마다 도토리 키재기다.
남들과 똑같이 비바람 햇살 주지 않았더냐? 농부의 사랑까지 품어놓고 게으름뱅이가 되어 콩알처럼 온몸의 소심해진 것이냐?
그래도 뽀얀 네 속살 만질 때마다 숨겨진 내 마음의 부끄러움인 게다.

    황무지 같은 돌밭 일구고 가꾸어 손톱 끝이 갈라지던, 내 어머니의 가난한 부끄러운 진실, 이 세상 그 어디에 내 땅 한 점 없는 버려진 돌밭에서 아무도 눈여겨 보지않는 언덕 잡초 속에서, 사랑을 가꾸던 어머니의 희망,
    손끝이 화끈대며 쓰린 고통에도 가난에 찌든 훈장들이 마늘 껍질을 벗기다 보면, 어머니의 아픈 슬픔을 벗기고, 자식들에게 꽁꽁 숨기고픈 가난하고 고달픈 어머니 마음의 드러나, 자식들 좋은 것 먹으라고 보내놓고 자신의 손 때 묻은 그 작은 옹이를 하나 둘 껍질을 벗겨내며 기다림을 외로움을 달래셨을까?

    글을 읽지 못하는 까막눈의 엄마가 마음으로 쓰는 편지 속은 아마도 작고 볼품없는 마늘 한쪽마다 엄마의 눈물일지도 몰라,

이제는 나도 엄마가 되어 어느 할머니의 그리움의 껍질을 벗기고 있어, 내 딸의 보낸 어느 시골 할머니 텃밭 아니면, 돌밭 속에 자란 마늘 한 톨 움켜쥐고, 망각속에 지워진 엄마의 그리움의 눈물이 되어 뺨 위로 소리없이 흘러내린다.

나는 어머니의 아픔을 후벼파던 못난 딸이었을지도 몰라, 마늘 한두 접의 무어라고 손끝이 아리게, 까고 있었을까? 버려도 쓰레기 밖에 될 수 없는, 하찮은 쓰레기인 것을.. 하지만 버리지 못하는 건, 아까워서가 아니다, 힘들어서가 아니다.
버려져도 별볼일 없는 저 작은 알갱이가 버려진 돌밭 속에 겨우 생명줄 연장하던 모자란 아이들을 가꾸던 내 어머니의 마음 같아서 차마 버리지 못해서, 몇시간을 공드려 콩알 같은 마늘 조각에, 손끝의 쓰라린 아픔 만큼이나 어쩌면 이름모를 할머니의 마음 하나가 내 어머니의 눈물 같은 삶을 견디었을 것만 같아, 차마 버리지 못했다.

하지만 티끌도 모이면 태산의 되듯, 아무짝에도 쓸모없는 이 작은 알갱이가, 모이고 모여 찧고 바스라져 한 덩이 한 덩이 불어날 때면 기적의 탄생한다. 별게 아닌 것들이 모여 별 것을 만들어 내는 엄마의 아픔인 것을...

고 은 경

아호 : 샛별
시인, 수필가, 웹소설가
제주특별자치도 출생
충청남도 천안시 거주
소석문학회 회원, 국제펜한국본부 충남지회 회원, 문예의전당문학회 회원, (사)문학그룹샘문 운영위원, (사)샘문학(구,샘터문학) 운영위원, (사)한용운문학 회원(샘문), (주)한국문학 회원(샘문), (사)샘문시선 회원
<수상>
해피데이스 수필 2회 당선
에세이문예 수필 신인상
시와수필마당 시 신인상
작가와문학회 문학상
<수필집>
별처럼 꽃처럼

수상소감

악의는 없었지만 무심코 던진 돌멩이에 개구리가 맞아 죽는다는 말처럼, 아픔과 상처가 많은 사람들에게, 농담도 진담처럼 상대방의 가슴에 비수를 꽂기 마련이다.

할머니는 어린 나에게 사람 대접 받으려면, 커서 꼭 선생님이 되라고 말씀하셨다.

나는 부모님 얼굴조차 모르고 자랐다. 할아버지가 돌아가시고 할머니와 숙부님, 숙모님 슬하에 자랐다.

졸업 후 중학교 보내 달라는 내게 숙부님은"
"계집애가 학교 다녀 뭐하냐 네까짓 게 검사, 판사 마누라 될끼가, 대통령 마누라 할끼가 이름 석자 아는 것도 감사히 여겨야지,"
그 한마디는 가슴에 옹이가 박혀버렸다.

여동생이 초등학교 입학하고 엄마에게 고맙다는 편지를 썼는데 받침이 빠져서 박장대소 하며 웃었다.

동생은 선생님이 엄마의 답장을 받아오라고 했다며, 동생이 엄마에게 떼쓰고, 망설이던 엄마는 마지못해 몇 자 끄적거렸다.

늘 도도하고 거침없고 언변도 좋고, 계산도 전교 1, 2등을 다투는 오빠의 주산보다도 암산이 빠른 엄마라서 동생 담임도 놀랄 필체로 멋지게 글을 썼겠지, 그런 엄마를 자랑스러워하며 괜스레 어깨를 으슥거리던 나는 엄마의 편지에 말문이 막혀버렸다.

그림도 글도 아닌 부호들이 새겨져 있었다. 무심코,
"엄마 이게 뭐야, 받침이 다 빠졌잖아, 쪽팔리게 설마, 글 못쓰는 건 아니지, 가나다라는 모르더라도, 그래도 어디 가서 엄마 이름만이라도 정확하게 쓸 줄은 알아야 남들이 엄마를 무시하진 않을 거야, 자식이 4명인데 엄마 한글도 못가르 칠까?"

그땐 몰랐다, 내 말이 엄마의 아픈 옹이에 못질하고 있다는 사실을, 나보다 더 열등감으로 자존심이 꺽인 엄마는 내가 쥐여준 연필을 내동댕이치며 울고 있었다.

결국 돌아가실 때까지 글을 깨우치진 못했지만, 신끼가 돌면 받침 하나 틀리지 않고 글을 잘 썼다.

그랬다 우리 엄마는 까막눈이었다는 사실을... 이 글을 쓰면서 엄마 생각에 많이 울었다.

나는 엄마를 닮지 않겠다고 맹세하던 내가 어느새 엄마 모습을 그대로 닮아 가고 있다는 사실을...

"부족한 글 뽑아주신 선생님들 감사합니다."

2024.11.26.
고은경 드림

중견부문 특별창작상 수상작 수필부문

활옷 만개, 자수에 새긴 소망 외 1편

김 영 희

소나무 가지마다 가득 틔운 솔잎들이 푸릇푸릇 희망을 품었다. 암수 공작새 한 쌍이 소나무 아래에서 한가로이 노닌다. 날개를 활짝 펼치고 서 있는 수컷의 아름다움을 지그시 바라보고 있는 공작새 암컷. 여인의 고운 솜씨로 한 땀 한 땀 새긴 자수 작품이다.

'경복궁 월대 복원' 기사가 뜨겁게 방송을 탔다. 그동안 보지 못했던 모습을 확인하기 위한 열기로 광화문 앞에 사람들이 가득했다. 궁금증에 경복궁 앞에 새로 복원된 월대月臺를 보기 위해 나도 긴 대열에 합류했다. 오랜 공사가 끝나고 새롭게 공개된 '월대'와 '서수상', '해치상', '광화문현판'의 모습을 보기위해서다.
월대는 궁궐이나 건물 앞에 놓인 넓은 기단으로, 조선시대에 국가의 중요한 행사가 있을 때 임금과 백성이 직접 소통하던 곳으로 1866년에 만들어졌다. 그런데 일제 강점기인 1923년에 일제가 전차 철로를 만들기 위해 월대를 철거하면서 그 모습을 볼 수 없게 되었다. 그렇게 땅 속에 묻혀있었던 월대가, 서울시와 문화재청이 함께하여 1991년 6월 5일 '경복궁 복원 기공식'을 시작으로, 100년 만인 2023년 10월 15일에 모습이 완성된 것이다. 경복궁은 1395년 조선 왕조가 개성을 떠나 한양을 도읍지로 정하면서 지은 첫 번째 정궁이었다.(출처: 행정안전부 국가기록원)

광화문의 온전한 복원은 1994년 '복원기본계획'수립 이후, 장기적으로 추진되어온 사업이다. 많은 고증을 연구하여 월대가 복원되고 입구 좌우에 있는 서수상瑞獸像은, 호암미술관 정원에 있던 것을 고 이건희 회장 유족의 기증으로 제 자리로 돌아오게 되었다. 또한 광화문 현판은 한글로 되어 있었는데 원래의 모습대로 한자로 바뀌었고 해치상도 제 자리를 찾았다. 광화문 월대 복원의 의미는 일제에 의해 회손 된 우리의 역사와 문화적 공간을 회복하고, 우리 민족의 역사적 자긍심을 고취하는 것이다. 월대 복원을 축하하기 위해서 아이들을 동반한 가족들과 한복을 입은 많은 외국인들도 경복궁을 방문했다. 양쪽 맨 앞을 지키는 서수상을 지나 월대를 지나 광화문으로 들어섰다. 광화문의 아치가 빛을 받아 고즈넉한 운치를 자아내고 궁궐의 기와와 처마를 비춰, 마치 내가 그

시대 사람이 된 듯 시대를 되돌아보는 감동을 준다. 광화문 위로 떠오른 휘영청 밝은 달이 만물을 비추고 은은하게 퍼지며, 주위를 붉게 물들이는 광경에 매료되어 한동안 바라보고 서 있었다.

광화문을 들어서니 왼쪽으로 국립고궁박물관 현관이 보이고 벽면에 걸려있는 "활옷 만개"현수막이 내 시선을 끌었다. 때마침 열린 "활옷 만개滿開 – 조선 왕실 여성 혼례복 전"을 보기 위해 국립고궁박물관으로 발길을 돌렸다. 전시장 초입에 커다란 활옷 두 벌이 긴소매가 펼쳐져 걸려있다. 한 벌은 앞면을, 다른 한 벌은 뒷면이 보이도록 전시되어 옷의 앞뒤 모양새를 한 번에 이해할 수 있었다.

조선 왕실에서 길이가 긴 홍색 옷이라는 뜻으로 '홍장삼紅長衫'으로 기록, 유래된 활옷은 고유 복식의 전통을 이은 긴 겉옷으로, 치마와 저고리 등 여러 받침옷 위에 착용하는 대표적인 여성 혼례복이다. 화려한 자수와 붉은 빛깔인 대홍大紅의 염색, 아름다운 금박 기법 등으로 제작되었다. 궁중의 예복으로 왕비와 세자빈, 공주와 옹주, 대군과 군의 부인, 후궁까지 착용하였고, 시간이 흐르며 민간 혼례에서도 착용이 허락되었다고 한다. 활옷은 붉은 비단 바탕에 모란과 연꽃, 나비와 봉황, 해와 산, 물, 돌, 소나무, 달과 구름, 사슴 등 십장생을 포함하여 여러 문양이 가득 수놓아졌다. 신부를 아름답게 꾸며주고 행운과 행복, 부와 희망과 기쁨 등을 기원하는 문양들을 수놓아, 부부가 자식을 낳고 건강하고 행복한 가정을 이루며 해로하기를 바라는 마음으로 수놓아졌으리라. 그 옛날 장인들은 고운 비단에 다양한 문양의 자수를 놓으며 그 속에 많은 소망을 하나하나 담았을 것이다.

'활옷 만개' 전시회는 나라밖 문화유산을 복원하여 최초로 공개되었다. 현존 활옷 가운데 '복온공주(순조의 둘째딸) 활옷'이 국내에서 최초로 선보이는 전시라고 한다. 이제서야 국내로 돌아와 마주한 그 의미가 애달프게 다가온다. 전시된 활옷 일부는 다른 나라에 소장되어 있어 잠시 국내 전시를 위해 비행기를 타고 와야만 했다. 일제에 빼앗기고 6.25전쟁으로 어지러웠던 시기에, 우리는 우리의 자존심을 지키기 어려웠다. 아니 지키지 못했다고 해야 할 것이다. 우리의 보물들은 약탈 되고 도난 되어 사방으로 흩어져 버렸다. 국내에 보관된 것이 적어서 전시를 위해 우리의 것을 다른 나라에서 빌려와야 한다는 사실은, 나라를 잃었던 우리의 슬픔이며 받아들이기 어려운 아픔이다. 활옷은 찢어질듯 헤져있어 비통했던 나라의 모습을 닮아있다. 낡디낡은 활옷은 그동안의 고단

했을 날들의 서럽디 서러운 아픔을 연상시킨다.

장인들이 이어온 전통 염색방식은 비단에 붉은 염색을 하기 위해서, 자연에서 얻은 다양한 식물의 꽃과 잎, 열매와 줄기 등을 활용한 천연염료를 만들어 사용했다. 수십 종의 식물을 이용해 다양한 색깔을 만들고, 그렇게 만들어 낸 고운 색으로 수십 번 염색하여 비단에 입히고, 고운 색실로 비단위에 자수를 한 땀 한 땀 수놓은 옷이 활옷이다. 장인들이 염색하는 과정을 영상으로 잘 설명해주어 쉽게 이해할 수 있었다.

국립고궁박물관에는 문화재를 복원하고 보존 처리하는 작업공간이 마련되어있다. 적외선 촬영조사, 오염물 제거, 손상된 직물보강 등 약 5개월의 공정을 거쳐 활옷 본연의 바탕색인 다홍색을 되살렸다고 한다. 현재 활옷은 국립박물관 소장 20여 점과 해외박물관 소장 20여 점으로 50벌이 채 되지 않는다. 이번 전시는 전통 복식을 쉽게 이해할 수 있도록 다양한 공간이 마련되어 뜻 깊은 전시회였다.

서둘러 입장표를 사고 궁내로 들어섰다. 하늘로 곧게 솟은 키 큰 은행나무와 가지를 옆으로 길게 늘어뜨리고, 아름다운 자태를 뽐내고 있는 굵은 소나무들이 지나간 긴 세월을 대신 말해준다. 중학생 시절에 전시회를 처음 오고 시간이 많이 흘렀다. 같은 반 친구들이 분수대 앞에서 사진 찍던 모습이 눈에 선하다. 분수를 둘러보고 등나무 아래를 지나 석조전에 올랐다. 사람은 가고 추억은 가슴에 남아있다.
국립고궁박물관에서의 전시를 마치고 덕수궁에서 '자수전'으로 다시 선보인 활옷은 가히 압도적이었다. 몇 개월 만에 다시 만난 활옷이 반갑게 다가왔다. 너른 품을 활짝 펴고 설치된 활옷이 이제야 자유를 찾은 듯 느껴져서 눈시울이 뜨거워졌다. 덕수궁에서 열린 '자수전'에는 활옷과 자수 병풍, 액자에 끼워진 훌륭한 자수 작품들이 많이 전시되었다. 특히 대한민국 지도에 무궁화수를 가득 놓은 작품에서 나는 또 한 번 가슴이 뭉클했다. 대한민국 지도 전체를 꽉 채운 무궁화 자수가 아름답고 고와 무궁화 물결이 일렁였다. '자수전'에 출품된 작품들의 연혁을 보니 당시의 자수는 일본으로 유학 간 학생들의 작품이 많고, 시간이 흘러서 그 학생들이 스승이 되어 여학교에 자수시간이 생기고 학생들이 자수를 배우기 시작하였다.

'자수' 하면 나의 고등학교 2학년 때가 떠오른다. 실과시간에 선생님은 '자수 놓기'로 정하고, 우리들은 수놓을 밑그림을 고르고 그에 필요한 색실을 사서 한 땀 한 땀 뜨는 인내의 시간을 보냈다. 친구들은 도자기 그림에 수를 놓았고, 나는 욕심을 내어 목련 나뭇가지에 목련꽃이 여러 송이 피어있는 그림을 선택했다. 완성했을 때의 이미지를 매일 상상하며 목련의 향기에 취해있었다. 그때부터 나의 목련꽃 사랑은 시작되었다. 목련꽃 봉우리를 입체감 있게 표현하고자 솜을 먼저 앉혔다. 볼록하게 솟아오른 솜 위에 미색의 실로 백목련을 수놓고, 자주색실로 자목련을 곱게 완성해 나갔다. 나뭇가지는 갈색에 회색이 깃들어 햇빛이 비추는 것을 표현했다. 목련 자수틀을 들고 버스를 타고 등하교한 지 한 학기가 다 지나갔다. 그렇게 한 폭의 목련화가 탄생했다. 목련꽃이 단아하게 피어나듯이 나의 청춘도 아름답게 피어나기를 소망했으리라.

도도한 듯 고고한 자태. 꽃이 진 뒤에 피는 목련 나뭇잎은 손바닥만 하게 너른 잎이 무엇이든 잘 품어줄 것 같은 믿음을 준다. 또한 목련나무 기둥은 곧고 굵게 자라 심성도 바를 것 같다. 목련 꽃잎이 한 잎 두 잎 벌어지는 모습을 보노라면 탄성이 터져 나온다. 보드라운 유백색 꽃잎이 여린 듯 강인해 보인다. 겨우내 찬바람을 견뎌내고 터뜨리는 꽃잎은 꽃의 크기만큼 풍요롭고 고귀하다. 목련꽃을 가득 매단 목련나무는 그 아름다움에 사진을 찍지 않고는 그 앞을 그냥 지나칠 수 없다. 전시회에는 예쁘게 수놓아진 목련꽃 자수도 걸려있었다.

한 땀 한 땀 수놓은 자수는 활옷을 꽃 피우고, 문관의 관복에서 빛나고 베개씌우개, 보료, 방석의 화려한 문양들로 생활 속에 자리매김했다. 새가 허공을 날고 학이 나뭇가지에 앉아 하늘을 바라보고 있는 모습은, 높은 이상과 고고한 인품을 상징하는 문양들로 우리가 간직해야할 것들이다. 최근에 합성염료의 악영향이 염려되어 천연염색에 관심이 많아졌다. 우리의 다양한 전통염색의 가치가 활성화 되어 계속 이어지기를 바라는 마음 간절하다.

광화문의 월대 복원으로 원래의 모습을 되찾아가는 경복궁의 모습이 애틋하다. 또한 활옷의 아름다움을 현대에 재해석하여 적용해보면 어떨까 하는 생각이 든다. 다양하게 해석된 한복전시회를 여는 디자이너의 노력에 감사함을 전한다. 다음에는 또 어떤 전시회가 열릴까. 고궁 나들이는 언제나 내 가슴을 두근두근 뛰게 한다.

흙길을 걸으며

김 영 희

얼굴이 후끈 달아오르고 숨이 막힐 것 같다. 온 몸이 한여름열기에 맥을 못 춘다. 칠월보다 먼저 달려온 유월의 뜨거운 날씨가 야속하지만 어쩌겠는가. 기후변화라는 거대한 재해가 인간이 더 이상 자연을 지배하지 말라는 경고를 보낸다. 자연은 무한하고 인간은 유한한 존재인데, 인간으로 인해 이제 자연도 무한을 장담할 수 없는 시기가 도래했다. 실내에어컨의 차가움과 밖의 온도 격차가 인간으로서 감당할 수 없는 한계를 느끼게 한다. 사람이 결코 만물의 영장이 아님을 공표하는 것 같다. 뜨거운 햇살을 피해 발길을 재촉한다.

'맨발의 청춘'은 가진 것 없는 삶을 대변한다. 가진 것이 없어서 자신의 몸뚱이 하나로 삶을 헤쳐 나가야 한다. 몸으로 부딪쳐 찢어지고 상처 나면서도 살아남기 위해 앞으로 전진 해야만 하는, 불굴의 정신이 필요하고 지치지 않는 인내가 필요하다. 맨발걷기는 자신을 모두 내려놓으려는 자세가 필요하다. 자신을 내려놓고 다른 사람의 시선도 차단하고 오롯이 맨발의 느낌에 집중해야한다. 맨발로 걷기 위해서는 신발을 벗어놓고 양말도 벗어놓고 흙과 돌과 낙엽 위를 맨발로 밟아, 발바닥에 흙과 공기와 돌과 낙엽의 촉감이 그대로 닿는다.

신발과 양말을 벗고 반듯한 돌계단을 오른다. 돌의 차가운 기운에 내 발의 열기가 사그라졌다. 내가 맨발걷기를 시작하는 곳이다. 가을이 오는 바람소리에 산길은 마른 잎이 하나 둘 쌓여간다. 어쩌다 무심결에 뾰족한 돌멩이가 발바닥에 밟히면 내 발바닥은 고통스러워 악! 소리가 절로난다. 폐부를 찌르는 듯 아픔이 한순간에 몰아친다. 그 아픔은 쉽게 가시지 않는다.

인간의 삶도 그렇지 아니한가. 갑자기 닥치는 커다란 슬픔이나 허망함, 상처는 뾰족한 도구가 되어 온 몸에 흉터를 남긴다. 살다보면 삶이 밀물일 때가 있고, 많은 것이 일순간에 빠져나가는 썰물일 때도 있다. 그것은 기쁨덩어리이기도 하고 슬픔덩어리로도 온다. 어떤 것이든 너무 깊지 않고 너무 집채만 하지도 않게 오고가면 좋겠다. 큰 욕심을 부릴 나이도 지나가고 나는 그동안 무엇을 이루었는지 돌아본다. 그런대로 내 앞에 놓인 일들을 해내려 치열하게 살아왔으니 그저 이만큼으로 족해야 하겠지, 백세를 산다지만 누구나 그 긴 세월을 아프지 않고 살 수는 없다. 언제까지 내 의식 속에 얼마큼 나를 앉혀 놓을 수 있을까.

길을 걸으며 생각도 정리한다. 젊은 시절에는 무작정 앞으로만 가는 생각을 몸이 따라갔지만, 이제는 나이 들어 앞서가는 생각에 도저히 몸이 따라가지 못한다. 생각은 몸의 기운을 살펴서 몸에 맞춰서 속도를 조절해줘야 한다. 몸이 편안해야 생각도 할 수 있는 상태가 된다. 아무리 생각이 많아도 몸이 따르지 못하면 계획했던 모든 것이 물거품이 되는 것이다. 달리기 선수가 결승선을 코앞에 두고 다리에 쥐가 나던지 발목을 접 지르던지 해서 아예 결승행을 포기해야하는 사태도 많이 벌어진다.

우리는 큰일이 있을 때마다 큰 고비를 넘으며 다시 한 번 용기를 내어 일어선다. 지금까지 그 장애물들을 잘 넘고 잘 버텨왔다. 때로는 넘는 것인지 넘어지는 것인지 모른 채 삶과 맞서고 그 시간을 견뎌냈다. 그러고 나서 혼미해진 육체와 정신을 추스르려 애쓴다. 때로는 생각을 놓고 또 놓으며 가벼워지려고 노력한다. 바람 앞에 쓰러지지 않는 유연함을 갖춰야 다시 생을 이어갈 수 있기 때문이다. 바람 부는 갈대 앞에 서있는 것처럼 바람 속에서 흔들리는 몸을 세우며 바람을 견디고 서있다. 흔들릴지언정 부러지지 않는 갈대의 속성을 닮았다. 고무줄을 잡아당겼다가 놓으면 튕겨서 다시 원래의 모양으로 되돌아오는 것처럼, 본래 있던 자리로 돌아가 다음을 준비해야 한다.

맨발걷기를 다시 시작했다. 시작은 벌써 몇 년 전에 했지만 계속하기가 어려웠다. 황톳길은 아니어도 동네 나지막한 산길에 난 흙길을 걷는다. 산길은 직선이 없다. 산길은 산의 모양에 따라 이리 구부러지고 저리 구부러지며 사람이 갈 수 있는 길이 만들어 졌다. 논밭도 사각형만 있는 것이 아니다. 땅의 모양에 맞춰서 고랑을 내고 논밭을 일군다. 폭우가 강하게 내리며 할퀴고 간 산자락이 깊게 패이고 나무 뿌리는 무자비하게 드러났다. 까마귀가 깍깍깍깍 크게 소리치니 암컷인지 낮은 소리로 각각각각 하고 대답한다. 주고받는 대화가 퍽이나 살갑다. 산속 풍경은 매일매일 다르게 펼쳐진다.

단풍도 들기 전에 누렇게 떠버린 나뭇잎들. 삼십칠팔 도를 넘나드는 폭염에 나무들도 제 잎이 말라가는 모습에 속수무책이다. 그들은 피할 수 없는, 작열하는 햇빛에 바짝바짝 말라간다. 땅 속 깊이 물길을 찾는 뿌리의 애타는 심정을 그 누가 알랴. 나무는 죄가 없건만 누렇게 뜬 나뭇잎을 바라보면 한숨만 나온다. 겨울의 한기도 견디기 어렵지만 여름의 뜨거운 햇빛을 피할 길 없어 나무들도 몸살이 난다.

맨발로 돌계단을 오른다. 돌계단은 울퉁불퉁하여 평평한 곳에 발을 디뎌야한다. 어쩌다 울퉁불퉁한 곳을 밟으면 발바닥이 움찔하여 몸이 뒤뚱한다. 그래도 돌이 생각만큼 차가운 것은 아니다. 여름에는 발바닥을 시원하게 해주고 찬바람이 불 때는 오히려 온기가 느껴진다. 돌이 시원하게 내 열을 식혀주기도 하고, 쌀쌀한 날씨에는 차가울 내발을 따뜻하게 감싸주기도 한다. 돌은 어느 경우든 다 받아들이는 속성을 지닌 것 같다.
돌계단을 다 오르고 몇 발자국 옮기면 보드라운 흙길이 반긴다. 그 고운 흙길은 매우 짧아서 몹시 귀하다. 보드라운 황토에 발이 행복해하는 소리가 들리는 것만 같다. 이제부터는 흙에 집중하며 걸어야 한다. 바위가 부서진 잘잘한 돌멩이가 깔려있어 거친 돌을 피하며 걸어가야 한다. 걷다가 바위에 부딪히거나 나무뿌리를 건드리거나 조금 큰 돌멩이를 밟으면 내 발가락이 고통스럽기 때문이다. 그 아픔은 한동안 지속 되서 손으로 발가락과 발바닥을 살살 어루만져 주어야한다.

자연은 자신을 모두 내어준다. 따사로운 햇볕을 쬐는 기쁨과 몰아치는 폭풍우에 가지가 꺾이는 슬픔도 모두 말없이 받아들이고 인내하며 누구를 원망하지도 않는다. 숭고한 자연은 끝도 없이 베풀고 끝도 없이 인내하는 숭고한 모성을 닮았다. 아낌없이 내어주는 자연은 사람을 살린다. 열매와 씨앗, 잎과 나무껍질, 뿌리로 인간의 건강회복에 요긴하게 쓰인다.
사철 푸르러야할 소나무 잎이 누렇게 떴다. 올여름 폭염에 잎이 메말라 버린 것이다. 사람들도 숨을 제대로 쉬기 힘든 길어지는 여름 고온에 '가을 언제나 오려 나' 하고 애타게 기다렸다. 누렇게 일찍 떠버린 잎들은 단풍도 달지 못하고 바람이 불면 힘없이 날다가 떨어지겠지. 동네 교회 앞 라일락 나무는 봄날에 향기로 사람들을 반겼는데, 어쩌다 가을도 되기 전에 비틀리고 썩은 듯 거무튀튀한 모습으로 삶을 다한 듯 애처롭다. 그 라일락 나무가 내년에도 꽃과 잎을 피울 수 있을지 알 수 없다. 여름이 너무 뜨겁고 길어서 올 가을 단풍은 붉지 않다고 한다. 색이 곱지 않고 나뭇잎이 말라 누렇거나 초록 잎을 그대로 매달고 있다. 여름과 가을의 경계가 모호하다.

사람들이 자연 속에서, 자연 치유의 목적으로 숲속과 흙길에서 맨발걷기를 많이 한다. '건강한 신체에 건강한 정신'이라는 말처럼 몸이 건강해야 정신도 바를 수 있다. 맨발로 흙을 밟거나 흙길에서 맨발로 걷고 나면, 신발을 신고 걸었을 때보다 그 힘듦이 훨씬 덜하다. 그래서 다음날 일상으로의 복귀가 수월하여 몸이 가볍게 회복되는 느낌이 든다.

맨발로 숲속을 걸으니 나무에서 나오는 여러 이로운 물질들이 호흡과 피부를 통해 몸속으로 전달되고, 발바닥과 발목, 종아리 등 더 많은 근육을 사용하게 되어 혈액순환이 촉진된다. 걷기를 하고 나면 스트레스 해소에도 도움이 된다. 맨발걷기 열풍에 각 지역 단체에서는 황톳길 등 맨발걷기 전용 길을 많이 만들고 있다. 황톳길 걷기도 좋고, 동네 나무주변 흙길이나 공원의 흙길에서 적당한 운동을 생활화하여 사람들이 건강한 삶을 누리기를 바란다.

나도 맨발로 흙길을 걸으며 마음을 내려놓는 연습을 계속하고 있다.

김 영 희

서울시 중랑구 신내로 거주
수필과비평 작가회의 회원
(사)한국문인협회 회원
(사)문학그룹샘문 회원
(사)샘문학(구,샘터문학) 회원
(사)한용운문학 회원
(주)한국문학 회원
샘문시선 회원
<수상>
2020 수필과비평 수필 등단
2021 신협 공모전 당선
(내 인생의 어부바)

수상소감

설레는 마음으로 문을 두드리고, 기도하는 마음으로 도전을 하였습니다.
공모전수상 축하 문자를 받고 떨리는 마음으로 읽고 또 읽으며, 기쁨과 흥분에 가슴이 뛰었습니다. 저에게 소중한 기회를 주신 문학그룹샘문 이사장님과 심사위원장님께 깊은 감사의 말씀을 드립니다. 부족한 저에게 좋은 양식이 되는 많은 책을 주시며 기다려주시고, 좋은 글을 쓰도록 격려해 주신 선생님께 항상 감사드립니다. 더욱 좋은 글로 은혜에 보답하도록 노력하겠습니다.

매일 매일의 우리의 삶은 앞이 보이지 않는 긴 터널을 지나는 것 같습니다.
터널 입구에서 터널을 들여다보면 어두컴컴하지만 터널로 들어서면 오히려 주변이 조금씩 보이기 시작합니다. 입구는 어둡지만 앞으로 걸어갈수록 반대편 출구에 가까워져서 주위가 점점 더 밝아지고 공기도 상쾌해집니다. 우리의 삶도 이와 같이 잠자리에 들기 전, 내일은 어떤 하루가 펼쳐질지 알 수 없지만, 우리는 늘 새로운 내일을 꿈꾸며 잠이 듭니다. 하루의 시작은 안개속이지만 그 안개가 서서히 걷히고 주위가 드러나며 우리는 또 하루를 새롭게 맞이합니다.

새로운 출발은 언제나 가슴 뛰는 일이며 또 다른 도전의 시작입니다. 부푼 가슴으로 출발선에 서 봅니다. 앞서 걸어가신 훌륭하신 분들의 뒤를 열심히 따라가겠습니다. 문학그룹샘문에서 새로운 시작을 할 수 있게 되어 영광입니다.

책읽기를 좋아하고, 책속의 좋은 글들을 가슴에 깊이 새기며 기쁨과 위안과 희망을 품었습니다. 저의 끝없는 책읽기와 글쓰기는 제 삶에 던지는 질문이고, 제 글은 저를 보여주는 얼굴이라고 생각합니다. 덜 익은 감이 떫은맛이 강하듯 제 안의 아직 미완성된 떫음이 성숙의 단계를 지나 완숙되기까지, 진실하고 빛이 되는 글을 쓸 수 있도록 지치지 않고 꾸준히 노력하겠습니다.
아직 많이 부족한 저의 글들이 누군가에게 작은 기쁨과 격려와 위로를 줄 수 있으면 좋겠습니다. 제 안의 탁한 것을 가라앉혀 맑은 글을 내보이고 싶습니다. 언젠가 맑은 난향 같은 은은한 글 향이 피어나기를 바라봅니다.

다가오는 새해에 샘문그룹이 세계적인 문학단체로 꽃피우기를 기원합니다.
모든 분들께 건강과 행복이 늘 함께 하기를 기도드립니다.

2024.11.28.
김영희 드림

중견부문 특별창작상 수상작 수필부문

내 마음 빨랫줄에 널어놓고 외 1편

서 문 순

　나는 요양병원에서 일 년 넘게 조리원으로 근무했다. 덕분에 노인들의 다양한 삶을 가까이서 보게 되었고 그 경험들이 내 인생의 전환점이 되었다. 그들의 삶에 조금이나마 보탬이 되고자 배움 카드를 발급받아 요양사 자격증을 취득한 것이었다. 나의 첫 근무지는 내가 사는 가교리 마을, 우울증을 앓고 계신 희중이 할아버지 댁이다. 이곳 가교리는 아직 장기 요양을 받는 대상자가 없었다. 그래서 사람들은 요양사의 활동이 생면부지의 일이었다. 센터를 통해 희중이 할아버지 댁으로 출근이 정해지면서 시어머님과 남편의 반대가 심했다. 희중이 할아버지는 먼 집안 아저씨이긴 해서 봐줄 만도 했으나, 문제는 할머니에게 있었다. 말 많고 탈 많은 가교리에서 할머니의 극성은 가히 유명 인사였기 때문이다. 남편은 두 분의 불같은 성격을 견뎌낼 수 없을 거라며 아예 불화의 시발점을 만들지 말라고 반대의 깃발을 높이 들고 펄럭여댔다.

　"그 할머니의 극성, 절대로 못 당해. 상처만 받을걸?" 어찌 알았던지 이웃에 사는 아주머니도 대놓고 말렸다. 사실 나도 마음이 그리 편한 건 아니었다.
'첫 직장이 하필이면 요양사들이 가장 피하고 싶은 댁이야?' 할머니의 극성을 누구보다도 더 잘 알고 있었던 나는 정작 대상자인 할아버지보다 할머니를 감당해낼 수 있을지 그게 걱정이었다. 그래서 출근 일주일 전부터 내내 밤잠을 설쳤다.
젊었을 때 마을 이장을 보신 할아버지는 풍물놀이도 잘하셨고 사람들과도 잘 어울렸을 만큼 흥이 많은 분이셨다. 그런 분이 어느 날 농사일을 하던 중에 갑자기 허리를 다치셨고, 그 후로 점점 마을 고샅길에서만 띄엄띄엄 모습을 보이다가 언제부턴가 아예 두문불출, 방에서만 생활하신다는 거였다. 지금 희중이 할아버지는 대인기피증이 극심할 뿐만 아니라 모든 일에 의욕을 잃고 누워서만 생활하신다고, 가교리 사람들은 하나같이 입을 모았다.

　마을 반장인 남편의 심부름으로 서류를 갖다주러 방문했을 때였다. 그때 나는 현관문을 열자마자 비명을 내지를 뻔했다. 면도는 물론이고 석삼년 이발도 하지 않은 것 같은, 영락없는 노숙자 할아버지가 쓰레기 더미에 앉아있었기 때문이었다. 그건 그렇고 현관 입구에서부터 발 디딜 틈이라곤 없이 늘어놓은 살림살이, 허옇게 곰팡이 핀 음식들, 도무지 사람 사는 집일 수가 없었다. 하지만 나는 숨을 꾹 눌러 참았다. 그리고 빨래라도 하듯 요리조리 발가락을 움직여 겨우 들어가기는 했고, 가까스로 할아버지께 서류를 전해드렸으며, 또다시 발가락 춤을 추며 나와서야 한숨을 푹 내쉬었다. 아무리 할아버지 대신 할머니가 가장 노릇을 하고 있다지만, 내가 본 것은 방치 정도가 아니었다. 아예 살림을 팽개쳤다고 해도 걸맞은 상황이었다. 할머니가 밖에 나와서는 엄청 깔끔한 척을 했기에, 나는 눈으로 목격하고도 믿을 수가 없었다. 아닌 게 아니라 그 댁은 명절 때면 일쑤 큰 싸움이 일어나곤 했었다. 자식들이 명절을 쇠러 오면 명절 음식을 하는 게 아니라 어지럽혀진 집안을 치우느라 야단법석이었다. 그렇게 며칠을 치우고 갔다가 다음 명절에 와보면 또다시 쓰레기장이 되어있으니 자식도 며느리도 지칠 수밖에 없는 형편이었다. 이런저런 상념이 머릿속을 헤집었다. 과연 내가 감당해낼 수 있을지 망설여지기도 했다. 그렇지만 누군가는 해야 하는 일 아닌가?
어느 교육 중에 얻어들은 명언 <누언어>가 떠올랐다. 누…누군가 해야 한다면 내가 하자 언…언제고 해야 한다면 지금 하자
어…어차피 해야 한다면 잘하자

 그랬다. 부딪혀보지도 않고 포기부터 하는 건 내 적성이 아니었다. 더욱이 그 댁 둘째 딸의 간곡한 부탁이 있었지 않은가? 용기를 내어보기로 하였다. 드디어 첫 출근 날.
"요양사라고? 필요 없어! 이런 육시랄!"
현관문을 열고 들어서자마자, 할아버지가 고래고래 소리를 질러댄 것이었다. 서리서리 원망 어린 눈으로 욕설을 내뱉을 할아버지를 멀거니 보며, 나는 어찌할 바를 몰랐다.

"나도 늙었어! 몰라요? 더는 당신을 돌봐줄 수가 없다구요!"
할머니도 할아버지 저리가라인 고함으로 맞받았고, 그래서 첫 출근은 한마디로 아수라장이었다. 본의 아니게 노부부 싸움만 붙이고 돌아온 꼴이었다.
요양을 결정한 건 그 집 둘째 딸이었다. 품팔이하는 한편으로 남편까지 돌보고 있는 노쇠한 어머니가 딸과 통화 할 때마다 그랬단다.
"네 아버지 돌보기가 힘들어 죽겠다. 요양사 좀 쓰게 해다우."

 하지만 딸은 아버지를 장기 요양 등급까지 받게 했지만, 오산이었다. 대인기피증 중증인 아버지가 낯선 이의 보호를 순순히 받지 않을 거라는 것까진 예상하지 못한 일이었다. 첫날부터 성과 없이 되돌아온 나는 다음날엔 아예 종량제봉투를 챙겨 출근했다. 마침 할머니는 밭으로 일을 나가시고 할아버지만 거실에 누워계셨다.
"나가! 아, 안 나가?"
나를 힐끔 보신 할아버지가 대뜸 고함부터 지른 거였다. 순간 움찔하였으나 마음을 다잡고 할아버지에게 다가갔다. 그리고 최대한 부드러운 목소리를 만들어 조곤조곤 요양

사의 일에 대해 말씀드렸다. 덧붙여서 연세 드신 할머니를 위하는 방법은 할아버지께서 할머니의 짐이 되지 않는 데에 있다고 강조했다. 그러자 드디어 눈시울 붉히며 울먹거리시는 할아버지.
"나이 80에 품팔이 다니는 할멈을 생각하면 마음이 아파."
 면접에 성공한 나는 할아버지께 율무 한 잔을 타드리고 거실 청소를 시작했는데, 가져간 종량제봉투가 금방금방 가득 차곤 했다. 그런 요양사를 할아버지는 차를 드시는 틈틈이 지켜보고 계셨다. 무슨 감독관인 것처럼.

 일주일 내내 거실과 집안 쓰레기를 치우고 냉장고 청소도 했다. 집안이 하루가 다르게 말끔해지자 가장 좋아하시는 분은 할머니였고 할아버지께서도 요양사가 드나드는 것을 조금은 받아들이는 눈치였다. 웬만큼 집안이 치워진 어느 날, 나는 할아버지 점심을 챙기면서 슬쩍 목욕 이야기를 끄집어냈고 단번에 거절당했다. 사실 할머니가 가장 원하는 요양 부분은 할아버지의 목욕이었는데, 처음부터 너무 큰 욕심을 낸 거 같아 이 부분은 시간을 두고 접근하기로 작정하였다. 다음엔 머리와 수염을 깎아드리겠다고 말씀드렸더니 이 역시 좀처럼 허용하지 않으신다. 하지만 끈질기게 설득하여 성공했는데, 꽤 시간을 잡아먹었다.
할아버지의 한 가지 특성을 말하자면, 어떤 일정이 있으면 3일 전부터 반복적으로, 녹음기를 틀어놓은 것처럼 되풀이해서 말씀드려야 한다는 거다. 암튼 할아버지가 본인 스스로 옷을 벗고 목욕하기까지는 장장 육 개월의 시간이 필요했다.
요양사의 방문이 익숙해지자 거기에 따른 부작용도 생겼다.

 할머니는 새벽이건 늦은 밤이건 내일 해야 할 일이 생각났다 하면 오늘 전화를 하셨다. 그것도 전화를 걸었다 하면 받을 때까지 전화기를 놓지 않으셔서 이만저만 속상한 게 아니었다. 또 김치 담글 일이 생겼거나 밭작물을 수확했을 때면 내 근무 시간이 아닌데도 무조건 부려 먹으려고 들었다. 김치를 담가 달라 그리고 택배 심부름을 해달라고 졸랐다. 지난 여름 어느 일요일, 그날도 할머니는 허겁지겁 우리 집으로 발걸음을 놓았고, 생떼를 썼다.

"우리 애들이 휴가를 온대. 이불 좀 빨아줘야겠어."
"오늘은 쉬는 날인 거 아시잖아요? 내일 출근해서 해드릴게요."
"내일 비가 온단다. 오늘 해야 해!"

 막무가내였다. 이젠 시도 때도 없이 마치 자기 몸종처럼 부리려 들어서 아연실색이었다. 어쩔 수 없이 자부담을 책임진 둘째 딸한테 전화하였고, 요양사가 해줄 수 있는 일과 해줄 수 없는 일을 조목조목 설명해주었다. 그러자 둘째 딸은 알았다며 연신 죄송하다고 했지만, 그 후 할머니 목소리에선 쌩하니 찬바람이 실려 나왔다.
"이제부턴 내가 다 할 거야. 출근할 필요 없어!"

필경 둘째 딸이 얘기를 전했던 모양으로, 할머니의 찬바람은 한동안 계속되었지만, 그래도 나는 묵묵히 근무하였다. 그러나 사실 할머니가 스스로 마음을 풀기까진 마음고생이 이만저만이 아니었다.
그리고 다시 관계가 완화될 무렵 할아버지한테서 전화가 왔다. 불을 켜서 핸드폰을 보니 밤 11시가 넘은 시각.
"우리 집사람 가방이 없어졌어."
할아버지의 목소리가 바르르 떨고 있는 것이, 다급한 기색이 역력하였다.

"그 안에 일한 품삯하고 통장이 있는데, 혹시 못 봤는가?"
나를 의심하시는 것 같았다.
"내일 출근해서 찾아보겠습니다."

그렇게 약속하고서 뒷날 출근했더니 가방을 찾았다고 하시는 거였다. 한쪽 눈을 녹내장으로 실명하신 할머니가 급하게 일하러 가느라 이불속에 넣어둔 걸 깜박 했었다는 게 아닌가? 나는 나 자신에게 자기최면을 걸어 마음을 꾹 눌렀다. 치매의 특성은 대부분 물건을 잃어버리는 일로 시작한다는 걸 알고 있어서 그다지 상처가 되진 않는다고. 오히려 가방 찾느라 부산떠는 수고를 덜어 퍽 다행이라고.
할아버지를 돌보면서 장기 요양에 대해 지식이 전혀 없는 분들과 의견충돌이 있을 때는 난감한 상황이 터지기도 했다. 그랬는데도 견딜 수 있었던 건 요양사 직무교육을 통해 노인들의 치매 특성과 행동에 대한 대처 방법을 학습한 내용 덕분이었다. 그런 것이 실전에 도움이 되었다.

아쉬운 점은 요양을 받는 보호자들의 교육도 필요하다는 점이었다. 요양사가 모든 걸 다해준다는 터무니없는 오해와 더불어 요양사를 가정부 정도로 여기는 경우가 있기 때문이다. 희중이 할머니만 해도 그렇다. 요양사가 살림을 다 해줄 것이라 착각한 나머지 요양 일에 벗어나는 요구를 스스럼없이 하신 거였고, 그래서 난감한 상황이 벌어졌었다.

가교리 사람들의 노파심에도 불구하고 말도 많고 탈도 많았던 희중이 할아버지의 요양이 어느덧 3년이 되어 간다. 사람들은 할아버지의 말끔해진 외모와 깨끗해진 집안을 보고 자기 일처럼 좋아한다. 이제는 할아버지 댁에 발길을 끊었던 마실 꾼도 오가고,

덩달아 할아버지도 성격이 많이 밝아지셨다. 도통 대문 밖을 나오지 않던 할아버지였는데 날씨가 따뜻한 날은 마을 사람들이 모이는 평상에 나가 잠깐씩 앉아계시다 들어오시곤 한다. 그런 모습을 보고 도회지에 사는 자녀들도 걱정을 덜었다며 고마워하였다.

  젊은 날 치열하게 살아내었지만 노쇠해지면서 경제력을 잃어 가족한테까지 외면당한 시골 노년을 주변에서 자주 보아왔던 나는, 그게 남의 일 같지 않아서 그때마다 안타까운 마음이 들었다. 하지만 '사회장기요양보험'으로 돌봄 서비스받고 인생의 끝자락에서나마 인간다운 삶을 누리는 모습은 그나마 보기 좋다. 희중이 할아버지만 보아도 그렇다. 이러한 돌봄 서비스가 없었더라면 정말 불우했을 것이다. 식사는 물론 제때 씻지도 못하고 햇살 저편에 가려진 채, 차라리 죽는 게 낫다고 생각할 만큼의 쓸쓸한 여생을 보내셨을 게 아닌가? 한 사람의 손길이 얼마나 큰 보배인지 모른다. 인생의 끄트머리에서 막막히 추억만을 반추하고 있을 수밖에 없는 그들과 '아름다운 동행'을 하는 장기요양보험이 외로운 노년의 삶에 우산이 되어주고 있음을 새삼 느낀다.
같이 걸어줄 누군가가 있다는 것, 그것처럼 따스한 일은 없다고 생각한다. 그 일에 동참하여 더불어 가고 있는 나 역시 요양사 일에 보람을 느끼지 않을 수 없다. 그래서 나는 오늘도 깨끗이 세탁한 빨래를 널고 있다. 고달파 내던지고 싶던 마음일랑 박박 문대고 씻어 탈탈 털어서는 저 부신 햇살에다 바치고 있다.

사라지는 축산 소농가

서 문 순

 축협으로부터 축산 소농가를 없앤다는 소식을 접한 지 어느덧 3년이 훌쩍 지나갔다. 그동안 잠잠하여 한시름 놓고 있었는데, 그 사업을 2023년 내년 1월부터 시행한다는 단체 문자를 보내왔다. 허가 내지 못한 축사는 송아지 출생신고를 받지 않는 건 물론이고 기표를 달아주지 않는다는 확인되지 않은 소문이 소농가들 사이에 들불처럼 번져나갔다. 소는 축협에서 실명제로 관리하고 있다. 기표를 통해 한우의 혈통 및 모든 정보를 한눈에 볼 수 있다. 기표를 달아주지 않는다는 건 사람으로 치면 주민등록번호 발급을 해주지 않겠다는 거였다. 기표가 없으면 한우를 애완용으로 기르는 거 아니면 아예 거래할 수가 없다. 축산의 목적은 주로 송아지를 내어 그 수입을 얻는 거에 있다. 끝까지 버텨봤자 소용없다는 거다. 축산농가에는 희망의 불씨 하나 남기지 않고 잔불까지 물을 부어 소멸시키는 청천벽력 같은 통보였다.

 시골에서 하우스나 특용작물을 하지 않는 한은 농사만 지어 생활을 이어가기란 어렵다. 도시와 시골의 격차가 줄어든 만큼 생활용품과 일상생활 하는데 기본적으로 들어가는 비용 등 시골 씀씀이도 도시 못지않다. 그러니 꾸준히 돈이 나오는 무언가가 필요한데 농사지으며 소를 기르는 것이 수입원으로는 안전한 투자라 할 수 있다. 소는 옛날이나 지금이나 시골에서는 여전히 큰 재산이다. 소를 다섯 마리만 길러도 일 년 치 나오는 수입으로 목돈을 만질 수 있다. 그런데 정부에서 어떤 조치도 없이 무조건 소를 포기하라니 농촌에 사는 농부에게는 죽으란 말이나 다를 바 없다.
정부에서는 집 마당 외양간에서 기르는 소나 제대로 시설을 갖추지 않은 소 축산농가는 이참에 전부 정리한다고 한다. 신규축사도 당분간은 내주지 않는다고 하였다. 정부가 나서지 않으면 기하급수적으로 늘어나는 한우의 수를 감당할 수 없다는 이유다. 이대로 방치했다가는 솟값이 돼짓값보다 더 하락할 수 있다는 염려에서다. 이 소식을 듣고 나는 한숨이 한 말이나 되었다. 기르는 소를 믿고 남편한테 농사를 줄이자 성화를 부렸기 때문이다. 그런데 조바심을 내는 나와 다르게 남편의 반응은 시큰둥이다. 예전에는 축사를 가지고 싶어 배앓이 했던 남편이었는데, 이참에 축사를 정리할 모양이었다. 정부가 내건 정책에 반기들 마음 접고 일찍부터 주눅이 들어버린 걸까.

남편은 첫배부터 세배까지 내내 쌍둥이만 출산하는 소를 이참에 정리할 거라 말한다. 그리고 한 우리에 있는 비육 소를 따로 분리하였다. 남편은 아침, 저녁으로 두 끼만 주던 사료를 점심을 꼭꼭 챙기라고 당부하였다.

  남편이 말한 비육을 시작한 소에게 점심을 주러 갔다. 사료를 푸기 위해 바가지를 들자 축사에 있는 여섯 마리 소의 검은 눈동자가 웬 횡재인가 싶어 윤슬처럼 반짝인다. 그리고는 그 시선들이 일제히 나에게 꽂힌다. 이른 봄 갓 올라온 찔레 새순 같은, 약한 마음을 가진 나는 비육하는 소에게만 사료를 줄 수가 없었다. 현재 수입 제한으로 세계는 곡물값이 오르고 있다. 하루를 멀다 하고 장대 들고 높이뛰기 하는 사룟값에 축산농가들은 현재 소의 수를 줄이고 있다. 그런데 나는 사료 바가지만 들면 어릴 적 배곯아 본 기억이 떠오르고 주책없이 인심이 끼어들고 만다. 그러면서 우리 집 가계부가 사룟값으로 인해 터널이 생기거나 말거나 축사에 있는 모든 소에게 골고루 점심을 푸지게 퍼주고 만다. 그렇게 시작된 사료 바가지 인심을 베푼 지 두어 달이 되어갔다. 그리고 며칠 전 비육 소 나갈 날이 정해졌다고 남편이 통보해 왔다. 고기로 팔기 위해 비육을 시작했지만, 막상 소가 축사에서 나갈 날짜가 정해지면 사람으로는 할 짓이 아니다. 동물이라는 이유로 인간한테 비육 당하고 죽을 날이 정해지고, 정말이지 내 마음은 소가 팔려나갈 때마다 철 수세미로 박박 문지른 듯 너덜거린다. 그것도 모르고 모든 걸 달관한 얼굴을 하고 지그시 눈을 감고 되새김질하는 소. 드럼통 같은 배를 안고 너무나 평온해 보였다.

새벽녘부터 부엌에서 달그락거리는 남편. 비육 소 실으러 트럭이 도착하기 전 서둘러 아침밥을 먹는다. 모른 척 아예 축사에 나가보지 않았다. 어둠 속에서 끌려가지 않으려는 소와 기필코 끌고 가려는 사람과의 실랑이를 차마 두 눈으로 볼 수 없었다.

  한동안 조용하던 집안이 남편의 등장으로 적막이 깨졌다. 침대에 누워있는 나에게 남편은 소의 무게가 얼마라고 하는 거 같았다. 그러나 남편의 말을 귀담아듣지 않았다. 지금쯤 소는 아마도 이승의 문을 열고 나갔을 것이라는, 온통 그 생각만이 머릿속을 가득 채우고 있었다.

그날 저녁이 되어서야 퇴근하고 집으로 돌아온 남편한테 소의 체중을 물어보았다. 남편은 신경질적으로 육백 킬로 겨우 넘는다고 대답했다. 그 속에는 나한테 소의 점심을 제대로 챙겼냐고 묻는 울화통이 들어있었다. 억울했다. 죽을 날을 받아 놓은 소가 다른 소보다 더 불쌍해 동정을 얹어 두 바가지는 더 퍼주었다. 하지만 그 소는 살보다는 똥을 더 많이 만들어 냈다. 그런 걸 내 탓으로 돌리냐며 맞받았다. 그 소는 통뼈인 내 체질을 닮았어야 했는데 이미 저승에 입적했음에도 사료만 축내고 가는 많은 아쉬움을 남겼다. 통장에 찍힌 솟값을 보고서야 솟값 하락을 실감했다. 몇 달 전 팔려나간 소보다 가격 차이가 확연히 드러났다. 이러니 정부에서 소농가를 없애려고 하는 것이리라. 당연한 정책이다.

일주일이 지나고 나면 다음으로 황소 쌍둥이가 경매장으로 나간다. 그러면 축사는 다른 소로 채워지는 것이 아닌 하나씩 둘씩 빈 곳이 된다. 한때 소 울음으로 번잡했던 곳이 형체만 남긴 채 뒤안길로 돌아설 채비를 서두른다. 과거 마을마다 하나씩은 꼭 있었던 구멍가게처럼 시골의 정겨운 풍경인 외양간의 모습은 이제 박물관에 가서야 볼 수 있을 것이다. 쓸쓸함이 배어 있는 내 어깨를 바람이 토닥이며 지나간다.

서 문 순

충남 공주시 거주
공주문인협회 회원
서정문학회 회원
공주금강여성문학회 회원
(사)문학그룹샘문 회원
(사)샘문학(구,샘터문학) 회원
(사)한용운문학 회원
(주)한국문학 회원
샘문시선 회원
<수상>
2015 서정문학 수필 등단
2020년 서정문학 시 등단
<수필집>
토란잎(공주문화관광재단 지원)
마곡풍경(충남문화재단 지원)

수상소감

　세상의 모난 말들을 가슴에 담아두면 숙성이 되어 가슴에 상처로 남는다. 어떤 말은 입 밖으로 내어 문제가 될 수 있고, 또 어떤 말은 용기 내어 꺼내 놓고 보면 나에게는 심각했던 말들이었지만 상대방에게는 의미 없는 때도 있다.

　나는 불우했던 유년의 기억이 작은 가슴에 상처로 남아 성장하는 내내 햇살 등 뒤에 숨어 살았다. 불쑥불쑥 올라오는 열정을 늘 골목길 귀퉁이에 몰아놓고 숨죽인 채 늘 조심스러웠던 발걸음.

　그러나 언제부턴가 목까지 차오르는 울분을 더 이상 참아낼 수가 없었다. 그 때 나는 내 마음속에 잡초처럼 올라오는 생각들을 글로 쓰기 시작하였다. 어떤 때는 돌아가신 엄마에게 하소연하듯 어떤 때는 친구에게 말하듯, 그렇게 시작 된 글쓰기가 점점 나를 밝은 세상으로 나오게 했다.

　돌아보면 어릴 적 부모님을 일찍 여의고 못 배우고 가난함은 내 잘못도 죄도 아님을 깨달았다. 부모님은 어쩔 수 없지만 다른 문제는 내가 노력만 하면 얼마든지 극복할 수 있는 부분이었다. 나는 용기를 내어 학업을 다시 시작하였고, 평생 학생으로 살기로 마음먹었다. 만학도의 즐거움이란 세상을 거꾸로 사는 매력이 있다. 젊음을 선물 받았다고나 할까. 새로운 지식에 우리는 늘 노출되어 있음이 행복이고 무엇보다도 인생길 위 여쭤볼 스승님이 계신다는 것이 다. 그림자로만 가득 찬 인생이 이제는 봄길이 되었다.

　두서없이 글을 써온 시간이 부끄럽게도 오래되었다. 수필을 쓰면서 이것이 맞는 것인지 바람에게 끝없이 질문을 던졌었다. 가을걷이를 마친 들녘에 홀로 서 있는 기분은 글을 쓰는 사람이면 한 번쯤 느끼는 기분이 아닐까, 한다.

　위기나 기회는 늘 문턱 앞에서 일어난다. 늦가을 김장이 끝나고 나무는 제 몸에서 잎을 다 떨군 겨울의 문턱 앞. 독감을 만나 삶의 희망이 줄어들 때 첫눈 소식처럼 당선의 소식이 들려왔다. 순간 독감의 아픔을 잊고 기뻤다. 내 글이 누군가의 시선을 잡아 끌어당겼다는 것은 참으로 행복한 일이라 할 수 있다. 위기의 문턱을 넘으면 그곳에는 희망이 자라고 있다. 이번 당선 소식이 나에게 희망의 메시지가 되었다.

　글을 쓰면서 주변을 돌아보는 버릇이 생겼다. 아마도 사물이 자꾸만 나에게 말을 걸어오기 때문이리라 글을 쓴다는 건 축복이다. 사물의 이야기와 나의 속마음을 활자로 만들어진다는 것은 작가들의 큰 축복이다.

　겨울의 문턱에서 첫눈의 설렘의 당선 소식에 다시금 희망을 밀어 올린다. 관계자 여러분 감사드립니다.

2024.11.28.
서문순 드림

한용운문학상 특집
사/회/칼/럼

존조경종 시대를 다시 부활하자
― 尊祖敬宗

사회칼럼/ 이 정 록

　우리나라는 세계 어느 나라에 못지않게 족보族譜를 잘 정리해 온 전통이다. 자기의 혈통과 출신을 알려주는 중요한 작용을 한다. 자기의 역사인 동시에 한 집안의 역사다. 타향에서 같은 성姓을 가진 사람을 만나서 몇 마디만 나누어 보면 어느 할아버지의 자손이고, 어디서 갈라져 나왔으며, 자기와 몇 촌 간인지 알 수 있다.

　우리와 아주 가까이 있고, 문화적으로 많은 교류가 있었던 중국 사람들도 족보를 중시하지 않았다. 더구나 촌수寸數라는 말 자체가 없다. 삼촌, 사촌 하면 중국 사람들은 무슨 말인지 모른다. 촌수에 대해서 중국역사 교수에게 설명해 주었더니 아주 훌륭한 호칭법 찬탄한 적 있었다. 보통 5대 이상만 올라가면 잘 모른다. 필자와 가까이 지내는 중국의 교수들 가운데 자기 조상을 모르는 사람 여럿 보았다.

　1981년 겨울, 독일의 세계적인 사회학자 보르노 박사가 우리나라 방문하였다.
기자회견을 가졌는데, 우리나라 기자가 "앞으로 한국이 어떻게 하면 잘 되겠습니까?" 라고 묻자, 보르노 박사는
"한국은 다른 것은 할 것 없고 한국인의 족보를 잘 지켜나가면 됩니다."
한국 기자들은 전혀 예상 밖의 답을 듣고 어리둥절 하였다. 우리나라 사람이

사회칼럼

별로 중시하지 않거나 혹은 낡은 제도로 여기는 족보를 서양의 세계적인 학자가 왜 그렇게 칭찬을 했을까? 서양학자가 보기에 국가와 사회와 가정의 질서를 잡아 주고, 개인을 도덕적으로 바른 길로 인도하는 기능을 하는 것으로서 족보의 기능을 매우 높게 보았던 것이다.

우리나라 사람들은 어떤 말이나 행동을 할 때, 자기의 조상을 생각하고, 자기의 후손을 생각한다. "내가 이런 언행을 하면 조상들에게 욕이 되지 않을까? 먼 훗날 나의 후손들에게 누가 되지 않을까?"라고,
그러니 말 한 마디, 발 한 걸음 옮길 때도 신중히 하고 한 번 더 생각하고 돌아봤다.
그러나 서양 사람들에게는 이런 관념이 없다.

오늘날 범죄자가 증가하고 사회가 혼란한 것은 가정에서의 교육이 되지 않았기 때문이다. 학교가 책임지지 않는다고 나무라는 사람이 있지만 학교가 교육하고 책임지는 것은 한계가 있다. 사람의 기본은 집에서 이루어진다. 보통 남을 욕할 때
"누구 자식인지 참 못됐다?",
"누구 집 자식인지, 근복이 없다" 라고 하지,
"어느 선생 제자인지 참 못됐다" 라고는 하지 않는다.

족보를 만들어 자기가 누구의 후손이고,
누구의 자식인지 그 사람의 위치를 확인시켜 주면, 사람이 함부로 처신하지 못한다. 또 옛날에는 대부분 동족 마을을 이루어 살았기 때문에 동네 안에서 문밖에 나가도 모두가 할아버지, 아저씨, 형님, 동생, 조카 관계이기 때문에 감히 함부로 하면서 살 수가 없다. 훌륭한 조상이 있으면 그 행적을 새긴 비석을 새기고, 학문이나 덕행이 뛰어난 조상은 후손들이 유림들과 협력하여 서원을 지어 제사를 지냈다.

이런 것은 단순히 조상을 자랑하려는 것이 아니고, 훌륭한 조상을 교육의 자료로 활용하여 후손들을 바른길로 인도하려는 것이다. 조상을 다 버리고 도시에 나와서, 문밖에만 나가면 어디 출신이고 누구 집 자식인지 모르는 상황에서는 쉽게 범죄행위 할 수 있고, 언행을 함부로 하기 쉽다.
조상을 존경하고 높이는 좋은 전통 너무 빨리 무너지는 것 안타깝다. 좋은 전통마저
다 버리는 것이 발전이고 개혁이면 현대적이고 혁신이면 크나큰 착각이다.

설이나 추석이나 제사를 잘 지내며
조상을 잘 섬기고 집안 어르신들을 잘 섬기고 동네 어르신들을 우리 사회 어르신들을 잘 섬기는 후손들이었으면 하는 소망이 간절하다.

○ 한용운문학상 특집 - 시창작 특강 ○

시창작 특강

□ 시를 잘 쓰는 16가지 방법 □

이 정 록

　시적 표현과 진실에 이르는 길―상상력이란 것은 인지능력 즉 경험을 통과했을 때 더욱 빛을 발하게 된다.
산골에서 태어나 자란 아이는 해가 산에서 뜬다고 생각한다. 그러나 갯가에서 자란 아이는 해가 바다에서 뜬다고 여긴다.
　어린이는 돌을 단단한 장난감으로 여기나, 성숙한 어른은 돌을 용암이 굳어져서 풍상에 깨어진 인내―감내―인고의 표상으로 본다.
　이것이 인식의 눈이며 표상능력이다.

　나의 경험으로도 유형화되고 유통언어에 걸린 시들을 몰아내는 데는 오랜 시간이 걸렸음을 고백한다.
　진지한 시작詩作 과정의 극기훈련 없이는 대중화에 물든 저속성의 시를 찾을 수밖에 없는 것이다.
　그러므로 호우처럼 쏟아지는 정보매체의 언어에 시인은 헌신하는 것이 아니라 침거하면서 부정하거나, 이를 극복하는 그 반대편에 서 있는 것이 시인인 것이다.

　시란, 시인이란 아니 시를 쓰려고 작심한 자는 '로미오와 줄리엣'을 탄생시킨 셰익스피어가아니라, 무릇 고생물학자의 고행을 먼저 배우고 진진한 감성의 논리로서 진지한 어법을 먼저 배울 일이다.
　진지한 어법이란 한 시대의 이념에 종속되어 굳어진 말버릇이 아니라 오히려 아이러니나 위트, 해학, 풍자 등의 언어 본래의 정신을 폭넓고 다양하게 구사하는 어법을 말한다.
　다시 말하면 시어가 가진 자율성을 말하며, 이 자율성의 정신이 풍만했을 때 상상력은 그만큼 넓어진다는 뜻이다.

　탤런트나 거리의 화제를 뿌리고 사는 인기 있는 사람이 시집을 내면 '떴다방'이 되고 전문코드를 가진 시인이 시집을 내면 외면당하는 수가 허다하다.
　수위가 시를 못 쓰고 교수가 시를 잘 쓴다는 얘기가 아니라 독자층의 70%는 정보언이나 유통언어로 씌어진 소비적인 시를 좋아한다는 얘기다.
　이것이 다름 아닌 쇼비즘(속물주의) 근성이며 달갑잖은 포퓰리즘(대중성)으로 바깥세상을 떠들썩하게 하는 시인 것이다.
　인문학적 지식이 없이는 현대시를 지을 수도 이해하고 감상할 수도 없는 현실에서 시인이 독자보다 많다거나 천 사람의 독자보다 깊이 있는 한 사람의 독자가 참다운 독자라는 말이 생긴 것이다.

　문명이 발달하고 시에 대한 독자의 안목이 높아짐에 따라 시인들은 단순한 감정의 표출로 독자를 감동시키는 것에 한계를 느끼고 새로운 기교와 방법을 개척하기에 이르렀다.
　현대시의 기법은 바로 이러한 결과로 나오게 된 것이다.
　'계속 아름다운 것은 우리를 질리게 한다. 새로운 충격요법이 필요하다'는 전제 아래 러시아 형식주의자들일 말하는 '낯설게 하기'와 모순어법 등은 현대시를 더욱 어렵게 만들고 시적 애매성을 초래했다,

　시란 결국 '발상과 표현'의 문제다.
　발상에 있어서는 '상상력의 코드번호 찾기'이고, 표현이 문제에 있어서는 경구나 선전문구(로고송)또는 속담유의 직설로는 시가 되지 않으니 반드시 비유와 상징의 하나의 은유체계가 완성되어야 한다고 정의했다.
　인문학적 바탕이 없이는 고도한 지적능력(상상력)을 발산할 수도 없으며 설사 이 능력(직관력)을 갖추었다 하더라도 표현기법 없이는 한편의 시를 완성할 수 없다.
　시를 잘 쓰는 16가지 방법을 소개한다.

시를 잘 쓰는 16가지 방법

1. 사물을 깊이 보고 해석하는 능력을 기른다.
　　지식이나 관찰이 아닌 지혜(지식+경험)의 눈으로 보고 통찰하는 직관력이 필요하다.

2. 새로운 의미depaysment를 발견하고 그 가치에 대한 '의미 부여'가 있을 때 소재를 붙잡아야 한다.
　　단순한 회상이나 추억, 사랑 등 퇴행적인 관습에서 벗어나야 한다.

3. 머릿속에 떠오른 추상적 관념을 구체화할 수 있는 이미지가 선행되어야 한다.
   '시중유화 詩中有畵 화중유시畵中有詩', 이것이 종자 받기(루이스)다.
   (이미지+이미지=이미저리→주제(가치와 정신) 확정).

4. 이미지와 이미지를 연결하기 위하여 구체적인 정서의 구조화가 필요하다.
   추상적 관념을 이미지로 만들고 정서를 체계화하기 위하여 '객관적 상관물'을 찾아내야 한다.
   또한 1차적 정서를 2차적 정서로 만들어내는 과정이 필요하고 그러기 위하여 '객관적 상관물'을 쓴다.
   이것을 '정서적 객관화' '감수성의 통일' 등으로 부른다.

5. 현대시는 '노래의 단절에서 비평의 체계'로 넘어와 있다는 피스의 말을 상기하라.
   '-네' '-오리다' '-구나' 등의 봉건적 리듬을 탈피하라.
   연과 행의 구분을 무시하고 산문 형태로 시도해 보는 것도 시 쓰기(매너리즘)에서 탈피하는 방법(형식)이다.
   이것이 불가능하면 형식은 그대로 두고 ①-④의 항목에다 적어도 '인지적 충격+정서적 충격'이 새로워져야 함은 물론이다.

6. 초월적이고 달관적인 시는 깊이는 있어도 새로움이 약화되기 쉬우니 프로근성을 버리고 아마추어의 패기와 도전적인 시의 정신을 붙잡아라.
   이는 '시 쓰기'를 익히기 위한 방법이며, 늙은 시가 아니라 젊은 시를 쓰는 방법이다.

7. 단편적인 작품보다는 항상 길게 쓰는 습관을 길러라

8. 지금까지의 전통적 상징이나 기법이 아닌 개인 상징이 나오지 않으면 신인의 자격이 없다.
   완숙한 노련미보다는 젊은 패기의 표현기법이 필요하다. 실험정신이 없는 시는 죄악에 가깝다.

9. 좋은 시 (언어+정신+리듬=3합의 정신) 보다는 서툴고 거친 문제 시 (현대의 삶)에 먼저 눈을 돌려라.

10. 현대시는 낭송을 하거나 읽기 위한 시가 아니라
    독자로 하여금 상상하도록 만드는 시이니 엉뚱한 제목(진술적 제목), 엉뚱한 발상, 내용 시상 등이 필요하다.
    이를 위해서는 주제를 깊이 감추고, 모든 것을 다 말하지 말고 절반은 비워 둬라. 나머지 상상력은 독자와 평론가의 몫이다.

11. 일상적인 친근어법을 쓰되 가끔은 상투어로 박력 있는 호흡을 유지하라.

12. 리듬을 감추고 시어의 의미가 위로 뜨지 않게 의미망 안에서 느끼도록 하라. 이해 행간을 읽어가는 상상력의 즐거움을 제공한다.
    그러나 애매모호ambiguity성이 전체 의미망에서 크게 벗어나지 않도록 심층 심리 복합현상(원형상징)과 교묘한 시어들의 울림에 으한 콘텍스트를 적용하라.

13. 시의 주제는 겉뜻(문맥)이 아니라 읽고 나서 독자의 머릿속에서 떠오르게 감추어라(주제).
    아니마를 읽고 그 반대항인 아니무스의 세계를 떠올릴 수 있도록 하라.

14. 현대가 희극성/ 비극성의 세계로 해석될 때 비극성의 긴장미(슬픔, 우울, 고독, 권태, 무기력, 복수, 비애 등의 정서)를 표출하라.
    이것이 독자를 붙잡는 구원의식이다. 이는 치유능력 즉 주술성에 헌신한다.

15. 유형화된 기성품이나 유통언어를 철저히 배격하라. 개성이 살아 남는 일 — 이것이 시의 세계다.

16. 정서의 구조화'가 되어 있지 못한 시는 실패작이다.
    왜냐하면 '감수성의 통일'이 이루어지지 않았기 때문이다.
    주제에 의한 의미구조의 통일만이라도 꿈 꾸어라.

이 정 록
시인, 샘문그룹 이사장, 한국문학 회장

제4회
「한용운신인문학상」
시부문
수상작

신인문학상 당선작

지들 엄마표 김밥 외 2편

박 숙 영

김밥을 말다가 불현듯
오래전 딸을 위해 꼭두새벽 김밥을 싸셨던
엄마의 고단한 손길이
김발과 소재 위에 소환 되었다

이젠 내가 나이가 들어
짠한 엄마 맘으로 새끼들을 위해
김밥을 말고 있다

그 옛날 받고 받기만 하여
고왔던 엄마의 얼굴을 광대뼈만 움푹
골지게 만든 딸
징하게도 애비 에미 축냈던 딸
대책이 없다고 내놨던 친정집 말괄량이

이제 어느새 내 나이, 엄마 나이
내 새끼들 쑥쑥 뽀얗게 자라고
더 쑤욱 자랄 때까지
주고 또 주자, 있는 데로 퍼주자
지들 애비 에미 아무리 축내어도
결코 아깝지 않을
우리집 대들보 꿈덩어리들

김밥을 말다가 불현듯 떠오르는
울 엄마표 김밥,
내 꿈덩어리 새끼들 위해 말고 있는
'지들 엄마표 김밥'

그대의 꽃이고 싶습니다

박 숙 영

누에가 애벌레의 고독한 여정을 멈추고
한 올 한 올 하얀 실을 토해내듯
운명의 실을 짜서 인간에게 나누어주는
클로토 신이듯
순결하고 때묻지 않은
그대의 꽃으로 피어나고 싶습니다

살랑거리는 바람에 떨어지는 꽃잎처럼 서러운 울음을 우는 그대
내 삶의 유일한 영혼인
그대의 처연한 꽃으로 피어나고 싶습니다

한 장으로 피어나 펼치고 거둬들이고를 반복하는 두루마리구름처럼
세월이 수없이 흐르고 흘러
세상의 모든 사랑이 변한다 하여도
그대에 대한 나의 사랑은 영원히 변치않는
그대의 한 송이 꽃이고 싶습니다

그대와 나의 사랑만큼은 비단 명주실로
한 올 한 올 짜내는 라케시스 신처럼
고결하고 화사하게
아름다운 한 송이 꽃으로 짜여진
그대의 꽃이고 싶습니다

제4회 「한용운신인문학상」 시부문 수상작

팽목항 초승달

박 숙 영

하얀 눈물을 머금고 소복차림한
팽목항 초승달

그대들 꽃 진자리에 서성이는 마른 슬픔
시린 가슴에 기대어 견디고 있는
잊혀져가는 슬픔은 더 큰 아픔이 됩니다

여기서 머물다간 그 모습 그대로
끝내 소환되지 못한 기억은
그대들에게 닿을 수 없어 사무치게 애틋합니다

저 심연의 바다에 떠도는
작은 영혼들은
천 년 바람을 타고 달빛 계단을 오르고
소복한 팽목항 초승달은
살풀이 칼춤으로 영혼을 달랩니다

박 숙 영

세종특별자치시 거주
단위농협에서 근무(전)
SK하이닉스에서 근무(전)
부동산 사무소에서 근무
삼성생명 컨설턴트로 근무
성남 검단초등학교 돌봄전담사, 성남수정초교 학습도우미, 프렌차이즈식당 자영업 대표, 유성구노인복지관 생활지원사, 충남대 농업기술센터 연구원 (현), (사)문학그룹샘문 회원, (사)샘문그룹문인협회 회원, (사)샘문학(구, 샘터문학) 회원, (사)한용운문학 회원, (주)한국문학 회원, 샘문시선 회원

박숙영 시인 신인문학상 심사평

여성 주체로 구현되는 시 세계

심 종 숙 (시인, 교수, 문학평론가, 문학박사)

박숙영 시인은 「그대의 꽃이고 싶습니다」, 「지들 엄마표 김밥」, 「팽목항 초승달」 이 세 편의 작품을 응모하였다. 「그대의 꽃이고 싶습니다」는 사랑을 희구하는 여심을 노래한 시로 그 표현은 현대시가 지녀야 할 특성을 충분히 지니고 있다. 그대는 사랑을 추구하는 대상이다. 자신을 온전히 그대를 위해 향하고자 하는 열절한 애가라 하겠다.

「지들 엄마 김밥」은 김밥을 만드는 경험을 소재로 재미나게 어머니의 희생 위에 자신이 성장했고 자신은 또다시 자녀를 위해 어머니의 희생을 이어가는 여성의 입장을 토로하였다.

그리고 「팽목항 초승달」은 세월호 참사를 소재로 그린 시로서 죽은 영혼을 위로하는 달을 의인화하였는데 달 역시도 여성 이미지여서 억울한 영혼을 여성의 입장에서 위무하는 시로서 훌륭하다.

세 편 모두 가부장제 사회를 날카롭게 비판하는 페미니즘의 입장보다는 프랑스적 페미니즘의 입장에서 여성성의 긍정성을 바라보면서 여성으로 주체가 되고자 하는 여성 시인의 자세를 보여주어서 좋았다.

시대와 역사, 일상 속의 경험 속에서 여성성을 구현해 나가는 박영숙 시인의 시인으로서의 태도가 앞으로 더욱 높고 깊은 시 세계를 펼쳐낼 수 있을 것이다. 박영숙 시인의 언어 표현의 의식은 현대시가 갖추어야 할 요소를 잘 지니고 있고 문제 의식을 지닌 시인이라 하겠다.

자유와 해방, 순연한 여성성의 사랑을 길어낸 「그대의 꽃이고 싶습니다」를 등단 작으로 선정한다. 등단을 축하드린다.

수상소감

    2024년 제4회 한용운문학상 공모전 및 한용운공동시선집 시부문 신인상 공모전에 응모하여 그 결과를 기다리던 중, "박숙영 시인님 당선 축하드립니다"라는 낯선 문구의 소식을 접하고, 비로소 설레는 마음을 추슬러 봅니다.
    꿈 많던 학창시절 글짓기 대회에서 상을 탔던 기억으로 내 안에 숨어 있던 글들을 써 가며 하나하나 정리하여 모으면서 시인을 꿈꿔왔었는데, 부족한 저의 글을 우리나라 권위있는 문학의 산실인 한용운문학상신인상 시부문으로 선정하여 주신 문학샘문그룹심사위원님들께 진심으로 감사의 말씀을 드립니다.
    그동안 사회생활과 결혼, 그리고 아이를 낳고 키우느라 글쓰는 일 하고는 거리가 멀어 시인이라는 높은 벽을 넘을 수 없겠구나 생각했었는데, 지천명의 나이에 들어서야 그 벽을 넘을 수 있게끔, 자극과 용기를 주신 정승운 시인님과 등단의 기회를 주신 시인 이정록 교수님께 다시 한번 뜨거운 감사를 드립니다.
    이해인 시인님의 <내 혼에 불을 놓아>에 수록된 <살아 있는 날은>의 시 한 구절이 큰 희망이 되었던 것처럼 저도 예리한 칼끝으로 마른 향내 나는 갈색연필을 깎아 단정하고 서정적인 아름다운 시를 쓰겠습니다.
    이제 등단의 기회를 주셨으니 더 열심히 하라는 채찍으로 여기고 순결한 몸짓으로 뿜어내는 향내처럼 만인들을 위하여 소멸하는 촛불 같은 시인으로 성장하도록 노력하겠습니다.
    다시 한번 문학그룹샘문 관계자 여러분들께 깊은 감사를 드립니다.

2024.10.23.
박숙영 올림

신인문학상 당선작

풍어 만선 깃발 외 2편
– 아버지의 바다

전 만 식

오랜만에 다녀온 고향
부두 횟집 물회 점심 시켜놓고
친구한테 조심스레 묻는다

"요새 고기 좀 잡히나"
그 친구 고갤 떨구며 하는 말,
"고기가 안 난다"

오징어 꽁치 명태
그 많던 고기들은 다 어디로 갔나
친구는 자기가 물횟집 하느라
고길 다 잡아서 그런가 보다 라고
너스레를 떤다

텅 빈 어판장에 풍어 만선 깃발이
저만치 바람에 펄럭이고
'어촌에 고기 안 잡히면 뭘 먹고 사노…'

내 아버지가 애써 일군 바다,
그 바다에는 고기가 없다고 한다

만선 깃발이 혼자서 전신을 흔들면서
풍어를 간절히 염원하고
친구와 술 한 배 주고 받으면서
보물의 귀환을 간절히 기다리는데

군무를 추던 고기들이 사라진 바다
만선가가 울려퍼지던 아버지의 바다
그 바다는 아무 말이 없었다

장모님

전 만 식

사십오 년 난희
사십팔 년 성희
오십 년 경희
오십삼 년 광혜
오십오 년 해숙이
오십팔 년 기홍이
육십 년 지연이

혹여나 자식들 나이 이름 잊을까
아침에 눈을 뜨자마자
첫째부터 막내까지 줄줄이
주문처럼 소리내어 외시던 장모님

딸 내리 다섯 낳고
딸부자 소리 듣기 싫었을까
춘삼월 오기 전 어느 날
고추 달린 아들을 낳고 어깨를 펴셨다
이태 뒤엔 막내딸을 순산하시고
딸 여섯 아들 하나,
칠 남매 어머니가 되신 장모님

자식들 잘 자라 저마다 둥지를 틀었지만

눈에 넣어도 아프지 않을 자식들 위해
부처님 오신 날마다 장모님은
봉은사 찾아 일곱 자식
일일이 이름 적어 연등 올리셨고
자식들 모이는 날은 몰래 숨겨두었던
노래를 꺼내 부르신다
'연분홍 치마가 봄 바람에 휘날리더라'

자식들은 사는 내내 기쁨을 주고
즐거운 추억을 주었지만
아흔 다섯 해를 사신 장모님은
더 이상 일곱 자식 이름 나이를
외울 자신이 없으셨는지
어느 여름날 혼자서 조용히 눈을 감으셨다

오늘 슬픈 그대

전 만 식

'나무아미타불 관세음보살'
'주여 내게 자비를 베푸소서'

저 먼 산 불국토 부처님께도
칠흑 같은 어둠속 하느님께도
매달려 떼를 쓴다
'채워주시옵소서'

바람이 이는 소리에도 견디지 못해
어둠을 가르며 내달린다
'나무아미타불 관세음보살'
'주여 내게 자비를 베푸소서'

늦은 오후 종종걸음으로 토찰산을 오르면서도
'나무아미타불 관세음보살'
'주여 내게 자비를 베푸소서'

간절한 절규, 내 유일한 소망의 통로
저 바위산은 마음의 심지처럼 단단한데
가슴 속 돌덩이를
가파른 산 정상으로 밀어 올린다

주시지 않으면 언제나 빈 손,
'나무아미타불 관세음보살'
'주여 내게 자비를 베푸소서'

무얼 바란다는 건, 이리도 슬픈 일일까
저만치 붉은 해가 서산을 넘고 있다
내일이면 다시 시작하는 오늘

밤하늘 총총한 별들이
오늘 억장이 무너진 그대 넘어
새처럼 지저귄다
'내일은 맑음'

※※※
토찰산 : 이란 테헤란에 있는 산
　　　　（해발 3,964m）

전 만 식

시인, 수출마케팅 전문가
서울특별시 강남구 거주
고려대 문과대학 불어불문학과 졸업
종합상사맨으로 26년간 수출전선에서 일하고 상무 퇴임
이란 테헤란 주재 무역/컨설팅 운영
전국 7개 대학, 지자체, 협회 등에서 FTA(자유무역협정) 활용 특강
현)Seoul Pars T&C 대표
(서)문학그룹샘문 회원
(사)샘문학(구,샘터문학) 회원
(사)한용운문학 회원
(주)한국문학 회원
샘문시선 회원

전만식 시인 신인문학상 심사평

가족사 에피소드의 수필 같은 시

손 해 일 (시인, 문학박사, 국제펜한국본부 제35대 이사장)

전남식 선생의 응모작 「풍어 만선 깃발」, 「장모님」, 「오늘 슬픈 그대」 3편을 한용운 문학상 시부문 신인상으로 추천한다.

시창작 기법을 '보여주기'와 '말하기'로 대별 한다면 이 작품들은 개인의 체험과 가족사를 소재로 한 '말하기' 시에 속한다. '말하기'는 시적 응축은 부족하지만, 주변에서 흔히 있을 법한 공감 소재이기에 쉽게 익히고 공감을 준다.

「풍어 만선 깃발」은 부제가 아버지의 바다이다. 고향 부두 횟집에서 물회를 시키며 고향 친구와 나눈 대화가 초점이다. 내 아버지가 애써 일군 바다에 풍어 만선의 깃발 대신 지금은 고기가 전혀 안 잡힌다. 오징어, 꽁치, 명태가 나오는 것으로 보아 동해안인 듯한데, 기후생태변화와 중국 어부들의 남획 탓일 것이다. "요새 고기 좀, 잡히나" "어촌에 고기 안 잡히면 뭘 먹고 사노".

「장모님」은 딸 다섯을 내리 낳다가 결국 1남 6녀 7남매인 딸부잣집 장모님의 에피소드 일대기이다. 눈뜨자마자 자식들 나이 잊을까 "45년 난희" "몇 년 누구"하는 순서로 일곱 명, 자식들 나이를 주문처럼 소리내어 외우시던 장모님이다. 남아선호 사상이 강했던 유교적 유습이지만, 지금은 세태가 반전되어 딸부잣집이 더 인기이다. 자식들은 장성해 저마다 둥지를 틀었지만, 해마다 '부처님 오신 날'이면 일곱 자식 이름을 적어 연등 달아 축수하셨다. 평생 자식들 사랑으로 풍상과 기쁨을 겪으며 95세로 눈을 감으셨다.

「오늘 슬픈 그대」는 응모자가 종합상사맨으로 26년간 수출 전선에서 일하다 이란 테헤란 주재 무역 컨설팅을 운영하고 있다. 테헤란의 토찰산(3964m)을 오르며 소원성취 하게 해달라고 부처님과 하느님께 간구하는 사연이다. 내일이 오늘이 되는 반복적 세월. "무얼 바란다는 건, 이리도 슬픈 일일까!" "내일은 맑음....,"
시인의 등단을 축하드린다.

수상소감

시詩를 쓴다는 건 나를 들여다보는 일이다.

일상이 바쁠 때에는 시詩를 쓸 엄두가 나지 않다가도 뒤로 돌아앉아 조용히 나를 마주하면 내 내면이 드러난다. 어릴 적 기억도 나고 그리운 얼굴들이 떠오른다.

한 편의 시詩 속에는 내가 살아온 세월이 고스란히 녹아 있다.

살아오면서 감사할 일들이 너무 많았습니다.
고마운 이들도 많았습니다.
지나간 것은 즐겁고 기뻤던 기억과 함께 때로 진한 그리움을 남깁니다.
보잘것없는 제 글을 당선작으로 뽑아주신 심사위원님들께 감사를 드립니다.
앞으로 시詩를 쓰는 일에 정진할 수 있는 계기를 주신 것에 대해 다시 한번 감사를 드립니다.

2024.11.20.
전만식 드림

신인문학상 당선작

금정산 이야기 외 2편

김 경 배

바위 위에 터를 잡은 소나무여!
너는 어떻게 그곳에서 자라나니?
바람과 비, 태양의 노래를 들으며
끝없는 하늘 아래 꿋꿋이 서 있구나

너의 뿌리는 깊숙이 바위 틈을 파고들고
가지는 천상으로 뻗어나가는구나
세월의 풍화를 견디며 자라난 모습은 우리에게 교훈을 주는구나

오랜 시간 너는 많은 것을 보았을 거야
계절의 변화와 세상의 소용돌이를,
그러나 너는 변함없이 자리를 지키며
우리에게 강인한 인내를 가르치는구나

바위 위의 허리 굽은 소나무여!
너는 자연의 기적이라네
너의 존재만으로도 위안과 힘이 되어
너의 푸른 날개는 희망을 전하고
너의 고요한 용트림은 평화를 지켜주지

너는 단순한 상징이 아니야
너는 삶의 표문이지
척박한 바위에서 희망을 키우는 존재여!
너의 강인함과 아름다움을 노래하리니
전설의 소나무여, 영원하여라

고란사의 숨소리

김 경 배

백마강 물결 따라
고요히 숨 쉬는 고란사,
낙화암 아래
꽃잎처럼 흩어진 꿈들을
바람은 아직 기억한다

절벽 끝에 자리 잡은 고란초,
그 푸른 잎새 하나하나에
오래된 이야기들이 새겨져 있다
작지만 강인한 그 생명,
아직도 이 땅을 지키고 있다

강물은 흘러가지만 시간은 멈춘 듯
고란사의 돌담 너머 세월은 묵묵히 지나간다
여기서는 모든 것이 느리게
모든 것이 깊게 흐른다

고요한 종소리 속에서
바람은 다시 묻는다
"무엇을 기억하고, 무엇을 잊을 것인가?"
고란사는 그저 염화미소 지으며
침묵으로 대답한다

고모산성 역사의 속삭임

김 경 배

고모산성, 문경의 숨결
고요한 산등성이에 펼쳐진
역사의 층층이 쌓인 돌담길을 따라
나는 걷는다, 시간을 거슬러

푸른 하늘 아래 봄바람이 속삭이네
옛 성터 위로 청보리 물결 춤추고
매화꽃 향기 가득한 공기를 마시며
친구와 나누는 깊은 대화 속으로

여름이 오면 초록의 숲이 빛나고
가을이면 단풍, 겨울엔 설경이
계절의 변화, 자연의 아름다움에
삶의 정수를 느낄 수 있네

고모산성, 고모의 보물
그대여 그대여 함께 걸어요
이 길 위에서 우리의 이야기를 새기며
추억을 만들어가요

김 경 배
아호 : 석전
부산시 해운대구 거주
(사)문학그룹샘문 회원, (사)샘문학(구,샘터문학) 회원, (사)샘문그룹문인협회 회원, (사)한용운문학 회원, (주)한국문학 회원, (사)샘문뉴스 회원, 샘문시선 회원
<작품>
핑크빛 꿈의 정원, 은행나무 아래
붉은 다람쥐의 가을, 다람쥐의 속삭임
고모산성의 성벽을 따라 흐르는 역사의 속삭임,
고란사의 숨, 금정산 이야기 외 다수

김경배 시인 신인문학상 심사평

역사의식을 표출한 서술 시詩

손 해 일 (시인, 문학박사, 국제펜한국본부 제35대 이사장)

김경배 선생의 응모작 「고모산성 역사의 속삭임」, 「고란사의 종소리」, 「금정산 이야기」 3편을 한용운문학상 신인상으로 뽑는다.

추상이든 사실이든 제한은 없으나 역사적 유물을 소재로 할 경우 역사적인 사실을 내용에 구체화시키지 않을 경우 피상적인 감상문에 그칠 우려가 크다. 시의 요체인 비유와 상징 없이 그냥 서술할 경우 시보다는 산문에 가깝기에 작품성이 떨어짐을 유의해야 한다.

「고모산성 역사의 속삭임」은 문경시의 고모산성을 소재로 하였다. 문경시 마성면 오정산에 위치한 고모산성은 신라시대에 지어진 석성인데 고려시대와 조선말기 의병 전쟁과 6.25전쟁까지도 이어진 역사 유물이다. 친구와 함께 고모산성을 돌아보며 시간을 거슬러 역사의 숨결을 느끼지만, 상투적인 감상문에 그친감이 있어 아쉽다. 작품에 역사적 사실이 가미되면 좀 나을 것이다.

「고란사의 종소리」 역시 부여 부소산 고란사를 소재로 고란초와 백마강과 낙화암 등 역사적 사실도 언급하고 있다. 고란사에서 느끼는 역사적 감회, 고란초의 강인한 생명력, 시간을 거슬러 세월을 반추하는 내용이다. 응모작 3편중 완성도가 높은 편이다. "고요한 종소리 속에서/ 바람은 다시 묻는다/ 무엇을 기억하고, 무엇을 잊을 것인가"

「금정산 이야기」는 부산시의 금정산을 소재로 하였다. 금정산의 여러 정황을 말한 게 아니라 바위 터의 굽은 소나무에 초점을 맞추고 있으니, 제목을 '금정산 소나무" 쯤으로 한정하는 게 좋을 듯하다. 비옥한 산야가 아니라 척박한 바위틈에 뿌리를 내리고 오상고절을 견디는 강인한 소나무는 예로부터 존경의 대상이다. 이 작품은 설명이 너무 많으니, 비유와 상징으로 좀 더 축약하였으면 한다. 시인의 등단을 축하드린다.

수상소감

한용운문학상 신인 시 부문에 당선된 것을 진심으로 영광스럽게 생각합니다. 이 자리를 통해 제 시가 누군가의 마음에 작은 울림을 줄 수 있기를 바라며, 그 기회를 주신 모든 분들께 깊은 감사의 마음을 전합니다.

자연과 역사에서 느낀 감동은 저를 시간 속 여행으로 이끌어 주었습니다. 가을 들녘에서 오곡백과가 무르익어 고개를 숙이는 모습, 땅과 친구가 되어가는 낙엽들, 그리고 부드러운 바람에 실려 흐르는 뭉게구름의 모습은 제 시의 원천이 되었습니다. 이러한 풍경들은 제 마음 속에 깊이 새겨져, 시라는 형태로 태어났습니다.

이 상은 제게 시인으로서의 첫걸음을 더욱 단단히 다질 수 있는 소중한 격려이자, 세상의 아름다움과 역사의 무게를 시로 담아내라는 뜻깊은 가르침으로 다가옵니다. 제가 쓴 한 줄의 시가 누군가에게 늦가을의 낙엽처럼 따뜻하게 다가가기를 바라며, 자연과 역사 속 이야기가 독자 여러분의 마음에 잔잔한 울림이 되기를 소망합니다.

끝으로, 항상 저를 지지해 주신 가족과 사랑하는 독자 여러분께 진심으로 감사드립니다. 여러분의 사랑과 응원이 저를 이곳에 세우게 해주었습니다. 앞으로도 초심을 잃지 않고, 자연과 삶, 그리고 시간을 노래하는 시를 써 내려가겠습니다.

감사합니다.

2024.11.04.
石田 김경배 올림

당선의 울림

2024년 한용운문학상,
신인 시 부문에 당선되어,
가슴 깊은 곳에서 울림이 밀려와,
감사와 감동이 함께하네.

시란, 자연의 언어로 노래하고,
인간의 감정을 담아내는 일,
그 속에 숨겨진 진실과 이야기,
누군가의 마음에 스며들기를 바라며 써왔네.

묵묵한 자연은 나의 스승,
조용히 흐르는 역사는 나의 동반자,
이 두 가지가 얽혀 우리를 비추고,
스스로를 돌아보게 하는 소중한 힘.

이번 수상은 격려이자 책임,
신인으로서 더 깊이 다가가려 하니,
자연과 역사, 삶의 이야기를 친구 삼아,
함께 나아가는 길에 작은 힘이 되기를.

이 여정에 함께한 가족과 독자,
진심으로 감사의 마음 전하며,
앞으로도 진솔한 시를 이어가리,
자연과 삶의 이야기를 담아내기 위해.

2024.11.04.
石田 김경배 올림

신인문학상 당선작

가을 나그네 외 2편

박 상 하

밤 하늘에 별빛이 반짝이니
풀벌레 세레나데 소리 들리네

가을 바람에 춤추는 갈대여
향긋히 묻어나는 들꽃이여

붉은 저녁 노을이
물방초 꽃잎에 앉으니

가을이 붉게 타오르고
나그네 가슴도 끓어오르네

가을에 머물고 싶네

박 상 하

지금 가을이 머물고 있는 길목에서
그대와 곱게 물들어 잠들고 싶네

스산한 창가에 초록빛이 물들면
한 입 두 입 곱게 물드리는 가을 풍경에
가을비 흠뻑 젖어 차가운 가슴속

차갑게 젖은 마음 뜨락에 아픔이여
진정 날 사랑했다면 짧은 잎새였을까? 가을밤이 아련한 추억을 소환하네

아름답던 봄날 새싹 틔우던 여린 사랑
귀엽고 가냘픈 색동 꽃 피우는 향기들
칠흑의 고요한 밤이 연민을 부르네

마지막 잎새 곱게 물들리는 풍경 속에
그대가 머무는 길목에서 잠들고 싶네

수렴바다 음악회

박 상 하

수렴바닷가 가을 노래 부른다
거친 리듬에 손뼉 치는 소리
하얀 물빛 광란의 몸짓이라

수렴바닷가 무대 삼았으니
수렴바다는 맨발의 청춘이 춤추는
어울림 한마당이 펼쳐지네

아낌없는 마음 황방산 꽃신 사랑
감미로움 더한 꽃신의 노랫소리
파도 소리 인양, 가을 꽃신 걸음 걸음
목소리마다 흥얼 흥겨워라

가을 음악회에 흠뻑 젖은 꽃신
가을 꽃신 길, 꽃신 마음속에
너울너울 파도가 수렴바다가 춤추네

박 상 하
울산시 중구 거주
충북 영동읍 출생
옥천공업고등학교 졸업
(주)국제방직 퇴직
(주)현대자동차 재직중
(사)문학그룹샘문 회원, (사)샘문학(구,샘터문학) 회원, (사)샘문그룹문인협회 회원, (사)한용운문학 회원, (주)한국문학 회원, 이정록문학관 회원, 샘문시선 회원

박상하 시인 신인문학상 심사평

가을을 담은 세 편의 시에 나타난 순수 시정

심 종 숙 (시인, 교수, 문학평론가, 문학박사)

박상하 시인은 「가을 나그네」, 「수렴 바다 음악회」, 「가을에 머물고 싶네」 이 세 편을 응모하였다. 세 편 모두 가을의 정서를 노래한 시편이다.

「가을 나그네」는 2행 4연 구성으로 풀벌레, 갈대, 들꽃, 저녁노을, 풀벌레 세레나데를 소재로 하여 가을의 정서를 노래하였다. 가을의 노을처럼 붉게 타오르는 나그네의 가슴은 시인의 마음일 것이다. 고요하고 단정한 시편이다.

「수렴 바다 음악회」는 가을 바다의 멋진 가을 노래를 수렴바닷가의 어울림 한마당, 하얀 물빛 광란의 몸짓, 파도 소리, 가을 꽃신 걸음, 가을 음악회에 빠진 꽃신, 춤추는 가을 바다의 정서를 노래하였다. 흥겨운 만추지절의 가을 바다가 보여주는 아름다운 풍광을 축제의 장으로 그리고 있다. 수렴 바다가 지니는 가을 바다의 요소가 풍성하고 활기 있게 묘사하고 있다. 비교적 섬세하고 정밀한 묘사를 하려고 했다는 생각이 든다. 수렴바닷가의 파도 소리가 흥을 돋운다. 눈앞에 보이는 것처럼 그린 시인의 솜씨가 독자로 하여금 수렴 바다와 친밀하게 만든다. 이야기 시로써 꽃신을 신고 걸음을 옮기는 이의 사연을 겹쳐놓은 것도 좋다.

「가을에 머물고 싶네」는 "지금 가을이 머물고 있는 길목에서/ 그대와 곱게 물들어 잠들고 싶네"라는 연애시 풍의 시가 3연에서 "차갑게 젖은 마음 뜨락에 아픔이여"라고 하여 떠나간 사랑에 대한 애련함을 노래하고 "마지막 잎새 곱게 물들이는 풍경 속에/ 그대가 머무는 길목에서 잠들고 싶네"라고 떠난 사랑을 못 잊어 하는 미련의 정서를 노출하고 있다. 가을과 연애시 풍이 어울리게 한 시편이다.

「수렴바다 음악회」는 가을 바다를 음악 축제의 장으로 인식하는 시인의 시선이 독창적이다. 그러나 간결하면서도 여운을 느끼게 하는 「가을 나그네」를 선정하면서 신인상 수상을 축하드린다.

수상소감

계절의 시인

가을이 익어가는 계절에
나는 가을 풍경을 담아본다

아름답게 익어가는 마음속
뜨락의 오색 빛 물결이다

내 마음도 그 여정에 가을빛
바람과 구름에 물드려 본다

계절이 가고 오는 시인이
담기는 발걸음 걷는 소리

걷는 길마다 화려한 옷을
갈아입은 기쁨의 행복이다

자연의 숲 마음에 담아보니
맑은 시내물 흐르는 꿈결이라

볼품없는 초라한 숲이여도
동트는 푸른 새싹 틔우는 숲

밝은 미소와 아름다운 문인이
가지는 추억의 선물 입니다

자연이 시인을 부를 때 마다
소중한 문학 사랑의 마음으로

아름다운 등단 자부심 가지며
강가에 갈대 응원소리 힘입어

가을 길 코스모스 즐기며
산자락 울긋 불긋 물들린 이곳

깊은 사랑의 시인으로
가을 빛 아름답게 물드립니다

하산~口

2024.11.20.
박상하 드림

신인문학상 당선작

입춘 연가 외 2편

정인정

봄이 오면 입춘대길 문패를 쓰듯
당신의 대문에
노크하고 싶습니다

사랑했던 그리운 사람들과
마음을 알아주는 친구에게
오늘이 마지막이 될 것처럼
보고픈 얼굴을 보라고
편지가 오듯
봄이 오는 이유입니다

한겨울 첫눈처럼 찾아온
당신을 사랑하여 마음을 태운
서로를 위로하기 위해
봄은 왔습니다

이 밤은 캄캄한 밤 하늘에
홀로 선 별처럼
당신 앞에 홀로 서
어김없이 찾아온 봄에게
유서를 쓰듯 당신의 대문 편지함에 꽂아 두겠습니다
세상에 와서
당신을 사랑하였노라고

눈 내리는 밤

정 인 정

강풍은 나뭇가지 사이로 잦아들고
창가의 무수한 불빛도 어둠 속에 사라진 밤
당신을 향한 애끓는 눈빛은
별빛으로 아롱져

눈빛만 보아도 알아채는
뜨거운 심장이
꽃잎처럼 떨구는 사랑의 증표

당신께로 가는 멀고 먼 길
당신의 뜨락에 당도하고픈
하얀 꽃편지가
밤을 새워 시를 쓰는 그리움

당신 앞에 서면
심장이 멎어 버릴 것 같은
볼 수도 만질 수도 없는
사랑이 깊어갈수록
건넬 수 없었던 수많은 말들이
밤새 떨며 한 잎 두 잎 떨어지는
사모의 향기 하늘 끝에 닿아
당신의 순결한 입김이
송이송이 하얀 함박꽃 피우는 밤

별

정 인 정

애써 눈물 감추며
뒤돌아 보던 슬픈 미소가
이제는 별이 된 사람

손 흔들어 주며 돌아서 가던
뒷모습이 마지막이 되어
싸늘한 가을 바람에 부는 초저녁 별이
손 닿으면 잡힐 듯한 내 눈물 흩어진
하늘 눈빛 속에 떠올랐다

아스라히 멀어져 간
그날의 쓸쓸한 어깨를 찾을 길 없어
후회가 눈물이
돌아오는 허기진 걸음
멈춰 선 머리 위에
등불을 들고 선 서녘 별

그리움이 가득찬
그대의 가을 하늘에는
고추잠자리가 맴돌고
보라빛 쑥부쟁이 꽃들이
초롱초롱 불을 밝히고

나의 푸른 강가에는 별들이
무성히 떨어진다

그대는 어릴적
나의 꿈이었다
그 꿈은 한번도
만질수 없었던 별처럼 사라졌어도
계절이 오면
어김없이 피는 꽃처럼
다시 돌아온
그날의 별이 되어
나의 강가에 피어난다

정 아 정 (필명)

경기도 오산시 거주
문학바탕문학회 회원
(사)문학그룹샘문 회원
(사)샘문학(구,샘터문학) 회원
(사)샘문그룹문인협회 회원
(사)한용운문학 회원
(주)한국문학 회원
이정록문학관 회원
샘문시선 회원
<수상>
2023 문학바탕문학회 시 등단

정인정 시인 신인문학상 심사평

눈 내리는 밤과 별과 입춘에 띄우는 연가

손 해 일 (시인, 문학박사, 국제펜한국본부 제35대 이사장)

정인정 선생의 「눈 내리는 밤」, 「입춘 연가」, 「별」을 2024년 한용운문학상 시부문 신인상 당선작으로 뽑는다. 연가 형식은 낭만주의 시의 전형이다. 과거 유럽의 낭만주의 사조나, 1920년대 한국의 퇴폐적 낭만주의 작품들이 그 예이다. 연서는 연애하는 남녀 사이에 주고받는 편지이다. 대개 영탄조로 감성에 호소하여 유치하기 쉽지만, 정인정 시의 경우 적당한 비유를 함으로서 이를 면하고 있다. 연가이므로 해설보다는 시의 흐름을 음미하는 게 요점이다.

「눈 내리는 밤」은 "당신께로 가는 멀고 먼 길"이지만, "당신을 향한 애끓는 눈빛이 별빛으로 아롱져" 당신 뜨락에 당도하려는 하얀 꽃 편지를 쓰는 밤이다. 눈빛만 보아도 알아채는 심장이 꽃잎처럼 떨구는 사랑의 증표이다. "밤을 새워 시를 쓰는 그리움"이며, "당신의 순결한 입김이/ 송이송이 하얀 함박꽃 피는

「입춘 연가」는 말 그대로 연가이다. 설명이 필요 없다. '입춘대길' 입춘방을 당신의 대문에 쓰며 노크하고 싶다고 시작한다. 당신에게 홀로 "한겨울 첫눈처럼 찾아온 봄"에게 유서를 쓰듯, 당신의 대문 편지함에 꽂아 두겠다"고 한다. "세상에 와서 당신을 사랑하였노라고"

「별」역시 "이제는 별이 된 사람"에게 바치는 연가이다. 그대는 "손 흔들어 주며 돌아서 가던/ 뒷모습이 마지막이 되어" "아스라이 멀어져 간/ 그날의 쓸쓸한 어깨를 찾을 길 없어/...등불을 들고선 서녘별"이다. 그대는 어릴 적 나의 꿈이었는데 "그날의 별이 되어/ 나의 강가에 피어난다" 시인의 등단을 축하드린다.

수상소감

삶이 바쁠수록 당신이 더욱 그리워 숨막히도록
황량한 사막에서 금방이라도 눈물이 줄줄 흘러내릴 것 같은 오아시스의 맑은 눈동자를 가진 당신이 그리워
당신이 그리운 봄날에는
눈덮힌 언 땅속을 깨고 일어나는 노란 복수초였고
여름날엔 시원한 숲속 벤치에 누워 나뭇잎이
그려 놓은 파란 하늘 편지에 하얀 구름의
하트만 하얗게 하얗게 수북이 날려 보냈고
가을날엔 청포도를 익히는 잘 익은 햇빛 아래
반짝 반짝 빛나는 빨간 단풍잎으로 반짝 거렸고 겨울날엔 당신이 잠든 고요한 밤에 눈꽃으로
눈부시게 피어나는 하얀 들판이고 싶었다
언제나 당신은 나의 목마름이었고
깊은 산속 신비한 비밀정원의 하늘 우물 물이었다
당신은 나의 눈물을 받아내는 하늘에서
내려오는 두레박이었으며
나의 노래요 나의 호흡이요 나의 생명이었다
그런 당신은 바로 시였다
나는 시를 죽도록 사랑한다
나는 날마다 시를 먹고 마시며 산다
시가 없으면 나는 죽을 것 같다
내 눈물의 소망의 시가 하늘 높이 올라 울창한
숲을 이루어 시마다 때마다 꽃을 피우고 열매를
맺는 예쁘고 달고 맛있는 빨간 사과 였으면 좋겠다
나의 시가 어두운 마음에 작은 불을 밝히는
반딧불이었으면 좋겠다
이렇게 영예로운 한용운시인님의 문학상의 샘문문학 그룹에서 저의 부족한 시를 뽑아주신 심사위원님들께 진심으로 깊이 고개숙여
감사를 올립니다
영혼을 맑히는 맑은 노래로
빛과 소금으로 살겠습니다
감사합니다

2024.11.20.
정인정 드림

신인문학상 당선작

우리 어머니 외 2편

신용주

눈 감으면 떠오르는 모습
한 손엔 늙어빠진 호미 들고
또 한 손엔 시퍼런 파를 들고
눈물바람을 하시는 어머니!

열 평 남짓한 밭뙈기에
자식새끼들 자라듯이
쑥쑥 자라는 대파를 보고
파안대소하시는 우리 어머니!

홀로 되신 후
험난한 세상과 맞닥뜨린 자식들에게
불굴의 힘이 되어주시고
바람막이가 되어 주신 어머니!

내 가슴에 꿈을 심어주시고
당신의 피눈물을 뿌려주셔서
내 가슴에 파란 파가 쑥쑥 자랍니다
그리움이 쑥쑥 자랍니다

철길마을

신 용 주

군산 마을에는 집과 집 사이로
이루지 못하는 사랑처럼
아득한 평행선으로 달리는
철길마을이 있다

빨강, 노랑, 연두, 파랑, 주황
레일과 레일을 연결해주는 침목에는
만나서 흘린 눈물이
이별하며 흘린 눈물로
채색된 색나무들이 있다

나무마다 연민과 그리움이
치열하게 사랑하는 마음이 있다는 걸
사색하며 걷는 철길에서
첫사랑을 만난다

그 여운이 일상으로 이어져
늘 소소한 행복의 기적소리를 만나는
군산 철길마을

흰 장미꽃

신 용 주

백옥빛 장미여인을 만났습니다
그래서 그녀의 꽃말처럼
기운 내서 새롭게 시작합니다

당신의 향취가 치유했나요?
코로나19 역병이 멀리 물러가고
활기찬 우리의 일상이 시작되었어요

이제 당신과 나의 행복을
우리 모두의 행복을
꿈꾸어도 될 것 같습니다

그대 얼굴
매일매일 화사하게
웃음꽃 피워도 되겠습니다

신 용 주

대전광역시 서구 거주
시인, 시낭송가, 동화구연가
시니어동화구연 강사과정 수료, 샘문예술대학 제9기 시낭송학과 수료, 샘문예술대학 제10기 시낭송학과 수료
샘문예술대학 시낭송지도자과정 재학중, 샘문예술대학 시낭송학과 조교 역임, 샘문예술대학 시낭송학과 조교수(현), (사)문학그룹샘문 회원, (사)샘문학(구,샘터문학) 회원, (사)샘문그룹문인협회 회원, (사)한용운문학 회원, (주)한국문학 회원, 이정록문학관 회원, 샘문시선 회원
<자격증>
걷기지도자 2급
시낭송가 2급
시낭송가 1급

신용주 시인 신인문학상 심사평

어머니, 고향 철길마을과 장미꽃에 바치는 헌시

손 해 일 (시인, 문학박사, 국제펜한국본부 제35대 이사장)

신용주 선생의 응모작 「우리 어머니」, 「철길마을」, 「흰 장미꽃」 3편을 한용운문학상 신인상 당선작으로 추천한다. 인간은 자신의 나고 자란, 태토의 고향이나 어머니에게 본능적인 애착과 향수를 느낀다. 응모작 3편 모두 어머니와 고향과 장미 여인에 보내는 사랑의 헌시이다.

신용주 시인은 약력에 시낭송가, 동화구연가로 나와 있는데 이번 등단으로 창작된 본인의 작품을 낭송할 수 있게 되어 반갑다. 낭송에는 서술형 시가 좋겠지만, 시의 품격은 비유와 상징을 얼마나 잘 구사하느냐에 달려있음을 유념 하기 바란다.

「우리 어머니」는 세계적으로 문학예술의 단골 주제이다. 그만큼 인간에겐 모성에 대한 애착과 그리움과 사랑의 심도가 깊기 때문일 것이다. 반대로 아버지를 소재로 한 작품은 드문 게 아이러니다. 눈감으면 떠오르는 어머니는 열평 남짓한 밭떼기에 대파를 심어놓고 자라는 모습에 파안대소하거나 눈물바람을 하신다. 홀로 되어서도 자식들에게 불굴의 힘이 되고 바람막이가 되어주셔서 가슴에 파란 파, 그리움이 쑥쑥 자란다고 한다.

「철길마을」은 자신의 고향인 군산 철길마을을 추억하는 시이다. 철길마을에선 자주 든던 열차의 기적 소리에 어딘지 모르지만 가고 싶은 아득히 머언 곳에 대한 상상이 자란다. 이루지 못한 사랑처럼 평행선으로 달리는 철길엔 만남과 이별의 눈물로 채색된 침묵이 있다. 철길에서 첫사랑을 만나고 "그 여운이 일상으로 이어져/ 늘 소소한 행복의 기적소리를 만난다"

「흰 장미꽃」은 백옥빛 장미 여인으로 은유된다. 서술식으로 쓰다 보니 시적 긴장과 작품성은 떨어진다. 백장미 여인을 만나 코로나19도 물러나고 기운 내서 새롭게 시작한다. 당신과 나의 행복을 꿈꾼다고 한다. 시인의 등단을 축하드린다.

수상소감

꿈을 꾸는 듯합니다.
어느 날 저에게 다가온 감성을 메모로 표현해 보았습니다.
메모가 시로 승화되는 기쁨을 맛보았습니다.

습작에 지나지 않은 시로
2024년 한용운문삭상 신인부문에 당선되어 시인으로 등단할 수 있는 기회를 주신 이근배 심사위원장님, 이정록 문학그룹샘문이사장 겸 한국문학회장님 등 모든 심사위원님들께 감사드립니다.

많이 부족하지만 더 열심히 정진(精進)하라는 채찍으로 생각합니다.

그저 빙그레 웃음으로 기쁨과 감사를 표현합니다.

2024.11.27
신용주 드림

신인문학상 당선작

적벽에 핀 꽃 외 2편

박 래 웅

설산에 추위를 내린 푸른 회양나무 숲
오르다 내리다 먼 길 찾아가는 길
숨이 턱을 가르며 남은 호흡이
생명을 부지할 만큼 숨을 넘기고
언덕을 오른다

바위, 돌무덤 샘을 지나서
숲으로 이어지는 길목
병풍 숲으로 나 있는 명지산 자락
길손을 허락하지 않는 적벽赤襞에 앉아 너를 본다

풀 포기가 나지 않는 저 바위
각도를 거슬러 아련하게 피워낸 저 살구꽃
음지의 탐영은 너울대며 비웃기라도 하듯
진달래꽃 산을 덮고 있네

누가 이곳을 죽음의 땅이라 말하는가
누가 이곳을 오르지 못할 산하山河라 말하는가
저 적벽에 핀 꽃, 산과 들만 못하여
저 들꽃은 붉은 바위산에 꽃을 피워내는가

북한강 낚시

박 래 웅

넓은 강 수평선 이어져
얼굴을 맞대고 별을 본다

아버지 대머리가 빛이 발하여
강줄기 고요 속에 잠들 때

낚시 끝 휘엉청 찌가 달빛에 숨고
끌어당기는 낚싯줄
피잉 소리를 내며 물 속에 잠긴다

달빛에 떠오른 은빛 무지개
묵직한 힘이 어깨에 전해지며
검은 희열이 가슴을 두드려

지난 과거가 물속에 잠기고
거세게 몰아치는 물결,
비단붕어 눈을 부릅뜨고 하늘로 치솟는다

낚싯줄 끌어당겨
자정을 넘겨 느슨해지고
허기진 뱃고래 움켜쥐고 날은 밝았다

간밤 월척의 기쁨을 호숫가 내려놓고
다시 기다려야 할 기쁨
살며시 등지느러미 밀어 떠나보낸다

참 잘했나 싶다

박 래 웅

마가목 튼실하게 열매 맺어
아름드리 그늘지고 베지 않은걸
참 잘했나 싶다

아침 소쩍새 날아와
마음껏 울 수 있어 베지 않은걸
참 잘했나 싶다

꽃길 내기 여러 해
길섶마다 가꾸기를
참 잘했나 싶다

고향 들어온 지 여러 해
꽃길 찾아오는 사람 많아
행복할 수 있어서
참 잘했나 싶다

박 래 웅
필명 : 박함
경기도 남양주시 거주
경기도 가평군 출생
문학동호회 수양회 회원, 문학동호회 감성문학 회원, (사)샘문그룹문인협회 회원, (사)문학그룹샘문 회원, (사)샘문학(구,샘문그룹) 회원, (사)한용운문학 회원, (주)한국문학 회원, 샘문시선 회원
<공저>
문학동호회 공동시선집 3권

박래웅 시인 신인문학상 심사평

생활 주변의 일상을 소재로 한 우수작

손 해 일 (시인, 문학박사, 국제펜한국본부 제35대 이사장)

박래웅 선생의 응모작 「북한강 낚시」, 「적벽에 핀 꽃」, 「참 잘했나 싶다」 3편을 2024 한용운문학상 신인상 당선작으로 추천한다. 문학동호회 활동으로 시창작의 기초를 다진 듯하다. 3편 모두 시의 맛을 잘 살린 우수작이다.

「북한강 낚시」는 강태공 낚시꾼의 애환과 밤낚시에서 월척을 낚을 때의 짜릿함 등을 시적으로 잘 표현하였다. 낚시에 취미가 없는 사람들이야 그 즐거움을 잘 모를 것이다. 특히 낚시꾼 아내인 일요 과부들의 불평은 대단하다고 한다. 설명 대신 잘 쓴 몇 구절을 인용한다. "넓은 강 수평선 이어져/ 얼굴을 맞대고 별을 본다" 낚시 끝 휘영청 찌가 달빛에 숨고/ 끌어당기는 낚싯줄/ 피잉 소리를 내며 물속에 잠긴다" "비단붕어 눈을 부릅뜨고 하늘로 치솟는다"

「적벽에 핀 꽃」은 명지산자락 적벽赤壁을 오르며 느낀 산행의 감흥을 멋있게 시화했다. "설산에 추위를 내린 푸른 회양나무 숲을 돌아" 숨이 오른 명지산자락 적벽에 앉아 너를 본다. 이 작품 역시 해설 대신 몇 구절 감상해보자. "풀 한 포기 나지 않은 저 바위/ 각도를 거슬러 아련하게 피워낸 저 살구꽃/ 음지의 탐영은 너울대며 비웃기라도 하듯/ 진달래꽃 산을 덮고 있네" 등이 좋은 표현이다. 붉은 바위산이지만 들꽃을 피워내는 이곳은 더 이상 죽음의 땅이 아니다.

「참 잘했나 싶다」는 고향에 돌아와서 여러 해에 걸쳐 정원과 꽃길을 가꾼 것을 "참 잘했나 싶다"라는 결구로 반복하고 있다. 아름드리 그늘이 지고 소쩍새 울도록 마가목을 배지 않은 게 참 잘했고, 길섶마다 꽃길을 내어 찾아오는 사람 많으니 참 잘했나 싶다고 자평한다. 박래웅 시인의 등단을 감축드린다.

수상소감

수많은 별을 헤며 지내온 과거가
오늘 저에게 과분한 상을 받게 한 것은 아닌지 반의하며
수풀 속을 걷습니다.

유년시절부터 함께했던 시문학이 환갑을 바라보는 늦은 나이에 결실을 맺게 되어
감회가 깊습니다.

앞으로도 우리의 정서를 담아 그려내는 시인으로 남겠다고 다짐해봅니다.

2024.11.06.
박래웅 올림

신인문학상 당선작

귀로歸路 외 2편

유 명 준

낯익은 거리고 익숙한 거리지만
갑자기 모든 게 낯설어진다

도시에 어둠은
변화무쌍한 마법사 인양
그렇게 낯을 가린다

고단한 하루 속에
서로의 낯설은 풍경들이
한 잔 술에 얼큰해지더니
위안을 주는 익숙함으로
다시 제자리를 찾는다

술잔 가득히 정겨움을 담아
낯섦을 노래하고 꽃을 피운다

우린 이렇게 흔들리는 삶 속에
위안과 희망을 찾아 담아서
바닥짐을 지고 집으로 향한다

겨울바다

유 명 준

저 이는 얼마나 추웠으면
저렇게 얼어붙었을까!

모든 게 정지 되버린 그대의 침묵 앞에
생선 비린내마저도 사라져버린 포구

서있기조차 힘겨운 날에
해빙의 봄을 기다리듯이

아픈 상처가 있는 사람에겐
치유의 딱쟁이가 맺히고

앞이 안 보이는 칠흑의 절망에서
한 줄기 빛에 희망을 가지듯이

그대 삶도 얼어붙어 닫힌 마음에
따스한 봄날에 희망의 속삭임이
울려 퍼지기를 바래봅니다

사계애 四季愛

유 명 준

봄날엔
벚꽃이 눈송이처럼 날리는
남산타워 벚꽃길을 솜사탕을 먹으며
우리 사랑 영원하라는
세레나데 부르며 걷고 싶다

여름날엔
소나기가 쏟아지는
광릉 숲길을 차를 몰고
카스테레오에서 흘러나오는
사랑 노래에 흠뻑 취해 보고 싶다

가을엔
온통 울긋불긋 감홍빛 드리운
설악의 경이로움에 취해
그 품에 안겨 사랑의 하트 채색하며
그대를 위해 사랑시를 쓰고 싶다

겨울엔
이른 새벽 첫 기차를 타고
창가에 앉아 이어폰을 꽂고
주옥처럼 감미로운 노래를 들으며

믹스커피잔에 입김 불어 넣으며
우리 사랑을 추억하고 싶다

유 명 준

경기도 부천시 거주
서울시 성동구 출생
(주)아남산업 재직(전)
고속도로관리공단근무 재직(전)
인천공항 시설관리단 재직(전)
동양미래대학교 기계공학과 졸업
부천시청 기간제 직원 근무중
경기도민족진단 부천시 활동위원
(사)문학그룹샘문 회원
(사)샘문그룹문인협회 회원
(사)샘문학(구,샘터문학) 회원
(사)한용운문학 회원
(주)한국문학 회원
샘문시선 회원
<수상>
지체장애인 자원봉사부문
부천시의회 의장 표창

유명준 시인 신인문학상 심사평

일상과 여행 중에 얻은 감흥의 서정시

손 해 일 (시인, 문학박사, 국제펜한국본부 제35대 이사장)

유명준 선생의 응모작 「귀로」, 「사계애」, 「겨울 바다」 3편을 2024 한용운문학상 신인상 당선작으로 뽑는다. 일상생활과 여행 중에 느낀 감흥을 시화했는데, 무난한 작품들이다. 착상은 좋으나 중복된 표현이 많으므로 좀 더 축약이 필요하다. 잡목을 분재처럼 다듬어야 좋은 작품이 된다.

「귀로」는 고단한 일상의 귀갓길에 술 한 잔 먹고 느낀 감회를 시화했다. 시는 응축의 문학이기에 중복을 피하고 토씨 하나라도 줄여야 좋은 작품이 된다. 첫 연을 예로 들면 "낯익은 거리이고 익숙한 거리지만", "낯익고 익숙한 거리이지만"으로 줄이는 게 좋지 않을까 싶다. 귀갓길 "도시에 어둠은/ 변화무쌍한 마법사 인양/ 그렇게 낯을 가린다." 이 시의 화자는 한잔 술에 회포를 풀며 "위안과 희망을 찾아/ 바닥짐을 지고 집으로 향한다."

「사계애愛」는 각, 계절마다 자기가 하고 싶은 사항을 열거한 작품이다. 낭만적이긴 하나 유행가 가사처럼 약간 상투적이라서 시적 감흥은 떨어진다. 내용을 요약하면, 봄날에는 남산 벚꽃 길을 솜사탕을 먹고 사랑의 세레나데를 부르며 걷고 싶다. 여름날엔 소나기 쏟아지는 광릉 숲길에 차를 몰며 스테레오 음악을 듣고 싶다. 가을날엔 설악산 단풍에 취해 사랑 시를 쓰고 싶다. 겨울날엔 이른 새벽 첫 기차의 창가에 앉아 감미로운 노래를 듣고, 커피 한 잔에 사랑을 추억하고 싶다고 한다. 장황한 서술보다는 비유와 상징이 시를 기품 있게 만든다.

「겨울 바다」는 겨울 바다를 소재로 하였으나, 바다 자체보다는 겨울 포구 풍경을 그리고 있다. 모든 게 정지된 침묵 앞에 생선비린내도 사라진 을씨년스러운 포구이다. 그럼에도 "아픈 상처가 있는 사람에겐/ 치유의 딱쟁이가 맺히고", "따스한 봄날에 희망의 속삭임이 우려 퍼지기를 바래본다"라고 노래하고 있다. 유명준 시인의 등단을 감축드린다.

수상소감

먼저 하나님께 감사드립니다.

일요일 오전 접한 당선 통보 소식에 나비를 기다리는 꽃처럼 설렘과 기쁨이 앞서지만 부담감을 느끼기도 합니다.

중학교 시절 국어 과목을 좋아했던 터라 우연히 문예 경진대회 시 부문에 무턱대고 나가 운 좋게 입선한 적이 있습니다.

그 이후 오랜 시간이
지나 삶 속에서 느끼는 작은 감정들을 낙서처럼 습작으로 표현해 보기만 하다가 얼마 전 한강 작가님이 노벨문학상을 수상하여 거리 곳곳에 축하 현수막을 보게 되었습니다.

글이란 사람의 마음을
훔치기도 하고 감정을 자극시키는 묘한 매력의 예술인가 봅니다.

여러모로 많이 부족하고 무모할지라도 한번 아름다운 도전을 하고 싶어 용기를 내어 금번 한용운 문학 신인 시부문에 응모하게 되었고, 뜻밖에 당선의 영광을 안게 되어, 이렇게 기쁨과 감사함을 전합니다.

수고하신 이근배 심사 위원장님과 위원님 그리고 응모할 수 있도록 자상하게 격려와 관심을 아끼지 않으신 한국문학회장 이정록 시인님께 깊은 감사를 드립니다.

아울러 늘 곁에서 응원해 준 사랑하는 아내와 가족들 그리고 친구와 지인분들께도 감사의 마음을 전합니다.

앞으로 삶에 지치고 힘드신 분들에게 아직은 살만한 세상이라는 말과 함께 자석처럼 마음을 끌어당기는 평온함과 굴곡진 삶에서도 당당하게 살라는 희망의 메시지를 전하도록 열심히 정진하겠습니다.

감사합니다.

2024.11.20
유 명 준 드림

제4회
「한용운신인문학상」
시조부문
수상작

신인문학상 당선작

유월의 비목 공원 외 2편

정현숙

찔레꽃 눈물짓는 유월의 언덕에는
십자가 야윈 품에 기대선 핏빛 영혼
언제쯤 저 돌무덤 이름 석 자 붙을까

영광스런 군번줄도 다시 보잔 약속도
붉은 피 젖어있는 포화 속에 사라져도
지켜낸 이 땅의 평화, 장하도다 용사여!

평화의 종소리가 백두까지 다다라서
휴전선 금줄들이 말끔히 치워질 날
어머니 품안에 안겨 녹슨 철모 벗으리

청령포 솔숲길에는

정 현 숙

어린 전하 무등 태워 달래주던 관음송
원통함에 속이 끓어 틀어진 몸 그대로
육백 년 미어진 세월 말 없어도 보이네

권력 앞에 희생된 열다섯 살 단종임금
겁이 난 나무들도 삼가고 조심했나
말 못한 그리움들만 무성하게 자랐구나

외롭지 마시라고 부디 평안하시라고
솔숲에 스며있는 서러움 솎아내며
전하의 솔숲길에서 힘껏 웃는 사람들

한 번은 파르테논

정 현 숙

기둥만 서있는데 웅장하고 단정하다
돌기둥 사이사이 햇살을 칠한 듯이
꿰맞춘 흔적들까지 금빛으로 빛나네

여신도 떠나버린 파란만장 수난의 터
애틋한 그리움 같은 아련한 울림 안고
역사가 이어준 길을 사람들이 따르네

아크로 신전 앞엔 바람도 꿈을 꾸나
그리스 수호하는 아테나를 기다리듯
지금도 순결한 향기 빈 집 가득 채우네

정 현 숙
서울시 강동구 거주
서울문학회 회원
(사)한국문인협회 회원
(사)문학그룹샘문 회원
(사)샘문학(구,샘터문학) 회원
(사)한용운문학 회원
(주)한국문학 회원
샘문시선 회원
<수상>
2019 서울문학 시 등단
<저서>
시조집 「행복 하나」

정현숙 시조시인 신인문학상 심사평

탄탄한 언어 구사력에 돋보이는 역사 인식

심 종 숙 (시인, 교수, 문학평론가, 문학박사)

「유월의 비목 공원」, 「청령포 숲길에는」, 「한 번은 파르테논」 이 세 편을 응모한 정현숙 시조시인은 탄탄한 언어 구사력과 사물을 해석하고 통찰하는 능력을 지니고 있는 시인이다. 중견시인의 예리한 시적 의식을 유감없이 발휘하는 것은 역사에 대한 깊은 인식에서 온다.

「유월의 비목 공원」은 한국전쟁의 비극 속에서 이름 없이 죽어간 무명의 용사를 기리는 시로서 지나간 역사와 시간 속에서 잊혀진 이들을 불러내는 그녀의 복기술이 돋보이는 시편이다. 이어서

「청령포 숲길에는」 역시 수양대군에 의해 억울하게 죽음을 당한 단종애사를 소재로 어린 단종이 유폐된 청령포의 숲길을 시적 공간으로 하고 그 역사를 되돌아 보았다. 애절한 단종에 대한 기억을 불러내는 것은 바로 정의롭지 못한 정치와 권력을 에둘러 비판하려는 시인의 의도가 엿보인다.

「한 번은 파르테논」도 서양문명의 시원인 그리스의 파르테논 신전을 소재로 사라져간 문명, 신들의 집이자 고대 그리스인들의 정신적 거처였던 그곳에서 시인은 순백의 정신세계를 불러오고 그녀의 시 세계에서 그것을 구현하고자 하는 열망을 지녔음을 알게 한다. 파르테논 신전을 축조한 고대 그리스인들처럼 시인도 역시 거룩하고 존엄한 시 세계 축조에 대한 숨은 열정을 드러내는 시편이다.

세 편 모두 탄탄한 언어표현을 바탕으로 잘 지어진 시 작품으로 시인의 역사의식과 시적 정신을 엿보게 하는 시편들이었다. 등단작으로 「유월의 비목 공원」을 선정하면서 등단을 축하드린다.

수상소감

좋은 계절에
귀한 인연을 만났습니다.
부족한 글 뽑아주신 심사위원님들께
진심으로
감사드립니다.
새롭게 열심히 하라는
격려로 받겠습니다.
하루에도 몇 번씩 희망과 체념을
하는 나이
할까 말까 망설이는
나 같은 사람들과
작은 희망
나누고 싶습니다.
감사합니다.

2024.11.06
정현숙 올림

제4회
「한용운신인문학상」
수필부문
수상작

신인문학상 당선작

직장 맘과 딸내미 외 1편

박 수 진

　아이는 발 끝으로 톡톡 일부러 먼지를 내며 속상한듯 그네를 타고 있었다. 오늘은 토요일인데 일찍 오겠다던 엄마는 아직 회사에서 끝나지도 않은 모양이다 약속시간이 벌써 두 시간이나 지나 있었기 때문이다 아까부터 옆자리 초록색 그네에는 세탁소집 승현이가 아빠가 밀어주는 게 신이 났는지,

"더..더 힘껏 아빠~"
이러며 목청을 높이고 있다.

"나 좀 봐라 희지야
내가 훨씬~ 더 높게 올라가지?"

　아직도 놀이터에 오지 않는 엄마 때문에
화가 나 있는데 이 녀석은 자기 기분만 좋은지 자랑 하기까지 한다. 아이는 승현이 아빠를 흘깃 바라보았다. 눈썹이 짱구처럼 진한 승현이네 아빠는 입가에 미소를 지으며 아들이 신나 하는 모습을 바라보며 그네 밀기에 열중하고 계신다. 아이네 엄마는 오늘 혼자 집에 있을 아이 생각에 휴식시간에 쉬지도 못하고 빨리 일을 마무리 하고 퇴근 할 참이였다.

"아니 벌써 퇴근해?
우린 할 일이 아직도 남았는데...
아무리 그래도 자기 일 다했다고
어떻게 혼자만 퇴근하나??"

"아이가 혼자 기다리고 있어서요.
죄송해요 죄송합니다"

엄마는 평일에는 직장에서 늘 늦게까지 궂은 일을 도맡아 해야 했다. 그래야만 달력에 빨간색 숫자로 휴일이라도 있는 날이면 자기 일을 다 끝냈어도 오늘처럼 눈치라도 보며 집에 갈 수 있기 때문이었다.
그럼에도 사람들은 늘 엄청난 선심쓰듯 핀잔을 주곤하였다. 회사를 나와 엄마는 놀이터 쪽으로 빠르게 뛰기 시작했다.
딸을 위해 집과 가까운 곳에 경력과 무관한 직장을 얻었고 그래서인지 이곳에서의 삶은 늘 낯선 곳의 이방인 같았다. 한편으로는 아이와 살아내기 위해선 엄마의 희생 못지 않게 어린 딸이 감내 해야 할 속상한 부분도 참 많았다.

놀이터에선 짱구 눈썹의 승현 아빠가 아들 손을 잡고 집으로 돌아가고 바람에 빈 그네가 여전히 흔들거리고 있다. 텅 빈 놀이터 다른 아이들은 모래 위에 수없이 많은 발자국만 남겨놓고 모두 집으로 돌아가고, 엄마를 기다리며 그네에 앉아 혼자 남은 아이의 흙먼지 쌓인 분홍색 운동화 위로 눈물이 '툭툭' 떨어졌다

"희지야~~ 희지야"

놀이터 모퉁이 담벼락 위로 엄마의 긴 갈색 머리가 살짝 살짝 보인다. 드디어 벌게진 얼굴의 엄마가 미안한 웃음을 지으며 다가오신다.

"미안해 우리 딸 오래 기다렸지?"...

엄마는 또 뛰어 오셨나보다. 이마와 콧잔등 위로 송글송글 맺혀있는 엄마의 땀방울이 분홍색 운동화 위에 떨어졌던 아이의 눈물과 닮아있다.

"엄마가 밀어줄게"

양팔을 걷어올린 엄마가 아이의 기분을 풀어주려 앉아 있는 그네를 밀기 시작한다.
아까 승현이가 했던 말이 떠올랐다

"더... 더 힘껏 엄마~"

수련

박 수 진

처음 그녀가 가게 유리문을 열고 들어섰을 때 보았던 기억은 십여 년이 지난 지금도 나의 기억속에서 선명하다. 유난히 하얀 얼굴. 얼굴의 반쯤은 되는 듯한 커다란 눈 작은 키에 아주 마른 몸을 가진 참 예쁘장한 얼굴이었다. 스스로 아기 엄마라고 소개하기 전 까진 정말 애띤 사춘기 소녀 같은 모습이었다. 다소 지치고 핏기하나 없이 하얗다 못해 창백한 그녀는 내게,

"사장님 죄송한데 물 한잔 마실 수 있을까요?"

당장이라도 쓰러질듯한 모습에 가까이 있는 의자를 끌어다 앉으라 권하고는 종이컵에 찬물과 온수를 섞어 미지근한 물을 주었다.
왠지 물이 너무 차거나 뜨거우면 그녀에게 안 좋을듯 느껴진 기분 탓이다.

"고맙습니다"

자신의 몸 반만한 커다란 배낭을 앞으로 끌어안고 희미하게 웃어보이는 그녀는 물을 아주 조금씩 삼키며 나를 바라보았다.

"참 이상하게 여길 들어오고 싶더라구요.
왠지 따뜻해보였어요"

풀 하우스는 우리 옷가게의 이름이다.
실제로 동네 사랑방처럼 단골들 또 지나는 잡상인들도 물 한 잔 청하며 낮은 문턱을 가진 곳이긴 하다.

"이것 좀 먹어볼래요?"

곧 학교가 끝나고 엄마를 부르며 들어설 초등 2학년 딸내미 간식으로 준비해둔 바람떡이랑 밤식빵을 조금씩 잘라 그녀 앞으로 내밀었다. 아주 조금씩 잘라 입에 넣으며 허기를 면하는듯 싶었다. 그렇게 처음 본 그녀는 상처를 입고 내게 날아 든 작은 새 같았다. 몇일이 지나고 또 다시 그녀가 왔다. 이번엔 커다란 배낭 대신 자신의 모습을 꼭 닮은 3살 배기 남자 아기를 안고서였다.

"어머나 이뻐라. 귀여워라"

난 아이를 안아보며 그 작은 체구에 어찌 아기를 낳았냐며 기특하다고 칭찬을 했다. 그렇게 몇번씩 오가던 그녀와 친해지고 자매처럼 정을 나누기 시작할즘 그녀가 내게 맘을 열고는 자신의 사연을 전했다.

"언니 저는 원래 탈북민이예요. 저희 외할머니가 서울대 무용과를 다니시다 평양으로 공연을 가시게 됐고 이틀 뒤에 6.25가 터져서 20살 짜리 아가씨가 그곳에 친구들과 억류되어 남아있게 됐는데요. 당이 할머니를 남한 출신이라고 북한노동자와 결혼을 시켰고. 저희 엄마랑 이모를 낳으셨는데.. 엄마는 북한에서 국어 선생님 이셨고 이모네 사촌 여동생들은 평양예술단 에 있었지요. 저는 북한 엘리트로 버마(미얀마)에서 유학중이였는데 그곳에서 남한의 교회 목사님을 만나 이곳으로 탈북하게 되었어요."

그녀는 눈시울을 붉히며 그 힘들었던 기억을 내게 알려주었다. 북에 남아있던 부모님과 이모, 여동생들도 남한으로 올수 있게 돕는 중이란 말을 덧붙이며, 남한에 와서 교회를 다녔고 착한 지금의 남편을 만나 이 아이까지 낳았다며 자신의 파란만장한 삶의 이야기를 들려주었다.
너무도 짠하고 구슬퍼 보이는 그녀의 목소리에 얼마나 괴로웠을까 생각하니 나역시 눈물이났다. 내게 맘을 연 그녀에게 반찬이나 간식거리 등을 나누며 이 외로운 타지에서 저 작은 체구로 버텼냈을 시간들이 떠올라 참 맘이 먹먹해 졌다.
그후로도 점점 말라가는 그녀가 안쓰러울 때마다 맘이라도 폭 쉬어가라며 편한 의자를 내주곤 했는데.. 한동안 보이지 않던 그녀가 여러명의 여인들을 데리고 나타났다.

"왜 이렇게 오랜만이야? 걱정했잖아"

그녀는 그간 많은 일이 있었다며 내게 함께 온 여성들을 소개하였다.

"언니. 우리 엄마예요. 이쪽은 이모고 여기 둘은 제 사촌 여동생들이에요"

"어머~ 진짜? 다들 탈북하셔서 오신거야?"

"네 안녕하세요. 말씀 많이 들었어요. 그간 우리 수련이를 도와 주셔서 감사해요."

그녀의 엄마가 눈물을 글썽이며 나의 손을 잡았고 이모님과 사촌들도 연신 고갤 숙이며 인사를 했다. 중국으로 목숨을 건 탈북을 시도했고 몇달간의 험난한 여정이 있었지만 지금 이곳까지 올 수 있었다고 모두들 안도의 숨을 쉬며 기뻐했다.

"아버지는?"

분명히 계신걸로 들었는데 아버지 혼자 못 빠져나왔나 싶어 물었더니

"중국 공안의 눈을 피해 몇달간 가족을 돌봐주던 중국인 여자가 있었는데.. 그 여자와 그만 눈이 맞는 바람에.. 자기는 그곳에서 새 인생을 살고 싶다고 그래서 다 정리하고 잘 살라고 빌어주고 저희만 왔어요"

그렇게 가족들과 해후하고 그녀가 이젠 착한 신랑과 예쁜 아기 키우며 알콩달콩 살길 빌었다. 북한에서 국어교사셨던 그녀의 어머니는 이곳에 계신 분들의 도움으로 대학 교육원에 들어가 공부를 더 하시길 원하셨고, 평양 예술단에 있었다던 두 사촌도 재능을 빛낼수 있는 행사 기획단들과 얘기가 오가는듯 했다. 그렇게 가족과 상봉하고 기뻐했던 그녀의 모습이 한 달 여도 안됐으리라. 더 앙상한 모습으로 그녀가 오랜만에 방문을 하였다.

"언니.."
"어머 잘 지냈어?.. 왜케 더 마른거야?"

그녀는 대답 대신 멋스럽게 쓴 비니모자를 수줍게 벗어보였다. 박박 밀은 까까머리.. 짧은 머리를 보자 왠지 모를 안타까움이 일었다.

"저..위암이래요.. 그것도 4기래요..

이제야 겨우 아빠는 원하는 삶으로..
엄마도 행복하게 자전거로 통학하시고.. 이모랑 동생들도 남한의 아가씨들처럼 멋지게 살아가는데...”

굵은 눈물을 뚝뚝 흘리는 그녀를 안아주며
둘이 한참을 울었다.

“우리 아들이 넘 불쌍해서..
남편이야 아직 젊고 다시 장가가면 된다지만.. 아들이 가여워서..”

며칠뒤 병원에 입원하기전에 내가 보고싶어
찾아왔다는 가엾은 그녀, 참 가혹한 슬픔이다.

“어쩌면 마지막으로 볼 것 같아서
언니 보고 병원 가려구요”

“무슨 말이야. 요즘 의학이 발달해서 본인 의지만 있으면 얼마든지 살아, 버마에서 목숨 걸고 여기왔고 가족들도 다 살려냈잖아? 이젠 너도 이쁘고 행복하게 살아야지 약해지면 안돼.. 절대 넌 강한 엄마야”

  그렇게 그녀가 입원을 하고 그녀의 엄마는
대학을 오가며 그녀의 소식을 전하곤했다
딸 앞에서 강해지라고 울수 없었던 그 엄마도 내 앞에선 아이처럼 오열하며 슬퍼했다. 너무너무 고통스러워 하는 딸을 두고 볼 수 밖에 없다고...

  그렇게 한 달도 채 못됐을까... 부르튼 입술을 하고 나타난 그녀 엄마의 무너지는 얼굴에서 그녀가 떠났단걸 직감할 수 있었다. 우리둘은 말 한 마디 없이 그렇게 손을 잡고 울었다. 그 작은새가 너무도 가여워서.. 난 몇날 며칠을 침통했고 깊은 슬픔에 빠졌다. 며칠뒤 처음보는 젊은 남자가 그녀의 아이를 안고 나타났다. 말하지 않아도 누군지 알듯하였다.

“처음 뵙겠습니다. 수련이 남편이예요.

일 다 치르고 평소 아내가 자주 얘기 하던 사장님 뵙고 싶었어요. 어머님도 자주 들르신다해서 …"

엄마의 모습을 꼭 닮은 아이는 불안한듯 아빠의 품에 계속 매달려 있었다.

"아이 예쁘게 소중하게 잘 키워주세요.
수련씨가 세상에 남긴 예쁜 유산이잖아요."

"꼭 그럴겁니다. 그동안 감사했습니다"

그날 밤 나는 꿈을 꾸었다. 정말이지 너무 아름다운 날개옷을 입은 그녀가 내가 잠든 창가로 다가와 환한 미소 지으며 바라보더니 빛을 뿌리고는 다시 긴 머리 휘날리며 무지개 빛을 따라 사라지는 꿈이었다.

박 수 진
수필가

박수진 수필가 신인문학상 심사평

소설적인 구성과 능숙한 표현의 수필 우수작

손 해 일 (시인, 문학박사, 국제펜한국본부 제35대 이사장)

박수진 선생의 수필 응모작 「직장 맘과 딸내미」, 「수련」 두 편을 2024년 한용운문학상 수필부문 신인상 당선작으로 추천한다. 금년에 <한국문학> 시부문 신인상으로 등단한 박수진 시인은 이번 수필작품에도 소설처럼 감동적인 스토리 구성에다 지문과 대화와 설명을 능숙하게 구사하고 있다. 특히 수필 「수련」과 같은 우수한 수준이라면 단편소설도 한 번 써볼 만하다.

「직장 맘과 딸내미」는 직장에 다니는 엄마와 그녀를 기다리는 딸내미이야기를 주제로 하고 있다. 수필이 자기의 체험을 1인칭으로 쓰는 거라면, 이 수필은 본인이 아니라 마치 제3자인 엄마와 아이의 이야기를 소설처럼 관찰자 시점으로 풀어나가고 있다. 퇴근 시간에 두 시간이나 늦은 엄마를 기다리며 그네를 타는 딸아이 희지와 그 옆에서 그네를 타는 세탁소집 아빠와 아들 승현이를 대비시키고 있다. 대화와 지문을 적당히 섞어 이야기를 풀어나가는 수필 문장도 수준급이다. 수필의 길이를 좀 늘렸으면 좋을 것이다.

「수련」은 '수련'이라는 탈북 여성과 그 가족의 이야기를 10여 년 후에 소설적 구성으로 쓴 수필이다. 풀하우스라는 주인공의 옷 가게에 한 여성이 찾아와 물 한 잔을 청하면서 이야기가 시작된다. 탈북 여성인 수련의 외할머니는 20살 때 서울대 무용과를 다니다 평양 공연 중에 6.25전쟁이 터졌고, 북한 노동자와 강제 결혼을 당했다. 그 결과 수련의 어머니와 이모를 낳았다. 수련의 어머니는 북한에서 국어 교사, 이모와 사촌들은 평양 예술단에 있다가 모두 탈북했다. 수련도 탈북해 결혼해서 아이도 낳았으나 위암 말기로 사망하기까지의 안타까운 사연이다. 이런 소재를 소설적 플로트 구성과 지문과 대화를 적당히 섞어 읽는 재미를 주는 수작이다. 작가의 등단을 축하드린다.

수상소감

존경하는 시인이자 독립운동가이신 한용운님의 문학정신을 계승하는
"한용운문학상" 공모전에서
"신인부문 문학상"에 당선되어 수필가로 등단하게 됨을 무한한 영광으로 생각합니다.
당선의 기쁨에만 머물지 않고 끊임없이
배우고 더 정진하여 글을 읽는 독자들의
가슴에 감동과 행복과 공감으로
스며들 수 있는 따뜻하고 멋진
수필가가 되겠습니다.
감사합니다.

2024.11.20.
박수진 드림

신인문학상 당선작

수필

내가 사랑하는 네 명의 용띠 이야기 외 1편

정 은 경

내가 세상에 태어나 제일 처음 만난 용띠는 아버지다. 우리 아버지는 1940년 용띠다. 아버지 하면 제일 먼저 떠오르는 것은 "무섭다."이다.

왜, 나는 아버지가 무서울까? 내가 어렸을 때 우리 집은 가게(슈퍼)를 했다. 가게를 하니 아침 5시 정도에 문을 열면 저녁 12시가 가까워서야 문을 닫곤 했고, 365일 문을 열었다. 우리 가게는 지금의 슈퍼처럼 과자, 과일, 담배, 아이스크림, 막걸리 등등을 팔았는데 막걸리는 지금처럼 병에 든 것이 아니라 항아리에 담겨 있었다. 저녁이면 깔끔한 엄마가 매일 항아리를 깨끗하게 닦던 기억이 난다. 1m 50cm도 안 되는 키와 40kg 조금 넘는 자그마한 엄마는 그 많은 일과 살림을 하기 위해 새벽부터 부지런히 움직여야 했다.

그렇다, 엄마는 항상 일이 많았다. 작은 아버지와 결혼한 이모네 식구와 함께 살았는데 작은 아버지는 부모님에게 받지 못한 사랑을 엄마에게 받고 싶었는지 엄마에게 매일 심통(계란을 까먹으면 계란 껍질을 부엌 바닥에 버리고 그것을 발로 밟아 으깨놓는 등등) 맞게 굴었고, 나이 어려서 결혼해 아이가 둘인 이모는 살림을 전혀 몰랐다. 엄마가 나와 내 동생을 포함 네 명의 아이를 키워야 했고 살림과 가게도 모두 엄마 차지였다.

아버지는 어디로 갔을까? 우리 아버지는 술과 화투를 좋아했다. 그러다 보니 눈을 뜨면 가게는 뒷전이고 화투를 하러 갔다. 어느 정도였냐면 엄마가 경동시장으로 물건을 하러 가면 화투판에 가고 싶은 아버지는 가게 문을 닫고 갔다. 내가 6~7살 정도 되었을 때부터는 나에게 가게를 맡기고 화투를 치러 갔다. 그러면 먹고살기 위해 물건을 머리에 이고 들고 온 엄마는 아버지가 화투를 하고 술을 거나하게 한 잔하고 들어올 때 화가 나니 한마디 하면, 아버지는 눈을 부릅뜨고 우리를 잡아먹을 것 같이 화를 내고는 했다. 그러다 보니 부부 싸움이 잦았고 그렇게 부모님이 싸우면 불안한 마음에 방구석에 앉아 매일 울곤 했다. 그러다 보니 80님은 아버지가 지금도 보면 무섭다.

두 번째로 만난 용띠는 천안인생극장 대표님이다. 18년을 함께한 남편이 하늘나라를 가면서 21년을 산 그곳이 하루도 살기 싫은 지옥으로 변했다. 무엇을 해야 할까? 고민하다 27년간 의료계통에 종사할 때 장애아이 부모님들이나 보육원 교사들이 장애아이를 데리고 와서 "선생님 우리 아이를 어떻게 하면 선생님처럼 당당하게 키울 수 있을까요?"라고 자문을 얻고는 했다. 그때 내가 비장애인들과 살아 온 이야기를 통해서 많은 장애인들이 세상 밖으로 나왔으면 좋겠다는 꿈을 안고 강사가 되겠다고 2020년 1월 내가 쌓아놓은 모든 것을 다 버리고 무작정 서울로 올라왔다.

2020년 1월 코로나 바이러스로 인해 모든 강사들이 다 집으로 돌아갈 때 나는 강사가 되겠다고 올라온 것이다. 이 당시 사람들은 사회적 동물이기 때문에 살아가기 위해서는 관계가 필요했다. 그래서 관계를 맺으며 살아가기 위해 단톡방이 증가했고 이프랜드, 제페토 같은 메타버스 플랫폼이 생겨나기 시작했다. 나는 강사가 되기 위해 나를 알려야 했기에 단톡방을 전전하며 거의 1년 9개월 정도를 무료강의를 하고 다녔다. 그때 우연히 들어온 단톡방에서 내 강의를 들으며 콘텐츠가 있다고 생각한 대표님은 나에게 천안인생극장 팀장으로 근무하면서 170석을 무대로 너의 꿈을 펼쳐보라는 제안을 했고, 그렇게 나는 2021년 10월 천안인생극장에 오게 된다.

이때 나는 굉장한 기계치였다. 어느 정도냐면, 핸드폰으로 블로그를 하면 그 글들이 갑자기 사라질까 봐 불안해서 바들바들 떨면서 할 정도였다. 그래서 동생에게 '쫄팅이'라는 소리를 들으며 블로그를 했었다. 그 반면 70대인 대표님은 라이브 방송에 대가답게 20대보다 핸드폰을 더 잘 다루었고 컴퓨터 뿐만 아니라 오큘러스, 360도 VR, 드론 등 못 만지는 기계가 없었다. 그런 대표님은 동기부여만 하는 강사가지고는 안 된다고 하며 나에게 메타버스를 가르쳤다. 그 덕분에 나는 메타버스 강사가 되었다. 그리고 앞으로 인공지능 시대에는 가짜와 진짜를 구분하며 세월호, 이태원 사건처럼 재난 재해가 났을 때 우리를 알리고 지키는 것은 라이브 방송 밖에 없다고 하며 축제 등에서 라이브 방송을 할 때 초짜인 나를 당당하게 해보라고 세워 주어 라이브 방송 캐스터가 되었다. 장애인식개선 강사자격증도 도전하라고 해서 취득해 장애인식개선 강사로 활동하고 있으며, 또 강사가 되기 위해서는 책이 필요하다고 해서 열심히 블로그를 했고 그 블로그 글을 바탕으로 얼마 안 있으면 내 책이 출판될 것이다. 이렇게 대표님을 만나 나는 멋진 제2에 인생을 살아가고 있다.

세 번째 만난 용띠는 마음애 교회 목사님이다. 천안인생극장은 1962년 이전 영화를 상영하는 곳으로 55세 이상은 2,000원 55세 이하는 7,000원인 실버극장이다. 주로 연령층을 보면 70대 전후 인데 이 시대는 6.25등으로 인해 살기 어려운 시대였다. 그래서 그런지 영화를 보러 오는 분들을 보면 교장 선생님, 공무원 등을 역임한 분들이 많다.

2023년 8월 어느 날이었다. 우아하다고 해야 할까? 멋지다고 해야 할까? 그런 여자분이 우리 극장으로 들어왔다. 그 후 가끔 영화를 보러 왔는데 그때마다 '참 곱다'라는 생각과 저렇게 늙고 싶다는 생각을 했었다. 그러던 어느 날 본인이 목사라고 얘기하며 성경 통독학교를 하는데 "베스트셀러인 성경은 한번 읽어보고 싶지 않느냐"고 나에게 물었다. 사실 나는 성경은 한 번 읽어보고 싶었다.(읽어보고 싶어 혼자 읽었는데 성경 말씀이 너무 어려워 혼자 읽다 그만둔 적이 있다.)

그러나 교회는 가고 싶지 않았다. 왜? 우리 집안이 불교 집안이기는 하지만 내가 절실한 불교 신자는 아니다. 불교 때문은 아니었고 50년을 넘게 살아오면서 교회에 대한 좋은 이미지가 하나도 없었다.

첫 번째는 "예수 믿으면 천국 간다."는 말은 말도 안 된다고 생각했다. 왜? 교회 다닌다고 하며 정말 나쁜 짓 하는 사람들이 많이 보였기 때문이다.

두 번째는 교회 다니는 언니나 동생들이 다 나를 위해 기도해 준다고 하면서 매일 교회 욕하는 신도들 욕하는 목사님, 욕하는 신부님, 수녀님들은 욕이 많았다. 저렇게 욕하면서 왜, 교회를 다닐까?라는 생각을 많이 했고 그래서 그들에게 나는 다시 태어나도 절대 교회는 안 가고 절에 다닐 것이라고 얘기했었다.

세 번째는 나는 일요일에도 일하는 날이 많다. 거의 한다. 그런데 일요일(안식일)에 교회 안 가면 사탄이라고 하는 말이 너무 싫었다. 기타 등등의 이유로 나는 절대 교회는 가지 않겠다고 생각했었다. 그런데 마음애 교회에 성경 통독을 하러 갔다가 마음이 바뀌었다. 사실 처음에 성경 통독을 하러 가면서 정말 목사님이 주일 날 교회 안 가도 뭐라고 하지 않을까?라는 생각을 하고 갔었다. 처음에 가서 1시간 성경을 읽고 왔다. 그다음 주에도 1시간 읽고 왔다. 얼마간을 그렇게 했다. 정말 목사님이 주일날 교회 안 온다고 뭐라고 하지 않았다. 마음애 교회 목사님은 좀 특이했다. "교회에 몸만 오는 것은 중요하지 않다. 하나님을 아는 것, 성경을 읽는 것이 중요하다."고 가르치셨다. 그런 목사님 덕분에 나는 성경을 읽기 시작했고 그러면서 "왜, 예수 믿어야 천국 가는지를 깨달았다." 사실 "예수 믿고 천국 가는 것이 아니라, 예수 믿고 하나님 뜻에 맞게 행동해야 천국 가는 것이었다." 이것을 깨달으면서 이제는 길거리에서 "예수 믿고 천국 가자!"라는 말에 반감이 없어졌다. 특이한 목사님 덕분에 나는 교회에 다닐 수 있었고 성경 통독 1독(신약 사도행전을 읽고 있다.)을 하고 있다. 좀 특이하지만 당당하고 멋진 우리 목사님을 나는 사랑한다.

네 번째 용띠는 천안인생극장 선배님이다.
p선배를 만난 것은 2024년 1월인가 우리 극장으로 영화를 보러 왔었다. 그리고 영화가 끝나고 가면서 나에게 혹시 여기 직원 안 뽑느냐고 물었다. 그 당시 직원을 구해야 하는 상황이었다. 그러나 바로 답할 수 있는 상황은 아니었다. 그때 본부장이 무단 결근을 할 때였다. 아무 이유 없이 어느 날부터 핸드폰도 되지 않고 직장을 나오지 않아 실종신고를 해야 하나 그런 상황이었다. 그 뒤 며칠 뒤 본부장으로부터 연락이 왔고 자기가 지금 좀 곤란한 상황이니 조금만 기다려 주었으면 한다는 부탁의 전화였다. 그러니 직원을 뽑을 수는 없었다. 두 달을 기다렸지만 본부장은 직장을 나올 수 없는 상황이 되어버렸고 그 자리에 p선배가 들어오게 되었다. 처음 대표님께 p선배 이력서를 드렸을 때 나이가 너무 많다고 트집을 잡았다. 그래서 내가 요즘 100세 시대에 90살 어르신도 맥도날드에서 일하는데 나이 72살은 거기에 비하면 애다.라고 얘기했더니 웃으시면서 면접을 보겠다고 했고 그렇게 천안인생극장 직원이 되었다.

p선배가 입사하고 얼마 후 천안인생극장 로비를 물바다로 만드는 사건이 발생한다. 어떻게 된 것이냐면 정수기에서 물을 받기 위해 마우병을 올려 놓았는데 그때 손님이 온 것이다. 내가 2시간 밖에 일을 보고 돌아왔는데, 그때까지 마우병에 물이 받아지고 있었고 그 물이 넘쳐 극장 로비를 물바다를 만든 것이다. 너무 화가 난 나는 청소를 하며 "선배님 눈 감고 손들고 있어!"라고 말했다. 그랬더니 p선배 왈 "정이사! 내가 정이사 엄마 같은 나인데 어떻게 나를 야단칠 수 있느냐"고 오히려 호통을 치는데, 그 모습이 너무 귀여워 그냥 웃음이 폭 하고 터졌고 더 이상 야단을 칠 수 없었다. 그 뒤 p선배는 정말 엄마처럼 나를 돌봐 주었다. 내가 객지라 외로울까 봐, 같이 맛있는 것도 먹고, 반찬도 갖다주고, 사람도 소개시켜 주고, 좋은 곳도 구경도 시켜주었다. 그런 p선배 덕분에 나는 천안이 조금씩 정이 들어갔다. 지금까지 나의 사랑하는 네 명의 용띠 이야기였다.

사명

정은경

나는 1970년 여섯 손가락 장애인으로 태어났다. 이 당시에는 장애인을 많이 볼 수 없었다. 장애인을 많이 볼 수 없었던 이유는 여러 가지가 있었다.

첫 번째는 이동 수단이 없었다. 지금은 저상버스, 지하철 엘리베이터, 전동 휠체어 등등 장애인들이 이동할 수 있는 이동 수단이 있지만 그 당시에는 없었다. 이동 수단이라고는 유일하게 택시 밖에 없었는데 택시는 비쌌을 뿐만 아니라 장애인들은 재수없다고 잘 태워주지 않았다.

두 번째는 집안의 수치라고 여겨서 집밖에 잘 내보내지 않았다. 내가 제2에 베이비붐 세대이기 때문에 이 당시에 아이들이 많았다. 초등학교(국민학교) 다닐 때 내 기억으로 10반은 넘었던 것 같고 한 반에 아이들이 70명이 넘었다. 그리고 아이들이 많다 보니 오전.오후 반이 있었다. 지금 한 반에 아이들이 10명 정도에 비하면 굉장히 많은 것이다. 아이들이 많았지만 장애아이는 볼 수 없었다. 장애인을 많이 볼 수 없는 시대이다 보니, 밖에 나가기를 좋아했던 내가 나가면 아이들은 병신이라고 놀리면서 무조건 때렸다. 그렇게 맞던 어느 날 오기가 생긴 나는 그 아이들을 다 상대할 수는 없으니까 그중 짱인 아이의 귀를 꽉 물어 피를 냈고, 그 뒤로 자기내들도 그렇게 될까 봐 두려웠는지 그 누구도 나를 건드리지 않았다. 그렇게 나는 아이들과 친구가 될 수 있었다. 이 경험을 통해 비장애 아이들에게 맞지 않고 학교를 다닐 수는 있었다.

그다음 고민은 직업이었다. 장애인은 아무짝에도 쓸모없는 존재라는 인식이 강한 시대이다 보니, 내가 무엇을 하면 잘할 수 있을까? 무엇을 하면 행복할까?를 끊임없이 고민해야 했다. 그 고민에 대한 해답은 25살에 물리치료사인 남편과 결혼하면서 얻을 수 있었다. 26살 가을부터 물리치료사인 남편 병원에서 물리치료 보조로 근무하게 되었는데, 어느 날 환자분이 몸이 많이 좋아졌다고 하며 나에게 "정선생 고마워"라고 얘기하는 것이었다. 그 순간 나는 내가 쓸모 있는 사람이 된 것 같아 가슴이 벅찼고 내가 어떻게 하면 이 환자들에게 좀 더 도움을 줄 수 있는 사람이 될까?를 고민하기 시작했다. 그러다 사이버로 상담심리학을 전공하기로 결심했다. 상담심리학을 전공한 이유는 환자들을 통해서 몸과 마음이 같이 아파진다는 것을 배웠기 때문이다. 예를 들면 교통사고 등으로 몸이 먼저 아팠지만, 아픔이 지속되면서 우울증이 오는 경우가 많았고 또 사별, 이혼 등으로 마음이 먼저 아팠지만 이 아픔이 지속되면서 어깨 통증, 루마치스 관절염 등 등 몸에 아픔이 생기는 것을 보면서 몸과 마음이 같이 아파진다는 것을 배웠기 때문이다.

이렇게 상담심리학을 전공하고 나니 그다음에는 몸과 마음이 건강해지려면 먹는 것이 중요하다는 것을 깨닫게 되고, 대학원에서 식품치료학을 전공한다. 이렇게 27년을 의료 계통에서 일하면서, 내가 누군가에게는 도움을 줄 수 있는 쓸모있는 사람이라는 생각에 참 행복했다. 그렇게 참 행복했었는데, 스승이면서 또 아이 아빠였고 베스트 프랜드였던 남편이 하늘나라로 가면서 나는 더 이상 그 일이 하나도 행복하지 않았다.

그후로 나는 또 내가 무엇을 하면 행복할까? 잘할 수 있을까?를 고민하기 시작했고 그러다 찾은 것이 강사였다. 내가 강사가 되고 싶었던 이유는 장애인 부모님들이나 보육시설 선생님들이 장애아이들을 데리고 와서 "선생님 우리 아이를 어떻게 하면 선생님처럼 당당하게 세상 밖으로 내보낼 수 있을까요?"라고 자문을 얻으러 오고는 했기 때문이다. 그래서 내가 살아온 이야기를 통해서 많은 장애인들이 세상 밖으로 나왔으면 좋겠다는 꿈을 안고 2020년 1월 강사가 되겠다고 그동안 쌓아놓은 모든 것을 다 버리고 서울로 상경을 했다. 그런데 이 당시 코로나 바이러스의 등장으로 인해 사회적 거리두기가 생겼고, 강사들이 다 집으로 돌아갈 때 나는 강사가 되겠다고 서울로 상경을 한 것이다. 그래서 어떻게 할까? 고민하는데 이때 사회적 동물인 사람들은 사회적 관계를 맺기 위해 SNS가 발달하기 시작했고, 나는 이것을 기회로 잡아 강사로 이름을 날리기 위해 블로그, 유튜브를 하기 시작했다. 그것을 통해 한 단톡방에서 무료 강의를 할 수 있었고, 그 강의가 괜찮았는지 여러 단톡방들이 나를 불러주었다. 그렇게 1년 9개월을 바쁘게 무료 강의를 하고 다녔다.

그러던 어느 날 한 단톡방에 우연히 들어왔던 천안인생극장 대표님이 내 강의를 듣게 되었고 콘텐츠가 있다고 생각하신 대표님은 천안인생극장와서 팀장하면서 170석을 무대로 너의 꿈을 펼쳐보면 어떻겠느냐는 제안을 했다. 나는 그 제안을 흔쾌히 수락 했고 3년이 지난 현제 천안인생극장 이사로 근무하면서 장애인식개선 강사, 동기부여 강사, 라이브방송 캐스터로 활동하고 있으며 얼마 안 있으면 내 책이 세상에 나올 것이고 그러면 또 작가가 된다. 나는 지금 내가 무엇을 하면 잘 할 수 있을까? 행복할까? 또 누군가에게 도움이 되는 사람이 될까?를 열심히 찾는 중이다. 나는 어떨 때 행복할까? 조용히 글을 쓸 때 행복하다. 또 사람들과 함께 호응하며 강연할 때도 행복하다. 지금 내가 행복한 것은 무엇을 많이 가져서 행복한 것이 아니다. 내가 누군가에게 피해를 주는 사람, 도움을 받는 사람이 아닌 누군가에게 행복을 줄 수 있는 사람, 도움을 줄 수 있는 사람이기 때문에 행복한 것이다.

하나님이 우리를 만들 때 목적이 있어서 만드셨을 것이다. 하나님이 나를 만든 목적은 더 이상 장애인이 쓸모없는 존재가 아닌 쓸모 있는 존재라는 것을 알리라고 만드셨을 것이다. 내 블로그에 "하루 종일 누워있어야만 하는 장애인도 태어난 데에는 이유가 있다고 생각하느냐?"는 댓글이 달렸었다. 그렇다 나는 하나님이 우리를 장애인으로 만든 데도 다 이유가 있을 것이라고 생각한다. 나는 하나님이 나를 만든 목적대로 앞으로 글과 강연 또 라이브방송 캐스터로 활동하며 많은 장애인들이 세상 밖으로 나와 꿈을 펼칠 수 있도록 도움을 주는 사람이 될 것이고 굳게 다짐을 해본다.

정 은 경

경기도 구리시 거주
장애인식개선, 동기부여 특강강사
서울경기대학교 대체의학대학원 졸업
식품치료학과 석사과정 졸업
서울사이버대학교 상담심리학과 졸업
현)소셜라이브방송 협동조합 이사장, 현)도전365라이브방송캐스터, 현)한국축제방송 라이브방송캐스터, 현)중소기업뉴스 영상미디어 팀장, (사)문학그룹샘문 회원, (사)샘문학(구,샘터문학) 회원, (사)한용운문학 회원, (주)한국문학 회원, 샘문시선 회원
<자격증>
건강관리사(한국체력향상협회)
스포츠맛사지지도자(한국체력향상협회)
체형관리지도자(한국체력향상협회)
체력관리지도자(한국체력향상협회)
한국심리상담협회(성교육상담지도사)
피부미용사(보건복지부)
자연정혈요법1급(자연정혈요법학회)
귀운동지도자1급(셀비오자연치유학회)
메타버스전문가2급(메타버스강사협회)
컨텐츠제작지도자(한국코딩융합교육원)
비즈니스전문가(한국교육인증평가원)
장애인식개선강사(한국장애인고용공단)
인공지능AI활용지도사(한국자격교육협회)

정은경 수필가 신인문학상 심사평

밝고 활달한 어조에 담긴 작가적 고백이 짙은 수상

심 종 숙 (시인, 교수, 문학평론가, 문학박사)

정은경 수필가는 「내가 사랑하는 네 명의 용띠 이야기」, 「사명」, 이 두 편을 응모하였다. 이 두 작품은 정은경 수필가의 진솔한 삶을 그렸다. 육 손의 장애를 지니고 태어난 그녀는 네 명의 용띠인 이들과 인간관계를 맺어간다. 무서웠던 아버지, 자신에게 희망을 주고 강사가 되게 견인했던 천안인생극장 대표, 마음애 교회 목사, 천안인생극장 선배이다.

「사명」 또한 장애를 지니고 태어난 그녀가 천안인생극장을 통해 자신의 장애로 이 사회를 살아오면서 받은 상처와 좌절을 어떻게 극복하고 그 과정을 타인 앞에서 강의하는 당당한 여성으로 자리매김하기까지의 과정을 그리고 있다. 이 수필이 단순히 장애로 태어난 한 여성의 장애 극복 수기가 아닌 것은 그녀가 진솔하게 말하고 있듯이 그녀를 둘러싼 선한 의지를 지닌 이웃들이 그녀에게 관심을 가지고 일어서게 해주었다는 용띠인 이웃들의 이야기가 되고 있다는 점이다.

그녀에게 무서웠던 아버지 역시도 작은아버지와 이모네 식구들까지 거느리고 살았던 가장으로서 힘겨운 모습을 진 우리들의 이웃이라는 점이다. 결혼과 상담심리사라는 전문직업을 가지고 당당한 여성 주체로 이 사회에 자리매김하기까지의 과정과 도움을 받는 사람이 아니라 도움을 주는 사람으로까지 성장하면서 자신의 사명을 깨달았음을 고백하고 있다.

이 수필은 어려움 속에 있는 독자들에게 감동을 줄 것임에는 틀림이 없다. 그러나 고백적 수필이 갖는 함정에 빠질 수도 있다. 철학적이고 사상의 궤도를 지니고 역사의식과 사회에 대한 냉철한 성찰을 제시하는 무게감 있는 문학작품이 될 수 있도록 더욱 정진해 주길 바란다.
그러기 위해서는 다양한 수상 작품을 읽어보고 다양한 방법으로 글쓰기를 시도하여야 한다.

삶과 인생을 바라보는 깊은 통찰이 담긴 글을 쓰길 바란다. 「내가 사랑하는 네 명의 용띠 이야기」를 수상작으로 선정하며 신인상 수상을 축하드린다.

수상소감

2020년 1월 시골 아줌마가 강사가 되겠다고 서울로 올라와 한 유명 강사를 찾아가 무작정 강사가 되게 도와달라고 떼를 썼다. 그때 그 강사는 기가 막혔는지 웃으며 강사가 되기 위해서는 먼저 작가가 되어야 한다고 했고, 나는 작가가 되기 위해 그때부터 1일 1블로그를 시작했다. 처음 블로그를 시작했을 때, 어디서부터 어떻게 글을 써야 할지 막막했던 나는 매일 잠도 제대로 못 자고 글을 쓰고 지우고를 반복했었다. 그렇게 글을 쓰기 시작한 지 5년쯤 되어가던 어느 날 정승운 시인님과 김샛별 시인님을 만나게 되었다.

작가가 되고 싶었던 나는 정승운 시인님께 작가가 되고 싶다고 하며 내가 쓴 글 몇 편을 보냈다. 글을 본 작가님은 글이 좋다고 하면서 샘문 문학에 이정록 회장님을 소개시켜 주었고, 글을 본 이정록 회장님은 이번 제4회 한용운 문학상 신인상 공모전 부문에 한번 도전해 보면 좋겠다고 했다. 그렇게 한용운 문학상 신인상 공모전 수필 부문에 도전했다. 며칠 뒤 "당선통보서"를 받았다. 통보를 받았을 때, 나도 모르게 마음이 울컥하며 눈물이 주르르 흘렀다.

눈물이 주르르 흐르면서 보고 싶어도 볼 수 없는 남편이 보고 싶었고, 나를 엄마로 만들어준 아들과 장애로 태어난 나를 잘 키워 준 부모님과 나에게 제2의 인생을 선물로 주신 천안인생극장 심 대표님께 감사한 마음이 들었다. 그리고 작가가 될 수 있게 도와준 정승운 시인님과 김샛별 시인님, 이정록 회장님과 한용운문학상 신인상 수필 부문에 선정하여 주신 샘문문학그룹 심사위원님들께도 감사한 마음이 들었다.

이것을 발판으로 삼아, 앞으로 더 많은 사람을 만나고 울고 웃으며 사람들의 마음을 뻥 뚫어줄 수 있는 그런 강사, 수필가가 되고 싶다.

2024.10.26.
정은경 올림

신인문학상 당선작

수필

고란사의 숨소리 외 2편

김 경 배

백마강 물결이 잔잔히 흐르는 가운데 고란사는 고요한 숨을 쉬고 있다. 낙화암 아래서 흩어진 꽃잎처럼, 그곳에는 꿈들이 스며들어 있다. 바람은 아직도 그 꿈들을 기억하고 있으며 자연의 품속에서 소리 없이 사라져간 이야기들을 간직하고 있다.

절벽 끝에 자리 잡은 고란초는 그 푸른 잎새 하나하나에 오래된 이야기들을 새겨놓았다. 작지만 강인한 그 생명은 지금도 이 땅을 지키고 있으며, 세월이 흐르는 동안에도 꿋꿋이 자리를 지키고 있다. 고란사의 존재는 이곳에 뿌리내린 역사와 전통을 이어가는 기념비다.

강물은 흐르지만, 고란사의 시간은 멈춘 듯 느껴진다. 돌담 너머에서는 세월이 묵묵히 지나가며, 이곳의 모든 것이 느리게, 그리고 깊게 흐르고 있다. 고요한 종소리 속에서 바람은 다시 묻는다.
"무엇을 기억하고, 무엇을 잊을 것인가?"
고란사는 그저 웃으며 침묵으로 대답한다.
그 침묵 속에는 과거와 현재, 그리고 미래가 모두 담겨 있다.

고란사는 단순한 사찰이 아니라, 시간의 흐름 속에서 잊혀진 것들을 기억하게 해주는 소중한 공간이다. 그곳의 숨결은 우리에게 삶의 본질과 자연의 아름다움을 일깨우며, 한 순간이라도 모는 순간들을 소중히 여길 수 있게 하는 보물이다.

고모산성 성벽에 흐르는 역사의 속삭임

김 경 배

　고모산성은 문경의 숨결이 느껴지는 곳이다. 이곳에서 나는 고요한 산등성이를 따라 펼쳐진 역사의 층층이 쌓인 돌담길을 걷는다. 성벽을 따라 흐르는 시간의 속삭임은 마치 과거의 이야기를 들려주는 듯하다. 이 돌담은 오랜 세월을 견뎌온 증인이자, 잊혀진 역사와의 연결고리다.

　푸른 하늘 아래, 봄바람이 불어온다.
그 바람에 실려오는 매화꽃의 향기는 이곳이 단순한 성터가 아니라 자연과 역사가 만나는 특별한 공간임을 알린다.
옛 성터 위로 청보리가 물결치며 춤추고,
그 속에서 친구와 나누는 깊은 대화는 나를 더욱 이곳에 뿌리내리게 했다. 이곳에서의 대화는 단순한 잡담이 아니다. 마치 시간의 경계를 넘어 우리가 잃어버린 이야기를 다시 찾는다.

　여름이 오면 초록의 숲이 빛나고, 가을에는 단풍이 물들며, 겨울에는 눈으로 덮인 풍경이 펼쳐진다. 계절의 변화는 자연의 아름다움을 선사하며, 그 속에서 삶의 정수를 느낄 수 있다. 고모산성은 그렇게 매일 다른 얼굴을 보여준다.
이곳의 변화는 나에게 자연과 함께 살아가는 삶의 소중함을 일깨운다.

　고모산성은 단순한 성터가 아니다.
이곳은 고모의 보물이며, 역사의 교훈을 담고 있는 공간이다. 친구여! 이 길을 함께 걸으며 우리의 이야기를 새기고, 소중한 추억을 만들어가자. 이곳에서의 모든 순간은 우리 마음 깊이 새겨질 것이다.

　고모산성의 성벽을 따라 흐르는 역사 속에서, 나는 단순히 걷는 것이 아니라,
시간을 거슬러 올라가고, 자연과 삶의 소중한 가치를 발견하는 여정이다. 이 경험이 앞으로의 나에게 어떤 영향을 미칠지 기대가 된다.

수필

금정산 이야기

김 경 배

 금정산 바위 위에 우뚝 서 있는 소나무는 한눈에 들어온다. 그 모습은 마치 오랜 세월의 흐름 속에서 단단한 뿌리를 내리고, 강인한 존재감을 발휘하며 세상의 변화를 지켜보는 듯하다. 나는 그 소나무를 바라보며 많은 질문이 떠오른다.
"너는 어떻게 그곳에서 자라나니?"
바람과 비, 태양의 노래를 들으며 어떻게 이곳에서 꿋꿋이 서 있을 수 있을까?

 소나무의 뿌리는 깊숙이 바위 틈을 파고들고 있다. 이러한 모습은 자연의 법칙을 고스란히 보여준다. 세상은 끊임없이 변하고, 그 안에서 소나무는 강한 의지로 뿌리를 내리고 가지를 하늘로 뻗어나간다. 그 강인한 생명력은 우리에게 많은 교훈을 준다. 세월의 풍파를 견디며 자라난 소나무는 변함없이 자신의 자리를 지키고, 자연의 일부로서 살아가고 있다.

 소나무가 겪어온 시간은 결코 짧지 않을 것이다. 그동안 계절의 변화와 세상의 소용돌이를 목격했을 것이고, 많은 것들을 느끼고 깨달았을 것이다. 하지만 그 소나무는 고요히 자신의 자리를 지키며 인내와 강인함을 우리에게 가르쳐 준다.
세상에 대한 그 한결같은 태도는 우리에게 큰 감동을 준다.

 바위 위의 소나무는 단순한 나무가 아니다. 그 존재는 자연의 기적이며, 희망의 상징으로 여겨진다. 소나무의 푸른 잎새는 희망의 메시지를 전하고, 그 고요한 그림자는 평화를 가져다준다. 우리가 느끼는 삶의 복잡함 속에서 소나무는 언제나 그 자리에 있어, 우리의 마음에 위안과 힘을 주는 존재로 남아 있다.

금정산의 소나무는 삶의 상징으로, 바위 위에서도 희망을 키워가는 존재다. 그 강인함과 아름다움을 노래하며, 나는 앞으로도 이곳에서 소나무를 바라보며 많은 것을 배우고 느낄 것이다. 바위 위 터전을 잡은 소나무여! 너는 영원히 나의 마음속에 간직될 것이다.

김 경 배
수필가

김경배 수필가 신인문학상 심사평

역사적 유산에 숨 쉬고 흐르는 민족적 정서의 수상

심 종 숙 (시인, 교수, 문학평론가, 문학박사)

「고란사의 숨소리」, 「고모산성 성벽에 흐르는 역사의 속삭임」, 「금정산 이야기」 이 세 편의 작품을 응모한 김경태 수필가의 작품들은 주옥같다.

우선 비교적 길지 않는 문장에 스며있는 작가의 사상이 깊이를 지니고 있다. 문장이 깔끔하고 길어서 혼란스럽지가 않다. 그러면서도 유려한 느낌을 주는 것은 역사적 문화유산과 자연 그리고 작가의 대화로 이루어진 수상이기 때문이다.

역사를 인식하고 남겨진 유산에 깃든 훌륭한 가치를 글로 남기고자 한다. 역사를 기억하고 글의 현재에 재현하는 솜씨 또한 뛰어나다. 이 수필이 담고 있는 사상의 높이와 깊이는 훌륭하다. 그리고 역사적 유산의 사물을 의인화하여 기술함으로써 정겹게 한다. 선조가 남기신 그 유산으로 깊이 통찰하는 자세는 느림의 미학 속에 머물러서 통찰하는 작가의 예리함이 부드러운 필치 속에 물 흐르듯 유순하다.

문장도 잘 읽히고 내포한 의미와 작가의 역사 인식과 사상적 깊이를 느끼게 하는 세 작품은 동일한 역사적 산물을 지금 여기에 불러내어 그 의미를 공유함으로써 더욱 소중한 가치로 변화시킨다. 또 역사적 유산을 훌륭한 가치로 재생산하는 자세가 작가로서 우리 것에 대한 민족 정서와 의식 함양에 이바지하고 있다고 하겠다.

등단작으로 「고란사의 숨소리」를 선정하면서 축하를 드린다. 앞으로의 창작활동에 기대를 건다.

수상소감

　　한용운문학상 신인 수필 부문에 당선되었다는 소식을 듣고, 가슴 깊이에서 벅찬 감정이 밀려옵니다. 이 상은 저에게 단순한 영광을 넘어, 자연과 역사, 그리고 인간의 삶이 서로 어떻게 친구가 되어 연결되어 있는지를 깊이 탐구하라는 뜻깊은 가르침으로 다가왔습니다.
　　자연은 우리에게 고요한 위안과 영감을 주고, 역사는 우리가 겪어온 수많은 경험과 감정의 집합체입니다. 우리가 살아가는 이 땅 위에서 자연과 역사의 숨결이 얽히고설켜 우리의 삶을 형성하고 있음을 느끼며, 제 글 속에서 이 두 가지 요소를 함께 어우르는 여정을 시작했습니다. 그 과정에서, 자연의 소리와 역사의 울림이 어떻게 우리의 일상에 스며들어 우리의 정체성을 만들어 가는지를 발견하게 되었습니다.
　　이번 수상은 신인 작가로서 저에게 주어진 특별한 기회이자, 독자 여러분의 마음에 작은 울림을 줄 수 있기를 바라는 마음에서 비롯되었습니다. 제 글이 누군가의 마음을 파고들어 그들의 삶 속에 자연과 역사가 친구가 되는 순간을 만들어주길 희망합니다.
　　이 자리에 서기까지 함께해 주신 가족과 지지자들, 그리고 독자 여러분께 깊은 감사의 말씀을 전합니다. 앞으로도 자연과 역사, 그리고 삶의 이야기를 진정성 있게 담아내기 위해 최선을 다하겠습니다. 여러분과 함께하는 이 여정이 더욱 깊고 의미 있는 길이 되기를 바랍니다.
　　감사합니다.

2024.11.04.
石田 김경배 올림

당선 소감

한용운문학상, 기쁨이 가득한 이 순간,
가슴 깊은 곳에서 감사의 감정이 솟아나.
자연과 역사, 그리고 삶의 이야기들,
내면의 진실을 꺼내는 길이었네.

묵묵히 전해주는 자연의 교훈,
담담히 기록하는 역사는 내 여정의 동반자.
이 두 가지가 엮여 나를 감싸며,
스스로를 돌아보게 하는 힘을 주네.

내 수필 속에 담긴 그 목소리,
자연과 역사, 사색의 아름다움으로,
누군가의 마음에 스며들길 바라며,
작은 울림이 되어 그들과 나누리.

신인으로서의 격려와 다짐,
독자 여러분의 마음에 더 깊이 다가가,
자연과 역사, 삶의 이야기를 친구 삼아,
함께 나아가는 길에 작은 힘이 되기를.

이 여정에 함께한 가족과 소중한 독자들,
진심으로 감사의 마음을 전하며,
앞으로도 진솔한 글을 이어가리,
자연과 역사 속에 삶의 이야기를 담아.

2024.11.04.
石田 김경배 올림

제4회
「한용운신인문학상」
소설부문
수상작

신인문학상 당선작

악인과 담장 위 그녀와의 사랑

권 영 재

제1화 – 시루스패션쇼

그녀를 하얀 색깔이 칠해진 높은 담장 위를 걷게 한다. 이제는 굳이 표현을 하지 않아도 뜻을 알아채고 스스로 담장에 올라가 걷는다. 한쪽은 바다의 파도가 흰 이빨을 드러내며 높은 절벽을 들이박고 있다. 반대쪽은 흔히 보는 시골길. 그녀는 죽음과 삶의 갈림길을 매일 걷는다. 싫다고 담에 오르지 않아도 억지로 시키지는 않는다. 제 마음대로 내려와도 어떻게 막지는 않는다. 올라감과 내려옴을 부추기는 것은 내 마음이지만 결정은 그녀의 뜻이다. 만남과 헤어짐은 우리 스스로 한 행동이었지만 결정은 다른 어떤 곳에서 이루어지고 있었다. 그녀가 죽는 게 싫다. 담장을 걸을 때마다 손에 땀을 쥔다. 혹시 실족해 다치거나 죽을까 두려워서다. 하지만 매번 그녀를 담장에 오르게 한다. 평지를 그냥 걸어가는 모습은 보기 싫다. 아슬아슬하게 담장 위에 서 있는 그녀는 자주 속이 훤히 비치는 시스루패션쇼를 한다. 옷이 바람에 팔랑거린다. 매혹적인 관능미에 가슴이 서늘하다. 치마 속을 올려다보는 일은 달콤하다. 속은 어두운 그림자뿐인데도 좋다. 그 어둠에 가득한 육체의 빛을 보려고 그녀에게 담장 걷기를 교묘하게 강요하는 것인지도 모른다.

제2화 – 조직의 절도행각

밤이지만 가로등이 있어 일하기에는 충분히 밝다. 가게들의 문은 꼭꼭 닫혀 있고 인적은 없다. 손으로 허공에 '그 범위'를 그어주자 그들은 망설임 없이 재빠르게 달려가 가게 처마에 달린 감시 카메라부터 떼어냈다. 다음에는 '그 범위' 안에 있는 물건들을 트럭으로 옮긴다. 그 가게의 상품은 주로 둥근 닥트들인데 주택용과 공장용이 함께 있어 모양과 크기도 여러 가지다. 지름이 큰 것도 있고 작은 것도 있다. 길이가 긴 것과 짧은 것 어떤 것은 끝부분에 바람개비가 달린 것도 있다. 짧은 시간 안에 가게 앞 닥트들이 말끔히 치워졌다.

"니들 이것들 가다 팔아먹으면 안돼. 바로 가서 전에 봐둔 그곳에 묻어. 작업 끝나면 사진 찍어 보내. 수고비는 통장으로 보낼게."

"큰형님 걱정마십쇼. 믿어주세요. 잘하겠습니다. 묻는 일은 가끔 해봤으니까요"

"인마 그게 아니라 니들이 물건들은 장물아비에게 팔아먹을까 봐. 그게 걱정이란 말이다. 지시대로 안 하면 그땐 니들이 묻히게 된다. 이거 일 끝내고 올 때 해장해." 오만원권 몇 장을 빼서 그들에게 주었다.

제3화 – 구정물 사건

이전 도시에서는 심장이 조이고 숨도 막히고 때로는 눈앞이 캄캄해져 더 이상 견딜 수가 없었다. 그래서 이 도시로 옮겨왔다. 지금도 산다기보다는 겨우 숨만 쉬고 있는 것이다. 고향 후배들의 사채놀이를 자문해주고 있으니 밥은 먹는다. 이 공구 거리로 출근하다 닥트 가게 주인은 처음 보았다. 닥트는 액체나 공기를 이곳을 저곳으로 통하게 해주는 둥근 두루마리 양철 기구다. 그런 생각을 하면서 그 가게를 지나면 약간 기분이 소통되는 느낌이었다. 닥트 가게 주인은 부지런해 보였다. 동네 가게 중에 제일 먼저 나와 청소하고 상품을 걸레로 일일이 닦고 있었다. 그날도 그는 그렇게 제 일을 하고 있었다. 작업을 마친 주인이 청소한 구정물을 찻길로 던지듯 부어버렸다. 그 바람에 내 차는 그물을 흠뻑 뒤집어쓰고 말았다. 머리 뒤 꼭지까지 화가 치밀어 항의하려고 문을 열고 있는데 뒤차들이 경적을 울리며 빨리 가자고 난리를 핀다. 그냥 통과했다. 그 후부터 그 가게를 지날 때마다 언제 물벼락을 또 맞을까 신경이 곤두선다. 유심히 보니 사장은 매일 청소 뒤 구정물을 차도로 흩뿌리고 있었다.

"사장님 안녕하세요?" 날 잡아 그를 만났다. 내키지는 않았지만 부드러운 목소리로 그에게 다가가서 말을 걸었다.

"아침 청소하시고 난 구정물 찻길로 물 뿌리지 마세요."라고 하자 멀건히 쳐다본다. '그래서? 왜'라는 표정이다.

"그 구정물을 다니는 차들이 다 뒤집어쓰잖아요"

"그게 당신과 무슨 상관있단 말이요?"
"얼마 전 구정물에 내 차를 버렸단 말이에요. 아침부터 재수 없게"

"난 그렇게 물 안 버려. 저기 하수도 뚜껑도 있는데 왜 그렇게 버리겠어"라고 말하며 천연덕스럽게 구멍있는 맨홀을 가르킨다.

"그럼 내가 없던 사실을 지어내어 말한단 말이요?"

"여봐 그런 억지 소리하지 마. 도시 생활 다 그렇지. 뭐 그렇게 까탈스럽게 구냐? 그냥 좋은 말로 돈 달라 그래. 세차비 줄게."

"세차비는 됐어. 말 나온 김에 한마디 더 할게. 저 물건들은 저렇게 밤낮으로 인도에 널어놔도 되나?"

"당신 뭐야 남이야 물건을 어디 두든 말든 당신이 뭔데, 구청 직원이야? 파출소 순경이야? 별것도 아닌 게 온갖 시비를 다 걸어? 아 아침부터 재수 없네"
 손가락으로 삿대질을 한다. 눈이 찔릴 뻔했다. 그 행동에 반사적으로 놈의 멱살을 잡았다. 그리고 엎어치기로 땅바닥으로 던져버렸다. 목에 발을 얹은 다음 말했다.

"죽여줄까? 이 새끼야"
 이 도시로 와 겨우 감정을 추스르던 중이라 아직은 예민한 상태다. 사고를 칠 것 같아 두려웠다. 어떤 여자가 내 팔을 이로 깨물면서 소리쳤다. '담장 위의 그녀'는 아니었다.

"동네 사람들 사람 살려주소. 양아치 새끼가 살인한다"
 닥트 가게 옆에 식당에서 뛰쳐나온 여자였다. 남자들이 여럿 몰려왔다. 그들은 나의 목을 졸랐고 땅바닥에 패대기를 쳤다. 즐거운 얼굴을 하며 등짝과 배를 발로 차고 밟았다. 눈덩이를 맞는 순간 '그녀'의 큰 눈이 보였다. 그냥 보고 있었다. 차로 구정물이 끼얹어지고 동네 상인들에게 폭행당하도록 만든 사건 이 모든 것들이 그녀가 각본을 짜고 연출한 장난인 것 같았다.

제4화 – 어처구니없는 세상
 얼마 지나지 않아 경광등을 켠 경찰차 두 대가 사이렌을 울리며 현장에 들이닥쳤다. 상인들과 파출소 직원들은 잘 아는 사이인지 주인에게 거수경례를 했다. 그들은 웃으며 대화를 나눈 후 경찰관들이 나를 파출소로 데리고 갔다.

"구의원님에게 시비 걸고 공갈 협박하고 폭행했다며?" 경찰관이 반말로 물으며 조서를 꾸몄다.

"공갈이라니오. 차에 구정물이 씌워져 화가 나서 따졌을 따름인데요. 그런데 왜 가게 사장은 조서를 쓰지 않나요?"

"억지소리 그만해, 사장님은 우리가 잘 알아. 모범 시민이야. 피해자 이야기는 현장에서 이미 다 들었어. 조서는 당신만 쓰면 돼, 지금 조회해보니 폭력 전과가 있더군, 선량한 사람들 사는 동네서 옛날 하던 짓거리 하면 안돼, 가중처벌되는 거 당신도 알잖아, 오늘 당신 운 좋았어, 의원님이 치료비 받지 않겠대, 그리고 훈방해주라는 말씀도 하셨으니 앞으로 조심하쇼."

"야 이 새끼야! 몇 년 동안 별 몇 개 달아도 이렇게 창피하게 파출소 쫄따구 짭새한테서 훈시 듣고 풀려나긴 처음이야. 그냥 학교 갈란다. 너 나한테 좀 맞자."
 경찰관의 멱살을 잡았다. 그리고 면상을 향해 주먹을 들었다.

"참아, 참아"하는 그녀의 목소리가 허공에서 들렸다.

제5화 - 그녀는 달밤의 그림자

 강둑을 걸었다. 한쪽은 넓은 국도이고 반대편은 바다로 들어가는 큰 강물이 흐른다. 바다에서 불어온 바람이 강을 거슬러오며 가속이 붙어 센 바람이 된다. 강물은 물고기 비늘처럼 빛나는 잔 파도를 만들며 바다로 흘러간다. 찬 바람은 나의 가슴을 막힘없이 통과한다. 강쪽의 모래톱은 길게 과수원이 차지를 하고 있다. 둑방 아래 과수원은 수많은 하얀 능금 꽃들이 강변을 가득 메우고 있다. 하지만 그것은 시각장애인의 눈에 보이는 환시와 같은 것일 뿐이다. 그것들은 존재하지 않는 것들이다. 사실은 나란 존재도 없는 것인지 모른다. 가상의 꽃이라도 그것이 없었으면 덜 서러웠을 것이다. 꽃도 없고 나도 없는 사실을 실감한다면 편할 것 같았.

"기왕 갈 거면 빨리 떠나가세요."
 그녀가 자주 말했다. 언젠가부터 그녀는 처음처럼 다시 존댓말을 쓰기 시작했다. 말투가 달라질 무렵부터 우리 사이는 삐끗거리고 있었다. 서로는 정을 떼기 위해 애쓰는데 오히려 마음은 더 가까워지고 있었다. 둘이 말로는 헤어진다고 수없이 되뇌이지만 속내는 '떨어지지 말자'고 강조하고 있었다. 달밤에 따라 오는 그림자 같았다. 이런 모순되는 관계가 오래가자 머리가 어지러웠다. 꽃을 보면 가슴이 답답했다. 따뜻한 바람이 피부가 쓰라렸다.

제6화 - 그녀는 스토커

 후배들이 사업을 벌인다며 나를 불렀다. 그것이 떠나는 핑계였는지 그것 때문에 떠나는 것인지 순서는 모른다. 미리 와보니 이 도시에는 강과 바다가 있어 마음에 들었다. 꽤 먼 이곳으로 왔다. 그러나 그녀의 그림자는 여기까지 나를 따라왔다. 쉬는 날 강으로 가면 둑 방에 개나리꽃이 활짝 피어있다. 가까이 가보면 노란 원피스를 입은 그녀가 강둑을 걷고 있었다. 평소처럼 한쪽 입 끝이 올라 미소를 지었다. 보기 싫었다. 차라리 무표정했으면 편했을 텐데, 하긴 밉게 보이려고 일부러 그런 표정을 짓는지도 모른다. 바람이 방향을 바꾸어 바다로 불러치면 그녀는 바람에 실려 허공으로 사라져 버렸다.

"넌 사랑한다는 말로 나를 유혹하고 현혹한 뒤 몸을 만지고 애무하고 편지쓰고 전화하며 영혼을 흔들었어. 그리고 천연덕스럽게 힘들어하는 척했어. 다 거짓말이었어. 넌 날, 한 개의 장난감이나 애완동물처럼 소유하고 즐겼지, 난 너 때문에 삶이 망가졌어, 어차피 넌 장난질이었으니 결국 식상해서 쉽게 날 떠날 수 있는 거지, 한도가 다한 사랑, 당의정이 벗겨진 알약, 난 바보고 넌 불쌍한 인간이야 천주님께 수없이 질문했어, 내 그림자는 왜 당신을 벗어나지 못할까?"

제7화 – 악인과 그녀의 징벌

휴대전화가 울렸다. 닥트들이 묻힌 곳의 사진이 올라와 있었다. 조금 봉긋한 흙 두덩이가 보였지만 눈여겨보지 않으면 별로 눈치채지 못할 것 같다. 즉시 송금을 했다.

"형님 사장은 언제 묻을까요?"라고 개들이 물어 왔지만 답을 하지 않았다. 처리해야 할 딴 것이 있었기 때문이다. 며칠 뒤 밤, 계획을 실천하려고 동생들을 데리고 파출소에 갔다. 사무실에 불은 켜져 있어도 경찰관들이 보이지 않았다.

"CCTV는 떼어내었지? 차 시동 걸어, 할 수 없어 차만 갖고 가자."

경찰 순찰차에 셋이 타고 바다로 갔다. 장소는 미리 보아둔 터라 망설임 없이 미리 내 차를 세워둔 바닷가 절벽 그곳으로 갔다. 거기는 민가와 멀리 떨어져 있어 감시 카메라나 목격자는 없을 것으로 계산했다. 행동에 신중하고 조심을 하는 것은 잡히는 게 두려워서가 아니고 게임을 잘하고 재미있게 하려는 생각 때문이다. 차를 타고 가면서 강박적인 생각이 맴돈다. 순찰차와 함께 건달 애들도 같이 절벽으로 밀어버린다면 어떨 것인가 하는 생각이다.

"형님 신납니다. 길바닥에 개똥을 치우는 홀가분한 마음입니다. 순경들도 함께 태우고 왔으면 얼마나 좋을까요?"

그들의 말은 진실일 것이다. 어릴 때부터 경찰서를 드나들며 얼마나 마음 고생을 했을까? 놈들은 몸 쓰는 직업이라 말을 꾸며 할 줄 모른다. 배고픈 아기는 우는 것이 진실이듯이 이들은 진실만 말한다. 개들 말을 듣다가 생각이 결정된다. 그들을 살려 두는 게 멋있는 게임의 정석으로 가는 길이다. 순경들을 물에 밀어 넣으려는 계획이 어긋난 것도 차라리 잘된 일이다. 그들은 계급이 낮아 봉급도 적고 격무에 시달리는 존재들이다. 동네 양아치들에게 뺨 맞고 주정뱅이에게 멱살 잡히며 사는 신세다. 그들을 짐을 덜어주는 것은 이 땅을 벗어나게 해주는 것이었다. 다른 곳에서 운명을 결정하는 존재가 순경들의 자리를 비우게 했다.

"가면서 파출소 불 질러. 그리고 니들은 시내를 떠나 딴 도시로 잠수 타도록 해." 갖고 있는 현금 카드와 돈을 전부 털어 개들에게 주면서 말했다.

"주인 묻고 가게도 태워요?"
"그것도 좋긴 하지만 피라미 만지면 비린내 난다. 그 새끼 그냥 두고 가게도 태우지 마. 타버리면 굶어 죽은 놈들 너무 많이 생겨. 안돼 그건 그만둬."

절벽에 자동차의 전조등이 비치자 그녀가 서 있었다. 컴컴한 배경으로 서 있는 모습은 요염했다. 긴 부츠를 신고 청바지를 입었다. 그녀가 저런 차림한 날 밤의 포옹은 격렬했다. 그녀도 차와 함께 바다로 빠뜨려야겠다는 생각이 불현듯 떠올랐다. 그 의식을 치르고 나면 그녀가 다시 나타나지 않을 것 같았다. 엔진 회전을 최고 속도로 올렸다. 그녀는 웃고 있었다. 오른손으로 거수경례를 한다. 손바닥이 보이도록 하는 그녀의 어설픈 경례는 평소 애교를 부릴 때 하는 행동이다. 안내하듯 왼손이 바다 쪽으로 향해 있었다. "이젠 내가 너를 담장 위에 올리는 거야. 너도 나의 장난감이 되어봐."라는 그녀의 목소리가 들렸다. 핸들을 정조준하고 그녀에게 돌진했다.

권 영 재

대구시 서구 거주
대구광역시 출생
경북중학교, 고등학교 졸업, 가톨릭의대학교 신정신과 졸업
카톨릭의과대학원 신경정신과 박사, 대구정신병원 원장, 서대구노인병원 원장, 대구사이버대학교 교수, 가톨릭의과대학교 외래교수, 대구경북 신경정신과 학회장(전)
(사)문학그룹샘문 회원, (사)샘문학(구,샘터문학) 회원, (사)한용운문학 회원, (주)한국문학 회원, 샘문시선 회원
<저서>
정신건강클리닉(정신과 전문서)
거리에 선 청진기(수필집)
어느 따뜻한 봄날의 추억(소설)
소소한 행복(수필집)
아름다운 사람들 (논픽션)

권영재 소설가 신인문학상 심사평

이상 심리를 통해 보여주는 부조리의 세계

심 종 숙 (시인, 교수, 문학평론가, 문학박사)

 권영재 작가의 「악인과 담장 위 그대와의 사랑」은 범죄인의 이상 심리를 다룬 소설이다. 주인공의 이상 심리는 환상이나 망상 속의 여성이 끊임없이 따라다니고 마지막으로 주인공을 자멸하게 만든다. 그것은 이상 심리를 지닌 주인공이 스스로 선택한 것이다.

 이 소설은 이상 심리를 지닌 범죄형 인간의 범죄를 저지르는 심리 행동과 그 과정을 잘 나타냄으로써 이해의 여지를 남겨준다. 폭력 유발의 원인이 지자체의 일꾼, 구의원의 모범적이지 못하고 이기적이며 불법적인 행동에 대해 의분을 지닌 전과자인 주인공은 악인이 되고 구의원은 불법으로 저질렀음에도 전과자에 대한 훈방 조치로 인해 선인으로 되는 현실의 부조리가 주인공을 죽음으로 이끌어 간다.

 단편소설이 지니는 묘미와 날카로운 현실에 대한 비판이 돋보이는 작품이다. 독자들이 전과자 주인공을 동정하는 것 같은 이 소설은 진짜 악인은 누구이고 진짜 벌을 받아야 할 자는 누가인가를 독자에게 묻고 있다.

 선명하고도 환상적인 요소와 부조리한 현실, 강렬한 필치가 이 소설의 장점일 것이다. 스토리 전개나 플롯의 반전이 소설 미학을 갖추고 있고 문장도 정연하다. 주인공이 죽음을 택할 수밖에 없는 현실이 안타까울 뿐이다. 등단을 축하드리며 앞으로의 작품 활동이 기대가 된다.

수상소감

 가을이 되었나보다. 반세기 전 그 시절 이맘때 남산에도 저렇게 붉고 노란 단풍이 물들고 있었지. 의사가 되겠다고 일요일에도 놀지 않고 남산 국립도서관에 갔다. 점심시간이 되면 도서관 식당에 간다. 하숙집 아주머니 싸준 도시락을 먹기 전 5원 주고 멸치 국물을 산다. 그 돈이면 전차 표 두 장을 살 수 있는 비싼 돈이다. 하지만 외로운 유학생은 휴일도 공부하는 스스로에게 특별상으로 우동 국물을 사 주었다. 쉬는 시간에 걷는 남산의 고운 단풍은 고통의 칼날이었다.

 이런 때도 의학책과 함께 딴 손에는 '분노의 포도'와 '인간의 조건'과 '갈라마조프의 형제'그리고 '좁은 문' 등의 문학책이 항상 같이 들려 있었다. 시험 치기 전날에도 문학책을 읽으며 공부를 했다. 이런 양다리 시절 탓에 갈 길을 늘 고민하였다. 언젠가는 문단이라는 곳에 등단해 문학이 무언지를 선후배들에게 배우고 싶었다. 나도 농익은 글을 남들에게 보여주고 싶었다. 하지만 의사가 먼저였다. 국가 자격시험만 끝나면 문단에 등단하리라 작정하였다.

 의사가 되고 나니 전문의가 되고 싶었다. 그리고 박사도 되고 싶었다. 그런 타이틀을 다 따고 나니 교수, 병원장이란 직책이 주어졌다. 남들이 부러워하는 자리지만 나에게는 이율배반적인 일들이었다. 문학에 대한 향수가 늘 그림자처럼 나를 따라 다녔다. 팔순이 되니 드디어 의사 일은 제한적이 되고 책 읽고 글 쓸 시간이 많이 생겼다. 이제야 젊은 시절의 소망이 이루어지는 시각이 온 것이다. 하늘의 도움으로 문학 신인으로 무대에 오르는 되었고 이제 그 소감문까지 쓰고 있으니 감개무량이다. 많은 선배들에게 용감하게 그리고 부끄럼 없이 글을 보여드리고 지도 편달을 받게 되어 가슴이 설렌다. 이 영광스런 자리로 이끌어 주신 이정록 교수님에게 깊은 감사의 마음을 드린다. 창 넘어 느티나무를 보니 가을이 되었음을 실감한다.

2024.10.27.
권영재 드림

신인문학상 당선작

단지

인 정 희

제 1 화 정화 시어니의 소천

동수가 퇴근해서 돌아오며, 어두운 얼굴로 나에게 말한다.
"어머니께서 위독 하시대"
노환으로 몇 년째 병을 앓고 계시는 시어머니의 얼굴이 거울에서 사라졌다. 텃밭에서 처음 열린 가지로 탕수육을 하려고, 주방에서 야채를 손질하던 아미가 그 소리에 깜짝 놀라서,
"흐응! 우리 할머니가?"

아미가 손에 들었던 가지가 주방 바닥에 스르륵 떨어졌다. 샤워하러 욕실에 들어가는 동수의 뒷모습을 바라보며, 나는 그 자리에 얼어붙었다. 작은 며느리이지만, 집안의 실질적인 큰며느리로 무게가 크다. 가지며 야채들을 비닐봉지에 담아 냉장고에 넣고, 팬에 부어 놓은 식용유를 바라봤다. 나는 식용유병 뚜껑을 닫아 놓고, 싱크대 안에 어질러 놓은 야채 찌꺼기를 음식물 분류 통에 집어넣었다. 다급하게 뭉치만 남겨 놓고 세 식구는 동수의 차에 몸을 실어 막 동네를 벗어나려하자, 막내 시누이로부터 전화가 왔다. 시어머니께서 운명하셨다는…

불과, 30여분 만에 한 생명이 이 세상에서 존재하지 않는다는 것이다. 중환자실에 가시기도 하고, 시가에 여러 형제들의 집으로 거처를 옮기시던 시어머니께서 이제는 하늘로 거처를 정하셨다는 것이다. 순간적인 안도감도 느껴 보는 나는. 그동안의 병수발과 고부간의 갈등으로, 마음 한 구석이 편하지가 않았던 것이다. 일본으로 여름휴가를 떠난 아들이 돌아오는 월요일 오후, 소식을 전하려고 전화기를 열자, 입국하면서 엄마의 선물을 무엇으로 할지를 묻는 톡이 와 있었다. 몇 통의 보이스톡 부재중 전화와 함께, 뒷좌석에 앉은 아미에게 오빠에게는 소식을 전했는지 묻자, 보냈다는 말에 나는 전화기를 가방에 넣었다. '아들아! 무사히 돌아와 다오'

병원에 도착하자, 영전실이 없어서 하루는 집에 가서서 주무시고, 내일부터 문상객을 맞이하는 것이 어떨지에 대한 상의로 상조회 직원과 병원 간에 협의를 하고 있었다. 병원 정문으로 동수의 형수가 들어왔다. 시골집 부근이 개발이 된다고 업자가 나서서, 집

을 매매 하고자 하여 연락을 받고 다녀오는 중에 광주에서 비행기를 타고 내려오는데, 어머니의 운명을 연락 받았다며, 하얀 이를 드러내어 보이고 이야기 했다. 87세의 적지 않은 연세로 운명을 맞이하였으니, 호상이라고들 하였다

제 2 화 장례식장 요지경

응급실에서 사망 진단서를 받지 못하여, 다른 병원으로 이송도 불가능 하다고, 병원 측에서는 영전실이 모두 차서 내일 한 개의 방이 나오고, 모레는 모든 방이 빈다며, 50% 할인해 드리는 조건과 모레는 마음에 드시는 방으로 입주하시도록 편리를 봐 드리겠다며 설득 했다. 하루 더 길어지는 발인 날짜와 어머니와의 마지막 날을 연장하는 것이다. 술렁이는 가족들 의견을 하나로 모아 내일부터 하기로 하고, 모두 집으로 돌아 가는 길에 저녁 식사를 함께하고 헤어졌다.

갑자기 당한 일이라 펑펑 눈물 흘리며 통곡하는 가족은 한 명도 없고, 시누이들은 밥을 먹지 못하였다. 조용히 가슴으로 눈물을 흘리며 아파하고 있는 눈빛이다. 나는 아들 성훈이에게 운전 하도록 하고, 큰집 가족과 함께 집으로 향하였다. 같은 방향으로 가는 길이라 동승하고, 동네 버스 정거장에서 내려 드리고, 집으로 돌아와 내일 필요한 물품들을 챙겨서 가방을 싸고 내일을 위해서 오지 않는 잠을 청하였다.
이른 아침에 일어나 아침밥도 거르고 온 가족이 병원에 가기 위해서, 일사분란하게 움직였다. 아미는 뭉치밥을 밥그릇에 넘쳐나게 담아주고, 혼자서 며칠을 잘 지낼지를 걱정하며, 안방과 작은방 문을 닫아 출입을 금지 당한 뭉치, 영문도 모르고, 우리를 쳐다 보았다. 단 하루도 혼자 남겨져 있지 않던 뭉치인데, 어쩔 수 없는 사정으로 빈집을 지키게 되었다.

사랑병원에 도착하여 영안실로 안내 받아 협소하고, 지하실의 특유한 냄새가 풍기는 초라한 곳으로 자리를 배정 받았다. 선택의 여지가 없었다. 상조회 직원이 나와서 음식상 차림을 하고, 유가족들은 검은 상복으로 갈아입었다. 시원한 에어컨 덕분에 한 여름에 큰일을 치루며, 일가 친척들과 지인들의 방문으로 하루 종일 다리가 아프도록 걸어다녀 모두들 피곤한 기색이 역력 하였다. 한 사람이 태어날 때에는 어머니의 몸이 아프고, 한사람이 운명하면 여러 사람들이 아프다.

가족의 휴게실도 없는데, 밤을 새워 화투 패를 던지는 사람들의 거친 입담과 술 추념에 잠 못 이루는 밤이 길게 느껴졌다. 나는 몇 번이나 일어나, 그만 좀 하시라고 말하고 싶었으나, 시댁 가족의 친구 분들이 계시니 말도 못하고, 신경만 예민하고 날카로웠다. 오랜만에 사촌들을 만난 성훈과 아미도 새벽 늦은 시간까지 대화하느라고, 시끄러

움은 한층 더했다. 얼마나 시간이 지났을까? 눈을 떠보니, 이곳저곳에 누워있는 검은 상복의 가족들, 하나 둘 일어나, 다음 영전실로 옮기기 위한 준비를 위해서, 남은 음식 물통을 들고, 1층 특실로 향하였다. 하루 사이에 쾌적하고 넓은 곳으로 옮겨가서 샤워실과 휴게실도 함께 있는 곳이라서, 가족들은 다소 얼굴 표정이 밝아져 가고 있었다.

출입구에서 조의금 접수를 보던 성훈이는 여행 후에 피로가 쌓여 수염까지 자라서, 초췌하게 보였다. 조의금 현황을 엑셀로 저장 한다며, 휴대용 피시를 열어 작업을 하고, 방명록을 점검하며, 장례비를 대략 산출하고 있었다. 시골에서 오랫동안 사셨던 시어머니의 장례식은 찾아오는 이 많지 않은 오후 여덟시쯤에 발길이 뚝 끊기어, 한산 하였다. 저녁식사를 하고, 부의함을 열어, 실명과 돈의 액수를 엑셀로 기록하는 성훈이를 도와 가족들이 한데 모여서, 하얀 봉투를 열고, 이름을 호명하여 주었다. 아주버니는 대략 장례식 비용이 충분 하겠다며, 약간의 돈을 형제들에게 나누어 주었다. 나는 돈 꾸러미를 받았다.
내가 준 돈이 얼마인데, 겨우 조의금을 십 만원을 했냐며, '에라이 초상나면 찾아가나 봐라' 하는 시아주버니의 노기를 읽으며, 준 돈 돌려 달라고 할 것만 같아서, 잠시 보관만 하는 것으로 생각해야겠다고 생각하며 내일의 장례식 마지막 날을 위해서 피곤한 몸을 뉘이고 눈을 감았다.

나는 새벽부터 주방에서 덜그럭 거리는 소리에 귀가 열리고, 아침을 먹으며, 모래알 처럼 까칠한 밥을 국물에 말아 몇 수저 뜨고는 수저를 놓았다. 큰 시누이가 교회 신도라 교회에서 목사님이 나오셔서 묵도를 하시고, 시어머니 영전에 모여든 가족과 교회 식구들 사이로 들어가지 않고, 맨 끝자리에서 멀리 서 있었다. 찬송가 소리도 싫고, 영전 사진으로 앉아 계시는 시어머니를 나는 바라보기가 싫어서였다.
간간히 들려오는 목사님의 설교 중에 하늘나라에는 질투와 시기도 없고, 미움도 없는 오직 사랑만이 있는 곳이라는 말들이 귓가에 들어와 동그마니 앉아 있었다. 안개처럼 사라지는 슬픈 영혼… 요단강을 건너간 시어머니를 위해서 이별의 찬송가를 부르는 소리가 들리자, 숨어서 귀를 막고 싶어 부의함 쪽으로 가서 의자에 앉았다.

제 3 화 시어머니 넋이 불타는 화장터

조카들과 아미, 성훈도 그 자리에 들어가지 않았다. 장례식은 화장터로 출발하려고, 가족들이 영안실에 계신 우리 시어머니를 찾아서 내려갔으나, 나는 조문객이 오시면 인사 받아야 한다고 내려가지 않았다. 아들 성훈이도 내려가지 못하게 하여 상주로써 자리를 지키도록 했다. 얼마 후, 눈이 붉어진 아미가 올라와 나를 끌어안고 흐느낀다. 다른 조카들과 시누이들도 눈이 붉어지고, 얼굴이 슬픔으로 얼룩져 있었다. 나도 눈물이 흘러 참을 수 없어 주르륵 흐르는 눈물을 닦았다.

리무진에 시어머니가 누운 관이 실리고, 시누이와 조카들이 타고, 나머지 가족들은 버스에 몸을 실어 화장터로 향하고 있었다. 버스기사가 앉은 운전석 바로 옆에 조화로 된 흰색과 노란 백합꽃이 걸려 있었다. 좌석이 텅텅 비어 있어 나는 혼자 앉아서 가며, 창밖 산천초목을 내다본다. 화장터에 도착하자, 시어머니의 관을 든 교회 사람들이 화장터 건물 안으로 들어가고, 가족들은 버스에서 내리자 감옥을 탈출한 빠삐용처럼 눈부신 햇살에 오른 팔을 들어 해를 가리고 건물 안으로 들어갔다.

나는 천 도를 넘는 화장터 가마에 들어갈 시어머니를 생각하자, 그 자리에 있는 것이 견딜 수 없어서, 밖으로 나가서 사방을 바라보아도 여기저기서 담배 피우는 사람들의 모습으로 설 자리가 없어서, 다시 안으로 들어가 상조회 직원의 안내로 휴게실로 올라간다. 나는 허리가 불편하여 밖에 쇼파에 앉아 시댁 식구들로부터 분리하여 자리를 잡았다. 화장실에 오고가며 볼일을 보는 사람들과 망자가 뒤섞인 화장터는 살아서 움직이는 존재와 이승을 떠나는 존재의 생과 사과 함께 하는 장터다. 나는 사람 타는 냄새가 역하게 느껴져 구토가 나온다. 흡사 사골 끓이다가 타면 나는 냄새와도 비슷하였다.
화장이 끝났다는 방송이 나오자, 작은 단지하나가 유리창 밖으로 나오고, 사람이 아기일 때는 어머니의 뱃속에서 양수 막에 쌓인 단지로 열 달을 지내다가, 탄생하여 평생을 살다가 죽은 후에는 화장터 불구덩이 자궁에서 단지속에 쌓여서 나와 배가 볼록 나온 형태인 무덤으로 들어가서 각가지 원소로 분해되어 자신의 모천인 별나라로 회귀하는 것이리라.

교회식구들은 모두 돌아가고, 가족들만 가족공원 묘지로 향하였다. 대기실에서 접수를 기다리던 아미가 할머니 유골단지를 손으로 만져 보았다. 피는 물보다 진하다고 자기 할머니에 대한 연민의 손끝이 맵고 투명하다. 나는 시어머니 유골단지를 바라본다. 이제 아픔도 없고 편안하시겠다 생각한다. 공원묘지 직원이 우편함처럼 작은 유리 상자 안에 시어머니의 유골이든 하얀 단지를 들여 놓았다. 위패와 사진을 추가로 넣고 싶으면, 차후에 신청하라며 인사를 마치고 돌아가셔도 좋다고 한다. 그때, 큰 시누이가
"엄마 하늘나라에서 보고 있지?"
라는 짧은 인사말을 남기자, 가족들이 하나 둘 공원묘지 밖으로 나가자, 어디선가 큰 검은 나비가 날아와 나폴 나폴 춤을 추었다.

나는 아미의 뒤를 따라서 밖으로 나와서, 남편 동수를 바라본다. 나무가 우거진 사이로 들어가더니 눈물을 감추고 있다. 부모와 이별한 후에 흘리는 피눈물이다. 목에 잠긴

정(情), 가슴에서 솟구치는 슬픔의 덩어리 눈물이다. 모든 가족들이 버스에 리무진에 올라타고 사랑병원으로 돌아와, 상복을 벗어서 빈 박스에 차곡차곡 접어놓고, 박스 테이프로 봉하여, 상조회 회사로 보내려고 편의점에 택배를 맡기고, 늦은 점심과 이른 저녁을 먹으러 삼겹살 고기집으로 향하였다. 한 사람을 보내기 위하여 수고한 가족들의 얼굴은 핼쑥하여 모자란 잠을 부르고 있었다. 나는 성훈이가 구워주는 고기를 몇 점 집어 먹고 나서, 더운 날씨에 애쓴 가족들에게 식당 입구에서 커피를 뽑아 주었다. 아직 현실과 구분 하지 못하는지, 막내 시누이 남편 전서방은 그동안 어디를 갈 수가 없었다며 고생한 것을 말하며 서러워한다. 나는 우리 어머니는 모시고 살면서 함께 있어봐야 고통을 안다라고 말하자, 시아주버님이 두 사람을 내려다보며 말한다.

"우리는 차 타고 갈 테니 둘이서 이야기 하세요." 라며 웃었다.
"우리 이모한테 갔다 올까?"
어머니를 여의고, 어머니 자리에 이모를 떠올린다. 막내 시누이가
"엄마 화장 했다고 했는데." 라고 하자.
시아주버니는
"넌 왜 그 이야기를 했니?"

나는 깜짝 놀라며, 남편 동수의 이모에게 가지 않는 것이 좋겠다고 말한다. 그 이유는 시어머니와 연세가 몇 살 차이가 나지 않으니, 곧 닥칠 자기의 죽음을 생각 할 텐데, 충격을 받을지 모른다며 말렸다. 우리는 평균 연령으로 치면 아직 이삼십 년이 남아서 화장을 봐도 그 무게가 그리 크지는 안은 거지만 말이다. 그러자 모두 차에 올라 각자의 집으로 향했다.

집으로 돌아오는 길에 나는 운전하는 아들을 보며 든든함을 느끼며 햇살에 반짝이는 플라타나스 가로수를 바라보며 장례식을 무사히 마침을 눈 안에 넣는다.
몸이 무거워 쉬고만 싶은 나는 남편 동수와 술 한 잔을 마시고, 자리에 누웠다. 삶의 궤적을 쫓아가는 것은 무엇인가!.
삶과 죽음의 수레바퀴를 돌리며 가는 것인가! 살아생전에 며느리인 나에게 해주신 몇 마디의 말을 가슴에 새겨 놓고 가신 것은 정신적인 유산이다. 사람은 누구에게나 위대한 점이 있다. 너는 작가가 되어야 한다. 그 한마디....

제 4 화 정화의 일상 이야기
여름은 타는 가뭄으로 목이 마르다. 새벽 5시 25분, 어김없이 자명종 새가 노래를 한다. 나는 깊은 잠을 자고 눈을 떠 이불을 다리에 감고 일어날지 말지를 꼬무락거린다.

소설

출근하려고 준비하는 남편 동수에게 아침밥을 차려줬다. 흑설탕에 2일간 재웠다가 건져 고추장에 묻어 놓은 장아찌를 꺼내어 파. 마늘로 양념을 하고 참기름과 통깨로 마무리 했다. 새콤한 맛을 즐기는 동수의 입맛을 아침마다 깨워주는 신선한 야채와 과일로 마련한 반찬이다. 텃밭에서 토마토를 따다가 시원하게 보관하여 생과일 쥬스를 갈아 후식으로 아침 식사를 챙겨 줬다. 나는 현관문을 열고 하루를 시작하는 동수를 보내고 혼자만의 시간으로 자유를 얻었다. 밤새 비가 내려 시멘트 바닥이 젖어 있다. 아파트 정원에 나가 잎사귀 사이에 잡초를 골라내 뽑아냈다. 하루의 일과를 고독처럼 찾아온 잡초를 뽑아내는 일로 시작했다. 청포도가 주렁주렁 열려서 직박구리와 이름 모를 새들로부터 보호를 해야 한다. 나는 화원에 부탁한 포도 봉지를 사러 가야 한다면서 깜박 잊고 지나 간지 며칠이 되었다. 화원에 가자 주인 아주머니 부부는 늦은 아침을 먹고 있었다. 반찬 냄새가 새롭게 수도공사 하느라 다시 포장한 아스팔트에 더운 공기와 석유 냄새가 휘감겨 올라왔다.

"언니 왔어요?"
"식사 하세요."

나는 새로 나온 식물들을 하나씩 관찰하며 마음에 드는 것을 하나씩 골라내었다. 떡갈나무 잎사귀가 큼직하고 시원스레 펼쳐져 보기가 좋아 마음에 들었고, 잉글리쉬 라벤더의 보랏빛 꽃망울이 앙증 맞아서 마음에 들었다. 캐쉬 카드를 주인 아주머니 손에 쥐여 주고 또 다른 식물들을 구경하고 있다. 영수증과 캐쉬 카드를 받아 넣고 양손에 화분 하나씩 들고 집으로 돌아온다. 창문틀에 허브 종류인 잉글리쉬 라벤더를 올려놓는다. 떡갈나무는 베란다에 즐비하게 놓여놓은 다른 화초 사이에 어울리게 놓는다. 어느새 점심 식사 시간이다. 나는 냉동실에서 꺼내어 냉장실에서 해동해놓은 흑미 피자를 그릴에 구웠다. 아침에 따다가 씻어 놓은 방울토마토 몇 알과 노 카페인 인스턴트 커피를 머그 잔에 타서 따뜻하게 마시며 치즈가 보글거리는 피자를 그릴에서 꺼내어 가위로 네 조각으로 잘라 먹기 좋은 상태로 접시에 담아 놓았다.

아침에 내린 비로 다소 싸늘하게 느껴져, 나는 따뜻한 커피를 몇 모금 마시며, 요즈음 읽고 있던 책을 펼쳤다. 샤프펜슬로 줄을 그어가며, 중요하다고 생각되는 키워드를 별표로 그려 놓았다. 나는 시를 쓰기 시작한다. 그냥 시간 나는 대로 무언가 쓰고 싶어서 시작한 것이 시가 되고 일기가 되어 내 폐부 안에서 소리를 쏟아내기 시작했다.

제 5 화 아파트 정원의 청포도 농사

초등학교 1학년 때, 헨젤과 그레텔 이라는 이야기를 듣고 난후, 상상하는 버릇이 생겼다. 숲속에서 생강과자로 만든 집을 뜯어 먹고, 설탕으로 창살을 만든 맛있는 집을 먹다가 마녀에게 잡힌다니⋯

얼마나 놀라운 일인가? 내 가슴에 이야기는 파랑새가 날아드는 것이다. 아침마다 날아 드는 새들처럼, 이야기는 몽롱한 잠에서 깨어나게 하는 의식의 변화이다.

별 초롱 반짝이는 눈빛. 내 눈동자는 독수리처럼 새까만 수정체가 유난히 커질 때가 있다. 올 여름 내내 포도나무 열매를 많이 얻으려고 연구하고 정보를 수집하며 지냈다. 아침마다 물 두 바가지를 퍼다 물을 주고, 열매가 우박처럼 쏟아질 때에는 포도 농사를 하던 친구에게 전화해서 물을 많이 주어야 한다는 기술도 전수 받았다. 어느 해에 아파트 정원에 포도나무는 은행나무 옆에 심어 놓았다. 그런데, 408호 아주머니가 자기가 심었다고 혼자서 다 따갔다. 이에 분노한 207호 채씨 아저씨는 포도나무를 싹둑 잘라 버렸다. 그후로 여러 갈래의 줄기가 나왔다. 나도 새줄기가 나오면 잘라 봤다. 멈출 수 없는 열정처럼 포도나무 밑둥에서 새로운 줄기가 계속해서 나왔다. 나는 아파트를 관리 하는 책임자로써 더 이상은 포도나무를 방치하면 안 될 것 같아서, 잘 키워서 포도 열 매를 아파트 주민들과 나누어 먹을 수 있게 하기로 한 것이다. 화원에 가서 포도 봉지 를 구하자 붕어빵을 담아주는 봉투를 꺼내 주면서 너무 두껍지 않을지 아주머니는 의아 해 했다. 100장에 한 묶음짜리를 주며 부족하면 더 주겠다고 했다. 빗방울이 조금씩 떨 어지는 오후의 하늘은 잿빛 비둘기 날개가 하늘을 훨훨 날아가는 듯이 풍속에 구름이 재빠르게 흘러갔다. 나는 책상 앞에 앉아서, 봉투 입구 가운데에 숫자를 써가기 시작했다. 1부터 100까지 써넣어 포도송이를 싸놓은 숫자를 세어 보지 않아도 되게 하는 것이다.

여름 태양 아래 탱글탱글 하게 영글어 딱딱하였다. 제때에 물을 주지 못해서 포도 알 갱이가 새까맣게 말라서 오소소 떨어지기도 하였다. 조심스럽게 하얀 봉투에 포도송이 를 넣어 스태플러로 고정시켜서 마무리를 하였다. 모기가 다리를 깨물어 따갑고 아파도 참으며, 다리를 비비고 흔들며 모기를 격퇴하려 했다. 한 봉지에 두 송이도 넣어 묶어 주었다. 포도가 열리지 않은 줄기는 가위로 잘라 영양분의 손실을 최대한 줄여가고 포 도가 열린 줄기 바로 옆을 잘라 냈다. 어느 것은 포도가 달린 것을 잘못 잘라서 담 너 머 주택의 안마당에 포도송이가 줄기와 함께 떨어져 초록구슬이 흩어지는 것처럼 튕겨 나갔다.

그때, 408호 아저씨가 지나가며, 우리 강아지가 옥상 텃밭에 포도 씨앗을 버렸더니, 포도나무에 열린 포도를 따먹고 작년에 죽었다고 하였다. 그 옆에 죽은 포도나무가 그 나무라며 올봄에 옮겨 심었다는 것이다. 자세히 살펴보니 포도나무 키가 작아서 강아지 가 포도를 따먹을 수 있었겠다. 옥상에 방수 공사 하면서 모두 철수 시킨 텃밭을 어느 결에 다시 만들어 놓더니 그 사이 그런 일이 일어났다니. 나는 어이없는 표정으로 408

호 아저씨를 바라보며 인과응보라는 한자를 눈으로 써내려가며 아저씨의 측은한 얼굴을 바라보았다. 빗방울이 더욱더 굵어져 봉지를 주섬주섬 거두어 들고 집안으로 들어갔다.
"엄마, 무슨 반찬 먹을 거 있어?"
"갈치!"
"구워 먹어야지."

제 6 화 그녀의 소소한 행복 일기

밤새 녹음실에서 일하다가 늦은 밤 시간에 들어와 작은 방에서 늦잠을 자던 딸 아미가 일어났다. 긴 머리를 질끈 묶어 틀어 올려 목선이 드러나 뒷모습이 우아해 보였다. 아미는 후라이팬에 식용유를 붓고 가스렌지 버튼을 비틀어 점화를 했다. 갈치에 밀가루를 묻혀 손으로 툭툭 털어서 달구어진 팬에 갈치를 올려놓자 빗소리와 같은 소리가 났다. 선풍기를 켜서 더위를 식히고, 새롭게 장만한 에어콘을 바라보자 아미가 리모콘으로 에어컨을 작동 시켰다. 식사 후에 샤워를 하고 맨살로 의자에 앉은 아미의 둔부가 풍만하게 드러나 명화 속에서 보던 여인들의 나신이 눈앞에 어른거려 나는 피식 웃으며 방으로 들어가 비에 젖은 옷을 갈아입었다. 그때, 창밖에서 들리는 고양이 소리에 거실로 나가서 베란다 창문을 바라봤다. 집에서 키우는 간나와 뭉치가 서로 다정하게 나란히 앉아서 창가에서 앉아 있는 노랑과 흰색으로 얼룩진 얼룩무늬 고양이를 바라보고 있는 것을 보고 친밀감으로 다가오는 길고양이에게 얼룩이라는 이름을 지어 주었다. 그리고 나이가 11살인 간나가 좋아하며 칭찬하는 손길로 간나의 뒷 통수를 쓰다듬어 주었다. 어느 고양이도 집안으로 따라오지는 않았는데, 간나와 친구인 듯하다. 짧은 시간이었지만, 어색해 하는 눈빛 사이에 호기심이 가득하다. 방에서 화장하고 나온 아미의 발자국 소리에 놀란 길고양이 얼룩이는 황급히 창밖으로 고개를 내밀어 사라졌다.
주차장에서 차 소리가 들리자 뭉치가
황급히 뛰어가 베란다를 내다보고 있다.

동수가 퇴근하여 돌아오고 있다. 동수의 자동차 소리에 반복 훈련받은 뭉치는 시간관념보다는 동종의 차량에서 나는 엔진 소리에 주인이 왔다고 인지하고 있다. 잠시 후, 현관 앞으로 뛰어가 밖에서 들려오는 소리에 귀 기울이며 고개를 갸우뚱하고 꾸부정하게 앉아서 동수를 기다린다. 현관문을 열자 뭉치가 마중 나와 있는 것을 보고 동수는 환하게 웃으며 두 손으로 장난을 친다. 뭉치는 장난치며 놀아주는 동수를 좋아하며, 펄쩍 뛰어 다녔다. 동수가 냄새나는 양말을 벗어 놓자 뭉치가 물고 다니며 물어뜯으려 하여 재빠르게 빼앗아 세탁물통에 던져 버렸다.
"오늘은 뭐 먹노?"
"몰라. 당신이 먹고 싶은 걸로 사와."

마트에서 삼계탕과 낙지 젓갈을 사온 동수는 샤워를 하고. 나는 저녁 식사 준비를 위해서 식탁을 행주질 하고 냉장고에서 열무김치와 오이지, 매실 장아찌를 꺼내 놓았다. 밥솥에서 방금 지은 따뜻한 밥을 한 공기 퍼담자 김이 모락모락 올라와 시장기가 돈다. 나는 컴퓨터로 다가가 음악을 크게 틀어 놓았다. 동수가 삼계탕 데운 걸 먹으며 맛있다고 하며 이렇게 맛이 좋으니 중국 사람들이 사서 먹겠지 한다.

"오늘 텃밭에 물 주었어?"
"아니, 비가 적당히 내려서 포도 봉지 씌우기를 시작 했어. 포도가 제법 자라서 새들이 달려들게 생겼어. 그동안 애써서 키운 걸 새들이 따먹으며 저지래를 하면 좋겠어? 그런데 어쩜 저렇게 큰지 몰라. 청포도는 알맹이가 일반 포도보다 작던데. 이상하지 않아?"

나는 밥 한 숟가락 떠놓고 열무김치를 올려놓았다.
"내가 봄에 거름을 한 포대 사다가 주었지. 아무런 정성 없이 열매가 잘 열릴 리가 없지."

동수는 이마에 땀을 흘리며, 뜨거운 삼계탕에서 닭뼈를 골라내었다. 시키지 않아도 언제 그런 좋은 생각을 하며, 실천까지 했을까. 동수의 밥그릇에서 닭고기 한 점을 건져 먹어 보던 나는 닭 뼈가 너무 물러서 으스러지자 절반 조리된 음식을 사온 것에 집에서 해먹는 음식과 다름을 인정하며 더 이상 먹지 않았다. 시원한 맥주 한 병을 식후에 곁들여 마시며, 동수의 자상하고 다정한 성격에 마음이 평온해졌다. 막걸리를 마시던 동수는 입술에 하얗게 묻은 막걸리를 손으로 쓱 닦으며, 어머니는 국가에서 지급하는 보훈가족 미망인에게 수급하는 연금으로 노후에 대한 걱정을 하지 않고 사셨는데, 동수는 자신의 노후에 대한 이야기를 한다.

"우리가 국민 연금을 받을 때에는 70세에 준다고 할 거야."

"그렇지는 않아. 제아무리 백세를 산다고 해도 70세에 주지는 않을 거야. 그런 안 좋은 생각을 하고 있어. 난 나머지 횟수를 120회를 납부하려고 임의 가입을 하고 있는데, 준비하는 자는 걱정이 없다. 당신은 너무 걱정이 많아서 탈이야. 당신 어머니가 보고 싶고 슬프지?"

"응, 저번에 가족공원에 다녀왔어. 입구에서 어느 할머니가 생수 한 병을 주어서 받았는데, 꽃을 팔아서 한 송이에 오천원에 샀지. 생수 주는데 그냥 갈수가 있어야지. 어머니 생각도 나고."

어둠을 초래하는 부정적인 말을 꺼내 놓기만 하면 긍정적인 생각을 올려놓고 설득하는 나는 남편 동수의 생각과 맞지 않아서 저녁 식사를 하다가 방으로 도망 간적이 한 두 번이 아니다. 어쩌면 저렇게 많은 시간이 흘러도 생각은 변하지 않을까. 염세주의자와 사는 고통 그 누가 알까. 혼자 있는 시간을 좋아하는 나는 괜스레 그런 버릇이 생긴 것이 아니다. 마음을 다스려야지 하고 식탁을 치우고 방으로 들어가 책을 펼쳤다. 오! 그녀의 마음의 평화를 찾아서…

밤이 이슥토록 혼자서 책상에 앉아서, 새벽까지 잠을 이루지 못하고 책을 벗 삼아 눈꺼풀이 무겁게 내려 앉아 견딜 수 없을 때까지, 혼자만의 시간을 가졌다. 안방을 내어주고 친구와 살고 있는 아들한테 아파트 관리비 정산했다고 톡이 왔다. 나는 잠자리에 들었다. 아침 잠을 늘어지게 자고 일어나 보니, 오전 시간이 휙 지나가고, 뭉치는 화장실 앞에 오줌을 자기 몸보다 더 길게 싸놓았다. 야단을 치자 식탁 의자 다리 사이에 머리를 반쪽만 내밀어서 나를 바라보고 있다. 거실바닥을 손으로 치면서 야단을 치자, 꼬리를 치면서 눈동자를 하얗게 옆으로 뜨면서, 노여운지 거실 탁자 밑으로 숨어서, 머리만 내놓고 바라보았다. 나는 아침 식사를 혼자 먹고 다 치우고 나서, 뭉치를 불러 개사료를 한 주먹 꺼내어 아들 성훈이가 만들어준 도자기 밥그릇에 채워 놓았다. 눈치 빠르고 영악한 뭉치가 잽싸게 달려와 밥그릇에 코를 들이밀어 내 손등에 뭉치 코에서 미끈거리는 땀이 축축하게 묻었다. 아들에게서 받은 메일을 열어, 아파트 관리비를 정산한 파일을 열어, A4 용지를 프린터기에 복사를 하여 각 호수의 우체 함에 꽂았다. 그런데 몇 시간 후 옆집 현미 언니가 전화로 관리비가 너무 많이 나왔다고 항의 하였다. 그녀는 다시 관리비 정산 용지를 들여다 보았다. 1인 세대인데, 꽤 많이 나왔다. 수도꼭지 하나를 외부로 빼서 공동으로 쓰는데, 올여름 가뭄에 물을 자주 화초에 주었더니 그런가 보다. 텃밭에 가서 화분에 심어둔 청양 고추를 심어둔 화분 하나를 미안한 마음에 들고 가서 언니를 불렀다.

"언니 다음번에 정산 할 때 수도요금을 일절 받지 않을 게요. 수도 마음대로 쓰시고 시원한 여름 보내세요. 이 고추가 아주 매워요. 풋고추 따 먹으며 마음 푸세요. 치자나무 들여 놓으시고, 이 자리에 고추나무 화분 놓으면 좋겠어요. 토마토는 드세요?"

"먹지! 그런데 놓을 자리가 없어."
"아침에 땄는데. 이거 받으세요."

나는 토마토 3개를 앞치마 주머니에서 꺼내어 옆집 언니에게 주었다. 사소한 일로 말다툼을 하는 것은 안 좋은 일이다. 먼저 굽히고 들어가 마음을 어루만져 주어야 마음이 편하다. 간밤에 집에 돌아오지 않은 딸 아미가 남자 친구의 차에 타고 나타났다. 집으로 돌아온 아미는 방안에서 무엇을 두리번거리며 찾았다.

"엄마 와이드 팬츠 어디 있지?"
"옷장 밑에 서랍 열어봐."
"여기?"
"거기 없으면 저 옆에 찾아봐."
"여기 있네. 내일 공연하는데 검은 바지에 하얀 블라우스를 입어야 한데. 단정하게 블라우스를 입을까?"
"없으면 하나 사."
"엄마 훈이랑 다시 외출해요."
"그래. 잘 다녀와라."

나는 아미의 남자친구인 훈이가 토마토 텃밭에서 나와서 잠시 인사를 하는 모습을 창문 너머로 내다보았다. 주황색 티셔츠가 토마토를 딴 빈 가지에 발갛게 열린 큰 토마토만 같아 보였다. 아미의 고등학교 짝꿍으로 동창회에 나갔다가 만나서 사귀는 중이다. 학창 시절에는 아무런 마음도 없다가 시간이 지난 후에야 이성으로 다가와 서로를 알아보고 사귀는 중이다. 둘이 잘 사귀어 결혼을 했으면 좋겠다. 둘이서 예쁘게 사랑하며 아름다운 가정을 꾸려가기를 엄마인 나는 바라고 있다.

제 7 화 아파트 관리반장의 고충

청소를 하려고 카페트를 걷어 밖에 들고 나가서 털자 뭉치 털며, 먼지가 공중으로 날아갔다. 그때 408호 아주머니가 아기처럼 하얀 푸들 강아지를 업고 시장을 다녀오다가 나를 바라보며 소리를 지른다.

"야! 너 하수구가 막힌 것 모르고 있니? 그리고 너 네 마당은 왜 이렇게 더럽니? 반장이면 마당도 쓸고 해야지. 넌 돈 받잖아. 감나무에서 풋감이 떨어져 곰팡이가 나잖아!"

흰머리가 듬성듬성 보이는 파마머리가 뒤에서 불어오는 바람에 앞으로 쏟아진 앞머리를 쓸어 올리며, 408호 아주머니는 고양이 눈을 뜨고, 소리를 질렀다.

"그 감나무 아주머니가 심었잖아요. 그러니 청소는 아주머니가 하셔야죠?"
"너도 감 따 먹잖아?"

"물론 따 먹지만 거름을 사다가 주고 따먹지요. 거름 안주면 단감이라는데 맛이 없어서 어디 먹겠어요? 올 가을 까지만 따 먹고 저 나무를 베어 버렸으면 좋겠어요. 청소하라고 채씨 아저씨와 아주머니 잔소리에 못 살겠어요. 여기 나무들 중에서 마당을 더럽히는 존재는 단감나무와 은행나무예요. 아주머니가 단감나무 심었으니, 아저씨랑 책임 지시고 자르시던지 매일 매일 내려와서 청소 하세요. 심기만 하고 유지관리를 게을리 하시면 주민들이 불편해요."

"네가 일층에 사니까 청소는 네가 해야지, 더군다나 반장이잖아."

"아주머니는 1층에서 4층으로 걸어서 올라가시지 바로 날아서 4층으로 올라가시나요? 아주머니 신발은 흙이나 먼지가 안 묻는 특별한 신발 인가요?"

"야! 너 사이코야?"

"아주머니가 사이코면 나도 사이코로 보이는 거예요. 부처 눈에는 부처로 보인데 잖아요. 아주머니도 반장 해보셨으면서 이렇게 억지 부리시고, 그러시면 안 되는 거예요."

"야, 너 반장 내놔!"
"내 놓을 테니. 매일 매일 마당 청소 할 수 있는 사람으로 해야 합니다. 못 구하시면 아주머니께서 직접 하시구요. 전 마당 쓸기는 절대로 못합니다. 세대별로 일제히 나와서 청소할 수 없어서 용역을 불러서 청소를 일주일에 한 번 하는데, 그 비용을 공평하게 세대별로 지불하는데 왜 제가 또 청소를 해야 합니까?"

　나는 화가 나서 악악 소리를 질러 버렸다. '조용하게 이야기 하니까. 누구를 참는 참나무로 보나. 보자보자 하니 보자기로 보나?' 양은 냄비처럼 절절 끓는 마음을 진정 하려니 분이 풀리지 않아서 집으로 들어가 어제 하던 청포도 봉지로 씌우기를 하려고 앞치마에 하얀 종이 봉지와 스태플을 챙겨 가지고 밖으로 나와 청포도 나무 앞으로 갔다. 나는 손이 떨려서. '마음을 진정하자 응 정화야!' 3인칭이 되어 나 자신을 위로하고 토닥이자 신기하게도 마음이 차분해졌다.

　놀라운 속도로 포도를 조심스럽게 들어서 하얀 봉지에 넣어 스태플로 꾹 눌러서 새들이 못 가져가게 꼭꼭 숨겨 버렸다. 그리고 큰 송이부터 선별해서 싸고 또 싸주었다. 숫자 100이 쓰인 봉지를 마지막으로 끝내자, 작년에 순을 내어 놓은 포도 줄기가 잎사귀 옆에서 뿌리를 하얗게 바늘 끝처럼 내밀고 있었다. 친구가 지금 삽목 해도 좋다고 하였던 이야기가 생각이 나서 가위로 줄기를 10센치미터로 잘라, 잎사귀와 새로 나온 줄기를 다듬어 청포도 나무가 심겨진 정 반대의 담 아래에 심었다. 지금이 적기라면 나머지 줄기도 잘라서 감나무를 베어낸 후를 생각해서 포도나무를 심어야겠다. 나는 좋은 생각을 하자 온몸이 달아올랐다. 몸이 달아올라서 수돗물을 한 바가지 퍼서 흙이 묻은 발을 포도나무 아래에 발을 들여 놓고 물을 부었다. 내 발도 헹구고 포도나무도 물을 먹는 것이다. 몇 송이 더 남았는데, 아침마다 노래 부르는 새들 중에 명가수들의 간식으로 남겨 두었다. 이곳에 열매가 달콤하다고 소문이 나야 수많은 새들이 재잘대며 날아 올 것이다. 몇 년 전만해도 머리에 빨간 장식을 하고 날아온 딱따구리도 있었다. 그 기억으로 새를 부르려면 꽃과 열매를 볼 수 있는 유실수와 나무를 많이 심어야겠다.

그리고, 며칠이 지났다. 청소하러 용역에서 오는 날이다. 마당에 나가서 계단에 물청소를 해달라고 작업 지시하며 새로 피어난 백합꽃을 바라보는데, 207호 채씨 아저씨가 나타났다. 동사무소에서 공공근로로 마을 청소를 하러 다니신다. 직업이 청소부라 지저분한 것을 보면 염증이 나서 그런지 항상 잔소리가 많다. 부딪히기 싫어서 집안으로 들어온 나는 설거지를 하며 감나무를 바라다 본다. 무성하게 자라서 앞 빌라가 잘 보이지 않아 여름에는 참 시원하다.

"하수구가 막혔어. 청소할 때 나뭇잎이 안 들어가게 조심해서 하셔."

채씨 아저씨의 목소리가 들려서 귀를 활짝 열어 들었다. 바로 주방 창문 아래서 이야기 하므로 옆에서 이야기 하는 듯이 잘 들렸다.

"하수구 뚫는 기계가 있으니 한 번 뚫어 볼게요. 청소부터 하고."

용역에서 나온 인부가 채씨 아저씨에게 말했다. 나는 하던 설거지를 손 놓고 다시 나가서 인부 아저씨에게 하수구 막힌 곳을 찾아서 알려 주었다. 우연히 용역 아저씨의 도움으로 마당에 하수구를 뚫어서 일이 아주 순조롭게 풀린다고 생각하며, 나는 그동안의 마음 상한 일을 내려놓았다. 하수구 막힌 곳에서 머리카락과 철 방충망 조각이 나왔다. 어느 집에서 방충망 공사하며 떨어진 조각이 맨홀 뚜껑에 작은 구멍으로 들어갔나 보다. 아주 작은 틈새라도 있으면 모든 물체는 구멍보다 더 작은 모양이라면 들어갈 수밖에 없다. 맨홀 안에 수면이 낮아지고 있다. 막힌 하수가 뚫리자 하수구로 인한 소동은 이제 막을 내려 그녀는 속이 후련 하였다. 집으로 돌아와 설거지를 하는데 또다시 창밖에서 408호 아저씨가 부른다. 밖에 나가보니 애원하는 눈빛으로 나를 바라보며 이야기를 하려고 바라봤다.

"옥상 하수구가 역류해요. 저번 반장은 가운데에 하수구 관을 하나 새롭게 설치했는데, 우리 집 쪽으로 하나 더 설치 해주세요."

"몇 번이나 역류를 했나요?"
"이번이 처음 이예요."

"그럼 한 번만 더 지켜보아요. 방금 전에 마당 하수구를 뚫었거든요. 저는 하수구가 막힌 줄도 모르고 있었는데 … 언제 역류를 했나요?"

"지난 토요일 밤에 비가 많이 오던 날 이였어요."

"아! 그럼, 갑자기 쏟아진 많은 빗물이 역류 했나 봐요. 지켜봅시다. 다음에 역류하면 알려 주세요. 하수구를 용역에서 청소 하시는 분에게 부탁해서 뚫어보고, 그래도 역류하면 새로운 관을 설치하도록 고려해 봅시다."

나는 또 다시 408호와 분쟁하기 싫어서 조용하게 말했다. 격앙된 목소리로 톡 쏘아대는 408호 아주머니와 다르게, 아저씨는 점잖아서 간단하게 일이 끝났다. 고분고분하게 이야기해야할 말 대접도 제법 잘하는 나는, 408호 아주머니는 생각만 해도 기분이 나빠서, 다시 얼굴 마주 하면, 냉정하게 싸늘한 얼음 덩어리가 되어, 말대꾸도 하지 않으리라. 마음 문을 굳게 닫아가고 있었다. 나는 옥상에서 하수 오니가 역류를 하였다고하니, 올라가서 확인을 해보러 슬리퍼를 신고 한 계단 한 계단 올라갔다. 계단 통로에 군자란과 야레카 야자 나뭇잎에 먼지가 뽀얗게 앉아 있어 숨이 막힐 것만 같아, 옥상까지 올라가 구석구석 배수구를 살펴보았다. 그 어디에도 역류했다는 흔적은 찾을 길 없었다. 배수구 거름망을 손으로 꺼내어 보자, 얼마나 오랫동안 이물질을 제거 하지 않았으면, 먼지가 흙과 범벅이 되어 바닥에 엎어놓고 보다가, 난간 끝에 두드려 이물질을 털어 내려다가, 손에서 벗어나 공중으로 떨어져 1층 마당으로 사라졌다. 저번 달에 옥상 방수를 직접 했다고 밀린 관리비를 차감해 달라고 해서, 그러마 하고 대답한 것이 생각나서 어디를 방수 했을까 살펴보았다. 텃밭 바로 옆에 배수구 부분에 가장 많은 토사가 밀려와 있었다. 배수구 이물질 거름망을 움직여 보려하자, 녹색 방수 페인트가 묻어서 그동안 움직인 흔적이 없는 걸로 추정 하였다. 뚜껑을 열어보자 배수관속에서 물소리가 들려왔다. 어느 가구가 물을 사용 중 인가. 생각하며 일어서다가 텃밭을 들여다보았다.

내 팔뚝만한 오이와 배추만한 상추며, 애호박이 윤기나게 매달려 탐스러웠다. 408호 아주머니의 농사짓는 솜씨가 참 좋은데, 생각하며 포도나무가 눈에 띄어 바라보니, 몇 알 달리지도 않았고, 열매도 찌그러져 있어서 작년에 내가 포도나무를 처음 사다가 심었을 때와 같아서, 이 아주머니는 아직 포도나무를 잘 키우는 법을 모르는군. 며칠 전에 인신공격 당한 것이 생각이 나서 그런 말을 하는 손끝에서 축복이 멈추었군. 축복은 입에서 나오는데…

제 8 화 정화와 동수의 부부애

석양이 밀려와 한낮의 시끄러운 포도나무 그늘을 지워가고 있었다. 나는 마당을 살펴보며 배수구 거름망을 찾아서, 우체함 위에 올려놓았다. 저녁나절 한차례 내린 빗줄기가 내 등허리에 내린 땀방울을 씻어내고, 처마 끝에 매달려 하루를 기웃 거리다 마당으로 떨어졌다. 퇴근해서 돌아온 동수의 얼굴에는 구릿빛 여름 햇살 그림자가 지나가고, 또 무엇을 맛있게 먹을지 고민하는 얼굴이다. 어쩌면 뭉치처럼 먹는 고민이 깊은지 모른다. 저녁 식사를 준비해 놓지 않으면 시장으로 가서, 자기가 먹고 싶은 것으로 골라오는 재미를 좋아 하는지라 별다른 불평 없이 시장에 나간다. 그녀는 쌀통에 쌀도 떨어져 가는데 동수에게 쌀도 사오라고 전화를 하려고 하다가 보니 식탁에서 남편 동수의 전화기를 발견했다. 나는 하는 수 없이 마트에 나가 쌀을 사서 배달을 요청하고, 시장에서 먹거리 구하러 다닐 동수를 찾아봤다. 촛불 시위하는 촛대처럼 사람들이 따뜻한 밥상을 차리려고 물결처럼 흘러갔다. 멀리서 시커멓게 탄 동수 얼굴이 달처럼 떠올라 나는 손을 흔들었다. 남편은 비닐봉지를 내게 주면서 마트로 들어갔다.

"콩나물 사야해. 막걸리는 사다 놓았어?" 동수는 마트 안으로 들어갔다.
"아니! 나 먼저 집에 갈게."

나는 집을 향하여 총총히 걸어갔다.
집으로 돌아 온 그녀는 비닐봉지를 열어 봤다. 비릿한 생선 냄새에 물컹거리는 바다 생물, 아귀를 뒤적여 보다가, 스텐 냄비에 물을 붓고 된장 한 숟가락 떠 넣고, 가스렌지를 켰다. 한 번 살짝 데쳐놓으면, 동수가 알아서 탕을 끓이던지, 찜을 할 테니… 마늘을 까고 있으니, 동수가 콩나물을 꺼내 주어 수돗물에 씻어 바구니에 건져 놓았다.

"아귀 데쳐 놓았어."
나는 주방 보조를 자처하며 동수를 바라 봤다.
"아귀찜 해줄까?"

동수는 보조개를 움폭 패이게 웃으며, 굵은 입술에 침을 바르며 입맛을 다신다. 나는 마음대로 하라는 듯이 아무런 대답을 하지 않았다. 뭉치가 급하게 큰소리로 짖어대어,

현관문을 열어 보자, 작은 쌀 포대 한 개가 덩그러니 놓여 있다. 나는 쌀 포대를 질질 끌고 가서 냉장고 옆에 항아리에 쌀을 부어 놓았다. 저녁 식탁에 아귀찜을 올리고, 밥 반 공기를 먹고, 시원한 맥주 한 잔에 목을 축이다가 맥주병을 바라보던 나는 동그란 거품이 병 입구에서 톡 터지는 것을 바라봤다.

"국민의 40%가 월수입 200만원도 안 된데"
동수는 술맛 떨어지는 소리를 한다.
"그래서? 당신은 그 이상을 벌어 와서 다행이라고 생각해?"

나는 부정의 그늘을 몰고 오는 남편의 일상적인 대화에 이골이 나서 투정을 부렸다.

"이번 달이면 대출금도 다 갚게 되는데. 내일은 우리 결혼기념일이야. 당신 나한테 반지 하나 해준 적 있어? 차 사려고 대출은 할 줄 알아도 반지 사줄 마음은 안 생겨?"

나는 바가지를 박박 긁어 보지만, 여전히 아무런 약속도 할 줄 모르는 동수에게 바랄 것 없어야 행복할 텐데, 여전히 바라는 것이 많으니, 채울 수 없는 마음 한 구석이 썰렁하다. 식탁을 정리하고, 안방으로 들어가 음악을 틀어놓고, 맥주를 마셔서 기분이 몽롱하고, 얼굴이 새빨개지는 야릇한 술기운을 식히려 선풍기를 오른쪽 엄지발가락으로 미풍을 눌러 열기를 식힌다. 비 개인 밤하늘을 바라보며 별을 찾아본다. 보이지 않아. 별! 갑자기 별빛 눈동자를 반짝이며, 간나 고양이가 문턱을 펄쩍 뛰어 올라와 앉아 있다. 자유분방한 간나의 귀가 한 쪽 잘려서 내 집에 온 이후로 참 많은 시간 함께 살아가 이제는 가족이 되었다. 반려 동물로 살아가지만, 사람처럼 의사 표현도 하는 감정을 가졌다. 얼마 후에 얼룩이가 뒤따라 들어와 야르릉 야르릉 간나에게 말을 건다. 뭉치는 바라만 볼뿐 짖어 대지도 않고 문턱에 발을 올려놓고 처다본다. 오늘밤은 네 개의 별을 고양이 눈에 넣어 보냈나 보다. 밤 하늘가에 여름이 깊어 간다. 나는 얼룩이에게 저리 가라고 소리쳐 쫓아냈다.

나는 거실에서 잠을 자는 동수 옆에 누워서 텔레비전을 보다가 선풍기 바람이 추워 발가락으로 선풍기 버튼을 더듬어 끄고 얇은 여름 이불을 덮고 잠자리에 들었다. 동수가 서랍장 위에서 황금 비단뱀을 주무르고 있다. 내 꿈속에 현실처럼 선명하게 떠오르는 태양처럼 아침잠에서 깨어났다. 동수는 알몸으로 걸어 다니며 화장실에 들어갔다. 달그락 거리는 소리를 들으며 나는 또다시 늦잠에 들었다. 얼마를 잤을까? 나는 눈을 떠 벽시계를 바라보았다. 오전 열시를 지나간 늦은 아침이다. 아침을 먹고 샤워하다가 세면대 사이에 실리콘으로 접착한 부분을 닦다가 곰팡이라는 사실을 알게 되어 컷트 칼로 실리콘을 잘라내고 긁어내었다. 곰팡이는 한 번 생기면 옆으로 번식한다는 사실 때문에 장마철인데다가, 일층에 살아가는 고충의 씨앗이다. 갑자기 차양막을 난타하는 굵은 장대비 소리가 와들와들 집안으로 들려왔다. 옥상으로 가봐야 겠다는 생각이 들어 우산과 휴대폰을 들고 재빠르게 발걸음을 옮겨 현관으로 향하였다. 뭉치가 따라 오려다가 빗소리가 커지자 따라올 생각을 하지 않고 고개를 갸우뚱하며, 나를 바라보아 현관문을 닫고 우체함 위에 올려놓은 배수구 거름망을 들고, 옥상으로 향했다.

제 9 화 408호 거주자와의 분쟁

계단으로 빗물이 흘러내리고 있어서, 4층을 지나, 옥상 문 앞에 다다르자, 408호 아주머니가 파란 플라스틱 의자에 앉아서 비를 바라보고 있다.

"왠일이냐?"
408호 아주머니가 개미소리로 말했다.

"옥상이 역류한다고 해서 확인하려고 올라 왔어요. 며칠 전에도 올라와 봤는데, 아무렇지도 않더군요. 오늘은 비가 더 많이 내리니 혹시나 하고 왔거든요."

나는 호박꽃이 빗물에 젖어 접힌 우산처럼 달린 노란 꽃을 바라보며, 사방으로 걸어 다니며 배수구 거름망을 찾아가 확인해 보았으나, 단 한 곳도 역류 하는 곳이 없었다.

"아무렇지도 않은데요?"
나는 퉁명스럽게 귀찮은 듯이 독수리눈을 뜨고, 408호 아주머니를 째려보았다.

"역류 했어. 싱크대에서 모래가 올라와서 우리가 뚫었어."

검은 먹구름이 지나간 얼굴로 내게 말하며 자리에서 일어나 408호 아주머니는 집으로 내려갔다. 나는 따라가며 방수 페인트는 얼마나 하는지 물어보자 얼마 안 한다며 고개를 푹 숙이고 있었다. 우리 집으로 물줄기가 내려와 물이 스며들어 장마철이면 베란다가 강을 이루어 타일 공사를 하여 벽을 바르자 몇 년간은 빗물이 새어들지 않았던 기억에 방금 보고 온 옥상에 우리 집 쪽으로 일직선상에 방수 페인트가 벗겨져 빗물이 들어올 수 있을 것이라는 생각에 방수 공사를 해야 겠다는 생각에 물어 봤다. 오래된 건물에서 사는 열악한 환경과 주민들의 과민한 성격도 괜한 일은 아닐 테지 하며 마음을 열어야 한다고. 나를 위로하며 며칠간의 앙금을 나는 혼자서 씻어 내고 있었다. 밤늦은 시간에 408호 아저씨가 전화를 걸어왔다. 또다시 역류한다고, 자기네들의 편리를 위하여, 텃밭을 만들어 놓고, 비가 오면 모래가 나오는 것을 아파트 전체 공동의 문제인 양 말하고 있다. 더군다나 배수관도 임의로 자기네 싱크대에 연결해서 쓰고 있다. 이것은 엄연한 설계변경으로 보아야 하고, 공과 사를 구분하지 않고, 자기가 저지른 일을 남보고 해결해 달라는 겪이니. 참 기가 막힌다. 몰랐던 사실을 알게 되자 더 분통이 터진 나는 내일을 기다렸다.

화창한 햇살이 베란다 정원에 꽃들에게 아침 인사를 했다. 나는 아미와 아침 식사를 하고, 어제의 고민거리를 풀어 야지 하고, 408호 아주머니 집으로 향했다. 강아지의 짖는 소리가, 초인종 누르기 보다 더 빨리 누군가 왔음을 알려주고 있다. 집안으로 들어가 싱크대 부분을 살펴보고 장판도 걷어 보았으나, 젖은 흔적이 없다. 나는 화초를 많이 키우므로 타일바닥에 모래나 흙이 흐르면 한쪽으로 빗자루로 쓸어 모아 놨다가, 마르면 다시 화분에 털어 준다. 나뭇잎사귀도 가끔 흘러 들어가고, 세탁기에 세탁물 넣다가 양말이라도 바닥에 떨어지면, 배수구가 막히기 일쑤가 아니던가. 생각하며 우리 집의 관점에서 살펴봤다. 일단 나는 토마토 지줏대를 가지고 밖에 배수관을 쿡쿡 찔러보고, 스스로 해결하며 살아가는 방식에 익숙하다. 소소한 것은 개인이 해결해도 되는 것을, 너무들 공동 운운하며 목소리를 높이고 있다. 단독 싱크대 물만 나가는데 역류한다면 그것은 단독 책임이므로 공동 책임으로 볼 수가 없다. 한라인 아파트에서 모두 역류한다면 공동의 책임이다. 옥상에서 내려오는 모래는 장마철에 텃밭에서 한시적으로 흘러 들어오는 것이다. 옥상의 배수구에 물이 못 들어가게 모래주머니로 작은 담을 쌓던지. 완전 밀폐하여 다시는 물이나 모래가 못 들어가게 해야한다고. 나는 아주머니에게 설명하며, 집안을 살펴봤다. 벽이며 도배지가 깨끗하지 않아서, 이 아주머니는 관심병에 걸렸나? 여기저기 강아지 기저귀가 널려있어서 지나가다가 밟기도 한다. 나는 용역에서 나오면 청소할 때 싱크대를 뚫어 보시는 방법도 있다, 라고 알려주며 공동비용으로 공사하려는 마음을 읽고 발을 뒤로 뺀다.

누가 좋아 하겠는가. 공동의 텃밭이라면 몰라도, 자신들의 취미로 하고 싶어서 하는 것을 자기들이 아파트 전체 주민에게 피해가 가지 않게 해야되는 것인데. 나이를 먹어서 판단력이 흐려져서 그런지, 아니면 원래 가진 천성이 그런지는 모르겠지만, 타인들 생각 안하고 자기만 생각 하는 것은 큰 민폐라고 생각한다. 아주머니는 어그저께와는 달리 존대 말까지 써가며, 조용해졌다. 규범과 규칙도 서투르고, 설계도 미비한 이 공동체에서 살아가기 위해서는 힘이 많이들고 또 반장 임무를 수행한다는 것이 너무도 고단하다. 논리적으로, 상식적으로 설득하며 공평하게 보편적 가치로 배려하며 살아가야 한다는 지혜를 이번 일을 기회로 쌓았다.

인 정 희

경기도 부천시 거주
샘문예술대학교 시낭송학과 수료
대림대학교 시낭송지도자과정 수료
(사)샘문그룹문인협회 이사
(사)문학그룹 샘문 이사
(사)샘문학(구,샘터문학) 회원
(사)샘문뉴스 회원
(사)한용운문학 편집위원
(사)한국문학 편집위원
(사)한국예술인복지재단 회원
샘문시선 회원
<수상>
샘터문학상 본상 대상
샘터문학상 본상 우수
윤동주별문학상
UN NGO 문학대상
파리스에꼴드어워즈 시화전 대상
복사골예술제 수필부문 차하상
복사골예술제 산문부문 차하상
샘터문학상 공로상
샘터문학상 시 등단
<시집>
꿈이 있어 행복합니다
<공저>
리라꽃 그늘아래서
그런 당신을 사랑합니다
위대한 부활 그 위대한 여정 외 다수

인정희 소설가 신인문학상 심사평

자전적 일상 안에서 움트는 여성의 주체적 글쓰기

심종숙 (시인, 교수, 문학평론가, 문학박사)

「단지」를 소설 부문 응모작으로 낸 인정희 작가는 여성 주체의 글쓰기에 충실한 작가가 아닐까 한다. 제1화 정화 시어머니의 죽음을 필두로 하여 제2화 장례식장 요지경, 제3화 시어머니 넋이 불타는 화장터, 제4화 정화의 일상 이야기, 제5화 아파트 정원의 청포도 농사, 제6화 그녀의 소소한 행복 일기, 제7화 아파트 관리반장의 고충을 구성으로 하여 그녀의 생화 체험을 소설적으로 구성하였다. 많은 부분 자전적 느낌이 강한 소설은 주인공 정화와 그녀의 남편 동수, 그리고 자녀인 성훈과 아미가 주요 인물로 등장한다. 이 소설의 중요한 플롯은 두 가지이다. 시어머니의 죽음과 이웃들과의 갈등과 대립이다. 그 한 줄기는 시어머니 위급 급보와 함께 발단된 시어머니의 사망과 장례식 과정을 그리고 있고 그 다른 한 줄기는 아파트 관리반장을 하는 정화의 일상에서 일어나는 이웃들과의 대립과 갈등이다. 정화는 시어머니의 죽음에도 별다른 슬픔을 못 느낀다. 시어머니가 살았을 때 그녀가 모셨기 때문이라는 것을 정화의 독백에서 알 수 있다. 정화는 시어머니의 죽음에 담담한 자세를 보여준다. 그러나 정화는 작가가 되라는 시어머니의 한마디를 고이 간직하고 늘 글을 읽고 글을 써나가는 여성 주체이다.

이 소설의 다른 한 줄기는 아파트라는 공동주택이 갖는 애로점을 재구성하여 같은 아파트의 이웃들을 등장시키고 있다. 주인공 정화는 작가의 분신일 테지만 공동주택 생활 속에서 이웃을 배려하지 않는 408호 여자와의 갈등을 그린다. 이 소설은 공동체가 무너지고 전통적인 가족주의가 해체되어 가는 한국 사회의 현실을 반영하고 있다. 인간들 간의 피곤함은 오히려 사람들로 하여금 동식물이나 자연을 그리게 하는 현대인의 정서적 고뇌도 표출하고 있다. 아파트라는 공동주택 생활이 갖는 어려움을 식물 재배와 배수 관계를 통해 잘 그려 주었다. 그것은 관리반장인 정화의 일상이다. 정화는 관리반장을 하면서 청포도를 가꾸어 이웃들을 생각하면서 하루하루 포도송이를 싼다. 이웃을 배려하는 정화의 마음을 읽게 하는 소설이다.

정화는 이웃들과 대립과 갈등을 겪지만, 관리반장으로서 자기의 책무를 소홀히 하지 않고 자기에게 맡겨진 이웃들을 배려해 나가는 여성 주체이다. 아파트 관리반장이자 글쓰는 작가이며 두 아이의 어머니, 동수의 아내로서의 그녀의 역할을 사실성에 충실하여 일상생활을 잘 그려낸 작품이라 하겠다. 생활을 잘 해부하여 문제의식을 갖는 정화의 태도는 곧 인정희 작가의 문제의식이 아닐까 한다. 이기심과 타인에 대한 배려심 없이 모든 걸 공통 책임으로 떠넘기려 하는 염치 없는 이웃들에 대해 정화는 그들의 잘못을 교정해 주는 관리반장으로서의 부드러운 지도력을 보여주는 것 또한 여성 주체의 바람직한 상을 제시하려는 작가적 의도를 표출한 것은 아닐까 한다. 신인상 수상을 축하하면서 앞으로 서사문학의 묘미를 느끼게 하는 작품 창작을 기대한다.

수상소감

갑자기 추워진 날씨에 짧기만 한 가을 풍경에 아쉬움으로 보내는 날 많이 부족한 제게 더 정진하라는 응원의 손길 내밀어 주신 이근배 심사위원장님과 샘문그룹 이경록 회장님과 심사위원 여러분께 진심으로 감사드립니다.
삶의 무게가 무거워 저만의 동굴로 들어가야 힘을 얻는 것이 창작이었습니다. 문학을 시작할 때에는 가시밭길 헤쳐나갈 맨발에 피투성이 였습니다. 소설을 읽으며 적용하고 자긍심을 가지고 글쓰기에 임합니다. 저의 다짐을 책갈피에 꽂아놓은 붉은 단풍잎이 퇴색되어갈 즈음, 새로운 단풍잎을 주워드는 가을에 한용운문학상 소설부문 신인으로 등단하게 되어 결실을 거두었습니다. 발라드 음악을 들으며 밤잠을 설쳤습니다. 글을 쓰며 마음이 흔들려 휘청거리면 미래의 독자에게 보낸 편지가 들어있는 창작물을 발췌해 봅니다. 천천히 그러나 중단 없이 걸어가겠습니다. 감사합니다.

어느 날 이글을 읽는 사람이 내 자녀이거나, 내 손주가 될 수 도 있다.
내 글에 숨은 뜻 은유적인 표현과 내 글에 드러내 놓은 직유적인 표현들로 가족이외의 당신이 될 수도 있다. 내 글을 읽고 눈에 들어간 고춧가루를 핥아내는 보드라운 혀가 되기를 바란다. 가급적이면 다섯 손가락이 축축하게 젖어 이 지면을 무사히 넘겨가기를 바란다. 눈의 시력은 잘 유지 되어 지속적으로 써내려 갈 나의 이야기를 들어주기를 바란다. 뇌는 지식 이외의 것들을 생각하는 의미와 가치를 찾아 가기를 바란다.
그 시간이 너무 빨리 찾아오지 않기를 바라며 궁금해도 참기를 바란다. 내가 한 이야기와 세상 속에 사람들 이야기에서 심장에 번개무늬가 지기를 바란다. 내가 하는 일은 아주 중요한 일이다. 앞에서 읽어본 바와 같이 내가 한 이야기는 전 인류적인 이야기와 소 인류적인 이야기로 포괄이다. 가끔은 내 이야기를 하면서 후회라는 단어를 혀끝에서 밀어 내기도 한다. 당신에게 오늘도 평안한 하루가 되기를 바란다.
내가 전 인류적인 이야기를 할 때 시간이 흐른 후에 나타난 현상들에 대해 짧은 시(詩)로 당신은 고급의 언어를 듣게 된다. 내가 이 세상에 온 이유는 전 인류적인 문제에 도달하기 위한 가장 밑바닥에서 시작이다. 우리 모두는 전 인류적인 생애 속에 있다. 책장 하나 넘기면 당신은 어떤 세계가 생성되고, 소멸하기도 하며, 어려움을 겪기도 하고, 반전하며 거대한 불꽃을 일으키기도 한다.
우주는 다시 또 다시 해가 뜬다. 우주는 다시 또 다시 달이 뜬다. 우주는 다시 또 다시 별이 뜬다. 그것은 연속적이고 변화적이다. 우주에는 일정한 법칙이 있다. 그것은 단순한 뇌의 표면이 매끄러움에서 근본 법칙에서 벗어나 복잡하고 더 깊이 들어가 연구하게 되어 있다. 미래가 내민 카드는 과거이며 현재이다.

『포도나무 울타리』 본문 중에서

2024.11.06.
인정희 올림

○ 한용운문학상 특집 - 시창작 특강 ○

비유는 어떻게 만들 것인가

이 정 록

1. 비유의 원리
① 문학의 표현기교 가운데 가장 대표적인 것이 (비유)이다.
   비유를 형성하는 가장 기본적인 원리는 (유추)이다.
② 아리스토텔레스는 (시학)에서 (명확하게 틀린 두 개의 사물 사이에서 동질성을 찾아내는 능력)이 바로 시인의 특징이라고 보고 있는데 이러한 능력을 (유추)능력이라 한다.
③ 베이컨 : 상상력이란 자연이 결합시켜 놓은 것을 분리하고 자연이 분리해 놓은 것을 결합시키는 인간의 힘이다.
   - 우수한 비유는 유추적 대상의 발견에 기인하고 그 발견 행위를 유발 시키는 것은 시인의 (상상력)이다.
④ 일반적인 언어의 발달 과정
   - 흉내 내기를 위주로 하는 묘사의 단계
   - 유추적 단계 : 시적 표현의 근본 원리 -유추작용에 의한 비유의 창조
   - 상징적 단계 : 시적 표현의 근본 원리 -유추작용에 의한 비유의 창조

2. 비유의 종류
① 직유(명유) : 장식적 효과 형식
② 은유(암유) : 조명적 효과 : 숨겨진 비유 : 아리스토텔레스가 최초로 전이의 개념으로 파악한 이래 가장 중요한 문학적 요소로 수용 형식
③ 의유 : 의인, 의성, 의태법을 총괄적으로 가리키는 말
   - 의인법 : 은유의 변형된 형태로 대상과 인간을 융합 시킨 것: 원시적인 상상력, 인간의 주관이 대상의 존재론적 관여를 유도하기 위하여 감정 이입의 방법을 쓴다.
   - 활유법 : 생명이 없는 것이 생명을 부여한다.
④ 제유 : 유의가 나타내는 의미나 사물이 전체의 한 부분인 경우, 방망이(무기의 전부), 빵(식량의 전부), 벽안(서양인)
⑤ 환유 : 제유처럼 유의와 본의가 부분과 전체의 관계로 밀접하게 연결되지 않고 조금 동떨어지게 맺어지거나 유의가 본의를 환기 시킬 수 있는 경우, 엽전, 고무신(한국인), 만해(한용운의 시), 바가지(헌병)

3. 비유 사용의 방법
① 직유로만 이루어진 경우
- 관념적 주제를 시로 형상화 시키는데 자주 쓰인다.
- 일상적 어법을 꾸미는 장식적 기능 외에 이러한 어법을 낯설게 하는 창조적 기능을 소유한다.
- 일상어를 지배하는 직유가 두 사물의 (표면적 유사성)에 토대를 두고 있다면 시적 직유는 두 사물의 (이면적 유사성)에 토대를 두고 있다.
- 가장 소박하고 원초적인 시적 수사의 형태를 갖고 있다.
- 마광수(사랑) : 우리는 사랑했다 꽃과 같이.....
- 이승훈(어느 조그만 사랑) : 오늘 광화문에서 만난....

사랑

마 광 수

사랑하고 사랑하고 사랑했는데도
내 가슴 속에는 네 몸뚱아리만이 남았다
내 빈약한 육체 속에서 울며 보채 대는 이 그리움의 정체는 뭐냐
네 영혼을 사랑한다고, 네 마음을 사랑한다고
하늘 향해 수만 번 맹세를 해도
네 곁에 앉으면 내 마음보다 고놈이 먼저 안달이다
수음과는 이제 자동적으로 친숙해진 나에게
너는 대체 무엇 때문에 내려왔느냐
어째서 모든 거리마다에서
너는 내게 고독으로 다가온단 말이냐
사랑하고 사랑하고 사랑했는데도
내 가슴속에는 네 몸뚱아리만이 남았다
끊으려 해도 끊으려 해도 끊어지지 않는
이 사랑, 이 욕정,
이 괴상한 설레임의 정체는 뭐냐

어느 조그만 사랑

이 승 훈

오늘 광화문에서 만난
너는 꽃잎 같고
너무 고요해
귀가 떨어질 것만 같고
아니 번쩍이는 물고기 같고
물이 철철 흐르는 물병 같고
혹은 깊은 밤
문득 변하는 날씨 같고
바람은 불지 않는데
바람만 하루 종일 불고
너를 만난 시간은
봄 날 같다 아아 기적 같다
얼음이 풀리고 다시 어는
봄 날 같다 형편 없이 시든
육체로 너를 만난 시간은
꽃이 피는 들판 같고
그래서 하나도 보이지 않는
너의 가슴 너의 얼굴
오늘 광화문에서 만난
이 조그만 사랑

② 은유로만 이루어진 경우
  - 직유보다 자의적 표현이 가능하다.
  - 시의 난해성이나 애매성이 시적 긴장미를 유발시키는 중요한 요소로 인식되고 있다.
  - 유사성 보다는 (이질성)쪽에 신경을 쓴다.
  - 박두진(꽃), 김춘수(나의 하느님), 유치환(깃발), 최인희(미소)

꽃

박 두 진

이는 먼
해와 달의 속삭임
비밀한 울음
한번만의 어느 날의
아픈 피 흘림
먼 별에서 별에로의
길섶 위에 떨궈진
다시는 못 돌이킬
엇갈림의 핏방울
커질 듯
보드라운
황홀한 한 떨기의
아름다운 정적靜寂
펼치면 일렁이는
사랑의
호심湖心아

나의 하느님

김 춘 수

사랑하는 나의 하느님, 당신은
늙은 비애悲哀다.
푸줏간에 걸린 커다란 살점이다.
시인詩人 릴케가 만난
슬라브 여자女子의 마음속에 갈앉은
놋쇠 항아리다.
손바닥에 못을 박아 죽일 수도 없고 죽지도 않는
사랑하는 나의 하느님, 당신은 또

대낮에도 옷을 벗는 어리디어린
순결純潔이다.
삼월三月에
젊은 느릅나무 잎새에서 이는
연둣빛 바람이다.

[처용, 민음사, 1974]

깃발

유치환

이것은 소리 없는 아우성.
저 푸른 해원海原을 향하여 흔드는
영원한 노스탤지어의 손수건.
순정은 물결같이 바람에 나부끼고
오로지 맑고 곧은 이념理念의 푯대 끝에
애수哀愁는 백로처럼 날개를 펴다.
아! 누구인가?
이렇게 슬프고도 애닲은 마음을

③ 의인법으로만 이루어지는 경우
  - 김종길(고고): 북한산이....
  - 박남수(종소리): 나는 떠난다.....
  - 신승철(비가 말한다): 황금 달빛도 피로 풀 듯 타 죽었고......
  - 노창선(섬): 우리는 섬이 되어 기다린다 어둠 속에서....
  - 마광수(사랑이여)

고고孤高

김종길

북한산北漢山이
다시 그 높이를 회복하려면
다음 겨울까지는 기다려야만 한다.

밤 사이 눈이 내린,
그것도 백운대白雲臺나 인수봉仁壽峰 같은
높은 봉우리만이 옅은 화장(化粧)을 하듯
가볍게 눈을 쓰고
왼 산은 차가운 수묵水墨으로 젖어 있는,
어느 겨울날 이른 아침까지는 기다려야만 한다.
신록新綠이나 단풍丹楓,
골짜기를 피어오르는 안개로는,
눈이래도 왼 산을 뒤덮는 적설積雪로는 드러나지 않는,
심지어는 장밋薔薇빛 햇살이 와 닿기만 해도 변질變質하는,
그 고고孤高한 높이를 회복하려면
백운대白雲臺와 인수봉仁壽峰만이 가볍게 눈을 쓰는
어느 겨울날 이른 아침까지는
기다려야만 한다.

종소리

박 남 수

나는 떠난다. 청동靑銅의 표면에서
일제히 날아가는 진폭振幅의 새가 되어
광막한 하나의 울음이 되어
하나의 소리가 되어
인종忍從은 끝이 났는가
청동의 벽에
'역사'를 가두어 놓은
칠흑의 감방에서
나는 바람을 타고
들에서는 푸름이 된다
꽃에서는 웃음이 되고
천상에서는 악기가 된다
먹구름 깔리면
하늘의 꼭지에서 터지는
뇌성雷聲이 되어
가루 가루 가루의 음향이 된다

섬

노 창 선

우리는 섬이 되어 기다린다 어둠 속에서
오고 사는 이 없는 끝없이 열린 바다
문득 물결 끝에 떠올랐다 사라지는
그러나 넋의 둘레 만을 돌다가 스러지는
불빛, 불빛, 불빛, 불빛
외로움이 진해지면
우리들은 저마다의 가슴 깊이 내려가
지난날의 따스한 입맞춤과 눈물과
어느덧 어깨까지 덮쳐오던 폭풍과
어지러움 그리고 다가온 이별을 기억한다
천만 겹의 일월日月이 흐르고
거센 물결의 뒤채임과 밤이 또 지나면
우리들은 어떤 얼굴로 만날까
내가 이룬 섬의 그 어느 언저리에서
비둘기 한 마리 밤 바다로 떠나가지만
그대 어느 곳에 또한 섬을 이루고 있는지
어린 새의 그 날갯짓으로
이 내 가슴속 까만 가뭄을
그대에게 전해 줄 수 있는지

사랑이여

마 광 수

당신이 바닷가의 거센 파도 같은
생각이 들 때가 있어요.
저는 바닷가의 작은 바위.
당신은 사나우리만치 강한 사랑으로
저를 압도하여 옵니다.
그러면 저는 어쩔 수 없이 매일매일

당신의 사랑 속에 빠져 들어가 버려요.
당신은 언제나 웃으며 춤추며
저에게 달콤한 목소리로 휘감겨와요.
저는 당신의 품속에 얼굴을 묻고서
행복으로 흐느끼지요.
그러나 저는 그토록 큰 당신의 사랑에
제 작은 몸을 지탱할 수 없습니다.
그래서 제 몸은 당신의 품 안에서
차츰 깎이어 작게 허물어져 가요.....
그러면서 그러면서 저는 늙어요.
세월이 아주아주 흘러.....
제가 당신의 사랑을 감당 못하리 만큼
몸이 깎이어 없어져 버린다면 어떻게 할까요?
당신은 제가 당신의 사랑을 마음껏
받아들여 주지 않는다고 화를 내실 거예요.
그리고 저보다 더 크고 더 억센 바위를 찾아
새로운 사랑을 찾아 나서실 거예요.
그러나 저는 이미 몸이 부서져 흩어져 버려
당신을 붙잡을 수가 없어요.
저는 단지 힘 있게 출렁거렸던
당신의 사랑을 되새기며 바다 위를 떠다니겠지요.
그러다가.....
전 아예 죽어
물거품처럼 사라져버릴 뿐이구요.....
잊혀져 버릴 뿐이구요.

④ 어떤 비유적 사건을 유의로 삼는 경우
  - 산문시 또는 산문시에 가까운 형태의 시에서 쓰이는 수법
  - 한 편의 시에 나오는 어떤 사건이나 행동 전체를 비유로 구성하는 경우
  - 강우식(바나나)
  - 김춘수(부재)
  - 박세현(모란)
  - 마광수(잡초)

바나나

강 우 식

아침에 제일 먼저 일어나는 이 살덩어리를
당신이 제일 부르기 좋은 이름으로 불러 주세요.
아침에 제일 먼저 일어나는 이 살덩어리를
당신이 제일 미끄럼질하기 좋아하는 곳으로 인도하세요.

부재

김 춘 수

어쩌다 바람이라도 와 흔들면
울타리는
슬픈 소리로 울었다
맨드라미 나팔꽃 봉숭아 같은 것
철마다 피곤
소리 없이 져버렸다
차운 한겨울에도
외롭게 햇살은
청석靑石 섬돌 위에서
낮잠을 졸다 갔다
할 일 없이 세월은 흘러만 가고
꿈결같이 사람들은
살다 죽었다

모란

박 세 현

의무교육을 받던 시절 나는 오촌 오빠에게 못생겨도 좋아 매치매치바
두 개 얻어먹었어요
서울역에 내려 가정부로 갔을 때, 게브랄티를 장복하는

주인 아저씨가 두 돈 짜리 금반지를 사주더군요
역시 중요한 건 돈이었어요
여관 조바로 있을 때는 고스톱 하던 일곱 사내와
한 방에서 삼만 오천 원을 받기도 했어요
한 번은 군대 나가는 아이들 세 명에게 공짜로 주었더니
그 애들이 울더군요. 나도 울었어요
눈물이야 틈 나면 한꺼번에 쏟으려고 감춰 뒀지만
나에게도 줄 수 있다는 게 고마워서
삼분지 일만 눈물을 흘리기로 했죠
그 애들이 말했어요
넌 국민훈장 모란장 감이야. 편지할 께,
그렇지만 모란이 아무 때나 피나요
모란이 피면 꽃잎에 더운 눈물을 씻고 다시 시작할래요
그냥.

잡초

마 광 수

얼마 전에 나는 마당의 잡초를 뽑았습니다
잡초는 모두 다 뽑는다고 뽑았는데
몇 주일 후에 보니 또 그만큼 자랐어요
또 뽑을 생각을 하다가 이런 생각이 들었습니다
대체 어느 누가
잡초와 화초의 한계를 지어 놓았는가 하는 것이에요
또 어떤 잡초는 몹시 예쁘기도 한데
왜 잡초이기에 뽑혀 나가야 하는지요?
잡초는 아무 도움 없이 잘만 자라주는데
사람들은 단지 잡초라는 이유로
계속 뽑아 버리고 만 있습니다

이 정 록
시인, 샘문그룹 이사장, 한국문학 회장

한용운문학상 특집
요/리/칼/럼

지漬자로 끝나는 말의 의미

요리칼럼/ 이 정 록

　어느날 전주 한옥마을 인근 음식점에서 점심을 먹었는데 주인 아줌마가 상냥한 얼굴로 "지' 더 드릴까요?" 하고 물었다. 물음을 받고 '지'가 무엇인지 알길이 없어 잠시 머뭇거렸더니 상냥한 아줌마가 이곳에서는 김치를 '지漬'라고 한다고 하여 김치가 '지'라는 것을 알게 되었습니다.
다시말해 '김치'는 한자어이고 '지'가 우리 고유어라는 것을 알게 되었는데 그래서 오이지, 짠지, 싱건지, 똑딱지, 단무지 등의 단어들이 이해가 되었다. '지' 는 담가놓고 먹는다 하여 담글 지漬자를 사용한다.

　그런데 '지'로 끝나는 말이 참말로 많다. 강아지, 노다지, 달구지, 아버지, 할아버지 등등이 지자로 끝나는 말이다. 특히 '지'자로 끝나는 말중에는 사람 몸과 관련된 것이 많은데 한때 유행했던 에피소드 한 가지를 소개할까한다. 어느 결혼정보회사에서 100명의 남녀가 참가한 단체 미팅 행사를 진행하고 있었다. 파트너가 정해지고 흥겹게 파티가 진행되고 있었는데 이때 사회자가 분위기를 띠우기 위해 상품권을 내걸며 야릇한 퀴즈 놀이를 시작했다. "사람 몸에서 '지'자로 끝나는 신체부위는 무엇이 있을까요?"

　그러자 사방에서 장딴지, 허벅지, 엄지, 검지, 중지 등의 답들이 쏟아져 나왔다. 그렇지만 얼마안가 은밀한 부위를 빼고는 '지' 자로 끝나는 말이 없어 조용해졌다. 사회자는 실제로 따져보면 몇개 안되지요? 하면서 음흉한 미소를 지으며
"자, 여러분! 아직까지 신체에는 '지' 자로 끝나는 부위가 남아 있지요? 여러분들이 잘 알고 있는 답이 남여 모두에게 하나씩 남아 있어요.
이번에 답을 맞추는 분에게는 10만원 상당의 상품권을 드리겠습니다" 라면서 신체의 은밀한 부위의 답을 유도했다.

그러면서 사회자는 힌트를 준다며
"다들 아시죠? 있잖아요. 거기...ㅎㅎ"라고 말했다.
그렇지만 그 상황에서 누가 그 부위를 말할 수 있을까. 설레는 마음으로 좋은 이성을 만나기 위해 온갖 내숭을 다 떨어야하는 그 상황인데...
그런데 뜻밖에 일이 일어났다. 중간쯤에 앉아 있던 곱상한 아가씨가 "저요!!" 하며 손을 번쩍 들었다.
그러자 온 시선이 그 아가씨에게로 집중되었다.

사회자 : (음흉하게 웃으면서)
예, 말씀하시죠?

아가씨 : (배시시 웃으며)
"목아지!" 하였지요.

할 수 없이 사회자는 이 아가씨에게 상품권을 줄 수 밖에 없었다. 그러나 짓궂은 사회자가 그냥 넘어 갈리가 없었다.

사회자 : (야시시 하게 쳐다보며)
아, 정말 대단하시군요! 그런데 하나 더 말하시면 이번에는 20만원권 상품권을 드리겠습니다.

그말에 모든 사람의 눈이 아가씨의 입으로 집중되었지요.

아가씨 : (잠시 곤혹스런 표정을 짓다가)
그럼 말 할까요?

사회자 : (의기 양양하게)
그럼요! 어서 말씀해 보세요!!

아가씨 : "해골바가지!"

모두들 은밀한 곳을 말할거라고 기대하고 있었는데 엉뚱한 대답이 나왔다. 사람들은 대단한 아가씨라고 박수를 치며 웃느라 정신이 없었다.

사회자 : (약간 화가 난 듯)
　　　　좋습니다. 그럼 마지막으로 하나만 더 말씀하시면 이번에는 제주도 왕복 항공권을 드리겠습니다.

아가씨 : (잠시 침묵을 지킨후 배시시 웃으며)
　　　　꼭 말을 해야 하나요?

사회자 : (이번에는 틀림없겠지 하며)
　　　　그럼요! 꼭 말씀해 주셔야 합니다!!

아가씨 : 그러자 "배떼지!" 라고 하였지요.

그 말에 좌중은 또 한 번 웃음 바다가 되었지요.

사회자 : (완전 흥분하여)
　　　　조~오습니다.

정말 마지막으로 하나만 더 부탁드리지요. 이젠 남은 동남아 5박6일 여행권을 드리겠습니다.
그것도 두 분이 함께 갈 수 있는 여행권으로요.

아가씨 : 와! 정말요?

사회자 : (여유 만만하게)
　　　　그럼요 그것도 5박 6일입니다.

자, 과연 '지' 자로 끝나는 마지막 신체부위는 무엇일까요?
사람들은 은밀한 그곳을 상상하며 이번에는 틀림없겠지 하며 큰 기대를 하고 있었다.

아가씨 : (잠시 침을 꼴깍 삼키며 말을 하려 하다가)
　　　　에이~ 부끄럽네요?! 하는 거였다.

사회자 : 괜찮습니다! 여기 계시는 분들은 모두 성인들이라 어떤 말도 괜찮습니다.
　　　　아무 걱정 마시고 어서 말씀해 보세요.

아가씨 : 정말 괜찮을까요?

사회자 : 그럼요 아무 걱정 마시고 말씀해 보세요.

아가씨 : (부끄러운듯 한참 뜸을 드린 후)
　　　　하나 남은 정답은 "코~딱~지!" 하는 거였다.

이말 한 마디에 장내는 온통 박장대소를 하면서 뒤집어졌다. 정말 재치있고 재미있는 아가씨였다.

우리가 다 알고 있는 유머이지만 다시 들어도 재미가 있다. 우리말에는 '지'로 끝나는 말이 참으로 많다.

이 정 록
시인, 샘문그룹 이사장, 한국문학 회장

제4호
한용운문학시선집

시부문
선정작

(ㄱㄴㄷㄹ순)

찔레꽃 사랑 외 2편

강 개 준

봄날을 환하게 피게 하는 하얀 꽃이었다
어머니 품 안에서 피어나는 그윽한 향기였다
파란 하늘에서 내려오는 하얀 그리움이었다

실바람이 불어오는 날에는 은은한 향기가 날아와 좋았고
해가 서산을 넘을 때면 긴 그림자 몰고 오실 어머니를 기다리며 혼자 울었
다

찔레꽃 피어나는 봄이 오면 내 안에 그리움이 피어나고
하늘나라 가신 어머니가 보고 싶다

하얗게 피어나는 찔레꽃 안에 어머니가 계시고
꽃향기는 은은한 어머니의 그리움으로
외로운 가슴골에 찾아오신다

그날이 오면

강개준

하늘이 맑은 날이었어
임이 떠나던 그날이 생각이 난다
지금은 어디에 계실까?

하늘 속에서 구름 속에서
이 땅에 추억을 기억하고 있을 한 영혼
보고 싶다, 그립다

볼 수가 없기에 더욱 그립고 보고 싶어진다 밤이면 별빛 따라 눈물 강 건너
보고
낮이면 구름 따라 임 찾아 헤매는 마음

굽이굽이 흘러가면
그리운 임 볼 수가 있을까?
그날이 오면 그날이 오면 우리는 어디에서 만날 수 있을까

은하수 강가에서 만난다면
조각달 타고 갈까!
영혼의 강가에서 만난다면 무지개를 타고 갈까!
조각달 타고 가도 좋고
무지개 타고 가도 나는 좋다

그날이 오면 그 어디라도 임이 계신 곳이라면
나는 가리라, 찾아가리라

낙화

강 개 준

화창한 봄날이었어
바람이 불었고 꽃잎이 떨어져 불어온 바람이 이별이라 말했어

긴 칼바람 속으로 걸어온 날들
미처 돌아볼 겨를도 없었는데
어느새 성숙해 버린 소녀의 가슴처럼
탐스러운 꽃봉오리 환하게 피었건만
아 이렇게 허망하게 떨어질 줄이야

화무십일홍 누가 말을 했던가?
뜨거운 가슴 맞대기도 전에 낙화라니
아 슬프다 꽃잎이여!
아 애달프다

사랑이여, 우리의 사랑이
이다지도 짧았던가?

그대 몸이 떨어져 바람에 날리고
길가에 나뒹굴어 차바퀴에 치일 때
나는 울었어

비명 없이 죽어가는 너를 보고

아프다고 너무 슬프다고 봄도 울었어!
떨어져 지는 그대 모습에서
낙화의 설움을 보았어!

강 개 준

서울시 금천구 거주
독학으로 시문학 공부
기형도문학관 시창작반 수료
대한문인협회 회원
(사)창작문학협의회 회원
시시각각 시 동아리 대표
경기도지적발달장애협회 광명지부 근무
<수상>
대한문인협회 시 등단
대한문학세계 시부문 신인상

여름이었다 외 2편

강 성 화

우주 곳곳에는 시간이 정체된 것처럼 보인다
하지만 별 무리의 규칙 없는 자유로움은 부럽다
저 별들이 갑자기 나에게 쏟아진다면 피할 수 있을까?
별이 다 쏟아진 텅 빈 우주를 보며 살 수 있을까?
나는 엉뚱한 상상을 해본다

수많은 별 없이는 우주가 아니듯이
우리네 삶도 마찬가지라고 생각한다
사랑 없이 살아가는 삶이 쉬울 것 같지만
굉장히 어렵고 힘이 드는 것이다
함께하는 사랑도, 혼자 하는 사랑도

그대를 알게 된 비의 계절인 여름밤
별빛이 가득 담긴 눈빛
촉촉한 입술
그대의 모든 것이 내 심장을 자극하고
뜨거운 흥분이 영혼의 혈관을 타고 치달렸지!

참을 수 없을 만큼 그대를 느끼고 싶어
나는 그저 그대에 대해 알고 싶은 것뿐이야
그래서 그대에게 더 다가갈래
내가 들어준 것처럼 그대도 나의 이야기를 들어줘
나의 마음이 말하는 것을 그대는 귀로 들었을까?

서로에게 마음의 문이 열린다면 더 좋겠지만
누군가를 사랑할 수 있다는 소중함을 아는 것보다
누군가를 사랑한단 건 이렇게 괴로운 거야
텅 비워버린 가슴에 외로움만이 남아 있는 것을
어찌하면 좋을까요?

자아自我

강 성 화

마음속에는 습지가 자리 잡고 있다
또 하나의 나
자아인 것이다
습지는 여러 개의 늪이다
자아 또한 여러 개의 마음 공간이다

마음 공간들이 여전히 고민 중이다
사랑을 얻고 지키기 위해 우리는 무엇을 해야 하고
더 나은 삶을 위해 가야 할 그곳은 어디인가?
꿈이었던가?
사랑이었던가?

구름은 물속에서 흐르고
물은 하늘에서 흐르는 착각 속에서
세월이 흐르고 세상도 바뀌고
흘러가는 시간을 따라가지 못하니
꿈도 사랑도 도무지 어찌해야 할까?

자아가 소리친다
나를 버티게 한 희망의 습지를 찾아가라고
어느 날 그 희망을
내가 진실로 사랑했던 사람과
나눌 수 있으리라는 곳을

행복

강 성 화

새벽 미명처럼 다가오는 상쾌한 공기
조용하고 고즈넉한 낮은 산자락의 이곳
잔바람에 쉴 새 없이 흔들리는 나무들
문득 스쳐 지나가는 생각이 뇌리에 박힌다

불어오는 바람 때문에 나무가 행복할까?
그대 행복에 내가 있을까?
나의 행복 속에 그대가 있을까?
약간의 슬픔, 약간의 기쁨, 행복의 재료란 이런 것들

우리의 기억에 슬픔과 기쁨이 넘치는 이유가
그대 행복 속에 내가 있고 나의 행복 속에 그대가 있어
나의 꿈이 그대이듯 그대의 꿈도 나이기 때문이야
품에 안을 수도 없을 만큼 우리는 지금 행복에 살고 있어

우리는 행복한 일을 하고 있고 그대와 나에게 아주 좋아
나와 그대가 어떤 모습이 될지 알 수 없지만,
서로가 그것을 즐길 것이고 그걸 받아들여야 해
세상에 당연한 행복은 없는 거야
세상은 내가 보는 그대로야!

강 성 화
시인

뻐꾸기 외 2편

고 은 경

이산 저산 뭘 잘했다고 재잘거리노
동네방네 바람 난 년이 부끄러운 줄도 모르고 그라노

남의 집 안방에 제자식 갖다버린 주제에
참 염치도 없지, 뻔뻔스럽기도 하지?
아닌 척, 뻐꾹뻐꾹 우아한 척, 운다고
너만 모르는 비밀이 있다더냐

제자식 죽인 도둑놈의 씨앗을
이 여름에 땀내나도록 업둥이 키우는
불쌍한 오목눈이는
제자식 죽은 줄도 모르고
도둑새 키우느라 허리가 휘건만

알고도 모르는 척,
한여름 다가도록 노래하는 너를
누가 예쁘다 그러드노

꽃차 한 잔 드시겠어요

고은경

꽃차 한잔 드시겠어요.
봄 향기 가득 담은 찻잔에
아지랑이 한움큼 넣었어요.

사랑의 물로 채우고
재스민 꽃을 닮은
그대의 향기도 넣었어요

그리움이란 찻잔에
그대 이름 새기고
행복이란 글자 곁드리고

사랑의 갈증 다 녹여줄
꽃차 한 잔 하시겠어요
입안 가득 상큼한 향 번지는

레몬 시럽도 넣었어요.
봄 향기 가득 담은 찻잔에

언제든지 오셔서
마음 내려놓고 꽃향기에 취해
쉬어가세요

고향에도 지금쯤

고 은 경

고향에도 지금쯤 가을이 왔을려나!
세월이 저만치 비켜간 지금
산천도 많이도 변해 있겠지?
가고파도 갈 수 없는 마음의 고향

지금쯤 한라산엔 단풍 들겠지!
밭 이랑따라 콩깍지 여물어가고
들녘에 구절초가 피어 있겠지!
그리움에 사무쳐도 못 가는 마음

비행기 타면 천 리 길도 한 걸음인데
사는 게 지쳐서 가지 못하고
그리운 이 두고온 아픈 마음에
지척에 두고두고 한숨 뿐이네

들녘에 황금물결 넘실 거리면
고향에 밀감 향기 가득하겠네
초록바다 백사장이 눈에 어리어
하염없이 먼 하늘만 바라다보네

고 은 경
시인

빛바랜 사진 외 2편

권 상 목

어느날 우연히 책장 속에서 본 일본어 교본
작게 오려져 내게로 온 사진
빛바랜 사진은 세월을 머금고
희미해진 기억들을 붙잡고
책갈피처럼 그 곳에 있다

당신은 달빛처럼 맑았고 밝았지
봄날 갓 피어난 새순처럼 순수했었지
작은 사진에게 나는 그렇게 말한다

사계절은 바쁘게 지나갔고
이곳 저 곳 스치고 변하며
세월속에 묻혀 가지만
나는 오늘 어느 가을날을 보고 있다

푸르름이 서서히 물들어 가는 오늘
나는 어느날의
푸른 가을을 보았답니다
참 아름다웠던 날들이었습니다

백석암

권 상 목

선 지식을 찾아 나선 어린 선재
조여 맨 신발에 얹혀 산어귀를 돌아
한 시간 남짓 걷다가
절집 마당에 독백처럼 홀로 서 있다
종각에 매달린 운판의 공덕으로
날짐승들조차 해탈한 소리로 운다

산길에 들어서면 산수유 꽃향기로 이어져
한겨울 설경으로 번져가는 산사의 독경
한 발 한 발 허물을 벗는 발자국이
허방을 건너 하얀 섬돌을 밟는다

찬바람 이는 겨울에도
도량 입구 얼음낀 옹달샘
찬물 한 바가지 뒤집어 쓰고
온 몸의 세속의 업장 녹여낸다

찬기 가득한 마룻바닥에서
밤낮으로 이어지는 참회의 무게
하늘 품은 노을과 어둠으로 숨어 든 낮
그믐달이 들어앉은 바랑에 화엄을 지고
떠나고 싶어도 떠날 수 없는 화천리 백석암
신발 위에 얹힌 어린 선재가 무겁다

벌초

권 상 목

사람들이 떠나고 없는 시골집 문고리 끝에는
청동의 녹물이 배어 나오고
계곡처럼 패인 숫돌 위에
아버지 품앗이 낫이 갈리고 있다

산바람이 지나는 곳
아버지의 소리가 발 아래 저승에서 심장을 흔든다
장맛비에 훌쩍 커버린 잡초
베어내는 낫질 소리
긴 세월이 눕고 먹물이 말라 가는 비석의 글귀
맨 끝 가장자리에서 아버지를 깨워 보지만
끝내 아버지는 아무 말이 없다

산새소리를 자장가 삼아
웃자란 풀들이 바람 타고 술렁거리고
들국화 한 송이 사뿐히 내미시는 아버지

"인생은 찰나의 시간이니 잘 살아야제…"

숲과 산을 걷어내는 안개의 발길질
숲이 되고 산이 되고
다시 어둠으로 감춘다

아버지께 인사를 하고
움푹 패인 숫돌 같은 옛길 더듬으며 산을 내려왔다
눈가에 흐르는 그리움은 애써 감추고
저 먼 산 아버지 계신 산소의
산허리를 바라본다

권 상 목

충남 천안시 거주
경북 경주시 출생
문학세계문인회 회원
<수상>
청마백일장 목월백일장
신라문화재 시부문 입상
2017 월간문학세계 시 등단
2017 계간시세계 신인문학상
굿뉴스피플 문화예술부문 올해의인물상
마산 3.15의거 60주년 백일장 입상

개화開花 외 2편

김 기 홍

헐벗은 나목裸木의 가지 끝에서
작은 꽃망울에서
꽁꽁 언 대지 심장에 자리한 실뿌리에서 봄은 옵니다

찬바람 지나가고 소슬바람이 불어
따스한 햇살이 가지 끝에 비치면
기지개 켜고 깨어난 꽃망울
목마름에 물을 찾습니다

겨우내 새봄을 준비한 실뿌리는
남녘 훈풍으로 촉촉해지고
수분 꽃대까지 길어 올리니
꽃봉오리는 경쟁하듯 쑥쑥쑥 얼굴을 내밉니다

노서유감
— 老暑有感

김 기 홍

열대야에 잠 못 이루다 살포시 잠든 새벽
서늘한 느낌에 열린 창밖 바라보니

밤잠을 설치게 하던 늦더위가
이젠 떠나겠단다
왜?
세월을 이긴 장사 없다고

그래 잘 가거라
계절을 바꾸는 세월이 무섭지
철부지야 다시 보자 돌아오는 초하初夏에

이른 아침 산책길이 신선하고 산뜻하다
밤새 몰래 내린 비에 풀숲도 젖어 있고
하늘엔 조각구름 유유히 떠 가네

부귀영화 권세 명예도
풀잎 위의 이슬이나 뜬 구름 같은 것
무엇이 그리 급해 잡으려 하느냐

아희야!
멀리 보고 기다리렴,
세월과 세상은 돌고 도는 법,
좋은 시절 기대하며 조금만 더 참으렴

흰 구름 먹구름

김 기 홍

여름 한낮 무덥고 후텁지근한 날
높고 맑은 하늘 설원에는 백곰무리가 군무를 추니
달아오른 설원에 후끈한 바람이 부니
흑곰무리가 몰려오네

백곰무리와 흑곰무리 뒤섞이며
드잡이질 하네
으르렁 쿵쾅 번쩍번쩍, 후두두둑
거리에 빗방울 총탄처럼 빗발치자
행인들 우산도 펴고, 건물로 뛰어들고,
우왕좌왕 하네

잠시 후, 백곰무리 사라지고 하늘에 흑곰무리 가득하네
우르르 쿵 쾅 번쩍 번쩍 쾅쾅
흑곰무리 축포 쏘며 축하행사를 하는지
빗줄기 거세지며 퍼붓는 장대비,
거리는 물바다를 이루네

퍼붓던 비 잦아들고 언제 그랬느냐는 듯 흑곰무리 사라지고
숨죽이던 백곰무리 춤추며 다가오네

여름철 한나절 소나기가 지나간
햇살 비치는 산뜻한 가로수 가지에
흰 비둘기 한 쌍 날아와 앉고
행인들 부산하게 제 갈 길, 가고 있네

김 기 홍
시인

서러운 만남 외 2편

김 병 모

지난밤 꿈속에서 아버지를 보았다.
그때 그 모습이었다
내 초등학교 3학년 때이었을까
도화지를 준비하라는 선생님의 추상같은 엄명이 있었다
자다 말고 불호령 칠 얼굴이 아른거린다
식전 아침부터 도화지 살 돈을 달라고 보채보는데,
먹고 죽을 돈도 없다고 한다

엄마는 슬그머니 닭장을 기웃거린다
씨암탉이 누런 달걀 하나를 낳았다.
그는 집안 대소사를 쭉 끼고 있는 듯하다
달걀 하나가 필요하다는 것도 알고 있었다
아침밥을 마파람에 게눈 감추듯 훌떡거리고 한 손엔 책 보따리
한 손엔 도화지와 바꿀, 달걀 하나 들고 신작로를 걸었다

신작로 돌부리에 넘어질세라 눈빛만은 홉뜨지만
홑바지 사이로 뚫고 들어오는 매운바람을 막을 길이 없다
엄마의 신신당부가 있었고 달걀이 깨지기라도 하면
도화지는 불꽃이 되어 날아간다
미술시간을 그리며 가랑이 틈으로 들어오는 칼바람쯤은 견뎌야 했다

그다음 날도 엄마는 닭장을 기웃거려야 할 일이 생겼다

그땐 그러했던가
집에 돌아오자마자 책보따리 내팽개치고
동무들과 동구밖 냇가에서 썰매를 타고 돌아오면 아버지가 계셨고
하얀 이로 맞아준 엄마가 있었다

이젠 임은 말이 없다
아버지로 살아가는 나를 먼발치로 바라볼 뿐이다
내일이 그저 멀게만 느껴진다
일찌감치 잠자리에 들어야겠다
서러운 만남을 위해

충심

김병모

석상에 올린 제수 흠향하시니 어깨춤이 절로 나
춘향골에서 하룻밤 신세를 지기로 했다
마침 어사또 몽룡이 남원골 행차가 있었다

민물의 맛으로 시장기를 때우고
달빛 가르며 완월정에 자리하니
시제詩題, '춘당춘색고금동'의 화두를 꺼낸다

정자 밑으로 물결 가르는 비단잉어가 물 위로 고개를 치든다
그네 타는 춘향이 옛 생각에 잠긴다
주막집 월매도 손님 걷어차고 완월정으로 줄달음질 친다
춘당대의 봄은 예나 지금이나 한결같지 않은가

나 때는 그랬었지,
애절한 사랑이 오작교 지나 꽃무릇 피고
내 논에 물드는 소리가
아이들 책 읽는 소리가 담장 넘어가고
임금 거동 길에 꽹과리 소리 사라진 지 오래다

완월정 건너 언덕 편에 주저앉은 별주부 자라만이
화두에는 관심 없고 토끼의 간, 기다리며 애간장 녹인다
똥이라도 싸주고 가렴

천변 풍경

김 병 모

비 갠 후 천변은 혈흔이 낭자하다
하늘 눈물이 내리쳐 그 젊던 갈대가 밤새 폐가처럼 변했다
겁에 질린 별들이 먹구름 속으로 기어들고 모퉁이로 돌아선 돌멩이도 갈 길을 잃었다 천변 길로 걷는 사람들의 속삭임도 물살에 휩쓸려갔다

지난밤 놀란 별들이 어둠 속에 묻혀 가로등 불빛만으로
천변 길을 걷는데 물속엔 또 다른 세상이다
그곳은 가로등도 켜있고 고요하기만 하다
진실이고 이데아의 세상인가

여기는 헐뜯고 가마솥에 콩 볶듯 요란하고
강아지 제멋대로 날뛰는 바람에 풀잎들이 눈 흘기는 소리가 출렁인다
더위에 찌든 사람도 차갑게 줄달음질 치고
가쁜 호흡으로 고개 쳐들 힘조차 없는 갈대

보다 못한 하늘 비가 살아있는 것들 사이로 내리더니
그 드물다는 성염마저 할퀴고 지나간다
담벼락 틈새로 웅크린 귀뚜라미도
더듬이를 곧추세우고 가을을 끌어낸다

쓸쓸한 천변 버드나무도 한 몫이다
물소리도 고상하고 물고기 물질로 발걸음을 부추긴다

구름에 갇힌 별들이 수줍듯이 속살을 보이고
귓불에 스치는 바람 앞세우고
또 다른 나를 찾아 나선다

김 병 모

아호 : 거전
대전광역시 동구 거주
고려대 교육대학원 겸임교수 역임
한국예술인복지재단 회원
신세계문학회 운영위원
시혼문학회 이사
시학과시문학회 충청지부장
(사)문학그룹샘문 회원
(사)샘문그룹문인협회 회원
(사)샘문학(구,샘터문학) 회원
(사)한용운문학 회원(샘문)
(주)한국문학 회원(샘문)
<수상>
시학과시문학 시 등단
신춘문예 샘문학상 특별작품상
신세계문학 종로백일장 장원
부총리, 교육부장관 표창
<저서>
논문『ebs수능강의 정책에 대한 문화기술적연구』외 다수
<시집>
『아람과 똘기』
『들풀도 눈길 주면 꽃이 되듯』

가위 바위 보 외 2편

김영규

가위는 보를 이기고
보는 바위를 이기고
바위는 가위를 이기네

어느 것이 강자인가요?
어느 것이 약자인가요?
돌고 돌면 상생이지요

세상만사 자연이치
모든 사람 모든 사물
서로 도와 세계 평화

시

나의 조국 어머니

김영규

나의 고향이여!
나의 어머니여!
같은 어머니 뱃속에서 태어나
너는 소련으로 나는 미국으로
강대국 품으로 유학을 떠났다
이제 고향으로 돌아가자
우리 어머니를 보러 가자
엄마가 고향 집에 계신다
그렇다고 너의 엄마가 아니냐?
그렇다고 나의 엄마가 아니냐?
우리는 똑같은 부모의 형제다
어머니는 아름다운 푸른 고향에
우리가 돌아와 정답게 살아갈 집
정성으로 지어 놓고 기다리신다
맛있는 쌀밥에 감자를 얹어서
시원한 뭇국 한 상 차려놓고
기다리며 기도하고 앉아 계신다
이제 우리 고향 집에 돌아가
엄마가 차려놓은 밥상 앞에 마주 앉자
오손도손 어머니와 이야기 나누며
우리 함께 조국이라 불러보자
통일 조국 우리 어머니!
금수강산 나의 고향, 우리 어머니!

삼보일배 오체투지

김 영 규

축지법으로만 오를 수 있는 곳
높은 하늘 깊숙이 마음 닿는 곳
킬리만자로 최고봉보다 높고
에버레스트 최고봉보다 높은
그 먼 길 향해 가야 할 나의 길
왜냐고 묻지 마세요
외로운 길, 내 몫은 하늘을 향한 숙명의 길
내 삶은 오로지 나의 길을 갈 뿐

삼보일배 오체투지三步一拜 五體投地
티베트 불교 신자가 신에게 다가가기 위하여
세 걸음 걷고 한 번 엎드려 절하고
두 무릎 꿇고 이마를 땅에 대고 절하며
성지로 간다네
이 고행 수행의 방법을
'삼보일배 오체투지'라 한다네

김 영 규
경기도 용인시 거주
(사)한국문인협회 회원, (사)한국경기시인협회 회원, 경기PEN문학 회원, 호음문학문인협회 자문위원, 용인시낭송예술협회 감사, (사)문학그룹샘문 회원, (사)샘문그룹문인협회 회원, (사)샘문학(구,샘터문학) 회원, (사)한용운문학 회원, (주)한국문학 회원
<수상>
2019 한국시학 시 등단
2024 한국문학상 수필 등단(샘문)
2023 호음문학 작품상
2024 좋아졌네 문학상
<시집>
꽃을 가꾸는 일 외 6권

잊지 못할 이별 외 2편

김 영 남

잊지 못할 이별의 여인
떠나는 그녀를 잊지 못하네
이마를 지나는 긴 머리결
그윽한 검은 눈동자 잊을 수 없어

뜨겁게 사랑하던 열정의 눈길
별처럼 빛나는 검은 눈동자
저 멀리 떠나며 뒤를 바라보네
할 말은 없어, 할 말은 없어
멀리 멀리 떠나가네

잊지 못할 석별의 여인
떠나나할 그녀를 잊을 수 없어

뜨거웠던 사랑 불타는 눈동자
입가에 남기고 가는 그 미소
달빛에 반짝이는 눈물 젖은 눈동자
더 이상은 할 말이 없어
더 이상은 할 말이 없어
말없이 말없이 떠나 보내네

잊지 못할 작별의 여인

멀리 떠나는 그녀를 잊지 못하네
멀리 떠나야할 그녀를 잡지 못하네

잊지 못할 검은 눈동자
다시는 만나지 못할 그녀를 잊지 못하네
말없이 떠나며 적시는
검은 눈동자 그녀를 잊지 못하네

말없이 홀로 남기고
말없이 홀로 떠나는 그녀를 잊지 못하네
그리움만 가슴 저미도록 홀로 남아 사무치네

외로울 땐 홀로 걸으세요

김 영 남

외로울 땐 홀로 걸으세요
홀로 걷는 여인은 아름답습니다
홀로이기 때문입니다

외로울 때 홀로 걷는 여인은 혼자가 아닙니다
바람이 이마를 만지고
하늘이 머리를 만지고
구름이 함께하고 발길 옮길 때마다
그대 가는 먼 곳까지 함께 걸어갑니다

외로울 땐 홀로 걸으세요
홀로 걷는 여인은 아름답습니다
홀로 걷는 여인은 외로움이고 그리움이고 사랑입니다
홀로이기 때문에....

시인과 시詩

김 영 남

시인은 시가 탄생하는 날,
시와 함께 죽는 이가 시인이다

시인은 시보다 먼저 죽는 이가 시인이다
시詩는 이 세상 인간의 삶에 있어야 한다.
나약한 인간의 고단하고 애닯은
인간의 삶에는 시가 있어야 한다

시인의 유정有情!
시인의 인간애人間愛!
시를 남기고 죽는 시인!

시인은 시를 삶으면서도
죽어가는 자신의 죽음을
기꺼워하며 아까워하지 않는다
시인은 죽어도 인간의 가슴에
시로 절절히 살아 간다!

시인의 시는 태어나면서부터
전설傳說이고 고전古傳이 된다
시는 병들지 않고, 늙지 않으며
영원히 죽지 않는다
그래서 시인이고 시다

시는 시인이 지은 시가 집이다
시는 시인의 영혼이 지은 집이다
썩지 않으며, 죽지 않으며
영원히 무너지지 않는다
시인과 시는 그렇다

시인의 시는
시인이 짓는 그 순간부터
죽은 자의 영원한 영혼이 되어 준다

시인은 끝내 신神과 마주한다
이것이 시인이다
이것이 시이다

김 영 남

경기도 포천시 출생
부산과역시 강서구 거주
동아대학교 경영대학원 수료
부산가톨릭대학교신학원 졸업
부산가톨릭대신학원총동문회 회장 역임
서울대학교 자연과학대학 6기 수료
(주)전자당석유화학 대표이사 재임 중
(사)한국천주교평신도사도회 이사장(현)
(사)문학그룹샘문 회원
(사)한용운문학 회원
(주)한국문학 회원
별빛문학회 회원
문학과예술 회원
<수상>
한용운신인문학상 시 등단(샘문)
한국문학상 평론 등단(샘문)
한국문학 한국문학특선상(샘문)
문학과예술 시부문 입선
<저서>
수상집 : 들녘끝 어드메서
수필집 : 나는 피리부는 사나이

잠시 만난 인연 외 2편

김영홍

바람결에 구름처럼 흩어지려는가!
잠시 잠간이었던 짧은 순간들이 아쉽구려
옷깃만 스쳐도 인연이라 했던가요?

잠시 잠간인 순간에도 우린 서로가
시 한 수를 들려주던 그의 모습
아름다운 추억으로 남습니다
두타산 정상에서 들려주시던 시詩,

목사님과 시 한 수, 주고받던 그 시의 한 소절은
혹여, 메아리 되어 되돌라올까요!
저는 기다려봅니다
짧은 인연에 작별을 한
시간이 아쉬움으로 남습니다

쌍용 계곡

김 영 홍

구비구비 돌고돌아
다락마을 찾아왔더니
내 고향 같다네

마당 앞
푸른 소나무
옛 모습 그대로라네

흐르는 앞 냇물소리
깊은 시름도 씻기여진다네

청산옥수처럼 맑은 물에
이 몸 담가 보니

선녀도
부럽지않다네

손녀들의 심성

김 영 홍

초등학교 이학년 손녀
박수빈 이야기를 하려고 한다
꽃보다 예쁜 수빈이가
정성으로 만든 예쁜 봉투,

고운 심성으로 손글씨를 써서
예쁘게 만든 봉투 속에는
만 원 짜리 지폐가 담긴 봉투였다
할머니 할아버지! 용돈이라며 각각 준다.

"왠~봉투야?"
"할머니 용돈이예요" 라고 한다
어휴 감격스럽다
귀요미 손녀가 어떠한 생각을 하며 만든 봉투인가!
손편지를 쓰고 봉투 안에 갸륵한 마음을 담아
할아버지 할머니에게 선물이라며
고사리 손으로 공손이 내미는 수빈, 수혜,

"할아버지 할머니는
우리들 용돈을 주시기 때문에
할아버지 할머니는 돈이 없을 것 같아요" 라고 엄마한테 이야기를 했단다
ㅎㅎ 어리고 여린 가슴으로

어찌 그런 생각을 하였을까!
참으로 감격스럽다

꽃보다도 심성이 고운 우리 손녀들
기특하고 갸륵한 마음이
참으로 예쁘기도 대견하기도 하여라
수빈, 수혜야 고맙다
우리 손녀들아 사랑한다

김 영 홍
시인

화개장, 구례장 외 2편

김 종 진

한겨울을 지나 새봄이 찾아오면
잎새보다 꽃잎이 먼저 나오는 봄꽃이
아름답게 피어나는 남녘의 꽃소식에
더욱더 마음이 설레이네

산과 들에 봄기운이 가득하고
뻐꾸기 노고 지리가 짝을 찾아
울어대면 차가운 냇가에 털복숭이
버들도 다투어 피어나네

주변의 산과 들은 큰 캠퍼스 위에
마치 연두색 물감을 뿌려 놓은 듯
나뭇가지마다 여리여리하게
수줍게 살며시 새싹들이 돋아나네

섬진강 줄기 따라 피어나는
노란 구기자꽃 개나리꽃들이
가지마다 주렁주렁 매달아 놓은 듯
노랗고 화사하게 무수히 핀다네

강 언덕마다 여기저기 피어나는
백매화, 청매화, 홍매화밭에는
꽃들이 만발하고 그 꽃에 매료된
상춘객들로 인산인해를 이룬다네

청매화꽃 백매화꽃이 서로서로
층층이 꽃송이 터널을 이루고
홍매화꽃은 어느 화가의 물감보다
환상적인 선홍빛 황홀경에 빠진다네

1919. 04. 06. 날
독립운동한 화개장터에서
쌍계사까지 벚꽃이 피는 십리 길,
화엄사 주변에 피어 흐드러지는
온갖 꽃들의 화려함으로
극락이 따로 없다네

강을 사이에 두고 구례와 광양에
개나리, 매화, 구기자, 산수유, 진달래가
만전萬全을 이루는 남쪽으로
봄맞이 먹거리, 볼거리, 꽃구경 가보세

사찰 주변이 가장 아름답다는 사서암
소원바위에 소원 빌고 정자에 올라
산 아래 강 건너편 하얀 구름이 걷히면
백두대간의 끝자락 지리산이 보이네

아침 해장에 시원한 재첩국집
경상도 아줌마 사투리 구수하고
꽃이 만개하여 화개花開장,
각설이 장단 맞춰 어깨가 들썩인다네

하루 건너 전라도 구례장이 서면
선술집 막걸리 한 잔에 흥이 절로나고
전라도 육짜배기 진도아리랑에
신명나는 시골 장터, 오일장

1919년 3월 1일

김 종 진

마음대로 나라의 뜻도 펴지 못하고
벅차고 힘든 많은 날들을 참고 참아
온 국민의 시름을 가슴속에 묻었으니
우리 모두가 오래도록 기다려 온 날

스치는 바람조차 차갑게 느껴지는
이른 봄 햇살이 비치는 탑골공원에서
어느 학생이
"지금 우리 조선이 독립한 나라이고,
조선사람이 자주적 국민임을 선언"하는 날

고달픈 이 세상을 다 안아보려 했지만
아직도 암울한 검은 그림자가 드리우니
모두가 억울하고 참담한 그 마음은
안타깝고 서럽고 분하고 원통하였으리라

오직 이날만을 고대하고 참고 기다렸을
1919년 3월1일은 우리 국민 모두의 염원을 담아
두 손에 태극기를 들고 하늘 높이 흔들며
외쳤으리라
"대한독립 만세" "대한독립 만세"

젊음의 기상

김 종 진

청춘아 사랑아
밀려오는 파도야
푸른 바다에 청춘의 배를 띄워라
청춘은 산이 되고 바다가 되고
꽃이 되어라

피어나는 청춘의 기상과 열정으로
아픔과 고통을 딛고 일어서라
희망의 닻을 올려라
꿈을 꾸어라

가는 곳이 그 어디든
네가 바라는 세상이 되리니
두려워 하지 마라
정의로운 세상에서 불타오르는 열정으로
큰 소리로 외쳐라

뜨거운 가슴과 강렬한 내면의 열정으로
끓는 피는 용암처럼 솟구쳐
정열의 꽃을 피워라
실패를 두려워 마라
다시 피면 되리니

세월의 반복 속에서 진실 앞에 바로 서라
불의 앞에 무릎을 꿇는 것은
곧 비열함 이니라
다이아몬드처럼 끝까지 참고 견디어
마침내 찬란하게 빛내라

김 종 진
시인

중랑천 외 2편

김 호 삼

느리다는 것은 안다 최선을 다해 더욱 느리게 가자
칸마다 서로 다르게 흔들리는 완행열차같이
흘러가야만 하는 건지 생각을 늘어뜨린다
흘러가는 거야 뿌리가 없으니 별 수 없다
실한 뿌리로 붙들어 쉼표를 다오 갈대야
지느러미 없어 고삐를 붙들려 정처 없이 끌려가는 몸
되돌아가게 지느러미 시동을 걸어다오 잉어야
멈출 수 없다
날개를 다오 하늘에 올라 이 땅 어여쁜 얼굴 살펴보게 오리야
낙차 이는 보마다 거품 물고 독촉한다 해서 유속에 시동 걸 마음 없다
아직은 목마른 이 땅
애인처럼 뜨거운 입맞춤으로 촉촉하게 적셔야 하는데
아쉽지만 사나흘 흥건하게 적시고 싶은데
동부간선도로에 땅거미 진다
어둠을 핑계 삼아 하룻밤이라도 묵으려는데
수은등 불을 켜고 머물면 썩는다며 길을 재촉한다
벌칙처럼 머물 수 없다
이른 새벽부터 시작된 길
하늘에 별이 뜬다
고작 하루살이 사랑이다
떨어지지 않는 발걸음에 이별이 오고
한강이 가까워질수록 깊어지는 수심愁心
도봉 노원 중랑
자꾸만 눈에 밟혀 되돌아본다
수심水深이 깊어질수록
내 안에 커다랗게 새겨지는 임의 모습

꿈을 꾸다

김 호 삼

웅성거린다
발목을 구차하게 붙드는 생시는 가라
쳇바퀴 도는 일상을 뿌리치고 현실 밖으로 부리나케 달린다
눈 감는 순간 더는 지상에 매어놓은 가오리연이 아니다
장벽을 뛰어넘어 하늘 정원을 달리고 있다
잠 밖에서는 안과 밖이 어둠과 밝음으로 구분되지만
단단한 잠 안에서는 하늘 한 점 뜯어 쓱쓱 비비면 어둠과 밝음의 경계가 허물어진다
꿈에서도 입과 꼬리가 잡히지 않는 악마는 있다
한순간이면 모든 문제가 해결되기도 하지만 그렇지 않는 경우
두통의 알약이 필요 없다
식은 땀 닦는 수건 하나면 해결된다
두려움은 두려움으로 묶음처리하자 잦은 죽음
구렁이가 여우가 되고 용쓰는 신용만하면 용이 된다
허공에는 날개 없이 하늘을 나는 꽃이 가득하다
꿈은 슬픈 것들의 희망이다

우물

김 호 삼

떨고 있다 어린 자식들 먹은 것 없이
겨울바람에 흔들리고 있다
고드름 지독하게 돋아난 벽이 머리를 들이받아도 물을 길어야지
가난으로 길든 어린 손에 한 모금 나의 살점을 떼어준다
내가 소진된다
머리카락으로 땋은 밧줄 날 선 추위에
싹둑 잘려나가고 두레박 부서진다
쏟아진 눈물, 파문을 일으키며 깊은 어둠 속으로 침전한다
유년의 기억 어디쯤 땀으로 굳어진 한 겹, 체온이 식어버린 또 한 겹 엄마의 살을 걷어 올려요 내 가슴에 빈자리만큼 파헤쳐진 구덩이, 엄마가 잔물결에 떨고 있어요
금이 간 골반, 쇠꼬챙이처럼 말라버린 하완골과 이끼가 퍼렇게 낀 두개골 건져 올려요
나를 이어주던 질긴 실핏줄 몇 가닥, 과거로부터 내달려온 바람이 신경을 이어줘요
추가로 인양된 젖은 세월 그 뒤로도 끝내 찾지 못한 엄마의 눈물, 눈물
화장을 해요 두개골에 이끼를 걷어내고 나의 울음으로 붉게 입술을 그려요
검은 내 가슴을 드러내 눈을 달아 드려요 입술을 갖다 대어도 여전히 다문 입
기억 한 구석 접어두었던 엄마라는 단어 곱게 입혀드려요
얼어붙은 가슴에 얼굴을 묻어요
고인 눈물이 옷고름 타고 우물 안으로
떨어지네요

잃어버렸던 엄마의 눈물, 찾았어요
내가 먹어버린 눈물 첨벙첨벙,
엄마가 급기야 하늘을 들고 걸어 나와요
응애응애, 골반에서 양수가 터지고
아기가 울어요
엄마가 어린 손을 잡고 걸어가요
저를 데리고 어디로 가는 거예요?
저 하늘로 가는 거야 엄마는 눈물이잖아요? 그래, 엄마는 물이란다
물이면 우물이잖아요?
그래, 우물 속에 있는 저 하늘이지
그러면 높고도 먼 곳이잖아요?
그래, 높은 곳에 떠있는 토끼의 나라란다 항상 나를 지켜보네요?
그래, 날마다 너를 바라보다가, 너무 멀다 싶으면 우물 속에 내려앉는 달이란다

김 호 삼

서울시 송파구 거주
전북 정읍시 출생
방송통신대학교 국문학과 졸업
(사)한국문인협회 회원
(사)문학그룹샘문 회원
(사)샘문학(구,샘터문학) 회원
(사)한용운문학 회원
(주)한국문학 회원
<수상>
상춘문학상
2001 월간문학세계 시 등단
안양버스정류장 글판 시 선정
<소설>
장편소설 : 해미(용인문화재단)
<시집>
남몰래 가슴에 새겨진 비문
즐거운 이별
999가 있다

유랑자 외 2편

박 길 선

정든 고향을 떠난지 몇십년 세월
영혼의 방랑은 멈출 곳 없네

오늘은 손님으로
오랜만에 고향을 찾으니
오고가는 낯선 심상心想이

짙어가는 어둠은
자꾸 나를 타지로 밀어내고
어째 하룻밤 지낼 곳이 없다네

이루어질 수 없는 꿈

박 길 선

늙은 개 문옆에 쭈구리고 앉아
세상만사 잠만 자건만

검은 머리 반백에 갈수록 얇아져
빗물은 머물지 않고
주름진 얼굴을 적시네

위 아래 멜로디 마디마다 목탁소리
꺼칠꺼칠 느티나무가지

한 가치 담배 한 모금 연기
굵은 수염 날개를 스쳐가네

서산 노을 아름답다
이 마음 괴롭기만하구려

고향의 가을

박 길 선

이 몸이 고향을 떠날 때
봄이 였건만
낯선 타향에서 가을을 맞이하네

9월의 맑고 푸른 하늘
산과 들 검푸른 잎새

어디선가 불어오는 얄미운 바람
여름은 나그네를 가을로 밀어내고

이 밤은 깊어 가건만
고향이 그리워 잠 못 이루네

박 길 선

경기도 화성시 거주
(사)샘문학(구,샘터문학) 운영위원, (사)문학그룹샘문 운영위원, (사)샘문그룹문인협회 운영위원, (사)한용운문학 회원, (주)한국문학 회원, (사)샘문뉴스 회원, 이정록문학관 회원, 샘문시선 회원, 지율문학 회원
<수상>
신춘문예 샘문학상 시 등단
<공저>
시詩, 별을 보며 점을 치다
고장난 수레바퀴
<컨버전스시선집/샘문시선>

만해, 한용운 님이여! 외 2편

박승문

세월의 무상함은 방향조차 더디게 바람을 섞었습니다
뉘의 목소리조차 숨 죽었습니다
얼음장이 되어버린 칠흑의 밤에서는
쉿, 쉿
애써 참아왔던 심정은 섶을 할퀴고 있을 것 같아
바람 앞에 놓인 촛불이 애달파
눈을 감아도 눈을 뜬 것처럼 허상이 가물가물했습니다

하늘을 빼고 풀 한 포기 내 것이 아니었고
물 한 방울 내 것이 아니었던 억압의 세월 속에서
짓밟을 땐 힘없이 당해야만 했고
일어나면 짓밟혀야만 했던 나라 잃은 설움 알고 있을까요?
하늘에서는 잿빛 어린 구름이 달빛을 가리지 않았습니다

희망, 산천을 울리는 간절한 마음이 태극기를 품은 그 어린 소녀와
역사에 이름 한 줄 남기지 못한 풀 한 포기와
물 한 방울의 초혼이
봄을 기다리고 있었습니다
누구나 누릴 수 있는 봄을 기다렸습니다

전쟁 같은 삶을 살아도 뜻있는 길이라면
한목숨 바친들 어떠하리

나의 아버지 그 위의 할아버지가 그 길을 걸었고
나의 어머니 그 위의 할머니가 그 길을 걸었던 그 날,
그날의 삼월, 일일이 생각나고
그날의 팔월, 십오일이 생각났습니다
그러나…

봄이 왔음을 모르는 이름이 있었습니다
그 이름 불러보고 싶었습니다
만해,
한용운 님이여!

이런 보고 싶음이

박 승 문

보고 싶다
엷은 단어를 쓰고 말하고 기억할 땐
아무렇지 않게
흐드러지는 꽃잎 같았는데
떠나가고 나니까
뒤안길에서 배어 나오는 그리움
누구한테 말 못 해
엇비슷한 저쪽의 수평선을 바라보았다

바닷바람이 불고
빗방울이 떨어지는 날
그런 날에 일렁이는 파도 소리가
뱃고동 소리가
아픈데 없이 잘 참아왔던 가슴 속으로 들어와
하루가 어떻게 가는 줄 모르게
그 시간만큼은 빼먹은 듯 먹먹했다

세월 비껴가는 계절이 움켜쥐고 흔드는
이 고독의 숫자와
이 절박의 자투리인 것이
허우룩한 가슴에 왈칵 쏟아지고 있는데
언제 갈지 모르는데
발등을 타는 물빛들 때문에 보고 싶다
이런, 이런 보고 싶음이

가을밤에

박 승 문

교교한 달빛 으스러질 때까지
바람은 쉼 하더이
별은 빛 하더이
가을밤은
귀뚜라미 울음소리를 듣고
바람 소리는 창틈으로 너그러이 건너다닌다

머릿속으로 건너다니다가 잠시 멈추면
생각나는 사람 있더이
그리운 사람 있더이
창가로 와르르 쏟아지는 이 망각의 어수선한 갈피들
밤 꼬리에 매달아 놓은 아쉬움인가!
알 수가 없다

잠이 오는 시각임에도 가을밤을 덮은 이부자리에서 뒤척이는 공허함
비울 만큼 여유가 없는데
이유가 분명한 가을 노래가 귓가로 맴도는 이 밤은 잠이 오지 않을 것 같다
가을밤에 밤안개가 창틈으로 어슬렁거리고 있다

박 승 문
시인

가을이 오는 소리 외 2편

박 희 봉

하얀 달빛에 숨어
바람 따라
가을이 살며시 다가오네요

높아진 하늘 뭉게구름에 숨어
가을이 몰래몰래 다가오네요

돌 틈 사이 풀잎 위에
내린 이슬 따라
가을이 살금살금 다가오네요

살랑이는 바람에 나뭇잎을 쓰다듬으며
가을이 소리 없이 다가오네요

노을 지는 창가에 앉아 먼 산 바라보면서
가을이 오는 소리 귀담아듣고 싶어요

겨울바다

박 희 봉

갈매기 날갯짓 따라 님 소식 올 것만 같아
내 마음 천천히 바다로 가고 있네

수평선 너머 아득한 하늘 아래
봄바람 따라 님 소식, 올 것만 같네

하염없이 혼자 걷는 백사장엔
끼룩끼룩 갈매기 소리 사라졌네

바람에 흩날리는 모래 따라
그날의 추억마저 희미해져 가네

봄바람 따라 행여 님 오시려나
에메랄드 빛 바다에 내 마음 두고 오네

흔적

박 희 봉

인연은 삶의 순간마다
나도 모르게 스쳐 간다

인연은 어디에서나
소리 없이 다가온다

인연은 너무도 쉽게
홀연히 길 떠난다

인연은 삶의 순간마다
마음의 흔적을 남긴다

인연이 된 당신의 삶에
따뜻한 흔적이 남기를...

박 희 봉
경북 청도군 출생
울산광역시 동구 거주
고등학교 검정고시 합격
방송통신대학교 졸업(문학사)
현대중공업 엔진사업부 퇴직
(사)문학그룹샘문 회원, (사)샘문학(구,샘터문학) 회원, (사)한용운문학 회원(샘문), (사)한국문학 회원(샘문), 샘문시선 회원, 현대시선문학회 회원
<수상>
현대시선문학회 시 등단
세계문학예술작가회 시 등단

시인의 시詩 외 2편

변양임

시詩는 나의 동반자
마음을 달래주는 따뜻한 친구

마음을 물들이는 이 순간들
희망의 색으로,
사랑의 소리로 꽃이 되었다

자유롭게 날아
너의 마법 같은 힘으로
내 마음을 사로잡아줘

너와 함께라면
세상을 더욱 빛낼게

부득이한 길

변양임

어쩔 수 없이 내 발길이 닿은 곳
내가 먼저 걸어간 길 위에
소홀했던 기억들이 쌓여
고요히 나를 지켜보네

멀리 피해야 했던 그 사연들
눈앞에 펼쳐진 운명의 길
한 치 앞도 보지 못한 채로
오직 앞만 바라보며 걸어 왔네

모든 것이 부득이하여 생겨났고
내 삶의 목적은 무엇일까?
그리움은 깊은 바다에 잠기고
나는 다시 질문을 던지네

어둠 속에서 길을 잃고
새벽의 희망을 찾고자 하니
이 모든 슬픔과 기쁨은
내 마음의 한 조각일 뿐

아 사랑하는 그대여!
부득이한 어떤 순간일지라도
나는 여전히 그대를 보내지 않고
내 마음의 사랑 이야기를 풀어 내려네

숲의 숨

변 양 임

사랑이 없는 나무의 숨결이
그대의 숨으로 숲이 되었네

그대와 함께 흐르던 숨이
내 안에 숲이 되었네

변 양 임

제주도 서귀포시 거주
경희사이버대학원 문화예술경영 석사
전)여행기획자협동조합위드 대표
전)제주 여성외국어자원봉사회 회장
전)세계평화의섬 범도민실천협의회 위원
현)영주문학회 사무국장
현)성산읍주민자치위원회 문화체육분과장
(사)문학그룹샘문 운영위원
(사)샘문학(구,샘터문학) 운영위원
(사)한용운문학 회원
(주)한국문학 회원
(사)도서출판샘문(샘문시선) 회원
<수상>
2024 월간국보문학 시 등단
2024 한국문학상 본상 특별창작상
오라문학백일장 대상
<공저>
호모 노마드투스
<한국문학시선/샘문>

벽 속으로 난 길 외 2편

서문순

혹시 너는 아니?
기체처럼 휘발되는 시선의 끝에서 방울소리가 들려

한낮이면 위태롭게 높낮이가 변하는 길,
길 잃은 질문들
송담 닮은 뾰족한 상념들이 덩굴처럼 나를 휘감는 시간

되돌아올 목록을 지우며 걷다 보면,
그 시절 나의 저녁은 후회를 위해 당도했고
세상 모든 길은 돌아오기 위해 떠난 것들임을 알게 되었지

내가 어두운 들판을 찾아 나선 건
누군가의 휘파람 때문만은 아니었어
약속을 너에게 밀어놓으면
네 눈동자에 무수히 출렁이는 새들의 이동
그렇게 손바닥을 뒤집듯 나뭇잎들도 저마다
바람을 빌려 연서를 날리던,
그 시절 부채는, 내게 젖지 않고 우는 법을 알려줬지

아버지의 타작마당은 내게, 무수한 말 줄임표를 던져주었고
그런 날 마당 가득 햇살을 이마로 들이받던 콩알들은
더 환한 영토를 위해 양지쪽으로 몸을 던지곤 했지

알 수 없는 것은, 몇 개의 후회를 달력 속에서 덜어내도
우린 여전히 또 다른 행방 속에서
노래 몇 소절 분신하곤
뒷짐 진 채 그믐처럼 까맣게 돌아오곤 했던 거야

그날 유리창 너머에서 흔들렸던 나를 후회하지 않기 위해
나는 오늘도, 담장 밖 어딘가에서
나를 찾아오고 있을 사막의 낙타를 생각해
내게 주어진 모래시계, 맞아 그 속에서도 낙타는 쉬지 않고 걸어가지, 걸어
오지,

폐경 끝에서 뒤척이다 보면,
후회하지 않기 위해 안개를 밀며 길을 가는 내가 보여
그러나 약속들은 쉬이 저물었고, 그 끝에서도
무수한 바람들은 또 하나의 길을 산란하지

알고 있니?
벽처럼 단단한 하늘도, 매일
나처럼 꿈을 찾아 길을 떠난다는 것을

아버지

서 문 순

수십 년을 남의 땅을 빌어
육신을 뉘였던 아버지
자식이 장성하여 이장하던 날

무덤 속에서 나온 낡은 나일론 양말
나락 진 살림으로 마지막 길에서 조차
수의 한 벌 걸치지 못했었다

철부지 아이 셋과 갓난아이를
등에 업은 젊은 아내를 두고
가는 발걸음이 편치 않았으리라
제대로 눈 감지 못했으리라

이승의 지친 영혼 남겨진 피붙이에
조바심을 냈을 아버지의 미안함이
흙에 융화되지 못하고
고스란히 남겨진 라일론 양말

이제 편한 자리에 모시었으니
너울너울 소지로 올리는 염원의
꼬리를 붙잡고 하늘로 올라가셨으리라

아버지를 모시던 시간
우리 곁을 맴돌던 나비 한 마리
큰오빠의 어깨에 살포시 앉았다가
이내 어디론가 사뿐사뿐 사라져갔다

D

서 문 순

문을 꼭 잠가주세요

밖으로 빗장이 걸려있는 나무 대문 안쪽
한 번 외출하면 후진을 모르는
침대 모서리에 혼몽한 눈동자 하나, 웅덩이처럼 고여 있다
열린 문 사이로 노인보다 먼저 호기심을 내딛는 불빛,
과자봉지처럼 구겨진 관절은 실어증까지 장만했다

과거 한 시절 모나미 볼펜보다 당당했을 저 노인
언제부터인지 몽당연필보다 낮아진 채
더는 시력도 웃음도 쉽사리 불이 들어오지 않고
허공의 새가 바람에게 기대듯
주름진 앞치마에 기댄 노인, 초점 잃은 웃음을 흘린다

오래전 종교 속 사랑을 넘봤다고 했던가
풀보다 싱싱했던 시절도 이젠
기억상실 속에서 치매를 닮은 꽃들만 피워낼 뿐
안전한 날짜들 그에게 더는 없다

몇 개는 지워지고
몇 개는 가물가물한 과거들
토막 난 시간들은 암실을 벗어나지 못한 필름처럼 창백하다

남은 삶을 제어할 부품이 고장 난 저 몸
기억이 고장 났다는 것은 돌아갈 모퉁이가 없다는 것이고,
더 이상 향긋한 여자 하나 불러내
밤을 인출할 팽팽한 욕망도 모두 짐을 쌌다는 것이다

저 노인 이제는 철지난 고춧대보다도 헐렁한 바지춤으로
오늘도 낡은 슬리퍼에 이승의 체적을 얹고서 공회전하듯,
흰 옷 입은 여자의 시선 안쪽을 느린 속도로 돌고 있다

저녁이 되자
앞 산 너머로 야간드라이브를 나왔는지
초저녁 하현달이
부드럽게 가속 페달을 밟고 있다

서 문 순
시인

고목의 추억 외 2편

심 산 태

그 언제였던가요
떨리는 입술로 이런 말 했었지요
세찬 비바람 폭풍우가 몰아쳐도 흔들리지 않는 나목이 되어주면
가지가 맞대어 다정한 줄기밑에 행복하게 날개 접어 잠든 원앙이 되겠다고
그러나 무심한 세월 앞에는
그 언약 도 부질없더이다

부둥켜 앉은 가지에는 낙엽 되어 떨어질 잎새 한 잎 외로운데
무정한 바람마저 그날음성 묻혀오니
허전한 마음 앉고 길 나섭니다

홀로 지킨 고목 아래
행여나 그대가 올까봐
두 손에 기도 담고 가슴에 추억 담아서
그 맹세 아롱진 추억 새긴 나목 아래서 나는 기다린다

외로운 인생

심 산 태

아른 거리다 못내 숨겨둔 순정 하나
공허한 마음은
아직도 발효 되지 못한 채
텅빈 가슴 홀로 지고
하얀 눈물로 하루를 지운
무채색 같은 적막한 밤
가을날 풍문으로 듣는 귀뚜라미 울음인가
나의 사모곡인가
지나온 뒤안길 허물어 보며
추억을 한 페이지씩 지우고
하얗게 부서지는 파도와 맞서서
삶의 얘기를 나눈다
세상 모든 것을 포용하는 바다
나도 너를 닮고 싶다고
지평선 너머로 마중하려니
나를 배웅나온 바람과 갈매기는
붙잡은 미련마저 던져라 한다
그물에도 걸리지 않는 바람처럼 흘러가라 날개 힘껏 저어서
말없이 기다리는 섬같은 외로움도
훌훌 털어버리라 한다
어차피 인생은 언제나 혼자였다고
바닷가 등대도 홀로 깜박인다

당신은 내게 이런 사람

심 산 태

부담 없이 만나 편안하게 마주하며
다정스레 인사 나눌 수 있는 당신이 있어서
난 참 좋았습니다

무엇이든지
뭐든지
아낌없이 주고 싶은 당신이였기에
난 너무나 즐거웠습니다

가끔은 좋은 벗이 되어
그리움으로 다가와
보고픔을 안겨주는 당신이 있었기에
난 한없이 행복 했습니다

그런 당신이 내 삶의 공간에
소중함이 되어 머물고 있었기에
난 참으로 살맛이 났습니다

아직도 언제까지라도
생각해봐도 불변의 마음이겠지만
내게는 유일한 희망이였고
어린 아이의 꿈처럼 부푼 미래였으며 삭히지 못할 아픔이였고 주체하지 못

하는 삶이였습니다

그러나 이제는 냇물에 띄워보낸 종이배처럼
버들가지에 걸려주기만 바라는 아련한 소망으로
두 눈을 감고 힘줄 선명한 손깍지 끼고
찰흙에 붙어버린 발자국처럼 멍하니 서서 나즈막히 읊어봅니다

목숨보다 더 귀했던
나의 소중한 사람이 였다고

심 산 태

아호 : 예향
본명 : 심산태 개명전:심기섭
경북 영양군 출생
경북 경주시 거주
(사)문학그룹샘문 운영위원, (사)샘문학(구,샘터문학) 운영위원, (사)샘문그룹문인협회 회원, (사)한용운문학 회원, (주)한국문학 회원, 이정록문학관 회원, 샘문시선 회원
<수상>
국보문학 시 등단
국보문학 수필 등단
문학정신 시부문 신인문학상
문학정신 신인문학상
mbc수기 수필 당선(방송출연)
한국기독문학 시 수기 당선
신춘문예 샘문학상 특별창작상
신춘문예 한국문학상
특별 창작상
<공저>
위대한 부활, 그 위대한 여정
호모 노마드투스
(한국문학시선집)
이별은 미의 창조
(한용운문학시선집)
개봉관 신춘극장
<컨버전스시선집/샘문시선>

메말라 가는 눈물로 쓴 시詩 외 2편

오 정 선

메말라 가는 눈물로 쓰는 시는 결코 무미건조하지 않습니다

시간이 흐를수록 감성이 사그라드는 부분을 알아채느라 고심합니다

무디어 가는 감성을 채우려고 발버둥이 치는 것도 하루 하루의 일과라고 여깁니다

세상에서 가장 짤막한 시는 느낌표 하나입니다

이 시를 접하자마자 저에게 느낌표 두 개를 보내줄 수 있으신지요?

가을에는 이렇게 하소서

오 정 선

가을에는 한 송이 꽃을 보아도
친근한 미소를 짓게 하소서

가을에는 한 줄기 바람이 불어도
시원함을 물씬 느끼게 하소서

지나간 여름 너무도 뜨거워서
기운을 못 차리게 한 것에 대한 미안함을 벗어나게 하소서

가을에는 나뒹구는 낙엽에게도
포근한 사랑의 눈길을 주소서

가을에는 간간이 내리는 빗방울에게도 설레는 마음을 싣고 감사함을 보내주소서

추수의 계절 가을에는
더 많은 결실을 거둘 수 있도록
가슴 뭉클한 기도를 하게 하소서!

눈짓하는 작은 나팔꽃

오 정 선

가까이 냉큼 오라고 눈짓하는 자그마한 나팔꽃의 눈웃음을 바라본다

그대들을 바라보는 것만으로도 흡족한 사랑의 밀어가 듬뿍 담겼네

저 거리를 가고 오는 사람들은
그대들이 피었는지 졌는지 관심 밖이로다

오호라!
조금이라도 애달파 하지마라

다음해 이맘 때쯤이면 조금 더 큰 꽃을 피워줄 것을 바라노라

오 정 선
시인

백일몽白日夢 외 2편

이 동 석

가을비 제법 길게 내렸는데도
매미 하나 여태 나무에 붙어 있습니다
한쪽 날개가 없습니다 태연합니다

매미는 우는 게 일이고 우는 게 삶이라서
염천炎天을 소리 하나로 채웠었지요
장腸을 끊어내듯 일평생 그저 울었습니다

어느새 추분秋分 지나고 곧 한로寒露인데
울어야 할 일도 울어야 할 삶도 없는데
몸조차 뜯겨서 한없이 가벼워진 매미
백일홍百日紅 줄기에 기어코 남았습니다

꽃 매달았다 떨구는 게 일이고 삶인 백일홍이
빛나는 전과戰果도 없는 매미를
제 몸 피부가 된 흉터로 그저 받았습니다

몸속의 소리를 밖으로 죄다 쏟아낸 매미
꽃 없으면 몸통이 나무 화석 같은 백일홍
불혹 멀지 않은 아이가 탄 휠체어를
등 굽은 노인이 밀고 갑니다

깨어나면 한낮의 꿈이었던 걸까요
매미의 일, 백일홍의 일, 휠체어의 일까지도,
지나고 보면 사람도, 사람의 일도
그저 그렇게 한 철일까요

새끼손가락

이 동 석

아픈 손가락,
깨물어 아프지 않은 손가락 없다지만
안 아픈 손가락 없어도 더 아픈 손가락 있으니
굳이 깨물어보지 않아도 안다

겨우 잠든 서른세 살 아이 내려다보노라니
열 손가락 간절하지 않은 손가락 있겠냐마는
하나씩 차례차례 만져보면 분명 안다
작고 가냘픈 손가락이 더 애틋하다

잠결에 아이가 어설픈 새끼손가락을 걸었는지
엄마는 아이의 엄지를 당겨 지장指章도 찍는다

괜찮아 이제 우리 괜찮을 거야
새끼손가락이 새끼손가락을 만나는 언약
아픈 가슴이 아픈 가슴을 껴안는 것이다

아린 눈에는 그때마다 먼동이 고이고

흑두루미

이 동 석

깊이 닻을 내렸나
물소리도 바람소리도 없다
일용할 양식을 보아도 입을 열지 않고
긴 다리만 세운 채 미동도 없다

금호강에는 나무와 풀과 물이 서로 기대지만
멀리서 온 새에게는 모든 게 낯설다
그래도 한동안은 여기서 깃을 접고 살다가
어느 이른 봄날 시베리아 사투리가 들리면

월동한 이불을 박차고 날아올라
수만 리 아무르 강가로 돌아가서
시계도 없는 너른 들판과 사랑할 것이다
알뿌리 같은 새끼를 낳고는
자작나무 곁에서 죽을 것이다

그곳에는 개발되지 않은 바람과 물이
한 번도 고치지 않은 시를 쓰고 읽을 테니

단단히 스스로 발 묶고 사는 사람도
가끔 고개 너머가 궁금한 나그네가 되고
노을 고이는 순천 갯벌 갈대숲도 가는 것인데

울면서 시를 쓰던 사람 때때로는 있었는데

어느 날 부턴가 흑두루미도 시도 시인도
보였으되 아무도 믿지 않았으므로
바람도 물도 자작나무도 들판의 사랑마저도
전시되거나 팔리거나 멸종될 것인데

*****
아무르강에 흑두루미 서식, 대구 금호강 월동을 직접 관찰했다. 전설처럼, 지금
은 순천만에서 소수의 월동이 관찰된다.

이 동 석

대구광역시 동구 거주
대구시연구소『시집』대표
인문학, 자연과학, 사회과학 두루 전공
(사)문학그룹샘문 자문위원, (사)한용운문학회 회원, ㈜한국문학 회원, 대한시문학협회 회원, 문학과예술 회원, 경산시자원봉사센터 이사, 한국PR협회 정회원, 시민단체 운영위원
<수상>
대한시문학, 문학과예술 시 등단
2024 샘문학상 본상 샘문특선상
2024 모산문학상 대상
2024 세종대왕문학상 우수상

먹구름 외 2편

이 순 옥

열어놓은 장독대로 바쁜 걸음 하던 엄마는
오일장 보러 간 옆집 아줌마네 고추 널린 멍석으로 달려가고
바지랑대 받쳐 널어놓았던 풀 먹인 이불 홑청 걷으러
언니는 뒷 마당으로 바삐 돌아가고
파종기를 점치고 있던 아버지는 밭둑 길을 달리네

관절이 쑤신다며
문지방에 걸터앉아 몰려오는
구름을 내다보던 할머니는
두 무릎을 주무른다

말 없는 시커먼 먹구름은
지휘봉 없이도 온 식구들을 일사불란하게 잘도 지휘하네

삶의 계단

이 순 옥

이생과 저 생 부부 이별로 홀로서기 하느라
칠십 계단 다 보내고 팔십 계단 눈앞이네
내려갈 수 있다면 저 아래 오십 계단으로 가서
다시 한 번 살아보고 싶다

애면글면 키운 자식들 앞서거니 뒤서거니 둥지 틀어 보내놓고
남아도는 기력으로 빨간날 찾아가며 친구들과 부부동반 전국순례며
차례대로 안고 오는 손주들
받아 안는 기쁨 오십 대였네
무디어진 기억 속에서도 그때만은 또렷하다

삼사십 대 계단에선 삶의 현장에서 허덕이며
부부전쟁 무수히도 치렀지
기억에서 조차 지우고 싶은 세월이었다

이제 팔십 계단 올라서면
지난날 수십 편도 넘는 드라마 재생시켜 가며
불안함과 외로움을 달래가며 보내야겠지
처음 해본 인생살이 엄벙덤벙 하다보니
여기까지 와버렸네

여기까지

이 순 옥

징검다리 건너듯 아슬아슬 살아온 세월
어떻게 여기까지 왔을까
손 놓아 버리고 싶었던 때가
어디 한두 번이었던가

오늘 같은 날 기다리고 있을 줄은
확실하게는 몰랐지만
어둠이 지나면 밝은 날이 온다는 이치라
참아가며 왔었네

아슬아슬한 그 길을 손 놓지 않고
여기까지 동행해준 그 사람
고마웠다는 인사말 제대로 못 하고 떠나보낸 게 후회스럽네

이 순 옥
시인, 수필가
용인시 기흥구 거주
(사)문학그룹샘문 자문위원, (사)샘문그룹문인협회 자문위원, (사)샘문학
(구,샘터문학) 자문위원, (주)한국문학 회원, (사)한용운문학 회원, 이정록
문학관 회원, 샘문시선 회원, 지율문학 회원
<수상>
샘터문학상 수필 등단(샘문)
<공저>
아리아, 자작나무 숲 시가 흐르다
사립문에 걸친 달그림자
시詩, 별을 보며 점을 치다
<컨버전스시시선집/샘문시선>

마음 외 2편

이 정 희

서녘 하늘 곱게 물들이고
명절날 귀향길 복잡하다고
조심조심 새벽 하늘 안갯속을
뿌옇게 새우면서 떠난 길

이제는 별 의미가 없는 명절
자녀들 오가는 길 걱정이 되서
도착할 때까지 걱정하는 부모는
오히려 명절이 없었으면 하지,

내 인생도 추억들도 모두 허상인지
그리움 석양이 아름다운 하늘가 한 조각
석양빛 젖은 한자락 추억

해 질 녘, 서녘 하늘에 걸고
둥근 달 차오르면 보려나
자손들 반가운 얼굴처럼
만남의 반가움, 이별의 서운함

진심이야

이 정 희

내 마음은 이 가방 속에
믿음 소망 사랑 건강 웃음 행복
행운을 가득 넣어서
택배로 너에게 보내고파

이름도 없이 빛도 없이
아무도 모르게 보내고파
받아 보고 궁금해 하며
좋아하는 너를 보고파

이 사람일까?
저 사람일까?
평소 사랑이 많은 너
모든 사람을 생각하며
사랑의 눈으로 바라보겠지?

그럴 거야 평소 너답게
그리고 그 눈길에 나도 들어 있었으면 좋겠어
이 마음 진심이야

교차 심상

이 정 희

간다고 울던 당신을 못 잊어 젖은 눈
어이해 잊을까
조용히 떠나지 울긴 왜 울어

온다고 반긴 눈물 그대는 모르리
만남과 이별 앞에 흘린 눈물
뜨겁던 지난 세월 잊을 수 있으랴

그대 떠날 때 흘린 눈물은
싸늘한 마음만 남았으니
추녀와 행복하게 살아 주시길,
교차된 세월 속에 숨어서

이 정 희

아호 : 소담小潭
경북 영주시 거주, 경북 영주시 출생
좋은문학회 회원, (사)문학그룹샘문 회원, (사)샘문그룹문인협회 회원, (사)샘문학(구,샘터문학) 회원, (사)한용운문학 회원, (주)한국문학 회원, 샘문시선 회원
<수상>
2019 좋은문학 시 등단
2019 좋은문학 시 대상
2020 좋은문학문학상(시)
2019 좋은문학 수필 등단
2020 좋은문학 동시 등단
<공저>
좋은문학 문예지 39회
좋은문학 동인문집 7회
<시집>
글벗문학 시집출간 3.4 집

등불 외 2편

이 종 규

개 짖는 소리가
애잔하게 들리는 적막한 밤
기다림은 문을 열고
그리움이 등불을 켠다

낙엽처럼 쌓인 추억은
이유 없이 지난 세월에 싸움을 걸고
슬픔을 몰아낸 작은 위로가
홀로 집을 지키고 있다

사랑의 얽힘이 풀리는
가을빛 기별을 실은 막차는 끝나고
길도 끊어진 어둠이 흔들리며
덜컹거리는 마음을 울린다

애타는 그리움은
언젠가 돌아올 기쁨을 기다리며
오늘밤도
문을 열고 등불을 켜 둔다

독도의 꿈

이 종 규

파도와 새들이 춤추는
동쪽 바다의 끝에서
혼이 담긴 역사를 지키며
외롭게 떠 있는 장한 섬

모진 풍파 헤치며
강인한 배달민족의 정기를
한반도로 묵묵히 실어 나르는
우리의 보배로운 땅

광활한 동해의 가운데서
먹구름을 걷어 낸 등대처럼
희망을 깨우는 날개를 펼치며
독도의 태극기가 펄럭인다

자유와 평화를 외치는
독도가 바라는 꿈은
가슴속 태극기를 흔들며
세상을 비추는 사랑의 등불!

저녁의 절규

이 종 규

초록과 어울리던 붉게 탄 노을이
어둠으로 떨어지는 언덕길을 따라 걸으면

푸른 밤하늘에 믿을 수 있는 모험이 있을까 소용돌이 치는 폭풍 파도가 내
지르는 비명은
새로운 둥지를 찾아 헤매고
착하게 살며 지친 사람들
저녁으로 모여드는 이야기가
너무 힘들고 두렵다

노을빛 구름 사이로
태양도 숨어버린 슬픈 밤
이웃이 희망이 되는 소박한 어울림이 그리운 세상!

이 종 규
아호 : 문찬
동국대학교 경영학과 졸업
청계문학회 부회장, 서울미래예술협회 자문위원, 한국다선문인협회 이사,
시가흐르는서울 이사
<수상>
2015 청계문학 시 등단
2015 청계문학 수필 등단
2022 청계문학 평론 등단
청계문학상, 시와창작문학상
천등문학상
<시집>
『바람의 고백』

사라진 전봇대 외 2편

전 문 구

눈에 보이지 않는다는 것은
참으로 슬픈 일이다
언제나 자리를 밝혀주던
키다리 아저씨가 사라져 버렸다
늦은 밤 한 잔 술에 절여진 배추는
굽은 등으로 좁아진 골목에 들어선다
듬직한 허리로 정화수와 몸을 받아주던
뼈대 있는 집안은 어디로 사라진 걸까
허리를 잡고 도롱이 걸친 눈에 불을 켜고
야경꾼을 지켜주던 눈도 어디로 간 걸까
양상군자가 뽑아 이를 쑤셨을 리도 없었을 텐데
퇴근길 초병을 누가 데려간 걸까
전화선 사이로 샌 연인들 속삭이는 소리는
엄마처럼 다정한 포근한 길이였지
가슴에 걸린 동시상영 포스터는
TV 광고보다 더 심장을 쫄깃하게 하고
덕지덕지 겹친 동내의 비키니 광고판도
추억을 상상하며 미간의 주름을 늘리고 궁금증을 담았지
복덕방 할배들이 사라진 것을 보면
전당포가 다 먹어버린 걸까
어느 날 고개 숙인 가로등에 다가서면
야릇한 눈으로 윙크하는 것은

나이 든 나와 깜빡하는 네가
동행하는 줄 알았지만
그것은 심한 착각이었어
할배와 전봇대가 땅속에서 만났다는
전갈은 무슨 연유일까
너와 나의 거슬림에 부딪혀
새로이 탄생한 거미줄 때문일 거야

삶
– life cycle

전 문 구

산골짜기 별빛과 도시의 가로등이
다르게 보이는 야경의 밤을
아랫도리 털 날 때야 알았다
개집만 한 곳에 웅크리고 앉아
꼬물거리는 아이들을 위해
바늘구멍을 뚫고 모든 벌의 꿈인
무리의 공간을 차지했을 때는
이무기가 용으로 승천하는 줄 알았지
그런데 날개 없이 올라서 그런지
떨어지는 것은 한순간이었어
매달 벼룩이 간을 떼어 갈 때
너무도 야속해 호적을 버릴까 했지
간에서 부화한 조그만 날개가 기를 쓰는 순간
떨어지는 속도를 줄여줄 줄이야
이제야 여유를 찾는가 했지만
여왕의 여의주를 찾아오라는 눈 속임에
떨어지지 않는 발가락을 두더지 굴로 밀어 넣었지
이젠 투명인간 취급하더군
군대의 제복을 벗어버린 후련함이
꿈에 나타나도 버둥거렸는데
다시 입어야 할 줄은 꿈에도 상상 못 했어
한겨울의 아랫목이 아직도 냉기가 서린 것은
아직도 꿀을 따려 벌집을 찾아 헤매야 하는
성희롱에 꺾인 아둔한 인생의 슬픔이지
빈 둥지 증후군 귀가기피증은 사치일까

천지개벽

전 문 구

상상할 수 없는 족보가 팔려나간 것을 보니
조선 후기의 양반 시대가 도래한 착각이 든다
하인도 없는 뻣뻣한 상전이 무슨 소용,
그루밍하는 네 다리보다 작아질 줄은
한마디의 말로도 누른 적 없었어
밤손님도 없는 동네의 달빛에
낯음 없는 돌림노래로 음악회를 견뎠고
다만 네가 돈으로 바뀔 때는 텅 빈 가슴이
너의 악쓰는 소리보다 컸단다
쪼끄만할 때 얼러러, 혀 꼬부라지며 영어를 알았고
느림의 미학에 견줘도 뜀박질에는 소질이 있었지
이름 없는 동의어만 불러댔지만, 귀를 쫑긋
아침에 반짝 바쁜 척 봉당 끝에 엎어져
빗자루에 기댄 머리끄덩이에 빛이 반사되면
느릿한 근육통에 네 다리는 어슬렁 마루 밑을 파고들었지
중년을 넘어서며 문설주 아닌 발에 채이고
무심한 눈으로 바라보는 측은지심,
도넛처럼 동그랗게 말린 몸은 설탕 냄새가 나고
어느샌가 방의 한 편에 영역을 표시하고 있었지
치사하게 양다리 걸치는 능력에 질리고 말았어
이사하던 날, 너를 안고 겨우 자리를 차지하고
누나 오빠 엄마 마지막 순서로 밀린 참혹한 현실에

너의 존재를 인정할 수밖에 없는 거품이 밀려왔지
아주 기본동작에도 자지러지는 집사,
네가 사랑받는 것은 말대꾸가 없다는 거였어
인간과 동등한 대우 아니 더 높은 곳으로 승천하려는
동물 중 제일 먼저 탄생한 저력을 보여주고 있지
탄력 가슴에 안긴 포근한 모습
성희롱이란 놈 때문에 근처에 다가서지 못하는 신세
너와 나의 차이는 무지개다리를 건너면 확연하지
너는 옆에 있어도 기뻐하지만
나는 밖으로 사라질 수밖에 없는 차이가 됐더란다

전 문 구

아호 : 탑전
경기도 성남시 분당 거주
강원도 홍천군 출신
샘문그룹 운영위원
강원도 문인협회 회원
현대시선 정회원
[1집 마른 대화]
[2집 저 꽃잎]
[3집 친구가 좋아 필드로간 시]
[4집 시인과 건달 농부]
[공저 : 새벽외 다수]

설레는 가을 서정 외 2편

정 은 석

천연의 황금가을 영글어주고
보듬어 그린 찬란한 서정이여

푸른 빛깔 펼쳐 가을의 전설 꿈꾸며
내 붓이 예술의 혼으로 끝없이 설렌다

칠색무지개 한 뜸 한 뜸 수놓는
가을 서정은 낭만이 넘쳐 흐르고

사랑이 물결치는 붉은 채색으로
영롱한 비단을 짜내며 손짓한다

불타는 가을 하늘에
꽃노을 수놓는다

덩치값 없는 사나이

정 은 석

덩치값 없는 사나이는
매사에 허우대 뿐이지
실속이 없는 말썽쟁이
누가 그 말을 믿어주랴

그래도 말장난에 이골이나
한때는 잘도 잘도 나갔다는데
진실 옷을 입혔더니 벗어버리고
거짓말로 포장해 속을 비웠다네

무슨 일이든 들통 나기 마련이지
언제까지 남 속이려 들것인가
사회는 이런 좀벌레로 병들고 찌들려도
정의는 진심이 통해서 되살아나
송곳 눈으로 심판한다네

허수아비

정은석

황금빛 가을 산책하며
골짜기마다 마을마다
허수아비도 한 몫을 한다며
어깨춤을 춘다네

속이 비어있는 허수아비
매사에 참세만 탓한다네
능력이 모자라는 것도 모르고
하는 일마다 마냥 제자리라네

참세가 하는 일은 도깨춤이요
자기가 하는 일은 자랑이라
바람결에 흔들흔들 제구실 못해
농부의 마음만 타들어 간다네

정 은 석
시인

가슴으로 부르는 노래 외 2편

정 철 웅

별빛이 흐르고 유성이 떨어지면
가슴에 알알이 석류알 같은 그리움이 쌓이고

시냇물 흐르듯
가슴으로 노래를 부른다
사랑의 노래를

별만큼 헤아릴 수 없는
보고픔이 가슴에 쌓여
그리움으로 물밀처럼 밀려오면

홀로이 사랑의 밀어를 속삭인다
별빛을 벗 삼아

휑한 벌판

정 철 웅

황금 물결 춤추고
늦둥이 호박꽃 어우러져
시선을 유혹하고

갈바람 결에 살포시 미소짓는
코스모스 들길에 서서
섬섬옥수 여린 모습

가을 축제에 초대를 하고
토실토실 살찐 고구마
치마 걷어 올리고 몸매를 과시하더니

이제는 어느새 허한 벌판
새들의 잔치 이곳저곳 무리지어
삼삼오오 회식하느라 여념이 없고

싸늘하게 식어가는 휑한 벌판은
가을 햇살을 받으며 고독을 즐기네

단비

정철웅

기나긴 날 메말라버린 대지
마음은 무미건조해지고
볼품없는 민낯으로 하염없이
바라보다 지쳐버린 산천

가녀리게 떨고있는
고개 숙여 황금빛으로 물들어가는
벼 얼굴을 살포시 어루만져 주는
쪼르르 구르는 단비

언제 또다시 오시려나
기다림에 지쳐서 잠들 때면
남 몰래 왔다가는 밤 손님,
살며시 왔다가는 그대는 단비

정 철 웅
시인

우암동 정비소 외 2편

최 석 종

창자를 움켜쥐고
깨진 범퍼와 라이트를 토해내면
격렬하게 살아온 슬픔이 벌레처럼 우글거렸다

견적서 적는 공장장 심장은
무게를 달 수 있고
영혼은 가격을 매길 수 있다는 걸
그때 알았다

구름이 직각으로 내리는 우암동
앉은뱅이 시간이 심줄을 당겨 수평을 잡고
작은 여울이 콸콸 울지만
누구도 귀 기울이지 않는다

물컹거리는 어둠 속
지워지며 나타나는 검은 나무의 윤곽
저승 가까이 깊은 곳에 들려오는 숨비소리
신은 어디에나 있고 언제나 없다

볼트를 풀고 조이면서
직육면체 안에 세모 네모 온갖 도형들이 들어가면
기지개를 켜는 강철 심장

구멍 난 삶 산소 불로 용접하는 허파에
하얀 소금꽃이 피지만
수컷이 출산율 하는 해마의 육아낭에
무엇이 담겨 있을까

부두로 가는 평행선에 침목이 매달렸고
화장을 끝낸 신부가 기다리는 우암동 정비소에
제과 공장 달이 걸려 있다

틈새에 핀 민들레

최 석 종

IMF가 물고 온 새로운 정글
이름표 붙인 싱크홀에 흩뿌려진 주검
지하철 계단에 기둥이 뒹굴고 있지만
망자를 위한 노래 누구도 귀 기울이지 않는다

함께 자랄 수 없는 상처를 안고
아귀처럼 달려드는 단속반원 목에도
멱살 잡힌 아낙네의 목에도
못 박힌 십자가 매달려 있다

아가를 둘러업은 아낙네 바람 한 줌 쥐고 일어나 길바닥에 뒹구는 소쿠리를
주워서 좌판을 폅니다
땀이 송골송골 맺히고 들숨 날숨 힘겨운 하루
좌판 위 빈자리가 늘어날수록 틈새에 웃음꽃이 피지만
배는 점점 고파 옵니다

사과를 베어 물고 오랫동안 씹습니다
과즙이 사라지고 침전의 늪에 잠긴 질경이는 질감
오대양 육대주를 휘젓던 거북손 병상에서
홀씨를 날려 보내는 심정 이런 느낌이었구나

미화당 골목길 고갈비 익어갈 때

건너지 못한 강을 건너 유월의 청춘이 다시 오고
한 잔 술에 꽃과 나비 되는 광복로 삼거리
건널 수 없는 손짓입니다

젖동냥 다녀온 아가 나비잠 자다
꿈결 같은 속삭임에 방그레 웃고 있네요
아빠 좋아지고 있어 조금만 더 좋아지면
날개 달고 올 거야

얼었다던 봄이 찾아올 때까지
어두운 구석마다 햇살 알갱이 퀘어보다
검게 그을은 울음 토해내는 민들레 홀씨

나마스테

최 석 종

어둠이 세상을 덮으면
햇살 아래 감춰진 욕망이 깨어나고
쾌락을 갈망하던 마성의 독
고도를 높여 비행을 시작하자
우환의 그림자 짙은 광야는 쾌락에 젖어 든다

개와 늑대 혼돈의 시공간
태양을 지탱하는 가지는 부러지고
대지의 뿌리는 토사물을 뱉어내고
갠지스강은 검은 눈물을 삼키고 있다

안간힘을 써도 소금쟁이의 반경
고립된 시간 홀로이 그리고 있는 해답은 KF94
퍼즐인 우리를 지탱시킨 거리는 불과 2m

파열된 수도관 흘려보내지 못한 슬픔
못 박힌 십자가 목에 건 기도는
검은 허파가 ㄲ적인 문장을 읽을 수 있을까

엉그름에 솟아난 가시는 우리의 슬픔이고
사람의 거리 부정교합인 교감은 이제 엉그름 메울 기술

구름이 직각으로 내려
살아가는 것들의 심장이 되면
거미가 집을 짓고 무당벌레 풀잎 위 걸어가는 꿈틀거리는 미물들의 미묘한
움직임은 봄의 확실한 전령

네팔의 산이 깨어나
이른 계절의 빗물로 아침이 온다면
그대들 모두 평안이라는 나마스테

*****
나마스테 : 인도 네팔 등지에서 만날 때와 헤어질 때 두 손을 모아 합장하면서
　　　　　하는 인사말

최 석 종
시인

제4호
한용운문학시선집
시조부문
선정작

연꽃 향기 외 2편

강 덕 순

사뿐히 내려앉은 잠자리 만져 볼까
눈치가 너무 빨라 어느새 공중부양
귀여워 보고 또 봐도 변함없는 정겨움

혼탁한 삶의 본질 그 누가 뭐라 해도
속울음 꺼이꺼이 삼키며 곧은 절개
마음속 깊이 새기며 높게 높게 날은다

햇살도 신비로워 보듬은 자애로움
눈웃음 살살 치는 곱다란 모습 보고
연못에 싱그런 정경 맑은 향기 흘린다

능소화

강 덕 순

한평생 그리움에 속마음 감추고서
밤에는 눈물 짓고 낮에는 방긋방긋
귀 열고 나 보란 듯이 담장 위로 살짝쿵

첫사랑 고백 받고 설레던 빈 가슴을
허공에 띄워 놓고 언제쯤 채워질까
오늘도 아무도 몰래 속마음만 타누나

세월이 흘러가도 변찮은 이내 마음
꽃피고 세월 가면 내 님도 찾아올까
그때쯤 큰소리 높여 동네방네 불겠지

시조

배롱나무

강 덕 순

한여름 무더위에 녹여낸 이파리들
더 이상 못 견디고 누렇게 변했어도
피고 진 꽃잎들만이 세월 속에 숨쉰다

하루에 송이 송이 화려히 피고지고
언제나 생글생글 하르르 떨어져서
눈물을 흘리는 모습 몰래 몰래 숨긴다

밤하늘 별들처럼 쏟아져 감싸주며
사랑도 외로움도 가리지 아니 하고
영원한 미소 천사로 얼굴빛이 환하다

강 덕 순
시조시인

바람의 사계 외 2편

서 해 식

남방의 마파람이 봇재를 넘어서니
산하에 나무들이 부스스 깨어난다
석양에 홀로 핀 매화 길손 갈 길이 바쁘다

동방의 샛바람이 비구름 몰고와서
온 하늘 채우고선 연일 연야 내리니
장마에 지친 벗님아 햇볕 볼 날 그리워

서쪽서 하늬바람 찬기운 몰고와서
찬이슬 된서리에 가을을 마중하니
단풍 든 산 상봉 위에 기러기떼 날으네

북극의 높바람이 능선을 넘어선다
매서운 겨울밤에 삭신이 욱신대네
소대설 다 지나가면 봄소식이 오려나

새옹지마

서 해 식

슬픔이 변하여서 기쁨이 되어주고
기쁨이 슬픔 되어 애통에 잠긴다오
세상사 새옹지마라 서러워들 마시게

겨울이 물러가면 봄 기운 만연하고
온 산하 울긋불긋 꽃들의 세상이라
봄빛이 사그러들면 불볕더위 오더라

여름이 떠나가고 가을빛 영롱한 날
여행길 떠나려네 발길 단 곳곳마다
낙엽이 흩날리나니 가을빛이 저무네

인생사 희로애락 모두가 경험하오
잘났다 자만말고 못났다 한탄마오
인생길 동반자 되어 어울리며 살아요

고향의 봄

서 해 식

비내린 뒷뜨락에 매화가 만발하여
오는 봄 마중하는 영춘화 자태로다
냉이국 끓여먹었던 남도 땅의 봄이오

상큼한 봄소식에 고향을 떠올리고
눈 앞에 삼삼이는 고향집 그리시고
집 떠난 무수한 세월 보고파라 내 고향

대학 간다 떠나고 직장 찾아 떠났네
마음은 고향이요 몸뚱인 타향이라
해마다 기다린 봄을 고향 찾아 맞을까

서 해 식
이호 : 청해
시인, 수필가, 시조시인
전라남도 완도국 거주
전라남도 완도군 출생
(사)문학그룹샘문 운영위원, (사) 샘문학(구,샘터문학) 운영위원, (사)한용운문학 운영위원, (주)한국문학 운영위원, (사)한국문인협회 회원, 전남문협 이사, 완도문협 회원, 현대문예작가회 부회장 역임, 호남시조시인협회 부회장 역임, 국제문학 편집이사, 한국장로문협 회원
<수상>
시사문단 시 등단, 국민행복여울문학 시조 등단, 크리스챤문학 미션21, 현대문예, 여울문학 신인상 완도군문예공모대전 대상, 호남문학상 호남시조문학상, 바다문학상 새마을훈장, 신춘문예 샘문학상 특별작품상
<시집>
향기로운삶
<공저>
이별은 미의 창조(샘문)
싱그러운계절, 현대로 가는 길
개봉관 신춘극장(샘문) 외 다수

제4호
한용운문학시선집
동시부문 선정작

6월 외 2편

채 정 미

꿔어엉 꿩
뻐꾹 뻐꾹 뻑뻐꾹

망초 꽃 사이
푸른 기침 소리가 쏟아져 나왔다

들썩들썩
하얗게 숲이 흔들렸다

수국

채정미

수국수국 소곤소곤

밤새 지구별 여행자들이
초여름 꽃밭에 모였다

하늘을 품은 별
바다를 닮은 별
발그레 석양을 품은 별

꽃 별들이 둥글게 모여
우리가 되고 꽃 행성이 되었다

수국수국 소곤소곤
지금 지구는 온통 별천지

지지대를 세우며

채 정 미

고추 모종을 심은 후
지지대를 세웠다

어린 뿌리가 다치지 않도록
조심조심 사알살

바람이나 비에도 쓰러지지 말고
뜨거운 해에도 지쳐 넘어지지 말아라

아빠가 말로도 지지대를 세웠다
가만히 나도 아빠에게 기댔다

채 정 미

경기도 하남시 거주
하남시 아동복지 교사 재직중
하남문인협회 사무국장 역임
한국동시문학회 회원
한국작가회의 회원
<수상>
2003 아동문예 동시조 등단
2014 아르코문학상 당선
울산mbc 창작동요제 노랫말상 및 대상
kbs창작동요제 우수상
창작동요제 대상
희망창작동요제 대상
<저서>
아함 잠깨고 나온 씨앗들
엄마라서 그렇단다
송아리네집

제4호
한용운문학시선집

동시조부문
선정작

눈빛으로 잡은 달 외 2편

차 상 영

연못 속 비친 보름달
건지려 팔 쭉 뻗었다

흩어진 달 물결이 잔잔하니
하나로 모여 들었다

팔 짧아 끝내 못 건진 달
눈빛으로만 잡았다

동시조

호박꽃도 꽃이네

차 상 영

늦가을 겨우 얻은
푸른 호박 송송 썰어

양파 마늘 고추 된장
보글보글 끓였더니

밥상 위 애호박 찌개
모두 좋아해 정말 맛있어

아빠는 호박 중에
애호박이 최고라고

입맛 쩝쩝 다시며
엄마 얼굴 힐끗힐끗

언제는 호박꽃도 꽃인가?
핀잔하듯, 웃으면서 말해놓고

함께하면 힘들지 않아요

차 상 영

머리를 들고도 고개를 꺾이고도
이 방향 저 방향 요리조리 돌아보며
묵묵히 바람 일으켜 더위 날리는 선풍기

누구네 집안에도 한 대쯤은 갖고 있지
버튼을 눌러서 때로는 리모컨으로
말귀를 알아듣는 AI로 강약조절 척척해낸다

찐 더위는 혼자선 버텨내기 어려워
에어컨 찬바람이 함께하면 힘들지 않아
둘이서 손을 잡았어 더운 바람, 이제 끝이야!

차 상 영
광주광역시 서구 거주
광주문인협회 회원, 한국시조시인협회 회원, 한국아동문학인협회 회원,
(사)문학그룹샘문 회원, (사)샘문학(구,샘터문학) 회원, (사)한용운문학 회원, (주)한국문학 회원, 샘문시선 회원
<수상>
2018 시조시학 신인상 등단
2021 시와동화 동시부문 추천 등단
한국동시조 문학상
<시조집>
시와 동백
<동시조집>
노랑나비 정류장

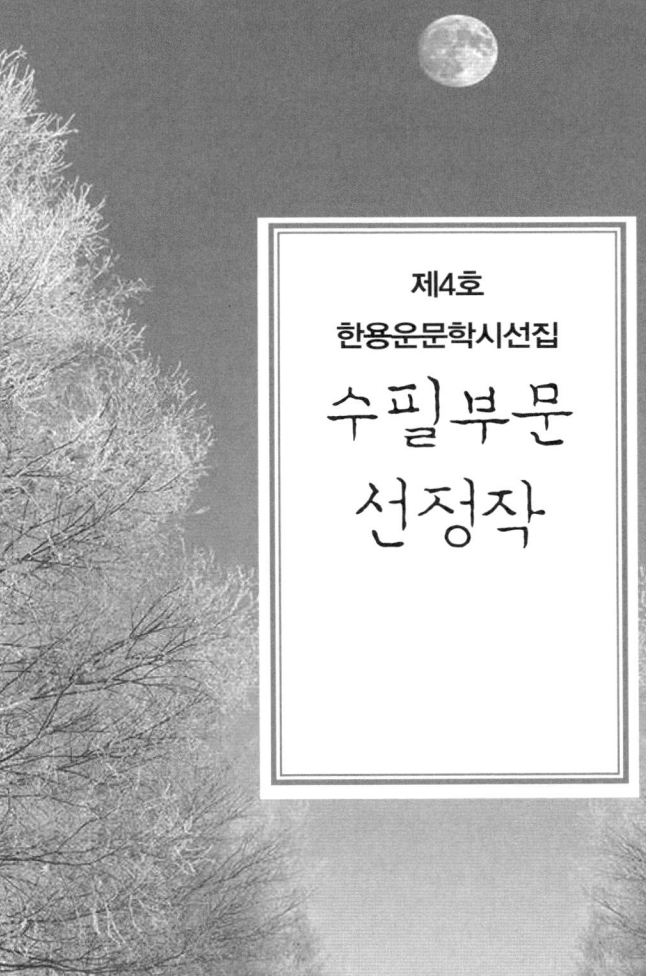

복약 지도 외 1편

유 경 선

복약服藥 지도指導 : 환자가 안전하게 약물 치료를 받도록 약 먹는 것에 관한 사항을 의사, 약사가 지도하는 일. 의약품명, 사용 목적과 기대하는 약효, 투여 경로와 사용 방법, 용량, 투여 시간, 투여 간격, 부작용 여부, 부작용이 있을 때의 대처 방법, 저장법, 피해야 할 약과 음식물 따위에 관한 것 등을 내용으로 한다. <사전 인용>

오래전에 의약분업이 시행될 때, 지금의 의사 증원 문제로 자리를 떠나고 띠 두르고 시위하는 경우와 마찬가지로 상당한 진통이 있었다. 당연한 이야기로 밥그릇 싸움. 양쪽에서 아니 정부까지 포함하면 세 군데서 (여기에 소비자, 환자는 낄 자리가 없다.) 해대는 말씀들은 그야말로 눈물, 감동 없이는 듣지 못할 좋은 말씀들이다. 이 문제는 진즉에 결정이 났고 시행 중이니까 언급은 이 정도로 마치고...

바람직한 진행이며 결론으로 의약분업으로 인해 의사는 약에 관한 한 약사의 협조를 받음으로써 정확한 투약으로 치료효율을 높일 수 있고 본래의 진료 업무를 성실히 수행할 수 있으며, 약사는 의사의 진단·처방에 따라 정확한 조제와 복약지도 및 환자교육을 실시할 수 있어 자신의 직능을 살릴 수 있으므로 내 생각으로는 win win 아닌가 한다. 그런데 예전이나 지금이나 아직도 어려운 단어를 여전히 사용하고 있는 부분에서는 불만 사항도 있다. 약 봉투에 인쇄되어 있는 이 단어 땜시...

『내복약』처음에는 입는 내복인 줄 알았다는 것이니 나중에야 먹거나 마셔서 병을 치료하도록 제조한 약이라는 말이구나 하고 알아먹었다는 것이고 또 하나 어려운 단어가 있으니 요놈이다.『경구 투여』

　많은 사회 용어 특히 건축 현장의 용어에 일제 강점기에 만들어진 또는 일본에서 만들어 사용하던 단어들이 지금도 두루 사용되는바 이 약이 만들어지고 처방이 되었을 때 일본을 거쳐 도입이 되었는가? 아니면 중국을 통해서 수입이 되었는가? 그것도 아니라면 미국 등에서 들어올 때 적절한 우리 말이 없었는가? 경구투여經口投與... 입을 통하여 약을 투여하라는 이야기이니 그냥 "먹는 약"이라고는 할 수 없었을까?

　병원에 자주 다니지 않고 혈압약 등 몇 가지 처방 외에는 약물 사용도 즐겨 하지 않는 편이라 약물 복용하는데, 큰 불편 사항은 거의 없는데, 한 가지 걸리적거리는 경우는 있다. 상당수가 약 봉투에 이렇게 적혀 있다.
　'식후 30분'... 나는 대개의 경우 식사 마치고 물을 마시면서 약 복용까지 같이 해결해 버린다. 약효가 얼마나 떨어질지 모르지만 30분이 지날 때까지 기다려야 한다거나 다른 일로 움직여야 할 경우, 그리고 잊고 지나가 버리는 경우까지 생각하면 나로서는 시간 사용에 불편함을 느낄 뿐이니 식후에 바로 해결해버림으로서 만에 하나 발생할 수 있는 손해(식후 30분이 훨씬 지나 약효가 떨어진다거나 잊어버려서 못 먹게 되는 경우)를 감수한다는 야그.

　옛날 한약 달여 먹을 때도 그랬으니 약의 종류와 성격에 따라서 '식후', '식전', '취침 전'과 같은 특별히 지정된 용법이 있을 수 있겠다. 생각해 보면 '식후'의 경우는 음식물과 함께 섭취할 때 약 효과가 높아지거나, 위 점막 등을 보호할 필요가 있는 때일 것이고 반대로 '식전'은 음식물이 약 흡수를 방해하거나 식전 복용에 약효가 잘 나타나는 경우이겠다. '취침 전'의 경우는 변비약과 같이 아침에 배변 효과를 기대하거나, 졸음을 유발하는 제제가 포함돼 일상생활에 방해가 될 경우에 해당될 것이고...

그렇다면 그냥 '밥 먹기 전', '식사 마치고' 또는 '주무시기 전'과 같이 특별한 시간 언급 없이 넓게 표현해주면 '식후 30분'처럼 일정 시간을 제시하는 것보다 훨씬 나을 것 같다. 순전히 비전문가적 생각이지만서두.
추측컨대 '식사 후 30분'이라는 처방은 약물에 의한 속 쓰림을 예방하고, 몸속에서 약이 일정한 농도를 유지할 수 있도록 돕기 위해서일 것 같지만 이는 근거가 부족하다는 일부의 지적도 있다. 하여튼 나는 귀차너...

끝으로 이런 처방도 있는데 이 부분에 대해서도 나는 문외한인지라 특별히 드릴 말씀은 없지만 한번 들여다보기라도 하자.
<한약 복용법>이라는 처방전에 적힌 내용이다. 첫째가 '하루에 두 번씩 아침 식후, (저녁 식후)에 드시라'는 것이고 두 번째가 '따뜻하게(상온으로, 시원하게) 해서 드세요.' 그리고 내가 조금 희한하다 싶은 게 바로 세 번째 복용법이다. '한약 복용 시 동(서, 남, 북)쪽을 바라보면서 드시면 약효가 더 좋습니다.' 네 번째는 '양약을 드신다면 양약과 최소한 두 시간 이상 시간 차를 두고 드세요.' 다섯 번째가 마지막 항목으로 '병세에 따라 약이 달라지니 빠뜨리지 말고 정해진 기간동안 다 드세요.' 이다.

약 봉투에 적혀 있는 여타 복용법에 대해서는 이해하는데 전혀 어려움이 없는 내용인 것에 비해 세 번째 복용 항목은 조금 고개가 갸웃거려진다. 혹시 특정인의 사주에 특정 오행이 많거나 부족할 때, 주변에 상징하는 색상이나 물건, 위치, 계절, 시간, 맛 등을 통해 (陰陽五行(음양오행)을 이용하여) 부족하거나 넘치는 부분을 가감할 수 있다는데 그런 차원일까? 그동안 잘 먹다가 또 생각해야 할 꺼리가 생겼다.

여행 1일 차

유 경 선

　어제 저녁에 새벽 3시로 알람을 맞추어 놓고 잠자리에 들었다. 공항행 리무진 버스가 군산에서 4시 10분에 출발하는 관계로 아침 작업을 위해 여유를 가지고 움직이기 위해… 이 버스는 익산에서 약국 처남 내외를 싣고 온다. 3시 40분, 두 개의 캐리어와 배낭을 짊어지고 문단속 후 출발. 신문 지국에는 오늘자 조간부터 배달하지 않도록 조치를 취하고 고양이 앙톨이에게 우리가 집을 비운 동안, 그리고 네가 동탄에 올라가기 전까지 집을 잘 지키도록 부탁. 도로에 나가 택시를 찾는데 지나가는 차량이 보이지 않는다. 콜을 부르니 바로 답이 오는데 우리 아파트 뒷동에 거주하는 개인택시 기사분이 에어컨을 빵빵하게 틀고 입구를 나선다. 우리가 마수걸이(하루의 장사에서 또는 장사를 시작하여 맨 처음으로 물건을 파는 일. 또는 그것으로 인한 소득.)인 셈. 낮시간이면 5,500원이면 충분한데 새벽 할증요금인지 6,120원이 미터기에 나타난다. 이런! 잔 돈이 있는가 말이다. 지갑에서 꺼내서 호주머니에 넣고 있던 6,000원이 전부인데… 다행히 동네 분이라 그랬는지 마수걸이에 시간이 소비되지 않아서 그랬는지 기사님이 통 크게도 120원을 깎아준다.

　여행에는 Back Pack 스타일과 Package(여행사에서 일정 및 교통편, 숙식, 비용 등을 미리 정한 뒤, 여행자를 모집하여 여행사의 주관하에 행하여지는 단체 여행) 스타일이 있는데 나는 여러 가지 사항(이동 편, 숙소, 식당)을 고려하여 패키지를 선호하는바 이번에도 패키지 사용. 다른 점이 있다면 이번 여행에는 약국 처남 내외와 처음부터 동행하는 것으로 계획을 짰다는 것. 이 팀도 우리 못지않게 병원과 일정을 조정해야 하는지라 상당히 수고를 한 모양. 다행히 사람 좋은 의사께서 이번 기회에 본인도 휴가를 가보겠노라 협조를 해주었단다. 우리도 가끔 이용하는 병원인데 일본 여자분과 결혼을 하고 나서 자주 처가를 방문하지 않았다고 하는바 이번에 다녀오세요.

인천공항 도착 몇 분 전에 여행사 직원으로부터 전화가 온다. 만남의 장소가 N 카운터로 되어있는데 그곳이 탑승 게이트와 멀어서 가까운 곳으로 옮기겠다는 것. A 카운터 L 여행사 옆으로 오란다. 그런데 해당 여행사 창구에 아무도 없다. 계속 안쪽으로 들어가니 우리 여행사 팻말이 보이는데 아무도 없다. 약속 시간인 30분이 거의 되어가는 차에 남자 하나가 등장, 물어보니 자기는 스위스 담당이라고. 시간이 거의 되어도 낯바닥이 보이지 않아 조금 전 걸려 왔던 전화로 통화를 시도한바 여자분이 받는데 어디어디로 오란다. 가서 보니 우리가 지나쳐 온 L 관광 코너이다. 자기는 조금 전부터 나와 있었단다. 그러면서 우리보고 왜 그냥 지나갔냐고... 맞고 싶은 거니? 팻말이라도 붙여놓고 있던지 '무슨무슨 여행사입니다'라고 소리를 지르고 있든지 겉옷에 해당 여행사 표시라도 붙이고 있든지... 네가 누군지 우리가 어떻게 알겠느냐고 이 떨떨한 여자님아... 그리고 우리가 지나갈 때 여기에는 아무도 없었단다.

9시 50분 탑승. 기장 정0태, 10시 25분 출발인데 중국 상공에 Heavy Traffic 현상이 나타나 20분 정도 Delay가 되겠다는 안내 방송이 나온다. 11시 정각 이륙. 준서 앞자리 승객넘이 아무 양해도 구하지 않고 좌석을 뒤로 확 제낀다. 처음에 제공된 좌석이 상당히 뒷쪽으로 배치가 되어있던 것을 인터넷 아시아나 항공 싸이트에 들어가서 몇 자리 앞쪽으로 바꾸어 놓았는데 고양이 피하려다 똥 밟은 꼴이 되어버렸네 그랴. 하여튼 나름 정중하게 '뒷자리가 너무 좁아져 불편하니 조금만 당겨주시면 감사하겠습니다...' 했더니 요넘이 지나가는 스튜어디스를 부르더니 '의자를 뒤로 밀면 안 되는 겁니까?' 하고 우리 들으라는 듯이 묻는 것 아닌가?

물론 되지요. 뚱보님아! 당연 스튜어디스는 '됩니다.'라고 이야기를 했고 당연한(?) 결과로 좌석을 뒤로 젖히고 나서 운항 내내 옆자리 각시하고 떠들어 댄다. 우리 좌석 근처에 있는 것으로 보아 경험칙상 여행지에서 우리 일행일 수도 있어서 나중에 얼굴 붉힐 경우를 없애기 위해 다시 언급하지는 않고 입을 닫았다. 뒷 이야기이지만 그들 부부와 아들 녀석 포함 셋이 정말로 우리 일행이었고 같이 다니게 되었다. 물론 내 성격상 그들과는 아침, 저녁, 식당에서 한마디도 안 하고 지냈다는 말씀. 나, 못 됐지??

통로 옆으로 좌석을 옮겨놓기는 했어도 역시나 좁은 좌석에서 11시간을 버텨내기는 옛날이나 지금이나 다르지 않다. 어머니께서 호주 여행을 다녀오시고 나서 약간 신체에 이상이 온 것을 보면 장거리 좁은 좌석이 얼마나 힘든 것인지 알 수 있겠다. 어머니 성격에 이동 간 거의 움직이지 않으셨을 것이고 당연한 결과로 하지 정맥에 이상이 오지 않으셨을까 짐작해 본다. 10시 20분 (현지 4시 20분) 도착. 11시간 20분 비행. 우리가 도착한 이스탄불 공항은 2022년 현재 유럽에서 가장 이용객이 많은 공항이다. 또한 관광대국인 튀르키예의 특성과 터키 항공의 엄청난 규모 덕분에 취항지와 국가 수도 굉장히 많은데, FR24 통계에 의하면 2023년 현재 그 유명한 파리 샤를 드골 국제공항이나 런던 히드로 공항, 두바이 국제공항보다 직항으로 갈 수 있는 국가 수가 많단다.

이스라엘의 공격으로 하마스 지도자 하니예가 사망을 했고 그에 따른 시위가 발생하여 오늘 일정에 들어있는 그랜드 바자르 관광, 피에롯티 언덕 케이블카 탑승, 야경 투어를 뒤로 미루고 호텔로 직행. 귀국하기 전에 실시하는 걸로 하고 첫날 일정 마무리. 6시간 늘어진 하루를 보냈고 내일부터 본격적인 관광 시작되시겠다.

유 경 선

전북 군산시 거주
영어 교육학 학사
외국어로서의 한국어교육학 석사
중등 교원 퇴임(녹조근정훈장)
다이룸종합교육지원센터 이사장
원광대학교 국제교류처 강사
교원문인협회 회원
(사)문학그룹샘문 자문위원
(사)한용운문학 편집위원(샘문)
(주)한국문학 편집위원(샘문)
<수상>
문학고을 수필 등단
도교육청 문집공모전 최우수상
도교육청이 문집 공모전 최우수상
샘터문학상 우수상(샘문)
한국문학상 본상 특별작품상(샘문)
한용운문학상 본상 최우수상
문학고을 최우수작가상
<훈장/표창>
녹조근정훈장
교육부, 교육부장관상
<공저>
추야몽秋野夢
태초의 새벽처럼 아름다운 사랑
이별은 미의 창조
호모 노마드투스
<한국문학시선/샘문시선>

한용운문학상 특집
철/학/칼/럼

철학칼럼

거웨인과 마녀
- 여자들이 정말로 원하는 것은?

철학칼럼/ 이 정 록

한때 젊은 아더왕이 복병을 만나 이웃나라 왕에게 포로 신세가 되었다. 이웃나라 왕은 아더왕을 죽이려 하였으나, 아더왕 혈기와 능력에 감복하여 아더왕을 살려줄 제안을 한다. 그가 낸 매우 어려운 질문에 대한 답을 아더왕이 대답 한다면 아더왕을 살려주기로 한 것이다. 이웃나라 왕은 질문에 대한 답을 찾을 기한으로 1년을 주었고 아더왕이 1년 안에 답을 찾아오지 못한 경우 처형하기로 하였다. 그 질문은 바로 '여자들이 정말로 원하는 것은 무엇인가?' 였다. 이러한 질문은 현명하다는 사람들도 당황시킬 정도의 어려운 질문인데 하물며 젊은 아더왕은 어찌할 도리가 없었다. 아더왕에게는 풀 수 없는 질문으로 보였다. 그러나 죽음보다는 나았기에 아더왕은 이웃나라 왕의 제안을 받아들여 1년동안 질문에 대한 해답 찾기에 나섰다.

아더왕은 자신의 왕국에 돌아와서 모든 백성들에게 묻기 시작했다. 신하들, 공주들, 승려들, 현자들, 심지어 광대들에게까지 모두 물어 보았다. 하지만 그 누구도 만족할 만한 답을 주는 사람이 없었다. 아더왕 신하들이 왕에게 말하기를 북쪽에 늙은 마녀가 한 명 사는데 아마 그 마녀는 답을 알 것이라고 하면서 그 마녀를 데려오는 것이 어떠냐고 제안했다. 그러나 그 마녀는 말도 안되는 엄청난 댓가를 요구하는 것으로 유명하였다. 1년이 지나 마지막 날이 돌아왔고, 아더왕에게는 늙은 마녀에게 물어보는 것 이외에 선택의 여지가 없게 되었다. 늙은 마녀는 답을 안다고 선뜻 대답하였지만 엄청난 댓가를 요구하였다.

그 댓가란 아더왕이 거느린 원탁의 기사들 중 가장 용맹하고 용모가 수려한 '거웨인'과 결혼하는 것이었다.

　아더왕은 충격에 휩싸였고 주저하기 시작했다.
늙은 마녀는 꼽추였고 섬뜩한 기운이 감돌기까지 하였다. 이빨은 하나 밖에 없었고 하수구 찌꺼기 같은 냄새를 풍겼으며, 항상 이상한 소리를 내고 다녔다. 아더왕은 이제까지 이렇게 더럽고 추한 사람은 본적이 없었기 때문에 이런 추한 마녀를 자기의 가장 충성스러운 신하인 '거웨인'에게 결혼하라고 명령할 수가 없었다. 그러나 거웨인은 자기가 충성을 바치는 아더왕의 목숨이 달려있는 만큼, 주저없이 그 마녀와 결혼을 하겠다고 했다.
결혼이 진행되었고 결국 마녀는 아더왕이 가진 질문에 대한 정답을 이야기하였다. "여자들이 정말로 원하는 것은 바로 자신의 삶을 자신이 주도하는 것, 곧 자신의 일에 대한 결정을 남의 간섭없이 자신이 내리는 것"이라고 대답해 주었다.

　정답을 듣자 모든 사람은 손바닥을 치며 저 말이야 말로 진실이고 질문에 대한 정답이라고 하며 아더왕이 이제 죽을 필요가 없음에 기뻐 하였다. 아더왕은 이웃나라 왕에게 질문에 대한 답을 하였고, 이웃나라 왕은 그것이야 말로 진실이고 정답이라며 기뻐하면서 아더왕의 목숨을 보장해 주었다. 하지만 목숨을 되찾은 아더왕 에게는 근심이 남아 있었다. 자신이 가장 총애하는 거웨인의 결혼이었다. 아더왕은 목숨을 되찾은 기쁨에 넘쳐 있었지만, 동시에 거웨인에 대한 일로 근심에 쌓여있었다. 그러나 거웨인은 대단한 사람이었다. 늙은 마녀는 결혼하자마자 최악의 매너와 태도로 거웨인을 비롯한 모든 사람을 대했다. 그러나 거웨인은 한 치의 성냄이나 멸시 없이 오직 착하게 자신의 아내로서 마녀를 대했다.

　첫날밤이 다가왔다. 거웨인은 자신의 인생에 있어서 최악의 경험이 될지도 모르는 첫날밤을 앞에 두고 숙연히 침실에 들어갔다. 그러나 침실 안의 광경은 거웨인을 놀라게 하기에 충분하였다.

거웨인의 인생에서 본 적 없는 최고의 미녀가 침대 위에서 그를 기다리고 있었다. 놀란 거웨인이 미녀에게 어찌된 일이냐고 물었다. 미녀는 말했다.

자신이 추한 마녀임에도 거웨인은 항상 진실로 그녀를 대했고, 아내로 인정하였으므로 그에 대한 감사로서 "이제부터 삶의 반은 추한 마녀로, 나머지 반은 이 아름다운 미녀로 있겠다" 라고 하였다. 그러면서 마녀는 거웨인에게 물었다. "낮에 추한 마녀로 있고 밤에 아름다운 미녀로 있을 것인가?" "아니면 낮에 아름다운 미녀로 있고 밤에 추한 마녀로 있을 것인가?"

거웨인에게 선택을 하라고 하였다. 거웨인은 이 진퇴양난의 딜레마에서 선택을 해야만 했다. 만일 낮에 아름다운 미녀로 있기를 바란다면 주위 사람에게는 부러움을 사겠지만, 밤에 둘만의 시간에 추한 마녀로 변한다면 어찌 살 것인가. 아니면 반대로 낮에 추한 마녀로 있어 주위 사람의 비웃음을 사겠지만, 밤에 둘만의 시간에 아름다운 미녀로 변해 살 것인가, 당신이라면 어떤 것을 선택하겠는가? 거웨인은 마녀에게 "당신이 직접 선택하세요!"라고 말했다. 마녀는 말을 듣자마자

"자신은 반은 마녀 반은 미녀 할 것 없이 항상 아름다운 미녀로 있겠다"라고 말했다. 그 이유는 거웨인이 마녀에게 직접 선택하라고 할만큼 마녀의 삶과 결정권 그리고 마녀 자체를 존중해주었기 때문이라고 한다.

이 정 록
시인, 샘문그룹 이사장, 한국문학 회장

○ 한용운문학상 특집 - 시이론 특강 ○

□ 시 창작에 대하여 □

이 정 록

1. 삶과 문학(각론)

인간의 현시욕顯示欲
모든 인간에게는 현시욕이 있다.
문인은 현시욕을 시詩로, 문학으로 풀어내는 사람이다.

 글을 쓸려면 심리적 준비가 필요하다 – 글에 대한 잘못된 생각을 버릴 것(例:天賦靈感說). 서양에서는 시를 '신들린 자들의 말'이라는 뜻의 '포에지(poesy)'라고 불렀으며, 동양에서도 '기氣'로 쓰며, '기'는 배워 익힐 수 있는 게 아니라 타고난다는 기상론氣象論을 주장해왔다. 그러나 대부분의 명작은 설익은 시상을 오랫동안 고치고 가다듬어 완성한 것들이다.)

2. 문학이란 무엇인가?

1) 문학의 정의
가장 기초적인 개념: 문학은 진솔한 삶에서 우러나는 진액의 언어적 표현이다.
진액이란 게 골치 아프다 <진실한 삶과, 개망나니 삶>

① W.Wordsworth '시는 강한 감정의 자연적 유로流露이다' (<서정시집> 서문)
② S.T.Coleridge '시란 무엇인가 하는 질문은 시인은 어떤 존재인가 하는 질문과 동일하다.
③ 서경書經: 시언지詩言志 (志는 윤재근 교수가 意, 意思, 望, 欲, 情, 德, 知, 識 등 11가지로 풀이함)
④ 시경詩經: 마음이 흘러가는 바를 적은 것이다. 마음속에 있으면 지志라 하고 말로 표현하면 시가 된다. (詩者 志之所之也 在心爲志 發言爲詩) (<詩經> 大序)
⑤ 시경詩經: 사무사思無邪 (子曰 詩 三百 一言以蔽之 思無邪)

0. 개념구분
poem: 구체적인 작품/ 창작되고 낭송되는 작품 - 형식개념 - 서양에서의 시의 개념
poetry: 일반적인 시. 장르 개념/ 창작되기 이전의 시 정신 - 내용 개념- 동양에서의 시의 개념
- ○. 동양에서도 우리나라는 특히 시정신을 더 중요시 한다.
- ○. 주제 우선의 시작 태도는 정신주의에 기울어지는 우리 민족의 특징
- 우리가 살아가면서 감동이 절실하면 저절로 노래가 나오고, 중얼중얼 말이 나오듯이, 감동이 절실하면 시가 흘러나온다. (노래 삼긴 사람 시름도 하도 할샤/ 일러다 못 일러 불러나 푸돗던가/ 진실로 풀릴 것이면 나도 불러 보리라 - 신흠)

- 생각을 단지 말로 흘려보내면 1회성 (시간적 공간적 제약)
  문자文字라는 기록으로 남길 때 우리는 영원한 생명을 얻는다 (내 생명이 연장된다)
- 글 쓰지 않는 사람은 생활 자체가 작품이지만, 그것을 언어로 정리해서 표현하면 독자의 공감을 얻고/ 독자를 감동 시키고/ 영원한 생명을 얻는 작품이 된다.
  예)① 안동 장씨 부인 - 음식 지미방, 한시漢詩 - 불천위 - 가정과 교수 안동에 제사 지내러 간다.
  ② 삼국유사나 삼국사기에서 민족의 역사와 신화를 기록해놓았기에 우리가 그것을 알 수 있다.-두고두고 후손이 읽을 수 있고 감동 받을 수 있으니, 영원을 사는 것이다.
  ③ 제망매가祭亡妹歌: 월명사月明師가 신라 경덕왕 때 지음(700년대)-1300년 전의 조상의 감정을 이해하고 공감할 수 있다.-그때의 조상이 1300년이라는 세월의 강을 건너서 단숨에 다가오는 숨결이 느껴지지 않는가 - 문학의 힘.
  ④ 초등학교 교과서 '감자'
  손자 손녀의 감동과 느낌이 그대로 살아 있는 시, 냄새까지 전해주는 시

2) 새로운 인식認識 (보이지 않는 것을 보아내는 눈)

❶ 시의 기초적 개념
- '강한 감정의 자연스런 발로를 언어로 기록한 것이 시이다' - 낭만주의자나 표현론적 관점에서 보는 시의 정의.
- 엄격한 의미의 시는 '흘러넘치는 감정을 그냥 기록하는 것'이 아니다. 그것은 단순한 기록에 머물 뿐이다. 그것이 시가 되기 위해서는 <u>남다른 인식의 눈</u>이 있어야 한다.

(개성적이고 새로운 인식을 표현함에 있어서 표현방법론에 대한 여러 가지 공부가 있어야 한다- 앞으로 하나하나 공부해나갈 과제)

● 시인은 눈이 세 개 달린 괴물이다.

불가시적인 것을 보아내는 눈, 자기 내부를 보는 눈, 사물과 현상의 뒷면을 보는 눈, 능동적이며 적극적으로 보아내는 눈이 있어야 한다.- 남들이 인식하지 못하는 새로운 세계를 인식하는 <u>시인의 세계관</u>

글을 쓰려고 소재를 선택할 때 단순히 보이는 것에만 국한해서는 시가 안 된다.
'감자'라는 동시에서, 그 시의 지은이는 '화롯불에 감자를 구우면 할머니 냄새가 나는 것 같다'라고 했는데 이때의 눈은, 감자라는 눈앞에 보이는 소재를 통해서 다른 아이가 보지 못하는 할머니의 '사랑, 정성, 노력, 땀' 등을 읽어내고 이것을 감자 굽는 구수한 냄새를 통해 형상화시켜 후각적으로 표현하고 있다.

○ 김소월의 <예전엔 미처 몰랐어요>라는 시를 보자

봄 가을 없이 밤마다 돋는 달도/ 예전엔 미처 몰랐어요
이렇게 사무치게 그리울 줄도/ 예전엔 미처 몰랐어요
달이 암만 밝아도 쳐다볼 줄을/ 예전엔 미처 몰랐어요
이제금 저 달이 설움인 줄을/ 예전엔 미처 몰랐어요

똑같은 사람이 달을 볼 때도 그 달을 인식하고 바라볼 때와 전혀 인식하지 못하고 볼 때의 달은 이렇게 서로 다르다. (사랑하는 사람과 헤어진 후, 임과 함께 정답게 바라보던 달을 혼자서 바라볼 때 비로소 그 '달'이 '설움'이며 '그리움'인 줄을 인식하게 되는 눈, 이것이 시인의 눈이다. 달이 암만 밝아도 쳐다볼 줄을 모르듯이 사람들은 늘 다니는 길가에 서 있는 나무나 꽃이나 바윗돌조차 의식하지 못하고 지내지만, 시인의 눈은 그 나무와 꽃과 바윗돌뿐만 아니라, 그러한 자연과 사물의 이면을 통해서 무심히 보아 넘기는 사람 사이의 관계까지도 특별한 눈으로 인식하며 그것을 글로 표현해내는 것이다.)

○ 미당 시인의 시 <국화 옆에서>

늦가을 서리 속에 피어나는 국화를 통해 '삶의 뒤안길에서 자신을 관조하는 누님'을

발견해내는 눈, 그 꽃 한 송이를 통해 봄날의 소쩍새 울음, 여름날 천둥과 먹구름과 소나비, 익어가는 가을날 천지자연의 섭리와 교감하며 잠 못 들어 하는 시인의 번뇌를 다 읽어내어 그 꽃 속에 들어있는 우주의 섭리를 노래하는 눈, 이것이 바로 시인의 인식이며 그 시인만이 가지고 있는 새롭고 개성적인 세계관이다.

ㅇ 김춘수시인의 <꽃>

인식이라는 것이 이렇게 무서운 것이다.
내가 여러분을 몰랐을 때, 또는 여러분이 나를 몰랐을 때 우리는 서로가 서로에게 무의미한 존재였고, 있지 않은 존재였다. 그러나 우리가 서로 만나 상대의 존재를 인식했을 때 우리는 서로에게 의미 있는, 없어서는 안 될 특별한 존재로 변하는 것이다.
이처럼 시인이란 보이지 않는 것을 보아내는 눈을 가져야 하며 자신의 가치관에 의한 독특한 세계관을 가져야 하는 것이다.
독자는 이러한 시인의 독특한 인식과 세계관이 작품으로 표현될 때 그 작품을 통해 지금까지 하지 못했던 새로운 인식을 하게 되고 그것이 추체험을 통해 공감으로 다가올 때 감동과 교감을 느끼게 되고 즐거움과 기쁨을 느끼게 되거나, 고통에서 위로받게 된다.

3) 시인의 사명

시인은 '자기감정의 유로'에서 만족할 것이 아니라
독자와 민족과 대중을 생각해야 하며, 올바른 세계관과 독특한 인식의 눈을 통해 감동과 교감을 이끌어내고 위로해주어야 하며, 궁극에는 변화시켜야 하는 사명에 코뚜레 꿰인 자이다. (여기에 문학인의 사명이 있다)

대중에게 예술이란 고속도로의 휴게소 같은 것(휴식, 충전, 속도 조절) - 앞만 보고 달리는 인생에는 계기판이 없다 - 스스로 속도 조절할 것(문학과 예술을 음미하며) 인생에는 단계가 없다 - 스스로 마디 만들기

ㅇ 시의 역할의 중요성:
부산의 모 중학교 시 외우기
프랑스인의 시 교육, 러시아인 - 어머니 무릎에서 푸쉬킨의 시를 듣고 자람) 톨스토이 생가 방문

❶ 시인의 사명과 함께 국민교육의 측면에서 시 읽기와 시 짓기를 생활화하는 교육의 필요성

***
<둥구나무 아버지>
(인간 누구나 가지고 있는 보편적 감정을, 진실한 삶의 모습을 표현하여 많은 이의 공감을 얻었다.) 1999.05.03. KBS 1TV '아침마당' 낭송, 2004.09.09. 문학콘서트(마포문화센터) 노래보다 퍼포먼스보다 더 절실히 닿았다고 한다.

둥구나무 아버지/ 이혜선

아버지
어젯밤 당신 꿈을 꾸었습니다.
언제나처럼 한 쪽 어깨가 약간 올라간,
지게를 많이 져서 구부정한 등을 기울이고
물끄러미, 할 말 있는 듯 없는 듯 제 얼굴을
건너다보시는 그 눈길 앞에서 저는 그만 목이 메었습니다

옹이 박힌 그 손에 곡괭이를 잡으시고
파고 또 파도 깊이 모를 허방 같은 삶의
밭이랑을 허비시며
우리 오 남매 넉넉히 품어 안아 키워 주신 아버지

이제 홀로 고향집에 남아서
날갯짓 배워 다 날아가 버린 빈 둥지 지키시며
'그래, 바쁘지?
 내 다아 안다.'
보고 싶어도 안으로만 삼키고 먼산바라기 되시는 당신은
세상살이 상처 입은 마음 기대어 울고 싶은
고향집 울타리
땡볕도 천둥도 막아 주는 마을 앞 둥구나무

아버지
이제 저희가 그 둥구나무 될게요
시원한 그늘에 돗자리 펴고 장기 한 판 두시면서
너털웃음 크게 한 번 웃어 보세요
주름살 골골 마다 그리움 배어
오늘따라 더욱 보고 싶은 우리 아버지

연잎밥/ 김종제

머릿수건 단정히 두른/ 산골 어느 아낙이/
일나간 사내와 어린 자식을 위해/ 무쇠솥에 밥을 하고 있다/
너른 마당 커다란 옹기 안에 기른/ 연잎을 툭툭 따서/
흐뭇한 밥상을 차리고 있다/

찹쌀에, 연자에, 밤과 대추를 넣은 후에/소금물을 흩뿌리고 뒤적여 고루 익힌 밥을/
씻어놓은 연잎에 싸서/ 실로 묶고 다시 쪄낸 밥이 극락이다/
밥짓는 일이란 선禪이다/ 밥 먹는 일이란 도道다/
손으로 빚어낸 한 접시의 밥이 경전이고 법어다/
가지런히 놓인 몇 개의 사리/ 그 사이로 길이 보이고/
누군가 명상을 하고 있다/

젓가락으로 밥 한 덩어리 집어/ 입 안으로 슬그머니 감추어 놓으면/
묶여있던 화두가 풀어지고/ 안거의 문 열리는 해제다/
손과 입을 몇 번 놀리노라면/ 깨끗하게 비워진 저 연잎밥 그릇/
텅 비웠으니, 내가 가득찬 것이다/ 마음까지 치유하는 저 밥에/
이렇게 뼈를 세우고 걸어가는 것이다.

'밥 앞에 옷깃을 여미고'
  오만의 극치를 달리던 젊은 날엔 정신만으로 살아가는 줄 알았다.
  모든 것을 형식과 내용으로 이분화하여 내용만이 지선至善이고 형식은 껍질일 뿐이라고 무시하고 짐짓 모른 체 했다. 내면을 충실하게 살찌우지 않고 겉모양만 꾸민다고 경멸하는 마음까지 가졌다.

그러나 사람이 곧 몸이라는 걸, 몸이 없으면 생명도 없고 정신이 담길 그릇이 없어진다는 걸 깨달은 것이 너무 늦었지만 어쩌랴.

생명을 살리는 밥, '뼈를 세우고 걸어가는' 몸을 살게 하고 그 안에 담긴 마음속에 꽁꽁 묶인 화두가 풀어지게 하는 '한 접시의 밥' 앞에서 한없이 경건하게 옷깃을 여밀 일이다.

밥그릇이 텅 비어갈수록 오히려 우리를 가득 차게 만드는, 일상의 '밥 짓는 일'을 선禪으로, '밥 먹는 일'을 도道로 읽어내는 눈이 있으니 한 그릇의 밥 앞에서 우리는 날마다 극락을 사는 것이다.

여행/ 서 정 춘

여기서부터, – 멀다
칸칸 마다 밤이 깊은
푸른 기차를 타고
대꽃이 피는 마을까지
백 년이 걸린다

'마침내 여름이 오리라'
어디에 가 닿으려고 푸른 기차를 타고 우리는 떠나는 것일까.
'대꽃이 피는 마을'은 아득히 그 존재조차 분명하지 않고 나날의 삶은 칸칸 마다 밤이 깊은 어둠과 고통의 연속일 뿐인데…

그러나 삶이란, 예술가 이려고 하는 것은, '계산하지 않고 세지 않는 것을 의미'한다고, '나무와 같이 성숙'한다고 일찍이 라이너 마리아 릴케가 말했듯이 참을성 있게 걸어가다 보면 마침내 여름이 오리라. 그대의 뜰에 푸른 나무가 자라고 향기로운 꽃이 피면 새는 노래하고 벌과 나비는 살아있음의 향연을 마음껏 즐기리니,

그때 우리는 대꽃 피는 마을에 가 닿아도 좋고 아니라도 상관없으리. 나날의 삶에서 우리는 이미 '대꽃이 피는 마을' 속에 살고 있으니까.

이 정 록
시인, 샘문그룹 이사장, 한국문학 회장

| 편집후기 |

끊이지 않는 국제적인 전쟁이 이어지고 미국의 트럼프 대통령의 재등장으로 미국 우월주의 현상이 가속화 될 것으로 예상 되는 국제정세의 난기류와 국내정치의 혼란속에서 우리 대한민국의 한강 작가가 노벨문학상을 받는 깜짝 소식에 우리 문학인들이 뿌듯함과 자부심을 갖게 하는 한 해가 되었습니다.

코로나로 위축되었던 문학행사도 다시 활기로 넘치고 출판계도 밤을 세우며 인쇄기를 가동하는 등 새로운 바람이 감지되고 있습니다. 그런 가운데 샘문그룹은 문단내에서 그 위상이 갈수록 상향되고 샘문그룹이 시행하는 문학상 공모전에서 우수한 동량들의 수준 높은 작품들이 응모되고 국내 최고의 응모 작품 건 수를 계속 경신하여 관계자 및 심사위원들에게 놀라움을 안겨주었습니다.

이근배 고문(대한민국 예술원 제39대 이사장), 국제펜한국본부를 대표하는 손해일 고문(명예이사장), 김유조 고문(국제펜한국본부 부이사장), 김소엽 고문(대전대학교 석좌교수), 이정록 교수(샘문그룹 이사장)이 참여한 한용운문학상 심사에서도 높은 수준의 옥고들로 우열을 가리기가 어려움에 소회를 밝혔습니다.

우리 문학그룹샘문에서는 우수한 문인들의 발굴과 기존 회원들의 문학적 소양을 높이기 위해 그동안 많은 노력을 강구해 왔습니다. 특히 최근에는 샘문예술대학교 시낭송학과 시낭송가 양성과정을 통한 우수한 시낭송가들을 배출하여 각종 전국시낭송대회에서 역대급 싹쓸이 수상의 낭보가 이어져 인기과정으로 자리 매김을 하고 있어 보람과 자부심을 갖게 합니다.

한국문학시선집의 꾸준한 발간과 개인 시집 간행의 지원, 샘문예술대학교의 각종 과정 등 각종 교육시스템의 가동, 샘문번역원, 도서출판샘문(샘문시선), 샘문민간자격증, 김소엽전국시낭송대회 그리고 한용운문학상 공모전 시행과 한용운전국시낭송경연대회의 시행은 지속적으로 진행할 것입니다. 시, 시조, 동시, 수필, 소설, 평론 등 문학의 모든 장르의 신인 발굴에도 노력을 경주할 것이고 개인 문집의 발간을 지원해서 세계 각국에 수출하여 보람있는 문학발전에 기여하는 샘문그룹으로 거듭날 것입니다.

그 밖에도 문학기행, 시화전, 능력 개발 교육과정, 창작시의 노래화 전파 등을 통하여 회원들의 창작 능력과 수준을 높이기 위한 노력을 더욱 경주할 것입니다. 주기적인 능력 교육과정을 개발하고 활동을 공유할 수 있는 방안을 찾아 회원들의 질적 향상을 이루도록 부단히 독려할 것입니다.

대한민국의 미래는 로봇이나 AI가 책임지지 않습니다. 기본적인 소양이나 심성, 감성을 갖추는 인간이 역활을 하는 세상이 소중합니다. 그 자리에 문학의 산실 샘문그룹이 함께할 것을 약속합니다. 샘문그룹은 문인 여러분과 독자 여러분의 평생 가치를 지향합니다. 감사합니다.

2024. 12. 21.
편집위원단 일동 拜上

◇ 발 행 인 : 이정록
◇ 편 집 인 : 손해일
◇ 편 집 장 : 강성범
◇ 주　　간 : 김소엽
◇ 부 주 간 : 신재미, 이종식, 권숙희
◇ 총괄편집고문 : 이근배
◇ 편집고문 : 김유조, 서창원, 오경자, 김후란, 이진호, 공광규

[편집위원]

조기홍, 오호현, 김성기, 김상규, 고태화, 표시은,
심종숙, 인정희, 장주우, 김동철, 강성화, 오순덕,
박길동, 이동춘, 이수달, 이상욱, 정용규, 송영기,
이동현, 권정선, 박수진, 김정호, 고옥향, 김춘자,
김명순, 이연수, 유호근, 김영창, 이태복, 서현호,
신정순, 김환생, 김종국, 정승운, 최명옥, 김미경,
변화진, 정세현, 강소이, 김종진, 김민채, 정한미,
김환생, 강덕순, 김영남, 심산태, 김준한, 고영옥,
정승기, 박승문, 이동완, 안은숙, 황주석, 김애숙,
최경순, 진희선, 김정형, 유미경, 강정옥, 정승기,
조은숙, 이영하, 류선희

문집 출간 안내

도서출판 샘문 에서는

베스트셀러 명품브랜드 〈샘문시선〉에서는 각종 시집, 시조집, 수필집, 동시집, 동화집, 소설집, 평론집, 칼럼집, 꽁트집, 수상록, 시화집, 도록, 이론서, 자서전 등 문집을 만들어 드립니다.
도서출판 샘문에서는 저자님의 소중한 작품집이 많은 독자님들에게 노출되고 검색되고 구매하여 읽히고 감상할 수 있도록 그 전 과정을 기획, 교정, 교열, 퇴고, 윤문(첨삭,감수), 디자인, 편집, 인쇄, 제본, 서점 등록(납품,유통), 언론홍보, SNS홍보 등, 출판부터 발매 까지의 전략을 함께해 드립니다.

📖 출판정보

샘문시선은 도서출판비를 30% 인하 하였습니다. 국제원자재값 폭등으로 인하여 문집 원자재인 종이값 등이 3번에 걸쳐 43% 상승하였으나 이를 반영하지 않았습니다.

- 📣 저자가 필요한 수량만큼 드리고 나머지는 서점 유통
- 📣 시집 표지는 최고급으로 제작함 - 500부 이상
- 📣 제목은 저자 요청시 금박, 은박, 에폭시로도 제작함
- 📣 면지는 앞뒤 4장, 또는 칼라 첨지로 구성해드림
- 📣 본문은 100g 미색 최고급지 사용함(눈 보안용지, 탈색방지)
- 📣 본문 200페이지 이상은 80g 사용
- 📣 저서봉투 - 고급봉투 인쇄 무료 제공
- 📣 출간된 책 광고(본 협회 => 홈페이지, 샘문뉴스, 내외뉴스, 페이스북 13개그룹(독자&회원 10만명), 카페 3개, 블로그 2개, 카톡단톡방 12개, 유튜브, 카카오스토리, 인스타그램, 문예지 4개, 문학신문 등)
- 📣 견적 ▷ 인세 계약서 작성 ▷ 기획 ▷ 감수 ▷ 편집 ▷ 재감수 ▷ 재편집 ▷ 인쇄 ▷ 제본 ▷ 택배 ▷ 서점 13개업체 납품 ▷ 저자에게 납품 ▷ 유통 ▷ 홍보 ▷ 판매 ▷ 인세지급
- 📣 출판기념회는 저자 요청시 본사 문화센터(대강의실) 무료 대여 가능(70명 수용가능) 현수막, 배너, 무대 조명, 마이크, 음향, 디지털 빔, 노트북, 줌시스템, 모니터, 컴퓨터, 석수, 커피, 차, 무료 제공
- 📣 저자 요청시 저자의 작품 전국대회에서 수상한 시낭송가가 낭송하여 유튜브 동영상 제작 => 출판기년식 및 시담 라이브 방송
- 📣 저자 요청시 네이버 생방송 출판기념회 가능(유튜브 연동) - 네이버 라이브 커머스쇼
- 📣 뒷 표지에 QR코드 삽입가능 - 저자의 작품 시낭송 유튜브 동영상 등(요청시)
- 📣 교정, 교열, 감수, 윤필(첨삭감수), 평설, 서문 등(유명한 시인, 수필가, 소설가, 문학평론가, 항시 대기)

문집 출간 안내

📖 빅뉴스

이정록 시인의 〈산책로에서 만난 사랑〉이 네이버 선정 베스트셀러로 선정 된 이후 〈내가 꽃을 사랑하는 이유〉, 〈양눈박이 울프〉, 〈꽃이 바람에게〉, 〈바람의 애인, 꽃〉시집이 연속 교보문고 베스트셀러에 선정 되고 5권 전부 출간 순서대로 골든존에 등극하였다. 평생 한 번도 어렵다는 자리를 이정록 시인은 5년 동안 5번에 오르고 현재도 이번 2022년 5월경에 출간된 [바람의 애인, 꽃] 영문판과 [담양장날]이 출간을 기다리고 있다

〈서창원 시인, 2회〉, 〈강성화 시인〉, 〈박동희 시인〉, 〈김영운 시인〉, 〈남미숙 시인〉, 〈최성학 시인〉, 〈이수달 시인〉, 〈김춘자 시인〉, 〈이종식 시인〉 외 한용운문학상 수상 시인인 〈서창원 수필가〉, 〈정세일 시인〉, 〈김현미 시인〉가 올랐고, 2022년 올 봄에는 〈정완식 소설가〉『바람의 제국』이 소설집으로는 최초로『네이버 선정 베스트셀러』반열에 올랐고, 〈이동춘 시인〉에『춘녀의 마법』시집이『네이버 선정 베스트셀러』반열에 올랐다. 그리고 컨버전스공동시선집과 한용운공동시선집도 간간히 베스트셀러를 하고 있는 〈베스트셀러 명품브랜드〉『샘문시선』이다.

〈샘문시선〉은 〈베스트셀러_명품브랜드〉로서 고객님들의 〈평생가치를 지향〉하는 〈프리미엄브랜드〉입니다. 고객이신 문인 및 독자 여러분, 단체, 기관, 학교, 기업, 기타 고객분들을 〈평생고객〉으로 모시겠습니다. 많은 사랑 부탁드립니다

📖 샘문특전

📢 교보문고, 영풍문고, 인터파크, 알라딘, 예스24시, 11번가, Gs Shop, 쿠팡, 위메프, G마켓, 옥션, 하프클럽, 샘문쇼핑몰, 네이버 책, 네이버쇼핑몰, 네이버 샘문스토어 등 주요 오프라인 서점, 온라인 서점, 오픈마켓 서점에서 공급 및 유통하고 있습니다.

📢 기획, 교정, 편집, 디자인에 최고의 시인 및 작가, 편집가, 디자이너, 평론가, 리라이팅(첨삭감수) 및 감수 전문가들이 참여하여 감성, 심상이 살아 있는 시집, 수필집, 소설집, 등 각종 도서를 만들어 드립니다.

📢 인쇄, 제본, 용지를 품질 좋은 우수한 것만 사용합니다.

📢 당 출판사 〈한용운공동시선집〉, 〈컨버전스공동시선집〉과 〈한국문학공동시선집〉, 〈샘문시선집〉을 자사 신문인 〈샘문뉴스〉와 제휴 신문인(내외신문), 글로벌뉴스와 홈페이지(2군데), 샘문쇼핑몰, 네이버 샘문스토어, 페이스북, 밴드, 카페, 블로그를 합쳐서 10만명의 회원들이 활동하는 SNS 20개 그룹 공개 지면 및 공개 공간을 통해 홍보해 드립니다.

📢 당 출판사를 통해 국립중앙도서관 및 국회도서관 및 전국 도서관에 납본하여 영구적으로 보존해 드립니다.

📢 당 문학그룹 연회비 납부 회원은 30만원 상당에 〈표지용 작품〉을 제공 받습니다.

BestSeller Series \ 베스트셀러 시리즈

이정록 시집

01 산책로에서 만난 사랑
1993년 (1쇄 발행)
2019년 재발행 후(6쇄 발행)
네이버, 교보문고 선정 베스트셀러
교보문고 골든존 등극

02 내가 꽃을 사랑하는 이유
2019년 (6쇄 발행)
네이버, 교보문고 선정 베스트셀러
교보문고 골든존 등극

03 양눈박이 울프
2019년 (5쇄 발행)
네이버, 교보문고 선정 베스트셀러
교보문고 골든존 등극

04 꽃이 바람에게
2020년 (6쇄 발행)
교보문고 선정 베스트셀러
교보문고 골든존 등극

05 바람의 애인 꽃(시화집)
2021년 (6쇄 발행)
교보문고 선정 베스트셀러
교보문고 골든존 등극

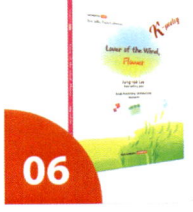

06 바람의 애인 꽃 영문(시화집)
2023년 (1쇄 발행)
교보문고 선정 베스트셀러
교보문고 골든존 등극

이정록 시집

07 담양장날
2023년 (1쇄 발행)
담양문화재단 후원

강성화 시집

01 그런 당신이 그리워 울었습니다
2020년 (2쇄 발행)
교보문고 선정 베스트셀러

02 파도의 노래, 흰 꽃
2022년 (2쇄 발행)
교보문고 선정 베스트셀러

BestSeller Series
베스트셀러 시리즈

서창원 시집

01 포에트리 파라다이스
2020년 (1쇄 발행)
네이버, 교보문고 선정 베스트셀러

02 봄을 도적질 하다
2022년 (1쇄 발행)
네이버, 교보문고 선정 베스트셀러

03 사랑 넘 어려워
2021년 (1쇄 발행)
네이버, 교보문고 선정 베스트셀러

04 탐미(수필)
2021년 (1쇄 발행)
교보문고 선정 베스트셀러

05 풍마
2022년 (1쇄 발행)
교보문고 선정 베스트셀러

06 들에는 산에는 꽃이피네 꽃이지네
2022년 (1쇄 발행)
교보문고 선정 베스트셀러

서창원 시집

07 생각을 그리다
2023년 (1쇄 발행)
교보문고 선정 베스트셀러

이종식 시집

01 파도속에 묻힌 달
2022년 (3쇄 발행)
교보문고 선정 베스트셀러

02 아우라지 그리움
2021년 (3쇄 발행)
교보문고 선정 베스트셀러

BestSeller Serles
베스트셀러 시리즈

이수달 시집

01

거목은 별이 되었네
2023년 (3쇄 발행)
교보문고 선정 베스트셀러

02

태화강 연가
2021년 (3쇄 발행)
교보문고 선정 베스트셀러

03

수달이 휘파람 소리(한영)
2023년 (1쇄 발행)
교보문고 선정 베스트셀러

남미숙 시집

01

바람의 의자
2020년 (2쇄 발행)
교보문고 선정 베스트셀러

박동희 시집

01

신께서 내개 주신 인생의 노래
2020년 (2쇄 발행)
교보문고 선정 베스트셀러

최성학 시집

01

천 개의 그리움을 보낸다
2021년 (2쇄 발행)
교보문고 선정 베스트셀러

김현미 시집

01

호수에 조약돌 하나 던졌다 나 여기 있노라고
2021년 (2쇄 발행)
교보문고 선정 베스트셀러

정완식 시집

01

바람의 제국
2022년 (4쇄 발행)
네이버, 교보문고 선정 베스트셀러

이동춘 시집

01

춘녀의 마법
2022년 (4쇄 발행)
네이버, 교보문고 선정 베스트셀러

BestSeller Serles
베스트셀러 시리즈

이상욱 시집

인생 총량의 법칙
2022년 (2쇄 발행)
교보문고 선정 베스트셀러

김정호 시집

칼잡이의 전설
2023년 (2쇄 발행)
교보문고 선정 베스트셀러

김광식 시집

풀섶에 핀 민들래 꽃
2023년 (1쇄 발행)
교보문고 선정 베스트셀러

신정순 시집

보리밭 뱁새알
2022년 (2쇄 발행)
교보문고 선정 베스트셀러

김춘자 시집

별꽃을 꿈꾸는 여자
2021년 (2쇄 발행)
교보문고 선정 베스트셀러

정세일 시집

달이 별빛을 사랑하는 날
2022년 (2쇄 발행)
교보문고 선정 베스트셀러

김영운 시집

바람이 부르는 천 년의 노래
2020년 (2쇄 발행)
교보문고 선정 베스트셀러

이연수 시집

아직도 나는 초록빛 꿈을 그려요
2023년 (2쇄 발행)
교보문고 선정 베스트셀러

벼랑끝에서 건진 회춘
2023년 (1쇄 발행)
교보문고 선정 베스트셀러